南开日本研究

NANKAI JAPAN STUDIES

2018

南开大学日本研究院
教育部国别和区域研究基地南开大学日本研究中心   主办
宋志勇　主编

天津出版传媒集团
天津人民出版社

图书在版编目（CIP）数据

南开日本研究.2018 /宋志勇主编. —— 天津：天津人民出版社, 2018.12
ISBN 978-7-201-14351-4

Ⅰ.①南… Ⅱ.①宋… Ⅲ.①日本 – 研究 Ⅳ.①K313.07

中国版本图书馆CIP数据核字（2018）第299517号

南开日本研究 2018
NANKAI RIBEN YANJIU 2018

出　　版	天津人民出版社
出 版 人	刘　庆
地　　址	天津市和平区西康路35号康岳大厦
邮政编码	300051
邮购电话	（022）23332469
网　　址	http://www.tjrmcbs.com
电子信箱	tjrmcbs@126.com
责任编辑	岳　勇
装帧设计	卢炀炀
印　　刷	天津市宏瑞印刷有限公司
经　　销	新华书店
开　　本	787毫米×1092毫米　1/16
印　　张	23
插　　页	2
字　　数	300千字
版次印次	2018年12月第1版　2018年12月第1次印刷
定　　价	68.00元

编辑委员会

主　编

　　　宋志勇

编辑委员（按拼音排序）

　　　毕世鸿　　陈秀武　　程永明　　崔世广

　　　高　洪　　关　权　　胡令远　　李玉潭

　　　李　卓　　刘江永　　刘岳兵　　莽景石

　　　庞德良　　平力群　　宋志勇　　谭建川

　　　陶德民　　王新生　　王　勇　　徐万胜

　　　杨栋梁　　张建立　　赵德宇　　周颂伦

目 录

明治维新与近代世界

东亚日本研究

中国改革开放 40 年与日本

明治维新与近代世界

明治维新150周年到来之际，2018年7月28—29日，南开大学日本研究院、南开大学世界近现代史研究中心、中国日本史学会在南开大学共同举办了"明治维新与近代世界"国际学术研讨会，一百五十多名中外学者从不同角度热烈探讨日本150年前发生的那场影响日本和世界的重大历史事件，提出了不少真知灼见。本节选取其中部分发言和论文，与读者共同分享。

明治维新给世界双重震撼

武 寅[①]

---
① 武寅，中国社会科学院原副院长、世界历史研究所研究员。

150 年前日本爆发的明治维新给世界带来了巨大的震撼，其中比较有代表性的有两个。

一个是日本成功地走出了殖民地化危机，创造了东亚近代史上的奇迹

日本的自然条件并不优越，国土狭小，资源贫乏。但是日本民族不甘于听天由命，在长期的与自然抗争和社会生产生活实践中，逐渐磨炼并形成了其特有的文化传统和开放、进取、应变的民族特征。这一鲜明的民族特征成为其不断追赶世界潮流、赶超世界上最先进文明的一股内生的不竭动力。在日本古代史上发生的大化改新，可以看作是日本以世界上最先进的文明为样板，实现跨越式发展的第一次尝试。大化改新使日本从一个原始落后的小国迅速发展成为至少在形式上可以与其样板——古代东亚文明的中心、世界强国——中国唐朝相类似的律令制国家。

明治维新在历史发展的逻辑上，是与大化改新一脉相承的、第二次跨越式发展。它与大化改新有着同样的思想基础、精神内涵和内生动力，同样是日本民族开放、进取、应变的鲜明特征与时代课题相结合的产物。因此，明治维新在日本产生并不是偶然的，有其内在的历史必然性。但是明治维新又是大化改新所远远不能比拟的。无论是它所要回答的时代课题，还是它的规模与程度、性质与影响，都远远超出了其自身以及其所在地区的范围。

明治维新产生于 19 世纪后半叶，世界已进入帝国主义时代。西方资本主义列强在全球范围内的殖民掠夺把亚洲许多国家变成了它的殖民地半殖民地。日本也在炮舰与强权的重压下，与西方列强签订了一系列不平等条约（包括设立外国租界、给外国贸易最惠国待遇、领事裁判权、驻兵权，以及本国关税自主权的丧失，等等）。这些不平等条约的签订，使日本的民族独立和主权完整受到严重损害。但是日本最终却没有成为亚洲的又一张多米诺骨牌，而是成功地走出了殖民地化的危机，实现了历史上又一次跨越式发展。而且这一次跨越的并不仅仅是发展的滞后，而是一种发展的倒退，即不仅仅是量的跨越，更是一次质的跨越。因为倒退与滞后有着本质的区别。倒退是对一个国家和民族影响更为深刻、更为严峻的问题。正因为如此，对这一重大难题的成功破解，使明治维新创造了东亚近代史上的奇迹。

日本为什么能够成功地走出殖民地化危机？原因很多，有主观的也有客观的。

明治维新给世界双重震撼

客观原因是事物变化的外在条件，而主观原因是事物变化的内在根据，是决定性的。所以这里只举出三点重要的主观原因。

第一点，废除不平等条约不是对旧制度的修修补补，而是对旧制度的彻底否定。

当日本被西方殖民者的炮舰敲开国门后，它痛切地认识到自己已经被世界远远地甩在了后面。以世界上最先进的文明为样板，追赶世界潮流的那股内生动力，与当时幕府政权丧权辱国、激化的民族矛盾相互交织，使幕末的民族矛盾、阶级矛盾、生产力与生产关系的矛盾三者合一，给维新势力倒幕维新大目标的提出创造了充分的客观条件。

推翻幕府政权，恢复民族独立和主权完整，最终成为凝聚日本上下各阶层的最大公约数和最具动员力的政治口号。维新势力上借天皇的传统权威，下借民众的求变心理，依据革新派政治力量和下层民众的普遍支持，彻底推翻了旧政权，建立了全新的统治体制。一个决心与旧制度彻底决裂的新政权的建立，为走出殖民地化危机打下了坚实的政治基础。

第二点，维新政权并没有把废除不平等条约当作它终极的和唯一的目标，而是把废约纳入国家发展和赶超的总目标当中，使之成为赶超世界先进文明的总体计划中一个重要的和特殊的组成部分。在这个总计划和总目标中，废除不平等条约既是一种无可替代的原动力，又是成功之后的一种必然结果。"废约"与"赶超"二者之间形成了一种互为表里、相辅相成的关系。

新政权一成立，就发布了"五条誓约"，表明了要赶超世界先进文明的决心。同时把废除不平等条约、恢复民族尊严和主权完整作为新政权梦寐以求的重要目标和任务。

为了早日废除不平等条约，明治政府可谓想尽了各种办法，从成立专门机构研究改约程序和具体细节，到起草符合本国利益的新的条约草案，还设想了通过分期修改条约的方式，逐步收回国家主权。为了营造有利于改约的外交氛围，甚至还搞起了形式主义的所谓"鹿鸣馆外交"，以迎合西方的趣味，助推改约。明治政权成立不久即派出的大型赴欧美使团，其主要任务有两个：首先就是要与西方列强进行实地谈判以修改不平等条约；其次就是仔细考察西方先进文化，以备学习和赶超之用。所以说这事实上是个一而二、二而一的任务。改约谈判的最终失败，使这两个互为表里的任务立即合二为一，改约失败化为动力，学习和赶超的决心因此而变得更加坚定。

第三点，一场目标明确、成效显著的全方位改革，为最终走出殖民地危机提供了坚实的物质保障。

明治政权为赶超西方先进的资本主义文明，成为世界大国强国掀起了一场大规模、全方位的改革。

在政治领域，彻底废除了封建的幕藩体制，引进了西方的宪政民主制度；制定了宪法，建立了内阁制，开设了议会，组建了政党等，使一个以三权分立为特征的西方民主制度在日本初见端倪。

在经济领域，改革封建土地制度。建立资本主义化的土地私有和管理制度，全面引进资本主义生产方式，包括引进西方的先进技术和人才，建立现代化的大机器生产，引进资本主义企业制度、公司制度、金融制度、财税制度等一系列西方经济制度；拓展海外贸易，开辟国内外商品市场等。

在社会文化领域，废除封建特权，实现"四民平等"。公费派遣留学生，学习西方先进文明。建立现代教育制度，最大限度地提高全民受教育程度；革除各种封建习俗，推广现代化的生活方式等。

改革使国家取得了长足的发展，综合实力大为提高。到 20 世纪初，日本终于完全废除了与西方列强签订的所有不平等条约，成功地走出了殖民地化的危机。

同时，日本的崛起也改变了东亚的国际格局，使日本成为令世界瞩目的国家。到 20 世纪 20 年代，日本更以东亚为阶梯，登上了国际舞台，实现了它的赶超计划，成为与西方列强比肩的世界强国。日本的奇迹震惊了世界。

第二个震撼是日本选择的战争模式

如果说，日本的跨越式发展有其历史的渊源和必然性，那么具体选择什么样的路径和模式去发展，却并不是必然的和唯一的，它存在着多种选项和多种可能性。而日本却选择了战争模式。战争模式造成的巨大人员伤亡、财产损失和精神创伤均创造了历史纪录。不仅给亚洲，而且给世界带来了巨大的灾难。它对双边关系、国际关系乃至世界秩序的负面影响直到今天仍没有完全消失。

之所以要把日本从明治时期到二战结束为止的历次战争行为提到国家发展路径和发展模式的层次上去认识和定位，是因为这些武力发动并不是被动的、防御性的消极应对，而是作为国家政权建设和制度安排的重要组成部分，在发展战略和发

明治维新给世界双重震撼

展道路层次上做出的主动选择。这一点，从时代背景和制度安排两个方面可以看得很清楚。

1.时代背景

明治政权成立伊始，就以天皇告亿兆书的形式宣布，其国家发展目标和发展思路是要"开拓万里波涛，布国威于四方"。要扩张国权、打开国运，形成与列强"对峙"的格局。但是怎么才能尽快地实现这一目标呢？日本是一个后起的国家，不仅没有雄厚的竞争实力，而且还背负着种种不平等条约。日本既不可能像英国那样成为全球性的殖民帝国，也不可能像美国那样以金钱开道，在世界范围内扩大势力和影响以达到目的。在那个群雄逐鹿、为争夺殖民地和海外市场而烽烟四起、炮舰横行的帝国主义时代，日本能够做到的，就是紧跟在列强后边，也挥起大棒，以武力扩张去弥补其经济发展上先天不足的短板，变资本积累与资本掠夺为一体。首先在亚洲，拿贫弱的近邻中国开刀，依靠武力强掠资源，强占市场，坐上东洋霸主之位。然后在世界范围内，与列强争夺资源与世界市场，以武力维护既得利益，争当世界霸主。只要既得利益受到损害，只要在争霸的道路上遇到阻碍，不管来自何方，都断然采取战争的方式加以解决。日本统治集团把武力扩张看作是后来居上的发展捷径和争夺霸权的有力法宝。武力扩张被毫不犹豫地确定为日本的基本国策。

2.政权建设和制度安排

首先，在最高的层次，国家的根本大法宪法的层次上，为武力扩张的基本国策奠定了基础，然后再贯穿于以宪法为依据而指定的各个层次的法律、制度和政策当中。这些法律、制度和政策法规随着形势的发展会在内容上有所不同，但是其一以贯之的宪法精神和国家意志在本质上却是始终未变的。

在明治宪法体制中，军权被置于至高无上的特殊地位。明治宪法规定，军权直属天皇，不受司法权和行政权的限制，更不受议会的限制，是凌驾于各种权力之上的特殊权力。军事权等同于君主权。军权的特殊性质和地位为战争的发动提供了最大的合理性和最高的法律保障。

以宪法为依据的下位法律和制度设计进一步具体地规定了军权的功能、作用和运作机制。通过《内阁官制》《陆海军大臣武官制》等一系列法规制度确立了"统率权独立""帷幄上奏权"等军部独有的特权，使军部在国家重大决策中拥有决定性的地位。

其次，在国防方针和对外政策的层面，则更加明确地写进了日本的国防方针从来就不是防御性质的，而是要采取积极的进攻姿态，要主动行使武力向海外扩张。比如 1907 年陆海军最高当局联合制定的明治以来规模最大、内容最完整、集以往同类文件之大成的"帝国国防计划"明确写道，帝国国防态势要以攻为本。帝国兵备要以在东亚对俄、美兵力采取攻势为标准。陆海军未来的战场要以朝鲜海峡、中国东北以及韩国为主，等等。在以后的 30 年间，这一国防方针又做了几次修改。但无论是修改后出台的"国策大纲"，还是"国策基准"，都只是做了一些技术性的修改。比如假想敌由 A 国换成 B 国等，其政策方针贯穿始终的指导思想和原则性质并没有丝毫改变，战争万能论的主流意识形态始终充斥其中。

最后，在基本国策之下的国家财政政策，其侧重点是必须满足扩军备战的需要。每次战争所得都要拿出相当的部分用于扩军备战，包括每次对外战争后陆海军规模的大幅度扩充、装备水平的提升和军需生产的扩大等，致使军费占国家预算的比率常年在 40% 以上。军事工业在日本工业体系中成为居于首位的、最具代表性的重中之重。

这种以武力扩张为基本国策的制度安排，决定了每一次战争行为都不是被动的防御性质，而是经过周密策划、精心准备、时机成熟后的主动出击，都是基本国策的一次次具体执行。

从中日甲午战争到日俄战争，再到第一次世界大战时的主动参战、全面侵华战争、太平洋战争，这一次次的战争发动，最终把日本引向了远东战争策源地的毁灭之路。

战争模式的选择事实上带给日本的只是表面的繁荣。明治维新开启的资本主义现代化进程，不但没有因为战争而有实质性加快，反而是走了一条弯路。宪政民主、政党政治走向了专制集权、军阀当政的歧路；资本主义市场经济走向了统制经济、战争经济；资本积累走向了战争消费、扩军备战的恶性循环。当侵略战争最终以失败而告终时，靠武力扩张掠夺的殖民地全部丧失，国家经济濒临崩溃，国家领土遭到外国军队占领，民族尊严丧失、国家主权不完整，其情景仿佛又回到明治维新的原点。

历史不能假设，但未来可以规划。日本未来走什么道路、采取什么样的发展模式是可以重新选择的。二战后的非军事化和民主化改革，从某种意义上可以说是对明治维新未竟事业的接续和重启。民主化改革使臣民变成了公民。国民主权、议会、

明治维新给世界双重震撼

政党、选举、法治等在明治维新时虽已开启，但中途受挫或远未完成的目标得以实现。非军事化改革提供了走和平发展道路的基础。

150 年来，明治维新带给我们的最大启示就是它用鲜活的实践，从正反两个方面告诉我们：人类的命运永远是掌握在自己手里的，而道路的选择则是在迈开脚步之前必须要弄清楚的头等大事。

国家神道：明治维新伦理精神探析

宋成有

内容摘要　国家神道为明治君臣合力打造的新兴神道系统，主要由官币神社、国币神社和别格官币神社构成，其信仰分为"政祭一致""一君万民"等国家层次，"崇神尊皇""天孙民族"等社会层次与"忠君爱国""恪守臣道"等个人层次等三种层次，为明治维新提供了充足的信仰道德元素和精神力量。明治维新选择国家神道伦理精神作为精神支撑并非偶然，短期效应明显，凝聚了国家、社会之力，安内竞外、武力崛起；从长期效应来看不啻饮鸩止渴，最终成为日本帝国的殉葬品，流毒至今。

关键词　国家神道　明治维新　靖国神社　伦理精神

作者简介　宋成有，北京大学历史系教授

国家神道：明治维新伦理精神探析

从日本近代化的全过程来看，开港后的安政、文久、庆应三次幕政改革，启动了近代化的进程；明治维新全面展开，日本决定性地走上资本主义道路；大正时期近代化的政治文化、思想意识和产业技术等档次提升，昭和初期在逐步升级的侵略战争中扭曲并最终落败。其中，明治时代的近代化举足轻重，初步实现了日本的社会转型。

任何国家的近代化，参与者群体均需要某种伦理精神，借以激发参与这个过程的精气神，凝聚民心，焕发斗志，形成民族合力，适应激变的近代化转型。与此同时，由于各国的国度、国情、政情、民情的差异，导致近代化的精神伦理千差万别。如同新教伦理为西欧近代化提供了资本主义精神。明治初期，明治君臣活用"国体论"，一手打造出遵奉"国体论"，以"忠君爱国"为核心价值观的国家神道，形成日本近代化，包括明治维新的伦理精神。明治中后期，政府推行国家神道非宗教化方针，使之内化为日本臣民、军人的价值观、行为准则和精神信仰，为大规模的对外侵略战争未雨绸缪，"脱亚入欧"，武力崛起。在打赢中日甲午战争、日俄战争之后，日本从新兴的资本主义国家迅速演变为东亚帝国主义国家。

昭和初期，由军部、文部省狂热推行的"国体明徵"运动，依据"架空的观念"，即"国体论"肃清大正民主运动时期所剩无几的自由主义、民主主义。在这一过程中，国家神道伦理走向极端化，理性的丧失与认知的偏执成了时髦，将日本臣民的思想引入群体癫狂的死胡同。从动用血腥手段，以建立法西斯专政为目标的"昭和维新"，将帝国扩张机能膨胀到无法控制的"大东亚共荣圈"，到太平洋战场和中国战场的困兽犹斗、疯狂的"神风特攻""一亿玉碎"等，国家神道伦理支撑下的暴行与罪行罄竹难书，最终与"大日本帝国"同时崩溃。

明治维新期间日本的崛起，以邻国的沉沦为代价，中国成为其最大的受害者和梦想者。因此，自戊戌变法以来，晚清、民国和新中国的文人学者对明治维新展开不懈的探讨。时至今日，有关明治维新的若干研究课题虽已在中国学术界耳熟能详，但仍有深入研究的必要。其中，国家神道与明治维新的互动，似乎是一个值得关注的新视角或新课题。本文拟就国家神道伦理的源点及其衍生、形成的步骤和正负作用三个问题一述浅见，敬请指正。

一、国家神道伦理的源点与衍生

国家神道伦理来自传统的神社神道，其精神伦理源发日本"国格优越"的"神国论"、君权神授的"皇国论"和以武立国的"武国论"神道"三论"。其最核心理念即"国乃神国，道乃神道"，皇统"万世一系""国质尚武"等，构成了"国体论"的基本要点。若追根溯源，上述三论来自712年成书的神道经典《古事记》与720年完成编纂的第一部正史兼神道经典的《日本书纪》，即通称"记纪"的两部典籍。

（一）"神国论"

《日本书纪》的《神代》卷称，造化神造日本国土，故"国乃神国"；造化神生出天皇祖神，受命驾驭高天原等，这些神话构成了"神国论"的源点。《神代》卷载，"开辟之初"，最早现身的造化神"国常立尊""国狭槌尊""丰斟淳尊"三代独神说起，随后出现"泥土煮尊"和"沙土煮尊"、"大户之道尊"和"大苫边尊"、"面足尊"和"惶根尊"、"伊奘诺尊"和"伊奘冉尊"四代四对偶八神，合称神世七代。[①]实际上，在"记纪"中，上述诸神各异，每个神又有多种神名，往往说不清道不明。神名的多义多歧，反映日本神代传说来源的庞杂与混乱。"记纪"说，造化男神"伊奘诺尊"与造化女神"伊奘冉尊"先造成第一块国土"磤驭虑岛"。然后，二神配为夫妇，依次生出了淡路洲、大日本丰秋津洲、伊豫二名洲、亿岐三子州、佐度洲、筑紫洲、吉备子洲和大洲，合称"大八洲国"。[②]至此，国土神造的神话编造完成。

继而，"记纪"讲述起天皇祖神"天照大神"系统的神话。据载，女神"伊奘冉尊"因生火神灼伤，移居黄泉国。男神"伊奘诺尊"伤心垂泪，化作住吉大神等诸神，洗左眼生太阳女神天照大神，执掌神界高天原；洗右目而生月读尊；洗鼻而生素盏鸣尊，两尊神分别管理沧海原或治天下。[③]所生诸神之中，以天皇家族的祖

① 『日本書紀』卷一，『神代』上，一志社，2006年，第1頁。
② 『日本書紀』卷一，『神代』上，第7頁。
③ 『日本書紀』卷一，『神代』上，第12、13頁。

国家神道：明治维新伦理精神探析

神天照大神最为尊贵，发给天孙下降人间称王的"神敕"。至此，完成日本为神造的神国，天皇家祖神为皇权源头的"神国论"。

此后，天皇的权威虽然衰微，但"神国论"依然植根于日本社会，并不时得到重申和强调。1339 年，笃信伊势神宫信仰、南朝忠臣右中将北畠亲房撰著《神皇正统记》，开卷名句即为"大日本者乃神国也。天皇国之常立神初奠其基，日神天照大神传命永世统治。此事仅存我国，而为外国所无，故曰神国也"[1]。北畠称元军征日的惨败是"神风"所致，称赞"神佑"的日本乃天皇君临的"神国"，优于其他国家。

1587 年 6 月，继织田信长之后的统一日本的丰臣秀吉，在即将达成目标之际，发布禁教令，勒令葡萄牙、西班牙等天主教国家的传教士在 20 天内撤离日本；同时，在国内搜捕并血腥镇压日本教徒。作为丰臣残酷禁教的最大的理由，就是其宣称的"日本乃神国，绝不能容忍天主教国家传授邪法"。[2]

江户初期，深受 1644 年的中国明清更替的刺激，"华夷变态论""日本中华论"等文化自大心理膨胀，"神国论"大畅其道。水户藩第二代藩主德川光圀辑成《扶桑拾叶集》30 卷呈送天皇，其《上表文》首先追述了伊耶那岐与伊耶那美创造国土，天照大神赐予天孙神敕，神武天皇登基等，称颂"神敕""犹如舜夏之典谟"。[3]光圀将"神敕"与《尚书》相提并论，是在刻意借助中国古典来加固"神国论"的理论依据。江户中后期活跃起来的国学或曰复古神道更将"神国论"夸张到无以复加的程度。其先驱人物契冲（1640—1702）强调日本"乃神国也"，自有取代佛法儒学的神道；认为"上古之时，唯以神道治天下"；主张研究《万叶集》等和歌集，重振日本的固有精神，表明了复古神道的探讨方向。[4]通过国学的宣扬，"神国论"愈加深入人心。

---

① 北畠亲房：『神皇正統記』，教育社，1986 年，第 38 页。

② 林屋辰三郎[ほか]编：『史料大系日本の歴史』第 4 卷，『近世』1，大阪書籍，1969 年，第 125—126 页。

③ 德川光圀：『扶桑拾葉集上るの表』，高須芳次郎：『水户义公烈公集（附朱舜水篇）』，日東書院，1933 年，第 35—36 页。

④ 契冲：『雜説 –·「万叶万葉代匠記」總释』，『日本思想大系』39，『近世神道論前期国学』，岩波書店，1972 年，第 315、310 页。

（二）"皇国论"

由"神国论"衍生而成，宣扬君权神授，日本为天皇"万世一系"统治的国家。其出典见于《日本书纪》的《神代》第二卷下的《天孙降临》《神皇承运》篇。《天孙降临》篇载，天照大神先是派其子天忍穗耳尊自高天原下降苇原中国为王，但未便成行。于是，再派天孙琼琼杵尊降临日向高千穗之峰，赐其"神敕"，曰"丰苇原中国，是吾儿可王之地也。然虑有残贼强暴横恶之神者，故汝先往平之"。身背天鹿儿弓及真鹿儿矢、手持三件神器的天孙降于九州日向国高千穗之峰，与大山祇神之女木花之开耶姬生子，其三子曰彦火火出尊。《神皇承运》篇载，彦火火出尊与海神之女丰玉姬所生之子曰鸬鹚草葺不合尊。及长，娶其姨玉依姬，生四男，其四子为狭野尊。此子后来发起东征，"奄有八洲，复加号，故曰神日本磐余彦"。[①]这样，从天孙琼琼杵尊至其子彦火火出尊、其孙彦波潋武鸬鹚草葺不合尊，再至其曾孙狭野尊，即神日本磐余彦的谱系，形成神道所谓"万世一系"的皇统。

《日本书纪》第三卷记载神日本磐余彦率诸皇子及"皇师"登舟东征，在辛酉年（公元前 660 年）登基于亩旁山橿原宫，为第一代天皇，即神武天皇。由上述可知，"皇国论"宣扬皇权神授，以皇祖神天照大神的"神敕"为皇权立基的根本依据，天皇"万世一系"，统治日本，国体"万邦无比"，将皇权神秘化、神圣化和正统化。

在江户时代，国学的集大成者本居宣长坚称《古事记》的神代记述为信史；批判儒学的易姓革命说，称日本乃"天照大御神御生之大御国"，日本皇统的"万世一系""胜于万国"。本居强调"皇国神道，乃皇祖神所赐之道""故曰神之道"。[②]平田笃胤将宇宙划分为天、地、泉三种层次，"皇国"日本之上是天照大神君临的天界，其下是须佐之男命神幽居的泉界，日本国居中，为大地各国之首，"乃万国本御柱之御国"的"皇大御国""卓越于万国，乃四海之宗国"；"我天皇熟知君临万国大君之真理，后亦知灵魂之去向"，日本"优越于万国"。[③]不难看出，"皇国论"强调天皇"万世一系"地君临日本，原本是对政治文化特色的拔高。但因此而傲视他国，则转化成民族沙文主义的喧嚣。

---

①『日本書紀』卷二，『神代』下，第 63 页。
②『本居宣長全集 9』，筑摩書房，1968 年，第 49、58、57 页。
③ 平田篤胤、靈之真柱、林屋辰三郎[ほか]編：『史料大系日本の歴史』第 4 卷，『近世』2，第 323 页。

国家神道：明治维新伦理精神探析

（三）"武国论"

"记纪"的神代卷记载，将第一块日本国土描述为武器创造的结果。据载，造化神伊奘诺尊与伊奘冉尊立于天浮桥之上，用"天琼矛"下探沧溟，"矛锋滴沥之潮，凝成一岛，名之曰磤驭虑岛"[①]。同样，"记纪"还记述说：神武登基后，以日本为"六合之中心"，下令"兼六合以开都，掩八纮而为宇"。[②]此一论调为军国主义者所情有独钟，概括为武力扩张并建立殖民大帝国的"八纮一宇"。

平安时代（794—1192），武士伴随着庄园制崛起于地方，活跃于统治集团的皇族、公卿之间，或称雄一方。12 世纪，朝廷高级公卿权中纳言、大藏卿大江匡房（1041—1111）撰述《斗战经》，为武士阶级张目。这一号称为日本第一部兵法书再由大江家族续写，直至 15 世纪应仁之乱后渐为世人所知晓。伴随着武士成长的《斗战经》第一章《万物根源》开宗明义，称"我武者在天地初而一气两天地"，武道凌驾于儒释，乃"万物根元"，视武士为开天辟地的决定性力量；第二章《轮翼二而一谛》强调"天祖先以琼锋造磤驭"，"琼锋"矛尖所滴的海水化为国土，以武立国。[③]《斗战经》之所以强调"武者"和"武道"，表明"武国论"不再仅仅是"记纪"中的理念，已成为统治阶级即武士阶级赖以立世的精神支柱，也是依附于武士武威之下的宫廷贵族对现实的认知。

自 1192 年镰仓幕府创立后，武家政权先后经历了镰仓时代、室町时代和安土桃山时代，最高统治集团轮换不已，凡四百余年。武士以武为业，武力成为皇室衰落与幕府权力增强的决定性要素，"武国"意识在武士内部根深蒂固，不仅深受欢迎，而且择机践行。1592 年，完成武力统一日本的丰臣秀吉迷信武力试图轻易战胜文人之国明朝，建立东亚大帝国。支持丰臣武力冒险的所谓"刀剑锐利"不过是封建军事领主"武国论"的一种粗俗的说法。

1603 年，江户幕府成立。1615 年，幕府发布《武家诸法度》，强调武士"专心修炼文武弓马之道"，因"左文右武，古之法也，不可不兼备矣。弓马者，是武

---

① 『日本書紀』卷一，『神代』下，第 4 頁。
② 『日本書紀』卷三，神武天皇己未年三月条。
③ 笹森顺造：『鬪戰経释義』，一刀流極意刊行会，1973 年，第 23、49 頁。

家之要枢也"。①1635 年，经修订的《诸士法度》第一条规定，"奖励忠孝，正礼法，心长系文道武艺"；第二条规定"军役从令，均具旗、弓、铁炮、鑓、甲胄、马，诸种兵器、人数不得有差错"。②以上法度均规定掌握文武之道、弓马之道为武士的本分，构成"武国论"在近世的滋长的法律依据。

1868 年，明治政府成立。"武国论"继续存在并与"与万国对峙"国家目标挂钩，升格为富国强兵的近代化基本国策。尚武，则被一代文明开化的宗师福泽谕吉说成是日本独有的"国质"。随着以邻为壑的武力崛起方针的实施，1882 年，明治天皇发布《军人敕谕》，活用武士道，推出"忠节""礼仪""武勇""信义""质朴"军人"五德"。实际上，"五德"以"武德"为中心展开，即强调"夫武勇为我国古之所重，凡我臣民自非武勇不可"，"维持国权，既惟兵力是赖"；苟失礼仪"不啻为军队之蠹毒，亦为国家之罪人"；"为军人者苟无信义，则难置身军伍之中"；"不尚质素，必流于文弱与轻薄"。③一经天皇予以颁布，"武国论"及其衍生物军人"五德"更成为日本军人遵循的准则，军国主义的精神旗帜。

可见，由于存在着千余年，并由历代繁衍下来的"神国论""皇国论"及"武国论"等"国体论"形成深厚的精神文化土壤。明治政府就地取材，活用传统神道的宗教渊源及其理念与论说迅速打造国家神道。

二、与明治维新同步的国家神道打造过程

1868 年 1 月 3 日，明治政权发布建政公告《王政复古大号令》，号召举国咸与维新。概括起来看，至 1889 年颁布帝国宪法为止的整个明治维新期间，"复古"与"一新"并行不殆，构成一个过程的两个方面。其中，"复古"的基本内容即创设国家神道，主要从以下三个方面入手：

---

① 『武家諸法度』·『德川禁令考』54 号，林屋辰三郎等编：《史料大系日本历史》第 4 卷，《近世》1，第 182—183 页。
② 『諸士法度』·『德川禁令考』171 号，林屋辰三郎等编：《史料大系日本历史》第 4 卷，《近世》1，第 207 页。
③ 『軍人敕諭』、森末義彰、岡山泰四编：『歷代詔敕集』，目黑书店，1938 年，第 833—836 页。

国家神道：明治维新伦理精神探析

（一）天皇出面激活神道

自武家政权建立以来，皇权的衰落与皇家神道同时式微。因此，明治政府复古王政、振兴皇权与激活神道，首先从建国神话的式内皇军神社开始。1868 年 10 月，明治天皇睦仁在江户城改称东京后不久，亲往距离东京不远的大宫驿，祭拜神主为"天照大神"之弟素盏鸣尊及其妻尊奇稻田姬命、其子大国主命等诸神的冰川神社。为此，睦仁发布《诏书》，首次以天皇的名义强调"祭政一致"的施政方针。《诏书》称："崇神祇，重祭祀，皇国之大典，政教基本。然中世以降，政道渐衰，祀典不举，遂驯致纲纪不振，朕深慨之。方今，更始之秋，新置东京，亲临视政，将先兴祀典，张纲纪，以复祭政一致之道也。"①明治天皇率先祭拜冰川神社，开近代敕祭社之先。此后，岁遣奉币使，敕祭社数量逐渐增加。至 1945 年二战结束前夕，敕祭社达 17 家。

1869 年 5 月，睦仁发表谈话，强调"祭政一致，复兴天祖以来固有的皇道，亿兆苍生重报本反始之义，方不受外来之引诱蛊惑"②。此一表态，重申"祭政一致"，突出"复兴皇道"的立场。1870 年 1 月，明治天皇发布《宣扬唯神大道之诏》（《大教宣布之诏》），强调"朕恭唯，天神天祖，立极垂统；列皇相承，继之述之。祭政一致，亿兆同心，治教明于上，风俗美于下。而中世以降，时有污隆，道有显晦。今也天运循环，百度维新，宜明治教，以宣扬唯神之大道也，因新命宣教使，布教天下。汝群臣众庶，其体斯旨"③。诏书依据"神国论"和"皇国论"将"宣扬唯神之大道"作为明治维新教化国民的根本，实现"亿兆同心"，"风俗美于下"的目标。睦仁倒是说到做到，随即亲往神祇官祭拜天神地祇和历代皇灵，率先垂范，自上而下地发动了以神道统一国民思想的运动。

不难看出，睦仁的所谓"复兴皇道"和"宣扬唯神之大道"不过是"神国论""皇国论"在维新变革之际的再版，用以论证建政掌权的合理性与正统性。天皇率先激活神道的言行促进了国家神道的建构。

---

① 『冰川神社親祭之詔』，森末義彰、岡山泰四編：『歴代詔勅集』，第 769 頁。
② 『皇道興隆等に関する御下問』，森末義彰、岡山泰四編：『歴代詔勅集』，第 775 頁。
③ 『宣扬唯神大道之詔』，森末義彰、岡山泰四編：『歴代詔勅集』，第 783 頁。

（二）政府采取多种重大举措

其一，发动废佛毁释运动，独尊神道。激活神道，必须重新搭建宗教精神构造，突出神道的独尊地位。1868 年 3 月，神祇官发出通告，开始了废佛毁释的政治动员。通告称神道为"皇道"，强调"从来相传之神祇道者，乃皇国固有之大道，一日亦不可废弛"；呼吁"世道变化，人人大开见识，天下耳目一新之际，愈应巩固国体，确立皇道之基础，以臻祭政一致之境，去侵染之流弊，复纯粹之古道"。①同月，太政官下令在神社中任职的佛教僧侣等还俗；下达《神佛判然令》（亦名《神佛分离令》），禁止以牛头天王等佛教用语称呼神号，命令"以佛像为神体之神社，应予改换；从速拆除悬挂于神社前的佛像、金鼓、梵钟、佛具等物品"。②由此，引发了废佛毁释风潮。4 月，太政官发出布告，重申上述禁令，并要求神社人员不得挟私报复，不允许"泄私愤，制造事端，妨碍政道"；力求"僧侣不失生业之道，以有益于国家"。③由于社会上对佛寺和僧侣积怨甚久，矛盾重重，政府一旦带头发动的废佛毁释运动，局势迅速失控，出现举国毁灭佛教文化的狂潮。

1870 年 1 月，天皇发布宣扬神道的《大教宣布之诏》，进而为废佛毁释运动推波助澜。于是，在萨摩、富山、松本、津和野藩等地，废佛毁释来得最彻底，也最激烈。在京都、奈良、镰仓等佛教圣地，堪称国宝级的佛像、佛具惨遭破坏，大量佛教经典被付之一炬，全国约半数的佛教寺院被毁坏，僧侣被迫还俗。1873 年 7 月，明治政府担心彻底摧毁佛教会引起天主教的盛行，才缓和了对佛教的打击。

其二，调整政府机构，神社定位定格。明治初年，复古与革新两股思潮在官制的变迁中展开博弈。1869 年 1 月 3 日明治政府成立之初，机构相对简单，由总裁、议定、参与组成，称三职制。两周后，首次调整官制，新设神祇、内国、外国、陆海军、会计、刑法、制度七个事务科，称"三职七科制"，神祇事务科位居各科之首，复古思潮强劲。闰 4 月 27 日，公布《政体书》，撤销三职制，仿效欧美三权分立原则，改行太政官制，"天下之权力皆归太政官"④。同时，规定中央政府由议政、行政、神祇、会计、军务、外国、刑法官七官署与上下二局组成，史称"七

---

① 『神祇官通告』,『法令全書』明治元年 3 月 28 日，第 96 页。
② 『太政官布告』第 96 号，『法令全書』明治元年 3 月 28 日，第 96 页。
③ 『太政官命令』第 226 号，『法令全書』明治元年 3 月 28 日，第 89 页。
④ 『政体書』、歴史学研究会编：『日本史史料』（4）近代，岩波書店，2004 年，第 84—85 页。

国家神道：明治维新伦理精神探析

官二局”制，神祇官降格为政府的一个部门。

1869 年 7 月，太政官首次调整，改行“二官六省”制，复古思潮反弹，神祇官置于主管国政的太政官之上，突出神权；还设置弹正台，民部、大藏、兵部、刑部、宫内等省厅称谓多取自 1200 年前律令制时代，与《政体书》三权分立原则渐行渐远。在维新官僚的努力下，1870 年闰 10 月，新设主管近代产业开发的工部省。1871 年 7 月，废藩置县后，太政官第二次调整，维新思潮占据上风，神祇官再次降格为神祇省。1872 年 3 月，撤销神祇省，改设教部省。复古与维新思潮相互博弈，但祭政一致的建政原则始终不变。

与官署调整同步，明治政府稳步推进国家神道建设。1870 年，明治政府着手建造凑川神社，祭祀南北朝初期追随后醍醐天皇的忠臣楠木正成，在臣民中树立死命效忠天皇的典范。1871 年 5 月，太政官发出布告，强调“神社乃国家宗祀，非一人一家之私事”，然“中古以来，随着大道陵夷”，神官社家世袭其职，为求取家禄而追逐私利，“有悖于祭政一致之政体，弊害甚多，今予改正。自伊势二宫以下，天下大小神官社家均予精选补任”，废止神官世袭和叙爵的旧体制。[1]

为使神社宗祀的拨乱反正的过程有序化，太政官的上述布告公布了官币神社、国币神社的名单。其中，级别仅次于伊势神宫，运营费用由大藏省提供的官币神社，计有贺茂御祖神社、出云大社等 29 所官币大社；梅宫神社等 6 座官币中社，无官币小社。[2]国币神社的地位次于官币神社，运营经费由“国”，即地方政府提供。在发布上述布告时，国币大社暂告阙如，国币中社，计有伊贺国的敢国神社、甲斐国浅间神社、对马国的海神神社等 45 社；国币小社，计有三河国的砥鹿神社；飞骅国的水无神社、石狩国的札幌神社等 17 社。官国币神社的祭祀活动统一由神祇官掌管，属辖的神社共计 97 社。[3]其下，为府藩县的地方神社，政府掌握神社重建和规范化的全过程。

布告还规定了神官职制：伊势神宫的神官包括祭主、大宫司、少宫司、皇太神宫祢宜、丰受太神宫祢宜、两宫权祢宜、两宫主典、两宫权主典、宫掌 9 级；官币国币大社为大宫司、少宫司、祢宜、全祢宜、主典 5 级；官币国币中社为宫司、权宫司、祢宜、权祢宜、主典 5 级，官币国币小社为宫司、权宫司、祢宜、权祢宜 4

---

① 外史局编纂官版：『太政官布告』，『明治四年辛未年布告全書五』，第 21—22 頁。
② 外史局编纂官版：『太政官布告』，『明治四年辛未年布告全書五』，第 22—24 頁。
③ 外史局编纂官版：『太政官布告』，『明治四年辛未年布告全書五』，第 24—27 頁。

级；地方神社和乡社均为祠官、祠掌两级，官禄等级化。太政官还规定官币社的长官从华族、士族中选任，在东京接受神祇官的任命；国币社的长官由府藩县的大少参事兼任，或从华族、士族中选任；次官及中小社长官由神祇官判任等。[①]

7月，太政官向全国发布《大教旨要》，将"敬神明""明人伦""侍奉朝廷"作为宣扬神道的基本点，"以太神之心为心"；要求宣教师遵循"政教一致的宗旨"，正民心，尽其职，释疑解惑。[②]政府向各地派出宣教师，处宣讲"大教"神道。同月，太政官官制再次调整，采用由正院、左院和右院构成的三院制，将神祇官降低为正院下辖的一个省，淡化复古色彩。三院制体制之下，行政机构大权在握，适应了推行激进改革的需要。

1872年3月，教部省取代神祇省。9月，明治政府在东京设置大教院，府县设置中教院，各区设置小教院，宣教师分为"正"或"权"两系列的大教、中教、少教、大讲、中讲、少讲、训导，共14级，神道宣讲活动中央集权化。1873年5月，大教院发布宣教师"必须体会敬神爱国的宗旨"，"必须明确天地人道"，"必须拥戴天皇，遵奉朝旨"《三章教宪》。[③]同时对宣教师提出各种要求，将敬神、尊皇、爱国意识与"神国论""皇国论""武国论"等传统神道理念相互融合，使之升华为国家神道的伦理精神。

除去崇皇敬神的思想灌输之外，明治政府还以文明开化、破除迷信为理由，把流传许久的上巳、端午、七夕、重阳等传统国家节庆日降格，而把明治天皇的诞辰、神武天皇的登基日分别规定为天长节、纪元节等国家节庆日。通过举国庆祝的国家节日，把国家意识以崇皇敬神的方式固定化、经常化，以图深入人心。

其三，东京招魂社改称靖国神社。靖国神社的前身为东京招魂社，用来悼念幕末尊攘倒幕运动期间的牺牲者。其始作俑者为长州藩的骑兵队总督高杉晋作。1865年3月，高杉率部推翻俗论党政府，夺取藩政权力后，在樱山建成招魂场，举行神道式祭祀。随后，长州藩厅下令长州藩的16个郡均设立一所招魂场，在春季和秋季举行为死于国事者招魂的祭祀仪式。此后，樱山招魂场由长州走向全国，则得益于高杉军制改革的翼赞者大村益次郎。

大村益次郎原名村田藏六，出身长州藩医师世家。1865年，高杉等夺取藩政

[①] 外史局编纂官版：『太政官布告』，『明治四年辛未年布告全書五』，第27—31页。
[②] 外史局编纂官版：『太政官布告』，『明治五年未年布告全書七』，第12—13页。
[③] 『教部省号外』，『法令全書』明治八年卷，第1649页。

国家神道：明治维新伦理精神探析

权后，大村主导长州藩的一系列军制改革，其军事才能备获好评。1868 年 4 月，政府军进驻江户城，大村出任军防事务局判事。6 月，东征大总督府在江户城举行神道式的招魂祭，祭文首次用"皇御军"来称呼由倒幕诸藩军组成的政府军，称呼佐幕军为"不知顺逆的丑奴"。[①]相形之下，"朝敌"佐幕军不在招魂祭祀的范围内。

戊辰战争期间，明治天皇命军务官知事小松宫嘉彰亲王在东京建造全国性的招魂社，祭祀阵亡的政府军官兵。小松宫责成副知事大村益次郎选址，大村认为距离皇城不远的九段坂上田安台才是构筑招魂社的理想之地。6 月，建成东京招魂社规模不大的木造建临时本殿和拜殿。同月 28 日，举行祭祀戊辰战争期间阵亡官军的修袚式，为 3588 名阵亡者招魂。29 日，主持镇魂式的小松宫嘉彰亲王在敕使的陪同下，宣读遵照天皇诏书基调撰写成的招魂祭祝词，称赞戊辰战争的官军阵亡者"捧丹心，效命疆场，速胜贼徒"，"守卫皇御孙之大御世"。[②]这样一来，阵亡者与皇权联系在一起。随后，诸官厅的官员行参拜礼，鸣放礼炮。8 月，明治天皇破格加恩，下令授予东京招魂社 1 万石的领地，充作运营之资。东京招魂社由陆海军省管理，其社属领地仅次于拥有 42000 石的伊势神宫、22000 石的春日神社，与祭祀德川家康的东照神宫 1 万石持平。[③]1874 年 1 月，明治天皇参拜东京招魂社，祭主为陆军卿山县有朋，东京招魂社获得最高的"殊荣"。

1870 年 6 月，太政官发布第 410 号布告，通告兵库县筹集资金和建筑材料，营造祭祀南朝忠臣楠木正成的凑川神社。[④]1872 年 5 月，神社落成，但社格问题引起争论。反对者认为，凑川神社的神主并非天神地祇或历代天皇神灵，而是阵亡的臣民，不符合定位官币神社的条件。最终，明治政府给凑川神社加上"别格"的标。从表面上看，"别格官币神社"的新称谓，是政府与反对派之间两种意见的妥协，但在国家神道形成的过程中，别格官币社的出现，意味着向最终的建成国家神道完整体系迈出了关键的一步。

1875 年 1 月，内务省将各地招魂社祭祀的"嘉永癸丑（1853）以来忧国慷慨之士期待挽回皇运，然其志未遂而至冤死者之灵魂"全部"合祭于东京招魂社"。[⑤]这

---

① 村上重良：『靖国神社』，第 9 页。
② 村上重良：『靖国神社』，第 11、12 页。
③ 村上重良：『靖国神社』，第 12、13 页。
④ 『太政官布告』第 410 号，『法令全书』明治二年卷，第 241 页。
⑤ 『内务省布达』乙第 6 号，『法令全书』明治八年卷，第 891 页。

样一来，幕末死于非命的尊攘派志士和戊辰战争阵亡的官军均作为效忠天皇的天皇制国家守护神得到国家的祭祀。各地的招魂社继续保留，转为东京招魂社的地方分社。1877 年 9 月，西南战争结束，政府军以阵亡六千余人的代价击败西乡隆盛军，一劳永逸地消除了不平士族发动武装叛乱的威胁。然而，如何处理数量翻番的政府军亡灵也成为一个突出的问题。

5 月 13 日，教部省发表文告，公布了别格官币神社的排位顺序，即祭祀大化改新第一功臣中臣镰足的谈山神社位居第一，以下依次为祭祀和气清麻吕的护王神社、祭祀楠木正成的凑川神社、祭祀织田信长的建勋神社、祭祀德川家康的东照宫。①首次入选的别格官币神显然进行过细心的筛选：中臣镰足因协助中大兄皇子（天智天皇）诛杀权臣苏我入鹿，发动大化革新，获赐姓藤原；和气清麻吕击破法镜篡权的阴谋，护卫皇统的延续；楠木正成追随后醍醐天皇起兵讨伐镰仓幕府，兵败后自杀谢皇恩；织田信长率兵攻入京都，灭室町幕府；德川家康遵循君臣大义名分论，对朝廷恭敬有加，等等。如此顺位排列，显然是塑造具有现实意义的忠臣历史传统和样板。

1879 年 6 月，太政官告内务、陆军、海军三省，自即日起，东京招魂社改称靖国神社，列入别格官币神社；规定三省共同管理靖国神社，祭式照准宫内省式部寮制定的《神社祭式》，三省官员临场执行；神官由内务省任免。②靖国神社具有与其他神社，包括别格官币神社在内的诸多不同特点：

（1）地位显要，突出"皇军"色彩。在所有别格官币神社当中，唯独靖国神社继承了东京招魂社以来象征皇祖神"天照大神"和皇权主神体的八咫镜和草薙剑。副神体为登载阵亡者的"灵玺簿"，统一登录姓名、出生地、军阶、军功章的等级等。主、副神体分别为皇祖神、皇权与阵亡者名录，共存于靖国神社之中，"皇军"意识昭然若揭。

（2）规格高，突出尚武精神。靖国神社名为内、陆、海三省管理，实际上由陆军省主管。1879 年 10 月，陆军省编成《靖国神社年中行事》，一年间举行春季、秋季大祭和临时大祭多次，其他官币神社的大祭一年一度。届时，天皇派出的敕使献钱币或玉串。1882 年 2 月，建成游就馆。明治天皇初次参拜靖国神社时赠品大和锦摆放在馆内最显著的位置上，此外还展出戊辰战争期间官军缴获的佐幕彰义队

---

① 『教部省达』甲第第 5 号，『法令全书』明治八年卷，第 1675 页。
② 『太政官通知』，『法令全书』明治十二年卷，第 484 页。

国家神道：明治维新伦理精神探析

的队旗、西南战争期间的祭神、刀剑铳器等。11 月，合祭死于朝鲜壬午兵变的别技军日本籍教官堀本礼造等，开祭祀用兵海外阵亡者亡灵的先例。1887 年之后，靖国神社完全由陆军省和海军省管理，陆军省总务局具体负责。

（3）国家神道初步形成的重要标志。神道神社原本拥有官币、国币神社等两大系统，包括橿原神宫、平安神宫、鹿岛神宫、热田神宫、出云大社等官币神社，以及新潟县弥彦神社、鹿儿岛县新田神社、长崎县海神神社等国币神社。随着明治政府新创别格官币神社系列，国家神道新增至三大系统。换言之，随着靖国神社的出台，国家神道神社系统实现了完整化与规范化，成为焕发忠君爱国精神的来源地。与此相应，"祭政一致""忠君爱国""遵奉朝旨""恪守臣道"等国家神道的伦理精神首先从军队，继而在整个社会弥漫开来，支配日本人的言行。民间的教派神道和民俗神道作为最基层的神道社团，接受国家神道的支配。

（三）"国体论"载入宪法，完成国家神道的建构

1889 年 2 月 11 日，在"纪元节"的当天，明治君臣举行了盛大的宪法颁布仪式。在贵官达人、外国使节的环列之下，枢密院议长伊藤将宪法递交给内大臣三条，由三条转呈天皇睦仁。睦仁在宣读《发布宪法敕语》后，将宪法下赐给首相黑田。此时，乐队演奏"君之代"，宫外礼炮声轰鸣。睦仁退场，颁布宪法的仪式结束。直到此时，仪式参加者才拿到用日文或英文版的《大日本帝国宪法》《皇室典范》《议院法》《贵族院令》《众议院议员选举法》《会计法》等法律文件。

《大日本帝国宪法》（《明治宪法》）的颁布，标志着天皇制君主立宪体制的建成，明治维新亦至此终结。宪法将《天皇》列为第一章。其第一条规定：日本帝国由"万世一系"的天皇统治；第二条规定：皇位"由皇族男系子孙继承"；第三条规定：天皇神圣不可侵犯；第四条规定：天皇乃国家元首，总揽统治权，并依据宪法条规行使之。[①]众所周知，皇统的"万世一系"、皇位由皇族男性继承、"神圣不可侵犯""总揽统治权"等宪法规定正是传统神道"神国论""皇国论"等"国体论"的核心价值观，将其写入宪法皇统与皇权的"神圣不可侵犯"得到国家大法的保障。

---

① 『大日本帝国宪法』，末川博编：『岩波基本六法』，岩波书店，1978 年，第 102—103 頁。

在将"万世一系"的皇统最高法律化的同时,在颁宪同日天皇公布的三个文告中,更加明确地重申国家神道伦理。其中,向皇祖皇宗神灵禀告的《颁宪告文》称:天皇睦仁决意"循天壤无穷之宏谟,承继唯神之宝祚,保持旧图,不敢失坠";同时"顾忌世局的进展和人文的发达,宜明徵皇祖皇宗之遗训,建立典宪,昭示条章","制定皇室典范及宪法""祈祷皇祖皇宗及皇考之神佑"和"神鉴"。①告文依据"神国论""皇国论"的传统立场,强调"唯神之宝祚""祭政一致"等国家神道伦理,将颁布宪法笼罩在皇祖皇宗神佑的灵光之中。《颁宪敕语》则宣称"朕依据承自祖宗之大权,向现在及将来的臣民,公布此一不灭之大典"。睦仁将颁宪说成是"此乃我神圣祖宗之威德及臣民忠实勇武,爱国殉公,以此光耀国史之业绩。朕以为,我臣民即祖宗忠良臣民之子孙,体奉朕意,追随朕之事业,相与和衷协同,向中外宣扬我帝国之光荣"②。敕语集中强调"一君万民""忠君爱国"的国家神道伦理。在《颁宪上谕》中睦仁再次强调,"朕继承祖宗之遗烈,践万世一系之帝位"③,突出君权神授意识。

《大日本帝国宪法》及颁宪告文从天皇诏书、国家大法等层次灌输皇统"万世一系"、天皇践祚继承"神器"、尊崇并效忠皇权为道德最高准则的国家神道伦理。在君权神授、天皇总揽统治权的帝国宪法框架下,议会"协赞"立法,内阁"辅弼"天皇并对天皇负责,法院以天皇的名义进行审判,君主立宪体制的三权分立原则徒具形式。

(四)强化国家神道伦理精神的手段:非宗教化

《大日本帝国宪法》第二十八条规定,"日本臣民在不妨碍安宁秩序、不违背臣民义务下,有信教之自由"④。若承认国家神道为宗教,政府将面临一部分日本人拒绝信仰的尴尬,与利用国家神道强化天皇权威、教化并统一臣民思想的目的相违背。从更深层的考量出发,将国家神道与宗教隔裂开来,实现国家伦理化、非宗教化,则有利于激发国家神道伦理精神的思想导向作用。随着国家神道的形成,明

---

① 『頒憲告文』,『歴代詔敕集』:第850—852頁。
② 『頒憲勅語』,『歴代詔敕集』:第852頁。
③ 『頒憲上諭』,『歴代詔敕集』:第853頁。
④ 『大日本帝国憲法』,末川博編:『岩波基本六法』,第102頁。

国家神道：明治维新伦理精神探析

治政府把握舆论导向，顺势而为，通过国家神道的非宗教化，将其伦理精神内化为臣民日常的行为准绳、道德规范、精神信仰和价值取向，以适应近代化的需要。

1882年1月，内务省发出布告乙第7号，宣布官国币神社神官无须参加大教宣布的宣讲，也不必主持葬礼上的宗教仪式的基础上，1891年8月14日，内务省发表《官国币社神职奉务规则》。第一条规定："官国币神职以从事国家祭祀，代表国家之典礼为本，平素以辨明国体、修国典、正躬行而尽本分"。神官的本职工作类同国家官吏，而非宗教意义上的神职人员。第二条规定："官国币神社祭典以国家彝伦之标准，以齐肃恭敬为首，表明报本反始之诚意"，祭典以国家的常理、常道、伦常为标准，报答皇恩，要求神职人员宣扬国家神道伦理精神。换言之，其祭典性质是政治性的，而非宗教性的。第三条规定："祈年、新尝、例祭等所有官祭之典则如不是非常是故，则不得随意增减惯例规定的时间"，要求神官严格执行政治性的官祭相关规定。①内务省的上述规则，在祭典性质、活动践行、职分宗旨等方面完成了官国币神社神职人员的官僚化，将国家神道的非宗教化推进了一大步。与此相适应，宣扬国家神道伦理精神，自然成为官国币神社神官的本职工作。

1900年4月27日，内务省撤销社寺局，新设神社局和宗教局，两个局并列，神社局与宗教无涉。换言之，在省厅所属的机构管理上，神道独立成局，与其他宗教划清界限。此举的效果，是在行政机构的职能划分上，神社与一般宗教团体实现了分离，神道的地位特异独立。这种在省厅管理机构、行政上的划分，进而推进了国家神道的非宗教化，为普及国家神道伦理精神拓宽了道路。

1902年2月，天皇接连发布第27号《官国币社职制》、第28号《官国币社及神部署神职人用令》、第29号《神职惩戒令》、第30号《神宫司厅职员适用文官任用令》四个《敕令》。其中规定：官国币社设有宫司一人，接受内务大臣或地方长官的指挥与监督，服务于国家宗祀，主持祭仪，管理庶务；权宫司一人（限热田、出云大社），辅佐宫司，从事祭仪及庶务；祢宜一人，接受宫司及权宫司的指挥与监督，从事祭仪及庶务；主典与宫掌接受上级神职的指挥与监督，从事祭仪及庶务。《敕令》还规定，官国币社的神职需经考试产生，考试科目为祭式、伦理、国文、历史、法制、算数等；高等考试合格者，给予奏任官待遇；寻常考试合格者，给予判任官待遇。与此同时，《敕令》还规定，官国币社的神职人员适用于《文官

---

① 『内务省训令』，『法令全书』明治二十四年卷，第206页。

惩戒令》等。①由以上《敕令》来看，官国币社的神职人员从考试产生、职务归属和活动性质等方面与文官并无差异，大幅度地推进了官国币神社神职人员的世俗化与官吏化。

内务省奉旨而动，随即发布《省令》，对《敕令》中未作定额规定的主典、宫掌明确为一社两名以内，其增减须向地方长官报告，并经内务大臣批准。《省令》还对府县社以下的神职人员的任用做出了考试录取，以及对官国币社从宫司、权宫司、祢宜到主典、宫掌等神职人员的俸给分成等级，给予不同的报酬。②《省令》逐一落实了《敕令》将神社神职人员的官吏化、世俗化的要旨，贯彻国家神道伦理精神之路愈加畅通。至此，国家神道被排除在宗教信仰的范畴之外，满足了政府和军部利用国家神道伦理精神控制思想的需要。

三、国家神道伦理精神的三种层次及其作用

日本近代化进程需要伦理精神作为支撑，经过天皇、政府和军部的多种运作，并非偶然地选择了国家神道伦理精神。概括起来看，主要有以下三种不同的层次：

其一，作为国家行为与政府执政层次的权力政治伦理"祭政一致""一君万民"等伦理精神。其中，建政方针的"祭政一致"是国家神道与政府行为合二而一。概言之，"祭"，是指国家神道的祭祀及其仪式，其核心理念体现为"神国论""皇国伦"及"武国论"等"国体"观念；"政"，即政权运作、政府活动等政事，"祭政一致"要求祭祀仪式与政事并行不殆，将神道理念注入国家的政治生活之中。依据国家神道伦理精神建立的"一君万民"体制强调天皇唯一、超越、至高无上的地位与"视亿兆如赤子"的亲民精神，借以增强明治政权的民心民意基础，稳固统治基础。上述国家神道的伦理精神表现在靖国神社的运营中，从设立招魂社即受到天皇眷顾，到靖国神社成为官币神社中唯一的敕祭社的别格官币神社，皇权之光始终笼罩着上述祭祀死于国事臣民亡灵的神社，其祭祀活动也从未脱离过天皇眷顾、"皇恩"浩荡的半径。这样，国家神道的伦理精神与建立近代中央集权体制产生了联系，在政体近代化的过程中发挥了作用。

其二，在社会层次，宣扬"崇神尊皇""天孙民族"等伦理精神。明治政府组

---

① 『敕令』,『法令全書』明治三十五年卷，第47—54頁。
② 『内务省省令』,『法令全書』明治三十五年卷，第15—17、19頁。

国家神道：明治维新伦理精神探析

织和主导了目标明确、纲领具体和组织严密的"大教宣布"运动，从民众的普及到专职人员的培训均制定了周密的计划和措施。1873 年 10 月，教部省公布了《大教院规则》，设立从中央到地方的大、中、小三级教院，研修、体会并熟练掌握三条教旨。规则要求所有接受培训的教导职人员"在神殿宣誓去门户之见，同心协力，固守本教"。所谓"本教"即神道教。规则强调根本宗旨即在于"敬神"，尤其需要崇敬的四位大神分别为"天之御中主大神""高皇产灵大神""神皇产灵大神"和天皇家的祖神"天照大神"，培植"天孙民族""家族国家"等社会意识。规则还规定了"敬神之礼"，如每年 6 月 17 日大祭，每月 17 日小祭，届时，参拜者首先要净手，礼拜皇宫和天皇等，[①]借助神道祭祀仪式，营造全社会的"敬神尊皇"氛围。通过设置或指定别格官币神社，实现了与国家级的官币神社、国币神社，与府县所属神社以及下属的市町村的乡社和村社等各级神社的成龙配套，发挥激励、慰藉、宣传的作用，将"崇神尊皇""家族国家"等伦理精神传布列岛的各个角落。从某种意义上来说，正是借助此种中央集权式的国家神道的金字塔体系、借助宗教祭祀手段的社会化推进近代国家的组织化。与此同时，传统宗教也在近代社会的形成过程中演化为国家神道，与近代化产生了形而上与形而下的密切联系，为近代化进程提供了精神支撑。众所周知，由于观念、意识在日本近代化，特别是在武力崛起的进程中发挥了超常的作用，社会层次的国家神道伦理精神的作用是不可小觑的重要精神要素。

其三，在个人修身层次，国家神道强调"忠君爱国""克忠克孝""恪守臣道""光耀武威""精忠报国"等伦理精神。伴随着小学教育普及率的逐年提高，学校里设置的修身课培育了一代又一代的"忠良"臣民。在这个过程中，天皇的两份诏书发挥了无可取代的指导作用。1882 年 12 月，天皇发布《颁赐幼学纲要敕谕》，要求小学生"年少就学，当以忠孝为本，仁义当先""使知明伦修德之要，即在于此"。《幼学纲要》列举了小学生必须学习的"孝行""忠节""和顺""友爱""信义""勤学""立志"等 20 项道德品行，其中，"忠节"强调"凡为人臣者，当以敬其君、爱其国、勤其职、尽其分，以报其恩义为常道，何况拥戴万世一系之君，为千古不易之臣民。故为臣子之忠节与为人子的孝行，并为人伦最大要义"。[②]"万世一系""忠君爱国""臣子忠节"的国家神道的伦理精神，通过教育植入小

---

① 『大教院規則』，『法令全書』明治六年卷，第 1658、1659 頁。
② 『幼学綱要頒賜勅諭』，『歴代詔勅集』，第 840—843 頁。

学生的头脑。

1890 年 10 月，《教育敕语》隆重发布。其文曰："朕唯皇祖皇宗肇国深远，树德深厚我臣民克忠克孝，亿兆一心，世济厥美。此乃我国体之精华，而教育之渊源亦实在于此。我臣民孝于父母、友于兄弟，夫妇相和、朋友相信，恭俭持己、博爱及众，修学习业以启发智能，成就德器。进而扩大公益、开展世务，常重国宪、尊国法。一旦有缓急，则义勇奉公，以辅佐天壤无穷之皇运。如是，不仅为朕之忠良臣民，亦足以彰显尔先祖之遗风。斯道也，实为我皇祖皇宗之遗训，子孙臣民俱应遵守，通于古今而不谬，施于内外而不悖。朕希望与尔臣民俱拳拳服膺，咸一其德。"①《教育敕语》将"皇祖皇宗肇国深远"和"我臣民克忠克孝"说成是教育的根源，"国体论"构成教育方针的核心。传统的儒学五伦意识与近代的公益、宪法、法制观念相交织，并在臣民"辅佐天壤无穷之皇运"的终极点上实现了融合。

通过捧读《军人敕谕》《教育敕语》，遥拜皇宫、"天长节"礼拜天皇的照片"御真影"以及掌控报刊的舆论等多种方式，多方推行国家神道伦理精神灌输。借此，培训吃苦耐劳、勤快敬业且廉价的劳动大军，以及好勇狠斗的"皇军"。在武力崛起的过程中，效忠天皇并相约阵亡后魂归靖国神社，享受国家祭祀或天皇亲自致祭"荣光"的日本军人频繁参加对外侵略战争，攻城略地、为组建日本殖民大帝国效力。应该说，国家神道伦理精神的短期效果显著，培养了一代代高度组织化的"忠君爱国"的臣民与军人，在武力崛起的过程中发挥了人的因素的巨大作用。从长期效果看，明治维新的器物近代化进展显著，但制度层次与价值观层次的近代化出现重大偏差，埋下军国癫狂的祸根，最终战败投降，国家神道伦理精神破产。

归纳起来看，以上三种层次的国家神道伦理具有如下三个特点：（1）从国家到社会到个人体现了国家神道伦理精神层次的多样性。尽管如此，多样性并不意味着不同层次之间存在平行关系，而是相互渗透，彼此关联，构成服务于武力崛起需要的近代化伦理精神。（2）所有层次的伦理精神均围绕着一个核心，即天皇展开。例如，"一君万民"体制的"君"只能是"天皇"；"家族国家"的最高家长同样只能是"天皇"；"忠君爱国"的"君"所强调的依然是效忠"天皇"。这样，就为考察日本近代化或日本近代史提出了一个问题，即关注天皇因素。换言之，"皇国臣民"个人对天皇必须无条件效忠与拥戴，"恪守臣道""克忠克孝""义勇奉

---

① 『教育敕語』，歴史学研究会編：『日本史史料』（4）近代，第 200 頁。

国家神道：明治维新伦理精神探析

公""辅翼皇运"。（3）顺应明治维新组建名曰"家族国家"的民族国家的需要，国家神道伦理精神应运而生。与此同时，明治政府在维新的第二个十年的政策调整中，注意结合国情、有选择地引进欧美思想要素。在"学德国"的过程中，突出德意志帝国缔造者"铁血首相"俾斯麦的弱肉强食等强权政治观念，虽然其分量无法与国家神道伦理精神相提并论。

由上述特点的分析可知，天皇因素之所以成为日本近代化的台风眼，是历史的偶然性与必然性相互作用的结果。第一，导源于"记纪"的"天皇"称谓，包含了代表神权的"天"，与世俗最高统治者"皇"等双重意义。换言之，天皇是教皇与君主的混合，兼具"现人神"的神格与最高精神地位，任何权力竞争者均无法与之抗衡，居于近代化维权集团的顶端，维新官僚效忠天皇，唯命是从。第二，江户时代，将军至强、天皇至尊，与幕府集权、诸藩分治组成双重二元政治结构，有利于协调统治集团内部秩序，维护了二百余年的国内和平。在双重二元政治结构框架下，天皇朝廷得以与幕藩体制并存，实际上保留了政权转换机制。当幕府体制衰微，天皇朝廷立即取而代之，天皇制成为日本政体的唯一选择。第三，明治维新期间，天皇顺势而为，发挥了文明开化时期的率先垂范、政府内部政争的最终拍板者、维新转向的调度手与凝聚平民崇拜的核心对象等多重作用，扮演了无可取代的核心角色。因此，在探讨日本近代化进程，包括其伦理精神之际，均需对天皇因素持续深入开掘。

结 论

（一）国家神道是日本政府刻意制造、披着神道宗教外衣的精神信仰，仅存于近代日本

在日本古代，有神社神道、民俗神道等神道，但不存在国家神道。二战后初期，盟军占领日本，1945年12月，"盟总"向日本政府下达备忘录（"神道指令"），废除政府对国家神道的认证、支援、保全、监督和弘布，实行祭政分离。国家神道被"神道指令"击中命门，本应土崩瓦解，但由于帝国旧班底、靖国神社的存在，在经过一段蛰伏期之后，改头换面、力图恢复。尽管如此，首相参拜靖国神社依然是极为敏感的政治问题，国家神道风光不再。由此不难看出，古代不曾有、二战后

被废止的国家神道，与近代日本帝国一荣俱荣、一损俱损。简言之，通过天皇率先垂范，亮明"祭政一致""唯一之大教"等神道国教化的旗号，激活了传统的神社神道。政府独尊神道，发起"废佛毁释""大教宣布"等运动，排斥佛教、阴阳道，突出了神道的唯一性。与此同时，建造别格官币神社，与中央的官币神社、地方的国币神社成龙配套，形成近代国家神道。进而，将原有的村町神社纳入其中，构成庞大且无处不在的国家神道教化体系。最终，通过将国家神道伦理的精髓"国体论"写入宪法，推行国家神道的非宗教化，配合以舆论的引导，将"一君万民""敬神尊皇""忠君爱国""家族国家""恪守臣道""义勇奉公"等国家神道伦理精神灌输给臣民与军人，提供持续不断的巨大精神力量。

（二）日本近代化选择国家神道伦理精神并非偶然

各国的近代化均需精神要素的引领与支撑，而且因各国国情、政情和文化传统的不同而异彩纷呈。支撑明治前期日本近代化进程的精神元素大体上可分为两类：一类是 1868 年明治维新启动后的第一个十年期间"欧化"之风大盛，欧美舶来的文明论、社会契约论、功利主义论、进化论、君主立宪论、国权论、强权政治论、政党政治论、殖民主义扩张理论等五花八门的理论、观念竞相涌入，赢得大批的追随者。另一类则是由来已久的"神国论""皇国论""武国论"等传统意识，以及衍生于幕末、延续并宣扬于明治初年的"国体论""一君万民论""家族国家论"等日本自创的理论、理念。在明治维新进入第二个十年，特别是 1879 年明治天皇亲政，介入改革进程以来，"神国论""皇国论""国体论"等上升为官方主导的舆论、社会思潮的主流基调。概言之，外来的欧美思想或原生的传统意识两类精神元素汇集在明治维新"一新"与"复古"相互叠加重合的近代化改革过程中，展开互动，对其整个进程产生决定性的影响。从总体上看，两类精神元素并非静止、对等地作用于近代化整个进程，而是依据不同时期日本的国情、政情和形势的变化和需求，此消彼长，变化不定。

从发展趋势上看，外来元素经过多次的选择和变异，渗透于日本的近代化制度建设、技术进步、思想蜕变和社会转型的各个方面，渐次褪色。传统元素，包括皇家神社神道等有意识地披上近代化的外衣，按照组建近代天皇制和武力崛起的需要，经过一番嬗变，形成国家神道。其伦理精神则逐渐占据思想潮流的主导地位，

国家神道：明治维新伦理精神探析

支配日本近代化的后续进程。

（三）国家神道伦理精神具有两重作用

一方面，国家神道伦理精神在短时期内凝聚民意、士气，统一意志，将精神力量发挥到极致，支撑明治维新二十余年的运作，建成东亚军力、经济力和政治组织力第一的资本主义强国，安内竞外，为武力崛起练足内功。另一方面，国家神道伦理抑制自由、民主、和平精神的增长，"国体论""日本优越论"等狭隘化、极端化的观念支配了日本政府、军部的决策与践行。在天皇的名义下，侵略战争不断制造罪恶与暴行，源自国家神道伦理的价值观偏离思维常规，埋下群体军国癫狂的祸根，昭和初期社会伦理精神的异常化难以长期持续。在 1931 年九一八事变以来逐步升级的 14 年侵华战争期间，为征服中国，日本政府和军部用尽了所有能够动用的手段。在精神动员和统治方面，1935 年由军部和文部省策动的"国体明徵"运动，在维护和发扬"国体"的名义下，围剿自由主义、宪政主义、个人主义、共产主义思想，勒紧思想钳制的缰绳，国家神道伦理乘机大倡其道。1941 年，大本营和政府冒险偷袭珍珠港，进攻东南亚，挑起太平洋战争，用刺刀拼凑出日本主导的"大东亚共荣圈"。在盟军打击下，日军节节败退，"八纮一宇""大东亚圣战"的叫嚣很快演变成"一亿玉碎"的哀号。尽管日本列岛已经变成一个狂热的大兵营，愈加离不开国家神道伦理精神炼制的幻药。日本军国主义的困兽犹斗，无法挽回颓势，选择国家神道伦理精神无异于饮鸩止渴。虽然国家神道及其伦理满足了明治时期以武力崛起为基本方式的近代化精神需求，但最终在昭和初期走向反面，作为军国主义精神武器的国家神道伦理精神，与"大日本帝国""大东亚共荣圈"同时崩溃。

1946 年元旦，在"盟总"最高统帅麦克阿瑟的授意下，天皇裕仁发表了自我否定神格的《人间宣言》。宣言首先重提《五条誓文》，表示要"遵循誓文的宗旨，去旧来陋习，畅达民意，举凡官民贯彻和平主义，增强教养，发展文化，以图提升民生，建设新日本"，在立国方针上回归理性。继而，对国家神道伦理做出了反省，即"依据神话与传说""天皇为现人神"等"国体论"，以及"日本民族优于其他民族，进而支配世界"的扩张论，[①]不过是虚构的"架空的观念"。应该说，恢复理性，与国家神道的偏执与极端化拉开距离，是建设新日本的思想前提。在这一点上，《人间宣言》有其思想意义和认知价值。时至今日，痴迷"帝国情结"并深陷"皇国史观"泥沼的日本右翼势力继续沉湎于《人间宣言》摒弃的"架空的观念"，参拜靖国神社，重弹复活"大日本帝国"的老调。由此可知，彻底否定国家神道伦理精神的任务在日本并未完成。因此，国家神道问题依然值得关注，有必要继续推进研究的深入展开。

---

① 『人間宣言』，歴史学研究会編：『日本史史料』（5）現代，岩波書店，2004年，第162頁。

明治维新的意义

北冈伸一[①]

引　言

在明治天皇于明治四十五年（1912 年）7 月逝世之际，日本社会上掀起了一场关于明治时代的广泛讨论。在这场讨论中，视明治时代为"战争时代"或"帝国主义时代"者不乏其人。然而，当时尚是青年的石桥湛山却持不同看法，他认为明治时代是一个"政治、法律、社会等诸多制度，以及思想、民主的大变革时代"。[①]笔者对石桥的这一看法是颇有同感的，同时认为，甲午、日俄两场胜仗给日本国力带来的空前提升是这一"大变革时代"得以成功的重要保障。在石桥湛山有关明治时代为"大变革时代"的思想启发下，笔者尝试于明治维新 150 周年之际对其历史意义予以重新探讨。在此之前，有必要对明治维新的基本史实予以梳理。

1868 年 1 月 3 日，以萨长两藩为首的讨幕派发布"王政复古"大号令，并宣布了德川幕府的终结，以及以天皇为首的新政府的成立。然而，幕府起初对此并不接受，并一度欲以武力与讨幕派相对抗。相峙之下，一场萨长两藩与幕府之间的战争，即鸟羽伏见之战爆发了。然而，战争仅仅持续了一天，德川庆喜见势不妙便乘船逃回了江户。幕府在之后并未进行有组织的抵抗，江户城于 5 月 3 日和平交接给了新政府。至此，持续时间长达 260 年的江户幕府在区区四个月内便由新政府取而代之。不得不说，这场政变已足够震撼人心，但更加令人惊叹的事情还在后边。萨长两藩由力主"尊王攘夷"忽而转向主张开国，1871 年新政府实行"废藩置县"，1879 年武士特权被废，1885 年引入近代内阁制度，1889 年颁布宪法，1899 年召开议会，这沓来踵至的一幕幕颇有令人应接不暇之感。

所谓的明治维新 150 周年是以狭义上的明治维新，即 1868 年的那场政变为起点计算的。而实际上，明治维新亦应包括之后的一系列变化，其持续时间至少应当到 1871 年的废藩置县，或到 1878 年的西南战争为止。甚至还有人主张明治维新的终点应当为 1889 年的议会开设，或 1894 年的中日甲午战争，又或 1898 年的议会制度完全确立。而笔者则赞成最后一种意见，即应当把议会制度的完全确立视为明治维新的延展终点。这是因为自新政府成立以来，一种与明治维新相同的力学，即石桥湛山所言之民主变革亦随之胎动并发展起来了。

---

① 『東洋時論』1912 年 9 月号（收于松尾尊兊编：『石橋湛山評論集』，岩波书店，1991 年）。石桥被视为 20 世纪二三十年代日本最优秀的新闻工作者，并于二战后出任日本首相。

一、明治维新论的变迁

（一）讲座派的维新论

历史上针对明治维新的肯定性评价并非主流，更多的声音认为明治维新半途而废，很难称得上是一场彻底的大变革。究其缘由，这种针对明治维新的否定性评价是与日本近代史研究的开端，即 20 世纪 30 年代的讲座派不无关系的。

传统的历史学出于相关史实尚未完全确定的考虑，往往不以距今较近的历史为研究对象。而马克思主义经济学领域的学者们却并不囿于历史的远近，因而他们得以在针对包括明治维新在内的日本近代史的研究上一步领先，出版发行了《日本资本主义发展史讲座》全七卷（1932 年 5 月—1933 年 8 月）。此后，赞同这一系列著作观点的学者们便被冠以了"讲座派"的称呼。

不过需要说明的是，马克思主义经济学的学者并非仅限"讲座派"一派，还存在另一个派系，即"劳农派"（以《劳农》杂志为思想阵地而得名）。这两派马克思主义经济学的学者们对明治维新的看法是大相径庭的。讲座派把明治维新等同于专制主义的确立，而劳农派则视明治维新为资产阶级革命。此外，讲座派强调的是明治维新及日本近代史落后的、黑暗的一面，而劳农派强调的则是进步的、光明的一面。由于讲座派得到了共产国际的支持。因此，在日本学界形成了多数派，其观点影响到的不仅有丸山真男等日本国内的政治学学者，还有像哈勃特·诺曼这样的外国学者。

不过，讲座派与劳农派之间也有共同之处，即对明治维新及日本近代史的思考均未脱离马克思主义的思想框架。换言之，这两派眼中的革命不外乎三种：一曰专制主义的确立，二曰资产阶级革命，三曰后来者之无产阶级革命。那么除此三者之外，究竟还有无其他形式的革命呢？

（二）民族主义革命

对明治维新展开研究的另一个群体是政治史学者。当时在东京大学法学部担任政治史课程的吉野作造便是其中一个代表性人物。吉野积极致力于资料的收集，并对明治维新时代的健在者进行采访，从而有效地保存了大量资料。

继吉野作造之后，对明治维新展开研究的另一名政治史学者是冈义武。在冈义武看来，明治维新不应归为前述马克思主义探讨的范畴，而是一场"民族革命"。换言之，明治维新是一场日本为化解西方威胁，保持自身独立而进行的近代化革命。笔者对此是基本赞同的，同时还认为所谓的"尊皇"与其说是以天皇为尊，毋宁说是为了形成以天皇为中心的强有力中央政权以抗衡列强，"攘夷"之意亦非排斥夷狄，而是表达了一种决意要与西洋诸国比肩而立的强烈愿望。简而言之，明治维新是一场旨在通过树立中央集权以同西方列强相抗衡的民族革命。

（三）半途而废的革命

与上述政治史学者的民族主义革命观不同的是，讲座派视明治维新为一场并不彻底的革命。革命原本指的是一个阶级打倒另一个阶级，且一定伴随着流血牺牲。所以很多人认为，明治维新这种流血牺牲较少，对失败者宽大处理的变革并非革命。同时，还有人以维新前后的统治者均为武士为由，认为明治维新并未带来阶级的变化。

然而，必须指出的是流血牺牲较少绝非什么坏事。一个伴随严重流血牺牲与破坏的变革虽然迅如风雷，但事后往往会出现不同程度的反弹。此外，若说维新前后的统治者丝毫没有变化也并不够准确。因为维新之前的统治者是上级武士，而之后则为下级武士。事实上，上级武士和下级武士之间是存在着决定性差异的，而所谓的"半途而废革命论"却忽视了这一点。不过，明治维新的正面意义却得到了主张以美国为中心的近代化学者们的关注。此外，肯尼思·艾瓦特·博尔丁还明确提出了一个观点，即像美国独立战争和明治维新这样付出代价较小却能带来持续变革的革命才是最为成功的革命。而今，这一观点已经成为多数派。①

二、江户时代的遗产

（一）和平红利

在对明治维新的变革性程度做出判断之际，有必要在此对之前的江户时代予以

---

① Boulding, Kenneth, *A Primer on Social Dynamics: History as Dialectics and Development*, Free Press, 1971.

梳理。

　　根据鬼头宏（2000）[①]的说法，1600 年日本的总人口为 1227 万人，1721 年增加至 3128 万人。此外，根据 1873 年明治政府在全国进行的人口调查结果，当时日本的总人口为 3330 万人。也就是说从 1603 年德川幕府确立至德川吉宗主导的享保改革初年的 121 年间，日本人口增长了 155%，年均增幅超过 2%。然而，此后至明治五年的 152 年间，日本人口仅仅增长了 6%，年均增长率几乎为零。这种巨大的落差究竟是为何呢？简而言之，前者日本人口出现大幅增加的原因主要在于和平红利。与战争条件下部分农产品被作为军需品征收而去不同，和平环境下所劳即所得。因此，农民耕作积极性非常之高。同时，在封建领主的积极开垦和发展灌溉的努力下，耕地面积也出现了大幅增长。另外，稍有余力的农民也开始使用起了铁制农具及肥料。这些都直接带来了粮食产量的大幅增长，继而导致了人口的大幅增加。

　　此外，这一时期的日本商业也获得了很大的发展，体现之一便是城下町的出现。武士开始居住于城市，消费经济取得了前所未有的发展。尤其是以大阪为中心的商业活动不断扩大，逐渐形成了全国性市场。

　　交通的进步是这一历史时期的另一个重要特点。由于和平环境下无须忧虑敌人的入侵。因此，得以有条件大兴土木，桥梁、道路等得到了大幅整备。此外，幕府用以控制大名的"参勤交代"制度也促进了全国范围的流通，并客观上将江户文化推广到了全国。

　　和平红利带来的另一个有利条件是识字率的大幅提高。时至江户时代末期，绝大多数武士已经能够识字，且成年男子和成年女子的识字率也分别达到了 40%—50% 及 20%—30%。这一识字率在前近代而言已经是相当之高了。一种说法认为识字率达到 10%，政府便可通过文字进行复杂、准确、快速的行政管理了。与江户时代初期尚存大量文盲武士形成鲜明对比的是，幕末时期不识字的武士已几乎绝迹。

　　在和平的社会环境下，以歌舞伎、浮世绘等为代表的独特的城市文化兴盛起来。这些城市文化是中产阶级艺术形式的集中体现，受到了空前的追捧。就连武士们也竞相隐瞒身份前往观赏歌舞伎。这些艺术形式的中产阶级属性与莎士比亚的作品颇有几分相似。

[①] 鬼頭宏：『人口から読む日本の歴史』，講談社学術文庫，2000 年。

（二）和平的代价

然而和平也意味着军事技术的衰退。幕末前往长州征伐的普代大名属下的家臣们所持武器竟与大阪夏季战役（1615 年 5 月）时别无二致。幕府作为势力最大的封建领主，其军事优势在西方新军事技术于幕末传入日本强藩后便瞬间瓦解了。

战国末期，日本的铁炮数量多于世界上其他任何国家，是不折不扣的世界第一军事大国。然而，日本的火铳自那时起却没有任何进步。

此外，日本的航海技术也出现了很大的退步，一度兴盛的南蛮贸易销声匿迹，幕末时期日本的航运业大幅收缩，仅仅局限于日本列岛沿岸。

幕府的失败在于没有能够建立起针对新兴商业的有效税收制度。而西方不仅强化了对资产阶级的课税，还设置了议会，赋予了资产阶级一定的政治权利，保证了他们自我诉求通道的畅通。而这些在日本却统统没有发生。

江户时代末期日本的学术氛围也不够自由，对政治进行批判是无法想象的。彼时的人们盲目迷信，贫困蔓延于整个社会，生活环境亦十分恶劣。

总而言之，江户时代前期虽然取得了多方面的发展，但不久便停滞不前，到了后期更是陷入一片困境。更具体地说，这种困境体现在米本位制经济及以士农为中心的社会体系走到了尽头。

三、新政权的方向（1868—1873 年）

在明治新政府成立之际，很多人都预测新政府将采取攘夷政策。然而，新政府却出乎意料地推出了开国方针，并且在维新后不过三年光景便一改封建割据状态，废除了藩国制度。

当时旅居日本的外国人纵然对幕府倒台及新政府成立反应平平，但却无不对废藩置县感到震惊无比，在他们看来这才是真正的革命。此外，素来对攘夷深恶痛绝的福泽谕吉面对废藩置县的创举亦难掩心中狂喜，发出了"盛事既起，死而无憾"的感慨。

在实现维新的过程中，萨长两藩虽然是倒幕主体，获得了某种意义上的胜利。但其胜利是片面的，因为所有藩国均遭废除，萨摩、长州两藩亦难逃厄运。

明治维新的意义

（一）下级武士的崛起

明治维新后，在新政府中担任要职的主要为萨长两藩的下级武士，这一点是有别于江户时代的。活跃于江户时代日本国家政治舞台中心的是以老中、若年寄为首的幕阁。并且这些人仅限于谱代大名，外样大名及亲藩原则上均被排除于国家政治之外。

然而幕府在佩里来航之际却一改常规，转而开始向大名征求意见。这样一来，外样大名及亲藩中的强藩也得以有机会参与到了国家政治的讨论中。很显然，幕府试图通过邀请所有强藩参与国政，建立举国一致的体制来应对前所未有的国家危机。在这一背景下，萨摩藩等强藩开始通过启用能力出众的下级武士来增强自身实力。其中，长州藩的做法则更加大胆，在与幕府战斗面临生死存亡的危急关头，长州藩破天荒地启用兰学家村田藏六担任军事指挥官，并组织起武士以外的志士仁人成立了奇袭队。而武士之外的人参与军事活动在此前是闻所未闻的。简而言之，这些达权知变的藩国最终获得了优势。

在江户时代，上级武士与下级武士地位差别是极其悬殊的。举例而言，福泽谕吉曾就其家乡中津藩指出，在江户时代二百余年内，由下级武士升为上级武士者为数寥寥，而农民成为士族者则不乏其例。

鸟羽伏见战役进行之际，德川庆喜曾哀叹身边没有像大久保利通、西乡隆盛那样的大才可用。事实正是如此，围绕在德川庆喜身边的尽是无能幕臣，何谈可用之才。最终，那些不拘一格降人才，重用如西乡隆盛、大久保利通、村田藏六等的强藩获得胜利也是再自然不过的事情了。

（二）岩仓使节团与征韩论

在新政府推出的诸多举措中，值得大书特书的首推于 1871 年派出的岩仓使节团。该使节团以岩仓具视为正使，木户孝允、大久保利通为副使，历时一年半游历美国及欧洲诸国。在游历过程中，使节团对所见所闻之欧美文明惊叹不已，他们不仅再次深刻体会到富国强兵是近代化国家的最重要标志，也领悟到只有首先达到富国方能实现强兵。

1873 年夏，正当使节团踏上归途之际，国内新政府内部已经做出了向朝鲜派出特使，企图通过施加压力逼迫朝鲜与日本邦交的决定。游历而归的岩仓具视、大久保利通、木户孝允等人自知日本国力孱弱，担心这一决定一旦实施将致事态扩大而不可收拾，便采取强硬手段撤回了这一决定。西乡隆盛、板垣退助、副岛种臣、后藤象二郎、江藤新平等参议对此极为不满，遂集体辞职以示抗议，是为"明治六年政变"。若不是由于岩仓使节团的宝贵经历，这一起因征韩论而起的政变或许将是另外一个结局。

四、大久保独裁（1874—1878 年）

明治六年政变后，新政府的主导权落入大久保利通手中。1874 年 2 月，江藤新平于佐贺发动军事叛乱，大久保旋即出任全权代表赶赴佐贺，成功平叛并处死了江藤。虽然佐贺之乱被镇压了下去，但士族当中对新政府专制措施的反抗之声犹存。

1871 年 10 月，中国台湾地区少数民族杀死琉球渔民事件发生。之后，日本对事件予以大肆渲染，并扬言出兵中国台湾。在大久保看来，出兵中国台湾地区不至于招致列强的强烈抗议，其风险要远远低于朝鲜，而且还能转移国内士族（特别是以西乡隆盛为首的萨摩藩士族）对新政府的严重不满。最终，大久保于 1874 年 4 月决意出兵中国台湾地区（木户孝允以辞职相抗），后为解决事态又亲赴北京与清廷交涉，成功获得清廷对日本军事行动正当性的认可及赔款。这可以称得上是日本外交上的一次全胜。

（一）废除武士

大村益次郎（村田藏六）在近代日本首创征兵制，并试图建立一支不再依靠武士的军队。虽然大村于 1869 年惨遭暗杀，但征兵制却由山县有朋接棒得以继续推进了下去。大村即前文所述长州藩启用的军事指挥官村田藏六，他原本只是一名医生，后又成为兰学家。山县同样出身低微，起初只不过是一介下级武士，后在高杉晋作率领的骑兵队中担任干部。这支奇兵队的成员不仅包括武士，还有农民参与其中。大村及山县通过长州征伐深刻体会到了一个道理，即安享特权、养尊处优的武士鲜有用处，而由那些身份卑微者组成的军队却所向披靡。

1873 年，新政府发布"征兵令"，推出了全民皆兵的方针。如此一来，武士便失去了其原有价值。1876年，新政府又发布针对武士的"禁刀令"，而佩刀在此前被视为武士的象征。同年，新政府又实施了"秩禄处分"，即不再向武士支付俸禄（禄米），改为发行"金禄公债"，要求武士依靠利息生活。简而言之，政府通过一次性支付"金禄公债"便断了武士的禄米。毫无疑问，这一措施剥夺了武士长期享有的经济和身份特权，其所受打击程度之大不言而喻。显而易见，这一措施是极具风险的，然而武士出身的明治精英们为了国家的近代化，仍义无反顾地予以了实施。在接二连三的新措施下，备受打击的武士发起叛乱也并不奇怪，西南战争便是其中一场规模最大的叛乱。然而，毕竟历史潮流不可阻挡，叛军终被政府军镇压。

通过上述种种事例，可见新政府在废除武士特权与身份问题上的态度之坚决、行动之果断。而相关的大政方针则得到了大久保的全力支持。

（二）对民权派的妥协

如前所述，新政府参议板垣退助于明治六年因在征韩论问题上与大久保意见不一而辞职。板垣辞职后与土佐藩的同道们于1874年向政府提交了关于设立民选议院的建议书，从而旗帜鲜明地亮出了其民权派立场。而前述出兵中国台湾之际木户孝允的辞职令使本已十分被动的大久保更加步履维艰。

出于争取板垣及木户重新回到政府的考虑，大久保对民权派展现出了让步姿态。在伊藤博文的周旋之下，大久保在1875年1月大阪会议召开之际，与木户及板垣数次会谈，试图以承诺建立立宪制度拉拢二人重回政府。

同年4月，天皇颁布"渐次立宪制"诏敕，宣誓将循序渐进地实现立宪体制。具体而言，是要首先设立元老院、大审院、地方官会议，分别代行立法府、最高裁判所及下院职能。这些立宪措施虽然不够完备，但却显示了大久保对建立立宪制的积极姿态。

五、立宪政治之路

（一）明治宪法的制定

西南战争的结束为日本立宪制度的进步带来了巨大转机。由于幕末以来势力最为强大的萨摩士族集团完败于政府军，从而使得士族再也无法依靠军事力量与政府进行对抗，能够采取的途径只剩下言论一条。而这却使得士族与非士族在言论问题上走到了同一条战线。农民（仅限豪农）也因此得以有机会参与到了自由民权运动中。换句话说，政治参与范围得到了进一步的扩大。

自由民权运动以开设国会为目标，声势愈发壮大。这迫使政府不得不做出回应。自 1880—1881 年，参议们在政府内部纷纷建言献策，其中有关宪法大方向的争论引发政府内部激烈的权力斗争，终于导致政府再度分裂。大隈重信及与其关系密切的福泽谕吉等在野势力被驱逐出权力中枢，取而代之的是伊藤博文、山县有朋等长州派，以及黑田清隆、松方正义等萨摩派。

不过，新政府在大隈离开之际也承诺将于九年后开设国会。伊藤博文为了制定宪法还专门远赴欧洲考察，得到了柏林大学鲁多尔夫·冯·格奈斯特及维也纳大学罗伦斯·冯·史坦两位学者的宝贵建议。归国后，伊藤便开始着手制定宪法。

明治宪法的制定效仿了普鲁士宪法，即规定天皇拥有至高无上的绝对权力，并最大限度地对议会（民权）权利予以了限制。然而在枢密院审议宪法时，有人进一步提出，既然天皇拥有绝对的权力，那么就无须对臣民的所谓"权利"做出规定。对此，伊藤博文予以了坚决否定，认为不存在一个不保护国民权利的宪法。伊藤还严厉驳斥了有关宪法第四条"天皇为国家元首，总揽统治权，依本宪法规定实行之"的内容是在制约天皇大权的看法，认为不对权力做出限制的宪法何谈"宪法"二字。此外，这一宪法还赋予了众议院对政府财政预算的否决权，虽然德国顾问对此曾一度表达了顾虑，但伊藤并未予以理睬。

政府在制定宪法之前对行政机构进行了完善，设定内阁为行政机构之首，并由伊藤博文出任首任内阁总理大臣。从身份上而言，伊藤属于士族中的最下级，即"足轻"，而其父身份则更为低微，仅是一名农民，而后才成为"足轻"。换言之，伊藤从士族最下级的一介"足轻"一跃成为内阁总理大臣，手中掌握的权力丝毫不逊色于德川时代的老中、大老，甚至将军。

明治宪法的确立意味着能力主义革命的完成，即实现了由身份等级制度向以能力治国的革命性变化。

（二）议会政治的确立

明治二十三年（1890年），日本举行了首次选举。在这次选举中，日本政府始终恪守中立，未对选举进行任何干涉。然而，政党却在这次选举中出人意料地大获全胜，取得了议会议席过半的佳绩。这一结果令政府措手不及。因为这意味着政府预算将很容易在议会受阻。不得已之下，政府在第一次议会中通过贿赂手段试图分化政党，又在第二次议会上强行解散议会，进行了明目张胆的干涉。政府的强行干涉行为造成议会的极度混乱，并导致 25 人死亡、388 人受伤。即便如此，议会的多数优势仍然被政党势力牢牢掌控在手中。

无奈之下，政府只得邀请政党领袖出任内阁大臣，通过与政党势力分享一部分权力才终于争取到了政党的合作。议会开设 4 年后爆发了中日甲午战争，此时政府与政党的合作关系是较为顺利的。这种较为协调的合作关系才使得甲午战争能够在首相伊藤博文、外相陆奥宗光的主导下完成。假设延续江户时代的体制，那么出任首相、陆军大臣、海军大臣、外务大臣的将分别为德川庆喜、毛利敬亲、岛津忠义、松平庆永。如此一来，甲午一战是不可能爆发的。

甲午战后，政党于明治三十一年（1898年）夺取了政权，大隈重信出任首相。大隈作为明治维新的元勋虽不是什么新鲜人物，但作为政党领袖担任首相却属首次。日本虽然没有像其效仿对象德国那样由政党参与政权，但却仅仅花费了 8 年时间便实现了由政党掌权。至此，以扩大政治参与范围为标志的民主化革命、以废除限制为目标的自由化革命以及以实现能者上庸者下为特征的能力主义革命便以议会开设和甲午战争的形式宣告完成了。

时至今日，即使开设了议会，但能够实现政权顺利交接的国家仍属少数。手握权力的政府往往通过压制在野党以达到独霸权力的目的，而那些无法在选举中获胜的在野党又往往于议会之外以暴力相抗。综观当今之世界各国，这样的例子比比皆是。相较之下，明治维新的确是一次成功的自由主义、民主主义、能力主义革命的巨大尝试。

六、遗留的课题

综上所述，日本自王政复古不过三十余年便完成了社会的巨大变革。然而，迅疾的政治近代化背后却潜藏着一个巨大的风险，即天皇问题。

由于明治宪法中规定了天皇至高无上的绝对权力，因此新政府在困难之际便会策动天皇下诏，以圣断压制反对势力。也正因为如此，天皇的权力绝不容许受到任何挑战，首相及其阁僚的权限均受到了很大的限制。但是天皇终究不可能一个人裁决所有事情，必然要在各方的建言献策之下管理国政。然而，各个建言机构间利益盘根错节，往往很难达成意见的一致。这种情况下，元老便承担了从中斡旋的重要角色。元老们出于明治国家体制创建者的责任感，充分发挥了他们的巨大影响力，在争取各方意见的一致上起到了关键作用。

随着元老们的逐渐辞世，政党势力便变得愈发强大了起来。原敬首相（1918—1921 年）将政党势力扩展至众议院之外的范围，某种程度上实现了国家政治的统合。其后的滨口雄幸首相（1929—1931 年）等人也是强有力的领导人，在统合国家政治上也都发挥了重要作用。

但是政党的力量又是不充分的。在政治经济形势顺利之时虽能万事大吉，但在国家遭遇重大困难之际，政党的力量却不足以克服困难而保持政局稳定。其中，最令政党头痛的问题在于日本军部。

天皇权力的绝对性思想是和视天皇为最高军事指挥官的想法紧密相关的。伊藤博文曾数次对这一观念发起了挑战。甲午战争之际，伊藤首相在出席大本营会议[①]时曾就这一问题提出了异议。伊藤后在 1905 年出任韩国统监之际，又提出了军队指挥权的要求并成功获取而赴朝。虽然伊藤做了一番努力，但终究未能从制度上确立政治对军事的优势地位。

在军部直接负责于天皇的军事领导结构之下，一旦政党处理政局失利，军部便以自身受天皇直接统辖为理论基础而出面干涉政治。如此看来，早在明治维新之际便已埋下了昭和崩坏的种子。不过，这并不是说明治维新就必然产生明治宪法下天皇的绝对化权力（福泽谕吉对政治上利用天皇是十分警觉的）。天皇的权力问题也曾一度引发激烈争论，其无上权力的施用是在经过美浓部达吉对宪法的一番灵活解释后才成为可能的。

必须说，任何制度都不可能是完美的。创建明治新国家的精英们对明治国家制度的不完备是十分清楚的。因此，他们经常以灵活变通的方式驾驭这一制度，并努

---

① 日俄战争之际，桂太郎首相以其军人身份亦得以出席大本营会议。但到了日本全面侵华战争时，近卫文麿首相便无法参加大本营会议，能够参加的仅限于大本营政府联络会议。

明治维新的意义

力对之加以改进。然而，明治国家诞生之后的新一代从政者却极其刻板僵化，缺乏灵活驾驭制度的主动性，使得国家制度日渐趋于绝对化。

　　而今的日本，个人能力受限，难以自由施展的观感变得愈发强烈。这说明日本的许多现行制度都已步入了困境。我们应当回想起幕末的志士仁人在明治维新之际迸发出的无限制度创新精神，在积极向世界学习的同时，识时通变地改进现行制度。这才是纪念明治维新 150 周年的意义所在。

（译者：王耀振，天津外国语大学讲师）

明治维新论
——通说批判与革命比较

三谷博[①]

---

① 三谷博，日本东京大学名誉教授、迹见学园女子大学教授。

引　言

明治维新是 19 世纪所发生的、世界上最大规模的革命之一。同时，它也是在人口数量世界排名第 5—7 位的国家所发生的事件。当时，人口最多的是清朝，其次是莫卧儿王朝，紧接其后的俄国、土耳其、法国、日本及美国等国的人口大致相当。明治维新是一个重大的转折，它在一个人口大国废除了以近世武士为核心的世袭身份制度，且发起了以西方为参照系的持续改革。

但是在全世界的历史学研究当中，明治维新几乎没有获得学者的关注。其最大的理由也许在于，维新完全脱离了在 20 世纪曾席卷全世界的革命模式。俄国革命以后，所谓的革命不外乎就是打倒君主制，并且还必须是通过有意识的暴力和政治宣传（propaganda）来实现的。与此相对，明治维新则是通过复兴、强化君主制来实现的。它将一个在近世时曾为双头领导、联邦的国家改变为君主统治，继而废除三百六十多个小国家并将其重新整合成一个单体国家，还废除了具有统治身份的武士。而世袭身份制的废除也涉及受歧视的阶层，例外的是保留了皇族、旧大名、旧公家等五百多家。

另一方面，在其发生的过程当中，牺牲的人数大概只有 3 万。这与法国革命相比，两者相差了几十倍。因为后者在内战中牺牲了约六十万人，加上对外战争的牺牲者，总人数多达约一百七十万。而与 20 世纪的俄国革命或中国革命相比，两者之间也许相差了几百倍。

这种牺牲人数的差异有助于深化人们对于革命的认识。即为解决社会的根本矛盾，打倒君主制不是必须的，出现大规模的暴力也不是必然的。相反，即便是废除了君主制，之后往往也会出现专制体制。另外，暴力一旦被释放，不少还导致了长期的内战、内乱。如果从这种比较的视角来看，以明治维新为线索，或许可以找到一种不产生大规模的牺牲或深仇大恨就能实现彻底改革的方法。

一、改变主叙事之必要

2018 年值逢 1868 年"王政复古"150 周年，各种纪念活动得以举行。对于明治维新而言，"王政复古"是一件何等重要的事件？除此之外，还有没有其他重要的问题？本演讲首先将探讨一直以来的维新像，即主叙事（master narratives），明确揭示之前被等闲视之的几个维新的侧面，然后提出新观点。

在现今的日本所叙述的明治维新史当中，无论是肯定的还是否定的，都存在相当接近的叙事架构。即在 19 世纪中叶，掌权的德川幕府已经非常衰弱了。这时，西方各国通过军事威慑强行要求幕府改变基本国策，变锁国为"开国"。对于屈服于西方的幕府，舆论沸腾，愤慨其怯弱。首先，拥立批判"开国"的天皇来击退西方的"尊王攘夷"运动开始高涨。继而，该运动转化成将政权重归于天皇的"倒幕"运动。而主导这场运动的是西南雄藩，特别是萨摩和长州两藩。他们在 1868 年实现"王政复古"，并以武力打败反对的大名在天皇之下建立新政府。这个新成立的明治政府不仅废除了幕府，很早地还废除了大名的小国家群，于是诞生了天皇统治下的单一集权国家。为对抗西方国家的侵略，他们不断引进西方的科学技术，一路追求"富国强兵"。

这种历史叙事几代日本人都是通过初、高中的日本史教材进行了学习。但如果说这种叙事存在非常严重的疏忽或偏见，相信现在活着的大多数日本人都会感到诧异。但是在此，笔者还是要对此一叙事进行批判，认为有必要改变它。

这种由"开国""攘夷""倒幕""王政复古""废藩置县"以及"富国强兵"构成的叙事，从 19 世纪末期开始流布，到战时体制下的 1940 年前后，由政府作为正史编纂的《维新史》（5 卷）集大成。该部史书在广泛收集史料作为基石、正确记叙各个史实方面，直至今日仍然具有价值。但是其叙事结构存在相当多的问题。下面，笔者指出其中主要的几点。

首先，是整体的架构。编者明确指出，该书是将维新史作为"王政复古"史来记述的，并成功地进行了编纂。其理由是：维新引起的最重要的变化是"王政复古"，其中最重要的事件是实现了从德川幕府向明治政府的政权更迭以及"王民王土"的废藩置县。"王政复古"不仅仅是作为结果非常重要，作为维新的目的亦同样重要。而贯穿始终的是"尊王攘夷"这一意识形态。首先提倡并为之实现而奔走努力的是水户、长州、萨摩的"志士"们，认为他们自政治动乱伊始即扮演了非常重要的角色，构筑出一副英雄史诗般的叙事框架。"尊王攘夷"的志士们虽然当初遭到幕府"安政大狱"的镇压，命运凄惨；但是他们的同志聚集在天皇之下挽回了局势，最终实现了"倒幕"。也就是说，该部史书叙述的是信奉"尊王攘夷"的志士们所遭受的苦难和悲催命运及其后来的胜利与荣光。

　　但是这种叙事存在多处硬伤。维新的政治动乱始于 1858 年，当时争论的焦点是将军继任者的选定问题以及可否与西方各国签约的问题。这些问题长州藩都没有参与。虽然在"大老"（译者注：官职名，幕府中辅佐将军的最高职位）被暗杀之后，长州才开始进入中央政权，但其主张是让天皇赞同开国。这与"攘夷"完全相反。

　　相反的，在当时的最大的争论点"将军继嗣"问题的背后却隐藏着一个宏大的改革构想。德川第四位亲藩、越前福井的桥本左内（译者注：1834—1859，藩士，在"安政大狱"中被处死）在受托拥立一桥庆喜的运动中，曾设想由大大名中具有丰富应对西方经验的人取代中、小大名，构成德川的权力中枢；在其之下，不仅仅是德川的家臣，还起用大名的家臣及庶民。也就是说，虽然维持双首脑、联邦国家的大致架构，但为了强化中央政府，提高其整合性，准备下大力气根本性地改革在近世日本占支配地位的世袭身份制。但是这一构想随着拥立一桥的失败而消失。不过十年后，明治政府成立之初所制定的"政体"却实现了这一构想，大名的家臣和庶民被大量提拔，担任新政府的高官。

　　《维新史》虽然记述了拥立一桥的运动，但却无视了这一政体改革构想。另外，当时该运动的主体是以德川亲藩越前藩和"外样国持"的萨摩藩为核心的大大名联合体，他们试图挤进被中、小大名垄断了的幕阁。所以他们绝不是想打倒德川幕府，当然也不是以"外样"大名为中心。拥立一桥的大大名们认为，日本要消除西方所造成的危机，就必须建立举国一致的体制，而其第一步就是拥立一桥继承将军大位。而且他们将此作为"天下公论"（民意）使之正当化，还打破了幕府外势力就政治发声的禁忌。《维新史》无视了安政五年政界的中枢曾存在举国一致、参与政权、"公论"及去身份化等主题。相反的，它选择了始于水户的尊攘运动作为主角，在反幕府运动—被镇压—再报复的循环的二元对立图式中描述政局的变动。他们之所以聚焦于本来与政变没有关系却被处死的吉田松阴，也就是这个原因。通过这一操作，长州就被描述得与水户、萨摩一样，成为一开始就主导了幕末动乱的主角。

　　其次，是对于十年后发生的"王政复古"的理解。《维新史》将这一政治过程描述成萨、长联合的"讨幕派"与土佐的"公议政体派"的竞合。前者通过"王政复古"这一政变与鸟羽、伏见之战主导了政局。同时，新政府通过与以"佐幕派"会津藩为主要敌人的东北战争确保了政治的基础。

　　但是事实并非如此单纯。"王政复古"时，为天皇"御所"加强守备的五位大名当中并没有长州；而位列其中的大名当中也只有萨摩一家坚决倒幕。其他的大名是着力拥护德川庆喜的"外样"土佐"亲藩"越前、尾张以及决意中立的安艺。其结果是，到当年的年末，各藩商议决定迎请退守到了大阪的前将军德川庆喜担任政权中枢的"议定"。也就是说，打倒德川政权并不是由"王政复古"决定的。

　　这说明，"讨幕"与"佐幕"这一二元对立的视角并不能很好地解释幕末最后一年的政治。当时，行动最积极的萨摩藩在与长州合作武力举兵的同时，也联手土佐摸索促使德川自主奉还政权的道路，而且直到鸟羽、伏见战事爆发前夕都一直未有放弃。而另一方面，德川庆喜最早构思奉还政权是在一年之前。长州之战失败后，为了恢复对德川的向心力，他与一直遭到冷遇的越前藩重归于好，设想建立一个天皇直接统治之下的、以德川为中心的大大名联合国家——"公议政体"。该设想因遭到孝明天皇的反对而告吹，庆喜一时转而追求强化德川政权之策。但是越前、萨摩、宇和岛、土佐等藩要求赦免长州，遭到庆喜反对。于是萨摩开始宣扬举兵。结果，事态再次进入建立天皇治下的公议政体的议程。这一变动，与之前对公议政体态度冷淡的土佐转而提倡公议政体关系很大。在幕末最后的一年，除了会津之外，主要的藩之间已经形成了"王政复古"的共识；只不过，对于德川在天皇政府之中占据什么地位成了争论的焦点。而《维新史》的"讨幕派"萨、长联合主导了政局的解释，只是在鸟羽、伏见之战后才变得合理起来。

　　之后，西日本和中部地区的大名即刻表明支持新政府。如果他们将新政府理解成萨、长的政府，这一举动是不可能发生的。随着幕府的解体与新政府的成立，内乱只在东北地区发生，因此战死者才只有 1.3 万余人。《维新史》拘泥于时时刻刻的政局变动和战事的发展，且受到二元对立图式的桎梏，所以才失去了看待内乱被控制在最小范围的大局观。

　　最后，《维新史》忽略掉了维新最大的改革去身份化，以及戊辰内战所导致的地方军队对中央政府的威胁。直接的原因，或许在于该书只记述到"王政复古"三年半后的"废藩置县"。该书依据的史料都是各家大名的史料，但"废藩置县"之后，这类史料就没有了；另一方面，在该书编纂时，中央政府的史料还未公开。所以上述疏忽也属迫不得已之事。

　　可问题出在《维新史》之后的史家身上。二战后，他们借助史料公开的便利，对明治初年的历史进行了反复研究。但是对于上述的去身份化，特别是武士阶层的解体的研究，除了落合弘树的《秩禄处分》（1999 年）之外，其他未见有系统研究。

在当时，武士占到全部人口的 6%，他们中的 2/3 失去官职，而且所有人的世袭俸禄都被置换成了小额的国债。这是世界史上罕见的大规模阶级变动之一，但却一直被轻视或无视了。这一方面源自在二战后史学界占主导地位的马克思主义史学不关心被革命打倒的一方。马克思主义史家当中的"讲座派"将维新定义为"绝对主义化"，他们没有认识到其中存在的阶级变化，并理解成：在打倒武家政权的过程中，没有见到本应是革命主体的农民、町人，而是他们的上层与武家内部的改革派勾结，建立了绝对主义政权。但是将标榜"公论"而成立，之后又引入立宪政体的明治政府理解成"绝对主义"，这存在说不通的地方。在此，本文想特别再确认一下明治政府废除了贵族当中除皇族、公家、大名等共约五百家之外的中坚部分的事实。贵族被全部废除，这无疑是应该理解成革命的、值得关注的现象。且在此过程中仅死亡了约三万人的事实亦属于"真实的谎言"。但是这些为何会一直被无视，这也只能说是一个难解之谜。

二、维新导致的东亚国际关系的变化

明治维新改变的不仅仅是日本国内的体制，亦引发东亚国际关系发生巨大变化。以下行文对此概而论之。

"王政复古"27 年之后，围绕朝鲜半岛的支配权，日本与清政府开战。战争的结果是，日本迫使清政府割让台湾地区，自己变身为拥有海外殖民地的殖民地帝国。之后，20 世纪初期，在日俄战争后吞并朝鲜半岛；1931 年以后侵略中国，从1941 年开始又将战争对手扩大到欧美主要国家；直至 1945 年战败、帝国瓦解。

上述的"大日本帝国"在 20 世纪前半期对邻国的侵略，影响了今日的人们对于明治维新的看法，即认为：支配朝鲜半岛也好，还是昭和时期侵略中国也罢，皆始于维新。作为必要的条件，这种理解是正确的。因为如果日本继续维持江户时代的锁国体制，那么日本人也许就不会出现在日本列岛之外的地方了。但是维新是否就创造了充分的条件呢？

事实上，对邻国进行领土扩张的构想在幕末时就已经存在。比如，桥本左内就认为，要日本一国应对西方诸国，就有必要将领土扩张至朝鲜半岛或滨海边疆区（译者注：现俄罗斯东南部，黑龙江、乌苏里江和日本海所环绕的地区。原属中国，1860年《北京条约》为帝俄割据）。但是同时他也知道这在现实上是不可能的。从而得出结论，认为日本应该与西方列强中的英国或俄国结成同盟以便保全自己。另外，在明治初期，长州的木户孝允主张征韩。这是一种试图利用对外战争的危机来推进国内根本性的、改革的、着眼国内的政治战略。但是他所出身的长州内部发生了叛乱，在成功镇压之后，他撤回了上述主张。

作为观点，日本国内曾经存在对邻国开战或扩张领土的构想。但是政府并没有实行这些构想。1873 年，看守政府曾一度决定征韩，但出使欧美的使节团回国后，经过一番激辩之后，征韩计划又被否定了。这导致了日本国内的紧张局势。因为萨摩和土佐的军队虽然回到了原驻地，但留在政府的军队也要求对朝开战。为了转移这种压力，明治政府于次年出兵中国台湾地区。这招致清政府的强烈抗议，最后总算是通过外交交涉得以解决。经过这一危机之后，在对外关系上，明治政府变得极为慎重。在对朝关系上，虽然在明治初年更新邦交关系时遭遇波折，但后来因为朝方政权更迭才得以顺利地缔结条约。但是代价也非常大。那就是日本国内发生了叛乱。1877 年，萨摩举兵叛乱。明治政府好不容易才将之镇压。自此以后，国内叛乱的危险得以消除，和平的对外关系也就容易维持了。

之后在 19 世纪 80 年代，朝鲜国内二度动乱，发生了将清朝和日本都卷入其中的事件。第二次事件之后，日本的军部曾计划大规模扩张军备，但政府以优先整顿财政问题而将此压制。在对朝方面，主要是为了防止俄国势力的扩张，明治政府倡导在清朝、英美列强等的协调下实行中立政策。

这一不介入朝鲜的政策发生转变是在 19 世纪 90 年代。在财政整顿之后，日本经历了经济的高速增长。在此背景下，日本又整备了铁道，进口了舰船。这样一来，从国内动员、征兵并派往海外成为可能。1894 年，当朝鲜一发生动乱，之前一直压制军部要求的政府马上就与军队步调一致，开启与清朝的战争。

以上内容概述了明治政府成立之后的对邻国的政策。自此可以说的是，日本派兵海外并不是维新的直接结果。从出兵中国台湾到甲午战争，这中间间隔了 20 年。在此期间，明治政府主要着力发展国内经济，在经济条件具备之后才往海外派兵，走上战争之路。近代日本对邻国的侵略或支配，或许更适合将其作为维新完成之后的另一个进程来理解。

三、革命比较的问题

下面，笔者变换视角，考察一下如何将明治维新研究应用于革命比较研究。主要的内容有五点。

第一是革命的早期条件。即什么样的政治结构容易引发革命的问题。与同时代的中国或朝鲜相比，近世日本的政治体制在征税能力上稍胜一筹。中国是对全国实行低税率的间接税，而日本是对土地所有者直接征收高税率的地税。虽然在长期的和平环境中，大名的分封小国征税能力有所下降，但在东亚范围内，它仍然是属于比较高的（GDP 的 15%以上）。而且即便是在 19 世纪中后期的维新动乱中，这种能力也没有降低。

但是在全国性的政治组织方面，近世日本存在很大的弱点。在这由二百六十多个分封小国组成的联邦中甚至存在两位君主。这种复合结构容易解体，同时也易于再建。而中国或朝鲜则有着整合性非常高的政治组织。唯一的君主通过任用科举考试所选拔的官员进行统治，整体上又因儒教被赋予强烈的正当性。所以解体这样的体制非常不容易。即便科举考试如何竞争激烈，造出无数的落榜者，但"机会均等"在男性中仍极富魅力。而且这种儒教考试证明其合格者完全具备高尚的德性，也赋予了他们相对于一般民众更明显的优越性。它使得人们确信：这是人所能想到的、最好的体制。同时，朱子学以外的政治意识形态被作为异端受到严密监视，并被清除出去。这样一来，人们也就不可能想到需要进行彻底的改革了。

与此相对，到了 19 世纪，双首脑体制在日本变得很不稳定。随着国学从 18 世纪后半期开始普及，认为双首脑之中，真正的君主为京都的天皇这一认识渗透全国。在这样的知识背景下，到了 19 世纪中叶，将军一旦屈服于西方的军事压力，其正当性就迅速减弱。而天皇如果批评将军的这种软弱，大名和武士就会将其保卫国家的期待从将军转向天皇。最终，日本的主权就集中于天皇一身。继"王政复古"之后，大名的分封小国解体，而构成这些小国家的武士也失去了世袭的地位和收入。如此一来，在近世曾普遍存在的身份与才能的错位就在极短的时间内即告消除。

要而言之，分权的结构使得解体变得容易。而且恰巧存在二位君主，当一方失去权威时，权力就会集中到另一方。因此，日本才可以最低限度地减少体制崩溃后常发生的、新首脑产生时出现的权力斗争。

　　这一经验启示：革命易发生在整合性不强的体制当中。像近世日本这样长期维持和平的国家，整合性不强本身并没有导致体制解体。但是不管原因如何，一旦政治体制承受巨大的负荷时，整合性差往往就会转化成矛盾。这样，体制就开始自我崩溃。导致崩溃的最初的整合性问题因革命不同而有所差异，对立形成后所产生的问题的连锁反应方式也会不同。确定不同革命崩溃的原点以及连锁反应的方式，并在此基础上进行比较分析，应该是一个有趣的课题。

　　第二是君主在革命中的作用问题。俄国革命发生以来，在整个 20 世纪，所谓的革命无外乎就是指废除君主制，并认为在君主制下不可能发生纠正社会内在矛盾的大改革。在这一点上，明治维新明显地成了一大例外。但是如果想将其不视作唯一的例外，那就可以将下面的情况纳入进来考虑：专制者站在民众的一方表现自己，并动员民众以形成压力，来弱化、解体自己的对手贵族。这是打倒君主制后成立的近代独裁体制中常见的现象。

　　这种现象在传统的君主制中却很少见。因为君主多与贵族合而为一，他们相互合作维持权力的基础，并一致行动打压来自底层的挑战和叛乱。不列颠在 17 世纪发生的激烈革命，可以认为就是因为超出了这样的一般性倾向而导致的。与其相对的，在 19 世纪的日本，君主制成了改革的支点。自 14 世纪以来，天皇既无决定权也没有财产，只是作为国家统合的象征而存在。天皇及其宫廷没有要保护的利权，其象征性的地位也只是任由武士们利用。另外，对于所有的日本民众而言，天皇被视为公平的存在。所以天皇的名号在大名的关系调整中、在全部废除大名国家上、在动员因废除身份制而出现的大量人才上都非常有用。

　　君主主导社会大改革以君主在政治、经济上失势为条件。无论是中国、朝鲜，还是西方国家，前近代的君主一般都集国家的财政及人事大权于一身。而与日本相似的例子，除了 18 世纪的不列颠之外，很难再找到其他的国家。"光荣革命"之后，不列颠之所以会形成"国王统而不治"的体制，达到接近日本传统王权的状态，就在于经过长达半个世纪的激烈内战，王权已经虚化；而且社会秩序的再建成为彼时的紧急课题。其结果是，民众对于王权的期待就集中到了它所具有的、象征性的统合力上。以一战为契机，欧洲的君主制极剧减少，而残存下来的君主制无一例外地都与立宪制结合了。这其中就存在类似的缘由。只不过对于大规模的社会改革而言，君主制的弱化只是其中的必要条件。而在明治维新中，君主制成为改革的关键，并成为充分条件，也许还是属于少见的情况。

明治维新论

第三是对本国在世界上的形象的自我认知。中国自负地认为，有史以来，本国为世界的中心，自己的文明无可比肩。这种自我中心主义的世界观妨碍了中国人仔细观察外部世界。与此相对，很多日本人将本国定位于中国或印度文明的边缘，具有总是向外部学习的习惯。在近世，不仅仅从中国，还从荷兰引进书籍，开始关注西方的动向。因此，知识分子早在19世纪前半期就意识到了西方所导致的世界权力格局的转换以及他们的活动范围将向太平洋西岸推进，并做了西方人再靠近日本的沙盘推演。所以在美国使节到来之前，他们就已经考虑好了防卫国家的改革方案。国际关系的紧张常常会赋予一个国家强烈的改革动机，但其强度和发生的时机却因该国对外部世界的敏感程度而有所差异。中国和朝鲜真正开始与日本同样的改革是在甲午战事最为紧张的时刻，晚于日本约四十年。

第四是伴随革命而产生的牺牲人数的问题。在明治维新中，因政治因素致死者约为三万人。相较其他主要国家的革命，这个数字是非常小的。法国革命的情况是，内乱加上对外战争，死者人数合计高达约一百七十万。俄国革命和中国革命都应该超过了一千万。这之间的差异该如何说明呢？首先可以指出的是，有无发生过对外战争。日本因为维持了一以贯之的中央政权，所以避免了对外战争。即便是长州和萨摩与西方国家发生了炮击战，但也是小规模的，且短时间内即告结束。与此相对的是，法国革命时期的对外战争，仅法国一方的死者人数就达到了一百多万。

另外，国内产生的死者人数也存在差异。法国革命仅内乱就导致了超过六十万人死亡。革命发生时，法国的人口约为明治维新时期日本人口的80%，但其牺牲的人数却比日本多出20倍。这又该如何说明呢？其中之一就是民众的参与度的问题。文化程度较低的民众参与到精英的政治斗争时，其关注点往往会从改革转向"代行正义"，从而暴力不断。

在明治维新中很少存在意识形态的冲突。正如欧洲的宗教战争所启示的，人们一旦在宗教或意识形态上产生对立，往往会变得更不宽容。在法国革命中，革命政权与天主教之间发生了激烈的斗争。同时，知识分子围绕建设理想社会提出了种种设想，他们之间又产生了冲突。这些因素使得为重建新秩序达成必要的妥协变得非常困难。中国革命的情况也与此类似，最后，意识形态存在差异的国民党与共产党对立，直至升级发生了大规模的内战。

在19世纪，日本几乎没有发生过意识形态的对立。因为将军也承认天皇为最高的权威。当时，虽然存在佛教、儒教、各派神道等多种宗教或宗派，但它们大多和平共存。一人信奉多种宗教，进行日常性的礼拜是很普遍的事情。在这样的文化环境中，幕末从事政治运动的人们，其主流的做法是：为改革政体诉诸"尊王"的同时，也避免将宗教带入政治从而使得对立关系复杂化。

第五是在革命过程中产生的"公论"（舆论）与暴力的关系。舆论与暴力是革命的双生子。追求大规模且激进改革、标榜"正义"的政治运动往往被诉诸所有的手段。被卷入狂热运动中的人们，一旦发现存在不公正或对大义的背叛，就会不仅仅通过言论进行批判，更会想通过暴力去惩戒、排除。革命会流血就是因为这个原因。但是如果要平息内乱，使革命取得成功，就必须在某个合适的时候控制暴力。因此，我们在观察舆论与暴力是如何出现的这一问题的同时，也必须观察舆论是如何与暴力诀别的。

明治维新时，暗杀或武力所形成的威慑曾改变过政治局势。但是那些主张"公议""公论"，并在幕末的政界成为反对主体的人们主要是对当时的政权幕府进行说服和交涉。其次，萨、长在小规模的战争中取得胜利掌握了新政府的主导权之后，西部和中部地区的大名迅即对其表明支持。这是为保护本藩地位和利益的机会主义与崇尚天皇的权威主义起了作用。并且在战争中落败的前将军，虽然拥有足以抵抗的陆、海军力量，但他却主动投降了。虽然还不清楚其中的理由，但这一决定使得在幕末发生政治斗争的主要当事人之间避免了战争，剩下抵抗的只有东北地区的大名。当初，针对仅仅只是反对"王政复古"的会津藩，虽然对其做了工作，以便使其不战而降，但最终失败。于是在东北地区发生了将其他大名也卷入其中的激烈战事。但是这场战争在半年时间内就差不多决出了胜负。明治维新出现的死者人数较少，是由这些事件的发展本身决定的。在这一过程当中可以看到，当事双方都避免发生武力纷争，即便发生也欲控制事态扩大。其背后可以说是存在近世日本和平环境下所培育的同调主义以及对西方势力介入的恐惧。

在内乱结束时，暴力并没有同时消失。虽然东北地区的战败者没有复仇的动向，但在胜利的一方当中，有人希望再次发生内乱，从而威慑到了东京新政府。在戊辰战争中，萨摩、长州、土佐的军队积极参战，但战争结束后，他们不仅没有解散军队，反而试图加强军备。那些军官和士兵对自己的战友被东京政府起用、提拔，而自己遭到冷遇感到不满。这些不满情绪不断累积。为了缓和不满，东京政府把这三个藩的军队召至东京作为天皇的近卫军。围绕征韩，政府内部产生分裂，在"征韩论争"中败北的萨摩、土佐的军队退回了原籍。东京政府的怀柔战略失败。萨摩和土佐继续加强军备，导致社会预测天下将再次大乱。同时，在武士的世袭俸禄被废除、其地位的象征带刀被禁止之后，1877 年，萨摩马上起兵叛乱。

东京政府将叛乱控制在了九州的南半部分。原本土佐也有同时起兵的计划，但在见到胜负已分之际改变了自己的策略，选择放下武器，主要以言论来对抗政府的道路。这一经验说明，革命之后对待为革命做出贡献的军队是如何之难。在内乱中被打倒的势力企图复仇的情况出乎意料地少。反而在革命后的和平过渡期，战胜者的军队却成为"麻烦的制造者"。如何对待他们，成为革命后政府的难题。

以上内容概述了五点以明治维新的经验为基础，将其与其他革命进行比较、讨论的观点。其中的有些问题不仅仅在 19 世纪，即便是在 150 年后的今天仍然作为人类共同的重要课题继续存在。明治维新并不是发生在欧洲视角下的"远东"的微不足道的事件。同时，也不单只是日本人记忆、共享以增强民族同一性的工具。本文如果能够提示一种从日本经验思考人类普遍性问题的线索或材料，那将是望外之幸了。

（译者：刘晓军，南华大学讲师）

明治维新：人才录用的革命

清水唯一郎[①]

① 清水唯一郎，庆应义塾大学教授。

前言：复古、革命还是革新

明治维新一词在国外怎样翻译？思考这一问题，或许会对考察明治维新带来新的视角。英语的译法是 Meiji Restoration[①]。这一译法应该是考虑"王政复古"而得来的。以现在的研究水准来看，通常认为太政官制象征的"复古"色彩是为了便于争取反对势力的支持，而并不是维新的实质。

近年来有人尝试从比较革命史的角度，将明治维新与法国大革命、美国独立战争进行比较分析。若以此分析视角而言，将明治维新翻译为 Meiji Revolution 似乎并无什么不妥。西方语境下的 Revolution，在英国的光荣革命以前意指复古，法国大革命以后则指大改革。[②]但在东方语境中，Revolution = 革命，意味着政权更迭。为此，也有人认为，从德川政权向明治政府的转变，是同为武士阶级内的政权更迭，不能称作革命。但从人才录用的角度来看，明治初期旧藩主向维新志士转让主导权，以及此后能力主义在政权中的确立都说明明治维新具有鲜明的革命性。[③]

江户时期决定人生的是身份、家世，但到了明治时期开始逐渐有了职业选择的自由，个人可以通过自身能力开拓自己的发展道路，这种转变完全是革命性的。不过，其中虽然涌现出了《坂上的云》所代表的涓涓清新，但并没有出现革命特有的洪暴之举。这是因为当时已经产生了利用好有限的人才，即"人尽其才"的思想，并勾画出了培育下一代人才的未来构想。

一、首要急务——确保人才

对于明治政府而言最大的课题是确保人才。这一点在新政府的成立宣言《王政复古大号令》（以下略称《大号令》）中得到了充分体现。《大号令》虽然表明了取代德川政权的统治机构的基本政权构成，即总裁—议定—参与制，但它体现出的并非仅仅是政府行政的机能。新政府的组织者是萨、长这样的地方政府和朝廷的宫廷

---

① 苅部直：《走向维新革命之路》，新潮社，2017 年。苅部认为，1874—1875 年英国外交官弗兰西斯阿达姆斯所著的《日本史》基本上是这样把握幕末政治变动的。

② 汉娜·阿伦特：《论革命》，筑摩书房，1995 年。

③ 关于这一点请参照拙文《近代》（中央公论新书编辑部编：《日本史的论点》，中央公论社，2018 年）。

学究集团，他们都不具有执掌全国政权的经验。因此，新政府面临最大的问题是堪当大任的人才严重不足。为此，《大号令》提出首要急务就是人才选用，并制定了相应的积极选拔有才能者的方针。新政府谋划从各藩招贤纳士，并创设了征士制度。[①]

但这对各藩来说是一个大问题。始于幕末的动乱尚未平息，贤能人才如果被政府抢走，那么各藩连基本的平稳秩序也无法维持。由于戊辰战争的走势尚未明朗，因此各藩国在对待新政府的态度上均有些摇摆不定。藩政府不得不摆出诸如舍弃多年的主从关系和抛弃家庭实为不孝等各种理由来挽留人才。[②]

如此一来的结果是，在早期阶段仅有极少数热情洋溢、雄心勃勃的青年加入新政府，他们即使背井离乡也会义无反顾地投身维新之中。这些青年有由利公正（三冈八郎，福井藩）、伊藤俊辅（伊藤博文，长州藩）、大隈八太郎（大隈重信，佐贺藩）、陆奥阳之助（陆奥宗光，纪州藩）等。

打破这一困难局面的是军事局势的变化。由栖川宫炽仁亲王率领的征东军一路高歌猛进，政权的更迭已是大势所趋。庆应四年（1868）3月14日，新政府颁布了施政方针，即"五条誓文"：

（1）广兴会议，万机决于公论；

（2）上下一心，大展经纶；

（3）官武一途，以至庶民，各遂其志，务使人心不倦；

（4）破旧来之陋习，基天地之公道；

（5）求知识于世界，大振皇基。

上述五条誓文中尤以有关政治体制之第一条为人熟知。但是本文重点关注的是后面的四条。第二条说举国一致谋发展，第三条说为实现目标，全国人民应拥有梦想和为之奋斗的理想。为此，应破除旧习（第四条），求知识于世界（第五条）。

五条誓文中包含了多层意义：第一层面是开放德川政权下一直被限制了的职业选择自由，展现出自我奋斗的世界观。第二个层面是告诫人们要致力于探究学问并为此放眼于世界。这一誓文宣誓了从没有出行自由的德川政权向为求知而跃动的时代转变。鉴于此，福泽谕吉在《劝学篇》中大力提倡人们应当致力于追求学问，开拓自我发展道路，并描绘出了一人独立则一家独立、一家独立则一国独立的自我实

---

① 清水唯一郎：《近代日本的官僚——从维新官僚到学历精英》，中央公论社，2013年。
② 佐佐木克：《志士与官僚》，讲谈社，2000年。

现之链条。①

在誓文颁发的 3 月 14 日，江户城中胜海舟与西乡隆盛之间关于江户无血开城的会谈也进行得十分顺利。身份和土地束缚的江户时代终于被尊崇自由和努力的明治新时代取而代之。誓文不仅仅象征着时代的转换，还是一份让旧秩序下的人们心生希望、拥抱梦想的宣言。

二、为确保即战力委求于旧幕臣

在江户无血开城的影响下，各藩争先恐后般地向新政府输送人才，征士骤然激增至五百多人。不过这些人都是领受藩命而加入新政府的，关键时刻是否会对政府做出贡献则另当别论，何况他们还不具备推动新时代政府的能力。

新政府关注的是旧幕府的人才，也就是那些幕臣。以萨、长为首的各雄藩志士们虽抱负远大但专门教育却十分不足。在昌平坂学问所、开成所有过求学经历的也为数不多。最关键的是他们都没有执掌全国政权的经验。他们纵然可以作为政治家执掌国政，但离开具备实际业务知识和经验的人才也是无法进行统治的。唯有江户这群受过专门教育、拥有全国统治经验的旧幕臣能满足这种政治诉求。在新政府的强烈要求之下，并在德川庆喜被幽禁这一事实的影响下，旧幕臣五千多人出任新政府各级官吏。②

旧幕臣开始在新政府中任职是从明治二年以后开始的。涩泽荣一便是其中的一个典型事例。虽然此前在 6 月份已经进行了版籍奉还，在制度层面上已经是"普天之下，莫非王土；率土之滨，莫非王臣"，土地和人民都回已经归到了天皇治下，新政府本来是可以直接向涩泽提出令其在新政府中任职的要求的。但是为了慎重起见，新政府还是于 10 月通过静冈藩政府来劝导涩泽。静冈藩担心涩泽拒绝出任要求而惹恼新政府，为此想方设法地劝导涩泽。面对这种状况，涩泽已然无法拒绝新政府的要求。

涩泽到大藏省任职后，强烈主张聚贤纳才是创设新制度必不可少的条件，因此建议政府积极地启用旧幕臣。在他的斡旋之下，前岛密（开成所教授后任内务省驿递总监）、赤松则良（乘坐咸临丸赴美，留学荷兰，后任海军中将）、杉浦让（渡海

① 福泽谕吉：《劝学篇》，庆应义塾大学出版会，2002 年。
② 门松秀树：《明治维新与幕臣》，中央公论新社，2014 年。

赴法、外国奉行组长，后任内务省地理局长）等人均受到了重用。[①]

德川宗家改封静冈后，封地面积被压缩至 70 万石，旧幕臣们的生活骤然窘迫起来。在戊辰战争结束之际，旧幕臣们的境遇更是糟糕到了极点。这些人都期盼着什么时候能再回到中央政府大显身手。

前岛密曾经是静冈藩十分重用的干部，但在刚进入民部省任职之时仅被委任以九等官职。前岛起初对此是牢骚满腹的，但是在其首次出席省议后就改变了自己的看法。因为九等官在其所属局内是很高的位置，旧幕臣中比自己地位高的只有涩泽一人。

更为关键的是，包括省卿伊达宗城在内，身居中央大员的大隈重信、伊藤博文等人丝毫不介意身份差别，能够与大家共处一堂，畅所欲言。对于一直生活在德川政权下严格身份制中的前岛来说，这简直就是颠覆性的存在。[②]

三、开拓人才培养之路

旧幕臣们由于自身能力得到了新政府的赏识而获得了优厚的待遇，但那些选择继续抗争的奥羽越各藩同盟的藩士们则没那么幸运了。军人另当别论，明治初期的新政府中根本看不到来自这些地方的人才。不过，这些人的前途并非完全一片黑暗。因为虽然他们未能得到新政府的青睐，但新政府开拓出来的人才培养的阳光大道却是对他们敞开着的。况且新政府重视人才培养的方针还是在一位贼军之地成长起来的青年制定的。这位青年便是后来成为元老山县有朋的左膀右臂而闻名的旧米泽藩士平田东助。

米泽藩在戊辰战争失败后，着手进行藩政改革和鼓励洋学。藩校出身的秀才平田被送到开办于东京的大学南校（开成所的后身）。该校学生基本出自各藩阀子弟，平田的出身在这里尤显寒微。尽管如此，还是有一位学生毫不顾忌周围严苛的目光，选择与勤奋刻苦的平田结交成了好友。这个人就是日向饫肥藩的小仓处平。

小仓虽是政府军方面的人才，但是饫肥藩仅仅是个 2 万石的小藩。叛军出身的平田和小藩出身的小仓有着某种共同的问题意识。他们二人共同指出，大学南校的现状是只有强藩出身者才能受到优厚待遇，这与誓文第三条"各遂其志"的宗旨是

---

① 樋口雄彦：《旧幕臣的明治维新》，吉川弘文馆，2005 年。
② 前岛密：《前岛密自传》，日本图书中心，1997 年。

相违背的。相较之下，江户时代的昌平坂学问所都要比大学南校更加开放。^①这简直是时代的倒退。他们二人主张求学机会均等，上书建言应从全国各藩广泛吸纳人才。

令人惊叹的是他们的建议被新政府采纳了。新政府深感人才选用是非常必要的，同时也深刻认识到必须要进行全面的人才培养。1870 年（明治三年），政府通令全国各藩向大学南校选送英语能力出众的优秀青年，大藩名额是 3 名，小藩的名额是 2 名，即便是 1 万石的小藩也得到 1 个名额。这体现出了新政府对人才的强烈渴求。当然也有一些小藩没有可选送的人才，不过全国各地还是有超过 300 人的学生汇聚到大学南校。^②

四、求知于世界的留学之路

身负各藩名誉与众望的青年才俊们聚集到大学南校后各个刻苦努力，并接受了全英文的教育。同时，外国教员也得到了不断扩充。1877 年（明治十年），大学南校与东京医学校合并，由此诞生了东京大学。^③从此，日本的高等教育开始获得了顺利发展。

就一般道理而言，越是重视原典学问越应该在学问的源发地学习。随着学习的深入，知识的积累，这些青年学子特别是其中的佼佼者对远赴欧美继续留学深造的期待变得愈发强烈，日本的那些外国教员的知识结构已经难以满足他们的知识需求。此时，应该可以说誓文所提倡的"求知于世界，大振皇基"的时机已经成熟了。

虽然青年学子们非常渴望作为政府派遣的留学生赴国外留学，但是明治初期政府基本都是按照其自身的实际需要从各省官员中选派留学人员的，当时并不存在派遣大学生出国留学的体制。面对这一现实，学生们或不厌其烦地向政府相关人员提出申请，或策划向富商们筹措资金，还试图以外国船只要员的身份趁机留学国外。但这些都无果而终。于是他们改变策略，由个别行动转而进行集体请愿。

青年学子们的一番努力终于没有白费，他们最终迎来了政府留学生制度的根本性改变。但各省各自开展的留学生事业都没能取得明确成果，而且留学生中也确实

① 前田勉：《江户的读书会》，平凡社，2012 年。
② 康泽富太郎：《贡进生》，行政（出版社），1974 年。
③ 东京大学百年史编委员会编：《东京大学百年史》通史编 1，东京大学出版会，1984 年。

有不少品行不端者。这也是过于优待藩阀势力子弟的恶果。①于是，刚刚成立不久的文部省便成了统筹负责政府派遣留学生事业的中心。

事实上，政府推动的留学派遣意在由日本人代替大学中的外国教师。要想聘请优秀的外国教师来到日本这个远东小国就需要为对方提供破格待遇，但即便高薪聘请的外国教师中也有很多人的能力是不尽如人意的。面对这种情况，政府希望通过派出的留学生在系统学成归国后能够加入教师队伍中来。如此一来，无论从能力方面还是成本方面，抑或是长远发展目标来看都是十分有利的。而且无论从财政的角度看，还是从教育效果的角度看，派遣大学生留学都是十分恰当的判断。从他们未来的发展方向来看，这一政策显然是极具成效的。他们在各自领域成了担负日本近代学问和教育重任的栋梁之才。②

1874 年（明治七年）12 月，文部省向政府提出议案选派优秀学生留学并获得了批准。随后，学校内部进行留学考试选拔，最终有 10 名同学脱颖而出，获得了留学资格。就留学去向而言，法学科全部留学去了美国，其中鸠山去了哥伦比亚大学、小村去了哈佛大学，菊池、齐藤去了波士顿大学学习，而古市则选择到法国的国立公共工程学院学习土木建筑，安东选择到德国弗里堡学习矿山学。此外，爱知县师范学校校长伊泽修二为调研教师培养制度陪同鸠山一起来到美国，在马萨诸塞州的师范学校度过了一段学习时光。

与第一批留学生大部分被派往美国不同的是，第二批派遣的留学生全部去了英国：穗积陈重去了伦敦大学国王学院，冈村辉彦和向坂兑则去了中殿律师学院。由于当时的美国还是发展中国家，因此当第一批留学生得知第二批留学生的留学国家是英国时都不免有些扼腕叹息。要知道，如果没有第一批学生的艰难请愿就没有这番留学盛况的出现。这也为两批留学生之间日后的竞争埋下了伏笔。

五、以仕途为立身出世的制高点

学问可以拓展人生是福泽谕吉的名言，这句话描绘出通过立身出世来自我实现的路径。由此，日本在立宪主义国家建设的过程中形成了官僚至上的体系。在这一体系下，优秀学生往往把自己的人生目标定格为通过努力求学进入帝国大学，并在

---

① 辻直人：《近代日本海外留学的目的变容》，东信堂，2010 年。
② 清水唯一郎：《近代日本的官僚——从维新官僚到学历精英》，中央公论社，2013 年。

明治维新：人才录用的革命

毕业后走上仕途。

日本明治宪法第十九条最为明显地体现出了这一体系的特点。凡具备法律、法令所规定资格的日本国民均可平等地担任文官、武官及其他公务。这一条款被视为明治宪法中唯一的平等条款。再者，五条誓文的第二条和第三条描绘的社会顶层职位同样是军人和官僚。换句话说，正是政府方面设计了这个时代的"成功"范式。

政府之所以有意引导青年才俊以仕途为人生目标，是由于为政者们希望以此化解学生投身自由民权运动的热情。[1]要知道，虽说立身出世之门已经开启，但是进入大学学习还是需要相当高的费用的。同时，进入大学的学生要么是名门望族的子弟，要么是能力突出并得到了实力人物经济上支援的年轻人。这些人深受地方民权运动的浸染，他们在学成毕业后又将在大学、中学得到的知识运用到了运动当中。

政府对这样的局面是很担忧的，为此于1886年（明治十九年）创办了帝国大学作为官吏培养机构，[2]将留学归国的年轻官僚们送进大学做讲师。他们都是拥有先进知识、参与国家建设的人才。他们的授课将先进知识与实践经验相结合，对学生是很有吸引力的。在此基础上，政府进一步用好的待遇来争取学生为政府效力。

这样一来，学生们就形成了一种对自由民权运动的失望感。学生们逐渐认识到自由民权运动过于理想化，无法从根本上改变现实，而通过为政府效力却能实际参与到国家的建设过程中，克服财政危机，为宪政的确立做出切实的努力。在这种思想变化之下，学生们逐渐开始脱离民权运动加入到了政府中。

这样的情况经过诸多的演变逐渐制度化。首先是1887年（明治二十年）"文官考试试补及见习规则"的颁布。根据这一规则，省厅可以通过免试的方式直接录用大学生，经三年试用期合格后便正式予以任命。这一方式不仅让政府确保了其必需的优秀人才，而且试用期的设定还可以使学生们在此期间得到切实锻炼，根据他们的表现来决定是否最后予以正式任命。因此，免试录用是深受学生们喜欢的。[3]

但是这一制度设计与省厅方面的需求却不是很契合。对于官员职位未满的省厅来说，三年的试用期毫无意义。另一方面，能享受免试录用特权的只有帝国大学的学生，其他法律学校的毕业生还是要进行考试的。为此法律学校及与其相关联的民党对这一制度表达了强烈的反对。更重要的是，帝国大学毕业生可随时填补职位空

---

① 真边将之：《东京专门学校的研究》，早稻田大学出版部，2010年。
② 泷井一博：《文明史中的明治宪法》，讲谈社，2003年。
③ 秦郁彦：《官僚之研究》，讲谈社，1983年。

缺的特权导致了考试招录时几乎没有学生来应招的情况。因此，这一存在巨大缺陷的制度仅仅持续了三年便再也运行不下去了。

　　既然做官被置于立身出世这一社会结构的制高点，那么其正当性就不能轻易被撼动。政府尝试向以考试为基轴的制度转变，并于 1893 年（明治二十六年）制定了新的官员选任制度。新制度明确规定，大学毕业生也必须经过笔试、面试方能在政府任职。应当说这一录用制度达到了纳贤聚才的目的。由于在官僚的录用中也引入了具有竞争性质的考试。因此，仕途名副其实地成了精英选择的道路。这一制度虽然在实施的第一年即 1894 年（明治二十七年）受到了帝国大学毕业生的联合抵制，但是他们中的大部分人在第二年便在不得已之下接受了参加考试的现实。于是考试制度便逐渐固定了下来。1900 年，这批学士官僚开始出现在各省局长级别的岗位上，到 1914 年，次官级官僚已经是清一色的学士了。

　　这一制度使得东京面貌为之一新。从帝国大学（1899 年改称东京帝国大学）所在的本乡到神田开办了很多学校，这一带因为云集了全国各地的学生而繁盛起来。学生们喝咖啡、逛街，谈笑风生，偶尔在返回学校之前还会小酌一杯葡萄酒。[①]同时，各地方政府在旧藩主及家臣们的支援下纷纷创建育英财团，着力打造子弟教育，还在本乡周边建设学生宿舍，对学生们展开了多种援助。学生们则背负着家乡的名誉与众望而刻苦学习。[②]由此，一个从地方向中央输送人才的体系便得到了确立。

六、从学士官僚到政党政治家
——二战前日本政党政治的担当者

　　步入政府的学士官僚们没多久就遇到了一道难以逾越的壁垒，即依然牢不可破的藩阀官僚体系。在明治宪法制定之后，藩阀官僚虽然已经很难仅仅凭借地缘或血缘而高枕无忧了，但那些在激烈竞争中得以留下来的藩阀官僚仍然形成了一道牢固的屏障，且他们当中很多人掌握着人事调整的权力。但在新锐学士官僚们看来，藩阀官僚们无非是些思想陈腐的无知老朽。藩阀官僚们因循守旧，贪恋特权，愈发招致学士官僚们的不满。人事方面的优待或冷遇与地缘及血缘紧密相关。

---

　　① 松山市立子规纪念博物馆藏：《胜田主计日记》，明治二十一年。
　　② 例如木下博民：《南豫明伦馆——僻远之宇和岛是如何构筑在京教育环境的》，创风社，2003 年。

明治维新：人才录用的革命

　　学士官僚们在试图打破藩阀官僚壁垒的过程中与政党走到了一起。[①]1900 年（明治三十三年），元老伊藤博文创立立宪政友会后，伊藤系的很多官僚纷纷加入其中，由此一个官僚与政党相合作的路径便产生了。此后，在政局相对稳定的桂园时期，官僚的系统化得到了进一步发展。桂内阁、西园寺内阁之所以能够长期执政得益于高级官僚发挥的政治作用，而且这些高级官僚被普遍视为不同政党势力的代言人。

　　第一次护宪运动中藩阀政治受到强烈批判，这就促使桂系官僚发起成立了立宪同志会，高级官僚们也纷纷加入到了政友会、同志会等政党当中。如此一来，一个从地方青年到政府官僚，再到政党政治家的仕途爬升途径便形成了。

结语：人才录用革命的成果与局限性

　　综上所述，以明治维新为契机，人才录用的方法发生很大改变，并伴随着宪法体制的构筑、政治状况的演变而不断发展。明治初期，立身出世和自我实现的大门敞开，地方的优秀青年被集中到中央学习，汇集到政党中的大学生们后又在宪法体制构筑之际被引导加入了政府中，并且在政党政治确立的过程中，他们又逐步成长为优秀的政治家。经过半个世纪多的历程，一个有效培养并充分利用有限优秀人才的录用体系终于得以确立。

　　这样的体系给全国青年们以希望，每个人都相信只要通过考试，充实提高自己的实力，努力奋斗就会有一个美好的前程。毫无疑问，这一体系对始于明治维新的日本近代化做出了重要贡献。

　　然而这一人才录用体系本身也有很大的局限性。由于优秀的人才被吸收到了中央，地方方面，特别是在大众参与政治、政治家的培养方面就出现了很大的不足。换言之，这一体系的局限性便体现在它导致了地方人才的枯竭。

　　同时，政党政治家在其故乡的政治活动使得日本政治版图中的利益交织变得愈发复杂。学士官僚及官僚出身的政治家很多是次子或三子，由于他们没有继承家业的责任，所以能够到东京求学，从而踏上仕途。然而，当他们投身于政党，参加众议院议员选举的话，通常会选择从家乡参选。这是因为他们能够得到家乡兄长及周边地域实力人物的鼎力支持。换句话说，这些支持势力为他们的选举活动发挥了重

---

　　① 清水唯一郎：《政党和官僚的近代——日本立宪统治结构之相克》，藤原书店，2007 年。

要的拉票组织作用。但问题是无利不起早，这些支持势力因此也会向政治家们伸手索求利益，要求给予他们政策性优待。

由此看来，明治维新带来的人才录用革命一方面起到了纳贤聚才、强力推进日本近代化的积极作用，另一方面却也使得基层民主主义的培育停滞不前，同时又衍生出了利益诱导型政治结构的弊端。这一政治结构甚至在日本于太平洋战争中战败之后也未发生太大的变化。二战前的那批政党政治家虽然遭到了清洗，但官僚及大学却得到了保留。优秀青年们要想出人头地，仍然不得不选择走上仕途并成为官僚。即便是历经了 1960 年、1970 年的安保斗争，这样的政治结构依然没有变化。

不过，进入 21 世纪之后日本社会发生了很大变化：终身雇佣制的动摇使前途变得迷茫，宽松教育的实施使培养"思辨能力"成为重点，政权的更迭使人切实地感受到凡事皆有变化的可能，东日本大地震带动公共精神的提高。面对这一系列变化，年轻人们开始各自怀揣"梦想"，他们不在一味追求在仕途的轨道上前进，转而开始铺垫自我的人生道路。五条誓文所倡导"各遂其志，务使人心不倦"的世界在历经 150 年之后终于有所展现。

（译者：周志国，南开大学助理研究员；校者：王耀振，天津外国语大学讲师）

从中国学习，向西洋兜售

——文明开化中的中国技术

Robert Hellyer[①]

---

① Robert Hellyer，美国维克森林大学副教授。

明治初期,日本政府和知识分子为加快日本现代化进程,积极推行"文明开化",倡导"向西洋学习"。为表彰该时期西方科技及教育专家对日本现代化做出的伟大贡献,日本各地纷纷竖立了相关人物铜像和纪念碑。譬如,北海道大学的前身——札幌农业大学在 1876 年创立之初就为威廉·史密斯·克拉克(William Smith Clark)竖立了铜像。其实并非只有西方科技和专家推动了日本文明开化前进的车轮,例如中国茶叶技师就对日本茶叶出口产业的发展起到了核心的主导作用。1859 年至 19 世纪 90 年代,日本茶叶出口产业刚刚起步。该时期的西洋贸易商、日本茶叶生产商及明治政府高官等严重依赖中国的茶叶生产技术。当时日本绿茶仅销往美国和加拿大两国,但其出口贸易额却位列第二,仅次于生丝。中国茶叶技师厥功甚伟。对于文明开化运动及 19 世纪后期国际市场来说,茶叶贸易对于增强日本的国际地位具有重要作用。正是因为从中国获得的知识,才构建了面向北美的新型贸易关系。

一、英国贸易商及中国茶叶技师共同激发了日本茶叶出口产业的萌芽

17 世纪初,欧洲风靡饮茶之风,中国茶叶垄断世界茶叶市场。19 世纪 30 年代后半期,英属及荷兰属的殖民地高官们决定在亚洲殖民地生产茶叶。于是着手从中国引进茶树、茶种,并实行激励政策,鼓励具有茶树栽培及茶叶精制经验的中国人移居印度和爪哇。[1]英国人通过苏格兰植物学家罗伯特·福琼(Robert Fortune)在中国的暗访和走私夹带将中国茶引种到印度。引种的成功促成了 19 世纪 50 年代印度茶园的大面积开园。[2]自 19 世纪 60 年代起,印度茶园的茶叶开始销往英国,虽然造成了英国市场对中国茶的需求量下降,但仍未影响到中国茶的垄断地位。1865 年,英国茶叶市场中,中国茶和印度茶的占有率仍分为 97% 和 3%。[3]与之相对,直

---

[1] "Description of the Tea Plant;It's name;Cultivation;Mode of Curing the Leaves; Transportation to Caton; Sale and Foreign Consumption; Endeavors to Raise the Shrub in Other Countries", Chinese Repository, 8(1839–1840):162 页.

[2] 罗伯特·福琼的功绩研究, Sarah Rose, For All the Tea in China: How England Stole the World's Favorite Drink and Changed History, New York: Viking ,2010.

[3] J.Berry White, "The Indian Tea Industry: It's Rise, Progress During Fifty years, and Progress considered from a commercial point of view", in Foochow Chamber of Commerce , Correspondence Relating to the Decline of the China Tea Trade ,and Suggested Remedies, Foochow:Foochow pringting press,1887, 18.

至 19 世纪后半叶日本茶叶才逐渐进入英国市场，挤进国际舞台。

1859 年，长崎正式全面开埠。英国贸易商在抵达长崎后很快嗅到茶叶出口的巨大商机。长崎开港初期，日本茶叶出口量极低，出口前需要先运至上海和香港，经精制后与中国茶一同销往英、美等茶叶市场。1861 年，时任英国大型贸易集团怡和洋行（Jardine Matheson）驻长崎的代表托马斯·格罗弗（Thomas Glover）为弥补贸易逆差，接受怡和融资，在长崎开设了茶叶焙煎工厂。

一般说来，西洋贸易商从日本中介手中购买的茶叶只在采摘后经过了即时的蒸茶处理。处理后的茶叶茶质可保数月不被酸化，也足以满足日本国内市场的销售周期。可茶叶若要销往海外，必须在封茶前再经高温焙煎去除其中多余水分，以保证茶质。

1862 年，长崎茶叶焙煎工厂在格罗弗的监督下落成并投入使用。该工厂规模庞大，场内垒砖架数百钢釜，下置火盆加热。工人只需将茶叶置于大钢釜中翻炒 30—40 分钟即可去除其中多余水分。此外还有竹笼焙茶法，该法利用竹笼热传导性佳的特点，将竹笼架于火盆上以烘蒸置于其中的茶碟。工人也仅需站立少时反复烘炒茶叶即可去除其中多余水分。

为确保工厂的正常运转，格罗弗聘用了大量的中国茶叶技师。中国茶叶技师也凭借自身高水平的专业技能，拿到了远超日本工人的薪酬。格罗弗在 1862 年 7 月 25 日写给怡和的信中抱怨称，为保证焙茶品质，同时传授日本工人茶叶精制之法，工厂不得不增加投入聘请高薪酬的中国茶叶技师。[①]由此可见，长崎贸易中中国人的作用和影响实为举足轻重。19 世纪 60 年代，定居长崎的中国人数已超西洋。1862 年，西洋同乡会仅有 84 人登记在册，其中 31 人来自英国，37 人来自美国。1868 年，正式记录在册的西洋人数增至 184 人，其中 72 人来自英国，40 人来自美国，余下均来自欧洲其他国家。与此相对，记录在册的中国人在 1862 年只有 98 人，到 1868 年急增至 296 人。[②]

格罗弗深刻认识到茶叶精制的任一环节都无法脱离中国茶叶技师的监管和指

① Jardine Matheson In-correspondence, "Business Letters: Nagasaki, 1859-1886", B10-4. Jardine, Matheson & Company Archives, University Libraray, Cambridge University. 在此谨向 Matheson 公司允许我研究引用贵司的档案卷宗深表谢意。我在文中提到格罗弗严重依赖中国茶叶技术。Robert Hellyer, "1874: Tea and Japan's New Trading Regime", in Eric Tagliacozzo, Helen F. Siu, and Peter C. Perdue, eds.Asia Inside Out: Changing Times, Cambridege, MA:Harvard University Press, 2015, 190-191.

② 长崎县史编集委员会，『长崎县史·对外交涉编』.吉川弘文馆，1986 年，第 849—850 页。

导，譬如茶叶着色问题。尤其是经钢釜焙煎处理后的茶叶茶色易发黄，难以销往美国。为迎合美国消费者的喜好，该工厂仿效中国在焙茶过程中加入普鲁士蓝（可见于亚铁氰化铁、绀蓝色颜料中）以维持茶色的青绿。[1]没想到生产出的第一批成品茶却被香港和上海的怡和员工指责上色料使用过度。于是，他们向格罗弗提出向中国人学习茶叶着色技术的要求。当时中国茶叶着色技术自研发以来已积累数十年的经验。1862 年 3 月 19 日，格罗弗在寄往中国香港的书信中如是道："我已深切感受到贵殿对茶叶着色问题的挂虑，本司已从上海聘请具有丰富经验的男性茶叶技师指导监管茶叶焙煎，致力解决茶叶着色问题，力求生产出的茶色茶质不负贵社（注：香港支社）所期。"格罗弗在信件中还多次强调"已派任委托他（中国茶叶技师）监管茶叶着色环节"。[2]19 世纪 80 年代后期横滨茶叶出口工厂里负责茶叶着色技术及品质监察的责任人均为中国人。[3]Geo.H.Macy 是当时一家从事日本茶出口的美国贸易公司。该公司于 1900 年左右拍摄的照片清晰还原了当时横滨茶叶出口工厂大量聘用中国茶叶技师的事实。根据照片中工人的着装判断，24 位高水平茶叶技师中有 22 位中国人。[4]

二、多田元吉：从武士向茶农家变身

江户幕府末期，幕府屡遭萨摩藩与长州藩联手讨伐，节节败退。1868 年 7 月，年仅 6 岁的德川家达被立为德川家家主，移封骏府藩藩主年享 70 万石，领有骏府城下町。此后德川家收入锐减，无法负担所有家臣及其家族的俸禄。每况愈下的财政状况，外加恐受萨摩和长州追加报复的忧虑，1868 年夏末，家达率核心幕臣及其家人约共 6000 人，经由陆路或海路移迁骏府。[5]

多田元吉正是这 6000 人中的一员。多田出身于长年侍奉德川家族的下级武士

① "Description of the Tea Plant"，157.

② Jardine Matheson In-correspondence，"Business Letters: Nagasaki, 1859–1886," B10-4.

③ Noriko Kamachi，"The Chinese in Meiji Japan: Their Interaction with the Japanese Before the Sino-Japanese War," in Michael Weiner, ed. ，*Race, Ethnicity and Migration in Modern Japan: Imagined and Imaginary Minorities*，New York: Routledge/Curzon，203.

④ 横滨开港资料馆珍藏的 *Geo .H. Macy & Co.photo album*，在此对提供该藏品信息的平野正裕氏表示感谢。

⑤ 大石贞男：『牧之源開拓史考：明治維新と茶業』，静冈县茶业会议所，1974 年，第 10 页。

之家，自小生活在江户东部，10岁开始习剑。1860年多田31岁，时任幕府护卫要员一职。因当时高举攘夷旗帜的武士都在虎视眈眈地盯着横滨等开放港口，所以多田等幕府护卫主要负责保护横滨西洋贸易商住宅及商社的安全。[1]1866年年初，多田在横滨工作5年后，接幕府命令加入洋式军制下新编练的幕府步兵队，参加长州征伐。他先随军前往上方，后赴芸州参加第二次长州征伐。长州藩军队规模不大，但战斗力强、团队士气高、装备先进，打得幕府节节败退。同年10月幕府宣布撤兵。1867年9月，为加强"虾夷地"防卫，多田被抽调派往箱馆。两个月后接上级命令返回江户，维护大政奉还后的江户治安。1868年1月，多田接受了为期一个月的炮术训练。同年5月，多田所在的江户军战败，江户城被攻陷。[2]

幕府垮台后，多田等武士阶层被迫面临今后的生计之选，许多人渴望能在新明治政府谋得职位赖以生存，又或者期望能进入学校从事教育工作，也有人尝试自己创业。对于只有城市生活经验的武士而言，农业显然不受青睐。首先开垦农田本身就是重劳力活，若要种植茶树，还须劳作数年为之创造适宜的土壤环境。但多田却在深思熟虑后毅然选择归农，并举家搬迁至骏府周边的丸子。多田正式开始学习茶树栽培和茶叶加工时刚及不惑之年。[3]

三、活用中国技术，致力红茶生产

1872年，为促进本国航运业的发展，美国取消了茶叶及咖啡的出口关税。受此影响，日本茶对美的出口量从1873年的157万磅（相当于465万日元）急速增至1874年的232万磅（相当于725万日元多）。日本绿茶成为美国饮料市场的主力军，美国也成为日本最大的茶叶出口市场。[4]

1874年后，日本茶叶出口量持续快速增长。为扩大茶叶生产及发展其他新兴产业，明治政府在内务省设立了劝业寮农务科，并在该部门的成立通知中强调，要从野生植物及家畜化动物的试验开始，对日本所有产品进行商业价值评估。同时农

① 川口国昭：『茶業開化：明治発展史と多田元吉』，全貌社，1989年，第18—19、28—19頁。
② 川口国昭：『茶業開化：明治発展史と多田元吉』，全貌社，1989年，第18—19、28—35頁。
③ 川口国昭：『茶業開化：明治発展史と多田元吉』，全貌社，1989年，第18—19、37—28、47—38頁。
④ 大蔵省編：『大日本外国貿易三十二年対照表（自明治元年至同三十二年）』，鳳陽堂，1901年，第43—45頁。

务科也决定整理总结实践经验，发行定期刊物《劝业报告》向民众普及相关知识。农务科在该杂志的创刊号中振臂高呼，只要在"富国强兵"的口号下政府国民齐心协力，必能增大利益同时做到损失最小化，日本未来的繁荣指日可待。[①]

虽然日本茶叶生产商迫切渴望扩大绿茶出口贸易，但却缺乏大规模制茶的技术及经验。据川口国昭记载，京都府厅在 1874 年 3 月向大藏省提出了代为购买中国"赤茶"树种的请求。京都府厅已预估到今后以英国为首的欧洲地区对红茶的需求将不断攀升，所以决定在京都种植"赤茶"，开拓出口新领域。大藏省将该委托书转发给日本驻上海外交官，由其向上海港的中国高官咨询"赤茶"树种事宜。不过结果却出乎所有人的意料，中国方表示根本不存在"赤茶"树种，红茶、绿茶的区别不在茶树品种，而在于制茶法的不同。[②]

为拓宽日本出口产品种类，在绿茶出口贸易的基础上，加快红茶销往美国市场的速度，政府在农务科内设置了制茶员。制茶员首先编撰了《红茶制法书》。"红茶制法为支那独占，秘不外传，支那国出口各国之茶叶，其数量莫大，获益颇丰。既已传习其法编得此书，当务之急应早日制出成品，是以大量出口海外。"[③]政府在向各府县推广《红茶制法书》、鼓励日本农家生产红茶的同时，也在积极消除民众对红茶的误解。

后来，明治政府官员意识到仅推广《红茶制法书》是不够的，必须更加直接有效地向中国学习制茶技术。因此 1875 年 3 月，制茶员托日本驻上海领事在中国物色茶叶技师赴日指导。受邀技师先在熊本县山鹿町向该地募集的 10 名茶农进行了为期 3 周的栽培及精制技术指导，随后前往大分县，对当地有志从事红茶生产的农家做了三周的技术培训。技术专家们先后去了宫崎、福冈、四国以及中国地方，在崎阜县和浜田县（后为岛根县）的茶园指导技术，最终于 10 月返回东京。[④]

11 月初，制茶员派遣新任下级公务员多田元吉同中国茶叶技师一同赴华，在

---

① 内务省劝业寮，《劝业报告》第一号，（1874 年 12 月，第 i-ii 页。文中简述了明治政府为扩大茶叶生产采取的举措，以及活用中国技术增加茶叶出口的尝试过程。同前述 "1874: Tea and Japan's New Trading Regime," 192–194;196–197。

② 同前述『茶業開化：明治発展史と多田元吉』，第 65—66 页。

③ 留在东京的复本可在东京大学经济部数据档案处调阅。『紅茶製法書』，日本橋須原屋茂兵衛 1874 年 5 月，附录，第 11 页。

④ 全日本紅茶振興会編：『紅茶百年史』，日本茶業史資料集成/寺本益英編集，第 19 册，文生书院，2003 年，第 16—17 页。

从中国学习，向西洋兜售

中国学习茶树栽培及制茶法 4 个月。多田受此任务与其茶农身份有关。此行的目的还包括考察收集中国茶业劳动惯例、茶叶税收以及中国制茶公司与西洋进口公司的茶叶贸易等信息。[①]

与此同时，制茶员富田冬三只身前往美国，考察英属殖民地印度红茶生产规模持续扩张的相关情况。富田返回日本后向上汇报称，英国已在印度设立的种植园内种植阿萨姆本土茶树，采用了最先进的机械制作红茶，产量倍增，对英的茶叶出口量不断扩增。制茶员大为震惊，随即决定派遣多田赴印度 6 个月学习印度红茶的制造方法。此外，多田在结束考察回国途中再度造访了中国红茶产地。[②]

此后数年间，明治政府及都道府县政府都在积极鼓励开设传习所推广学习印度和中国的红茶制造技术。1877 年 3 月至 8 月，多田在静冈向 40 位学生传授印度式制茶法。[③]第二年多田参与翻译了 Colonel Edward Money 的《红茶说》。[④]

胡秉枢生于中国南方岭南省，曾赴静冈县骏河国有渡郡小鹿村，在当地的传习所向周边招募而来的 20 位农民传授红茶制造技术。[⑤]1877 年，劝农局翻译发行了由胡秉枢执笔的操作指南。该书不仅收录介绍了土壤类别信息，还详解了红茶和绿茶的制造技术、精制法以及捆包工艺，图示解析了釜煎茶的具体操作。内务官员织田完二为该书作序，并在序中高度肯定了胡秉枢之作。织田完二称，熟读此书，可悉仿中国制茶之法，大幅提高本邦制茶技术，打开日本茶业发展的大门。[⑥]此外，多田还从中国带回了有关制作砖茶所需机械及加工技术等信息。于是，静冈茶厂尝试生产砖茶销往俄罗斯。[⑦]

制茶员先将销售日产红茶的视线瞄向了澳大利亚市场。澳大利亚虽然为英属殖

---

① 全日本红茶振兴会编：『红茶百年史』，日本茶业史资料集成/寺本益英编集，第 19 册，文生书院，2003 年，第 82—83 页。

② 静冈县茶业组合联会议所：『静冈県茶業史』第一卷，静冈县茶业组合联合会议所，1926 年，国书刊行会，1981 年再版，第 1192—1194 页。

③ 静冈县茶业组合联会议所：『静冈県茶業史』第一卷，静冈县茶业组合联合会议所，1926 年，国书刊行会，1981 年再版，第 1196—1197 页。

④ 哥罗尼尔摩尼（Colonel Money）著、多田元吉评注:《红茶说》（The Cultivation&Manufacture of Tea），劝农局，1878 年。

⑤ 同前述『静冈県茶業史』，第 1195—1196 页。

⑥ 胡秉枢、竹添进一郎『茶务佥载』：穴山笃太郎（发兑），1877 年，第 1—4 页。

⑦ 同前述『静冈県茶業史』第 1242—1243 页。

民地，但其人均年茶消费额约达 6.6 磅，已超英国人均年茶消费额的 4.4 磅。[①]1880年，日本贸易商团携红茶亮相墨尔本世博会以求进入澳大利亚市场。参展的九大茶叶贸易商团中有 7 家只销售红茶。然而日本红茶却没能获得好评，从而也未能敲开澳大利亚市场的大门。1883 年 5 月，J.O.Moody 在澳大利亚新闻报道中称"日本提供的红茶样品焙煎过度，茶质不佳"，"在所有参展茶叶中，印度产茶叶的茶质可谓雄居榜首。"报道中 Moody 分年统计了近三年出口到澳大利亚的印度茶叶总量，指出，印度茶在澳大利亚的市场占有率急速扩大。1880 年出口澳大利亚的印度茶仅有 3000 磅，第二年升至 70 万磅，1882 年又超过 100 万磅。至 1883 年年末出口澳大利亚的印度茶竟突破 230 万磅。[②]同期日本红茶的生产规模仍低于印度茶，自然也未大幅占据茶叶出口贸易领域。

尽管日本红茶产业发展内外交困，但日本政府仍坚持不懈尝试悉仿中国制茶法，弥补红茶制造上的贸易逆差。譬如 1890 年静冈县三方原的传习所就曾聘请具有红茶制作经验的中国茶农赴日数周传授制茶技术。[③]虽有政府的大力支持，但日本茶农仍未能实现大规模红茶生产，也未能在国际市场上形成强有力的竞争。故20 世纪 30 年代后，销往美国的绿茶成为日本出口茶叶的主力。

结　论

言及文明开化，世人脑中不免浮现日本全盘西化之景，譬如蒸汽火车在新落成的大桥上疾驰而去的西方高科技感，又或者是男男女女身着西服在支着煤气灯的横滨街道上闲庭漫步。John Dower 指出，文明开化运动可看作日本尝试"脱离亚洲"的一步。[④]

从日本茶叶出口产业中可以得知，看待日本的文明开化运动应超越这种"学习西洋""脱离亚洲"的思维模式。如前所述，日本在茶叶出口的过程中，英国贸易

---

① J.O.Moody, "Tea", *Williamstown Chronicle (Victoria) Australia*, 26 May 1883, page 2 (supplement)Trove Digitized Newspaper Database http://trove.nla.gov.au/newspaper.

② 同前述 J.O.Moody, "Tea"。

③ 同前述『静冈县茶业史』，第 1209—1210 页。

④ John Dower 编撰了明治时代瓦版，"Throwing Off Asia I: Woodblock Prints of Domestic 'Westernization' (1868–1912)", MIT Visualizing Cultures，源自 http://ocw.mit.edu/ans7870/21f/21f.027/home/indes.html。

从中国学习，向西洋兜售

商、日本茶叶生产商、明治政府高官等严重依赖中国的茶叶生产技术。就连占据高市场份额的西洋进出口贸易公司也聘请了中国茶叶技师作为相关的技术责任员。中国茶叶技师对明治时期的日本做出了重要贡献。纵观日本茶叶发展史，文明开化为日本国家的形成提供了多元化、国际性的视角。正是因为从中国获取的知识，才构建了日本的通商关系。

（译者：孙继强，南京信息工程大学教授）

天皇制立宪主义试论*

张 东

内容摘要 明治维新后，日本政府主导树立皇权，同时引入西方近代思想，定国体、行立宪，基于建国之本制定宪法，伊藤博文将之确立为皇室"机轴"。但随着宪法实施、议会召开，政党与藩阀政府对抗，民众舆论要求宪政的"实质化"，扩大民众参政、打破阀族政治，在此过程中，君意民心更趋一致。短暂的"宪政常道"之后，"举国一致"内阁"逆用"宪政，在动员民众参政的同时，力求行政强权，将民意限制在议会之内。

关键词 天皇制 国体 立宪主义 分权

作者简介 张东，中山大学历史系副研究员

---

* 本文为教育部人文社会科学重点研究基地重大项目"一战后日本的"转向"与对外战略误判研究"（项目编号 17JJD770010）、教育部人文社会科学研究青年基金项目"天皇制伦理对近代日本宪法学的侵入与畸化"（项目编号 16YJC770038）的阶段性成果。

1937 年，铃木安藏感到"似乎进入了单以'日本式''日本独特'为由便要求礼赞与服从的时代"，但是"'日本式''日本独特'有多大价值呢？因为'日本式'所以是真、善、美，因为'日本独特'所以是神圣的，这绝经不起科学研究"。"不了解价值判断的规准根据，单以'日本独特'便要求赞美、服从，只能是思想上的专制、意识形态上的绝对王政"。①明治维新后，日本在东西间、传统与近代间辗转变通，生发出有日本独自性的复古维新之道，即便是当事者，或亦一时间难以体认辩清何为古来之事、何为西洋之物。正如美浓部达吉所说："认为日本宪法是单纯外国宪法的模仿，这自然是不对的。但认为日本宪法是独特的，并与西洋诸国皆为不同，亦更是错误"②。回望近代日本，我们亦不能对其"模糊性"做断然分切，只能透过表面的保守与进步窥视其内理。

一、定国体、行宪政

在 1867 年 12 月 9 日夜的小御所会议上，当山内丰信质疑"二三公卿居其私心"、岩仓具视斥责称"今日之举出自宸断，不可无礼妄测"时，③天皇权威与国政运行已有了新的勾画与趋向。1868 年 4 月，维新政府确立太政官制度，数次调整之后，旧公卿、大名逐渐被排挤出去，高级职位中仅剩三条实美与岩仓具视。至 1878 年 5 月，木户孝允、西乡隆盛、大久保利通所谓"维新三杰"先后去世，岩仓具视主导确立国本、对抗自由民权运动，其宪法意见更成为明治政府的制宪方针。

1869 年 1 月 25 日，岩仓具视上奏称："君臣之道、上下之分既定，万古不易，为我建国之体"，政体应基于国体并随时而变，"古之良法美制或不适于今日，则断然弃之"。关于设议事院，"看似模仿欧美诸国之风，实则不然，我皇国神代既有采取公论"，"大政维新鸿业既成于天下公论，多年有志者明大义、正名分，责幕府失政，致今日盛举"。"施政法度有众议参与，经宸断后实施，即使有异论百出，亦不易变更。朝权自重，亿兆信服，朝令夕改之诽谤自然消弭。否则，一令出则百异论，事情繁杂，或重蹈旧幕覆辙，人心乖离"。④1869 年 3 月，明治政府召开公议所，

① 铃木安藏：『現代憲政の諸問題』，東京：泰山房，1937 年，第 3 页。
② 美濃部達吉：『日本憲法の基本主義』，東京：日本評論社，1934 年，第 102 页。
③ 多田好問編：『岩倉公実記』下卷 1，東京：皇后宮職，1906 年，第 158—159 页。
④ 多田好問編：『岩倉公実記』下卷 1，第 682—685 页。

成员从各藩选出,议题涉及租税、外交、贸易等诸项。但其效果不佳,"虽有建言怀忧国之念、利民之心,然多为理想空论"①。

对于建国之体,岩仓具视在1870年详论:"上古天神敕诸册二尊经营国土、保护亿兆,有其统治之道。天神使天孙降临,神胤统治国土,建万世一系天子统治之国体,亿兆各守其分,定君臣之义,此为天神虑亿万年后、使国土永久安全之意。因此,天子使亿兆各安其业、各得其所,以此为天神尽责。亿兆励行其业、各保其生,以此为天子尽责,是为上下通义。天子爱亿兆,为王者大宝,亿兆尊天子,称御一人,此为我建国之体"②。在岩仓具视看来,统治之道、君臣之义亦为天皇之责:"人君体天意,惩恶劝善,不随意发挥威权。天将万民托付于人君,非君之私物"。历代敕语中"有'朕为万人苦心'等残编断简之词句,是为念苍生之心","陛下与他国人君不同,在于服从祖宗之名诫"。并引用池田光政"不刊之名言":"人君自俭爱民,使国民服从",若"以锻冶之甲胄、利刃护身,是为浅薄"。因此,"陛下上服祖宗名诫,下听光政之言,察古今治乱,于今政治定有裨益"。③

1874年1月,爱国公党的板垣退助、后藤象二郎、副岛种臣等人向左院提出"民选议院设立建白书",批判政府有司专制。随着自由民权运动高涨,为稳定政权,大久保利通、木户孝允、板垣退助等在1875年2月11日召开大阪会议,达成"渐次立宪"协议。为应对"人心无常之势",岩仓具视在1878年3月主张开设仪制调查局,"搜集群书,考祖宗旧规,参外国成例""定帝室之本,永保尊荣。君权若固,民权不逾其度,上下相赖,国家安定,达立宪之治,为万世福祉"。④

早在1876年9月,元老院受天皇敕命开始起草宪法,10月便制定出草案。但之后国内局势不稳,制宪暂被中止,后在1878年完成第二次草案。1879年12月,岩仓具视与三条实美商谈,认为元老院草案与国体不符。伊藤博文亦对其批判:"收集和改编各国宪法,未能顾及我国体人情,热衷模仿欧洲制度,完全不顾将来治安利害如何",称之为"皮相之见"。⑤1880年2月28日,有栖川宫炽仁亲王、三条实美、岩仓具视三大臣协议,"国会之论盛起,岁月荏苒,王室安危难料"⑥,约定

---

① 尾佐竹猛:『日本憲政史大綱』上卷,東京:日本評論社,1938-1939年,第242頁。
② 多田好問編:『岩倉公実記』下卷1,第822-832頁。
③ 日本史籍協会:『岩倉具視関係文書』一,東京:東京大学出版社,1983年,第376—386頁。
④ 日本史籍協会:『岩倉具視関係文書』一,第395—396頁。
⑤ 春畝公追頌会:『伊藤博文伝』中卷,東京:原書房,1970年,第188—189頁。
⑥ 日本史籍協会:『岩倉具視関係文書』一,第94頁。

从速制宪。7月，元老院完成第三次草案，但其已遭放弃。

在三大臣指示下，当时 7 名参议先后提出宪法意见，其中多数认为制宪尚早，大木乔任则以定国体为重。1881 年 7 月，岩仓具视向有栖川宫炽仁亲王、三条实美两大臣提出制宪纲领、意见及相关调查，共有 8 篇。与诸参议意见相比，其主张"分量大、基调高远，细说原委，融合了诸参议意见。对于重要问题，征引先进诸国实际及权威学者见解，详细周到"①。他认为，"维新以来，王化未浸人心，废藩之怨集于政府"，因此不能"醉心于英国成绩而罔顾我国情"，应"效仿普鲁士渐进而行，为日后留有余地"，②随后这也成为政府的制宪方针。之后 10 月 11 日，各参议联名上奏（无大限重信），重申制宪标准："不可无视建国之本源而直移他制"，"采各国之长，但不失我国体之美；兴民议集众思，但不使皇权下坠"。③翌日，明治天皇发诏敕，定于 1890 年召开国会。

对于聘请外国学者做制宪顾问，岩仓具视亦有主张。1883 年 3 月上奏称："我国帝位继承、君民关系、公私法律、治民政法等众多良习或归于政体，或合为国体"。"作为地球上绝无仅有之国体，修改一分并采用海外异俗之国法，都不免受狗尾续貂之讥"。他认为，普鲁士等国家学者虽通自己国情风俗，但不知日本国体民风，"况我古来建国之体及历代因习之情不甚明晰"，因此应先调查整理国体沿袭，如建国之神敕、三种神器、皇位继承、君臣关系等，然后翻译成外文，使外国学者通晓日本国体，"内外事情融于其胸，思考肯綮，精选采择我言，讨论润色，补足我短"。④但在编纂《大政纪要》过程中，岩仓具视于 1883 年 7 月 20 日去世。

可以看出，岩仓具视执着于建国之体，同时取舍西洋诸法，在建国之体下，天皇有其自制。他有"对公议的确信"⑤，但认为公议只是翼赞天皇之机构，其神道与国学思想的传统主义倾向中有着渐进色彩，保守中显露出弹性与务实。

岩仓具视制宪思路的背后，则是井上毅对国典的"重新发现"。他认为，"人是非法律性的，而是道德性的，国家基于德义而成，而非基于法律。譬如美术，德义

① 清水伸：『明治憲法制定史』上，東京：原書房，1981 年，第 220 頁。
② 多田好間編：『岩倉公実記』下卷 2，第 1769—1772 頁。
③ 議会政治社編輯部：『日本憲政基礎史料』，東京：議会政治社，1939 年，第 339—342 頁。
④ 議会政治社編輯部：『日本憲政基礎史料』，第 372—376 頁。
⑤ 川上多助：「岩倉具視の憲政思想」，『東京女子大學附屬比較文化研究所紀要』3，1956（12）。

是创意，法律不过是着色"，"基于法律去看人际与国家，不免有些偏颇"，①应超越单纯的制度模仿，注重使制度有效运行的内在精神与独自性。如此，他既显示出弥补法之不足的积极，又有退转道德加以防守的消极。

1888 年 12 月 6 日，井上毅在演说时称："自觉护国是人民爱国之结果，爱国之心皆由平时国民教育而生"，"国典可使我们了解祖宗及先哲之伟业，感知国之贵重，铭刻于心，知国为父母之国"，②希望以国典、道德、历史经验来纯化天皇，确立皇室根基。但值得注意的是，井上毅有意使皇室与宗教保持距离："宗教与知识发展常呈相反状态，知识发展，民众便不再满足于道义之先天空想"，最终民政"产生不信之念，豪杰另寻机轴，主张新说，排击旧典，宗教渐成退缩之势"③。"创适世之神教，使民心归一，其意为善"④，但千年之后不免为人所耻笑。

井上毅从国典中提炼出"シラス"，认为自古中国与欧洲都是把国土、国民视为物质上的私产，而在日本，正统皇孙临国之大业称"シラス"，"皇祖以来的家法即在于知（シラス）"。所谓知，"以心知物之意，表现内心与外物之关系，内心见到外物犹如照镜子，自知之意。按西洋人的理法解释，就是表示主观上无形之高尚性灵心识"。相对于欧洲直到 200 年前才发明的公法之别，"我国自古既有，是为皇道之本，即知国大业，这与以国土为领土的做法有公私之别"。"我非喜好以太古史事做附会之说，但对于国家之"ウシハク""シラス"间的差别，是不容歪曲之明文与事实，也是 2500 年来历史之结果，与他国有云泥之别，亦无人可否认。我国之万世一系虽非学理之论，但必有其原因"，"我国宪法非欧洲宪法之临摹，而是皇祖之不文宪法在今日之发展"。⑤

岩仓具视的建国之体、井上毅的"シラス"论，在伊藤博文主导的制宪中以皇室"机轴"的形式得到了实现。审议宪法时，伊藤博文首先表明："无机轴而人民妄议政治，则政失统纪、国随废亡"，"在欧洲，宪法政治萌芽千年，不仅人民熟习此制，又有宗教为其机轴浸润人心，人心归一。但我国宗教之力薄弱，不能成为国

---

① 富田信男：『明治国家の苦悩と変容——日本政治史の一断面』，東京：北樹出版，1979 年，第 179 頁。

② 井上毅伝記編纂委員会編：『井上毅伝』史料篇第五，東京：国学院大学図書館，1986 年，第 384 頁。

③ 井上毅伝記編纂委員会編：『井上毅伝』史料篇第一，第 51 頁。

④ 井上毅伝記編纂委員会編：『井上毅伝』史料篇第三，第 499 頁。

⑤ 清水伸：『明治憲法制定史』中，第 133—136 頁。

家机轴。佛教虽有隆盛之时，维系上下人心，但今日已衰，神道基于祖宗遗训而祖述，但作为宗教缺乏使人心归一之力"，"成为我国机轴者，唯独皇室"。①

皇室"机轴"在宪法中以"大日本帝国由万世一系天皇统治"的形式呈现，所谓"万世一系"在明确天皇无上权威的同时，又以家法（シラス）对天皇提出德义要求，并在告文中将此作为"皇祖皇宗遗训"，"内则率领子孙，外则拓广臣民翼赞之道"，"有赖皇祖皇宗及我皇考之威灵，朕仰皇祖皇宗及皇考之神佑，现在、将来率臣民履行宪章"。②或者说，"シラス"（建国之体）非是日本从古以来确切存在之物，而是经过了整理、发现和创造，在此过程中，已经渗入了西方近代立宪思想，从而成为近代日本国家运行的命题。

另一方面，当伊藤博文强调明治宪法"不依欧洲分权之精神"时，当他与黑田清隆首相标榜"超然主义"时，其立宪性从何而来呢？对此，似乎可以从穗积八束的宪法论中窥出一二。穗积八束认为，"帝国议会是天皇统治权行使之机关，非臣民行使权利之机关，臣民参与帝国议会之组织，但议会是国家机关，非人民事务所，其职权是国家机关的职权，非在于臣民个人权利"③。认为欧洲所谓立宪制思想"出于孟德斯鸠三权分立论，但被误解为分割主权时，是违反国家观念的；但将之视为分配统治作用时，则为吾人后世依循之则"④，严守行政与立法分立。"专制有政府专制、国会专制，立宪制的要素不在于民主主义，而在于国家组织的三权分立"⑤。"若为救一时难局而以议院多数决定政府内阁，实现两个机关调和"，"不免为变立宪制复归专制之革命"，法学者应"以冷静头脑察众议嚣嚣，主持公平，拥护宪法为念，不可因一时情势而曲解万世之宪法"。⑥

然而，在1890年议会召开之后，政党运用宪法权限与藩阀政府对抗，天皇在"万世一系"的德义要求下有其自制，力求避免政争累及，为调和政府与众议院矛盾，伊藤博文在1900年组成政友会。1901年7月13日，在兵库县支部发会式上，伊藤博文称政府与政党倾轧的原因在于对宪法的理解不同，"日本国民若充分了解钦定宪法之旨意，便不会对其大义有所异议。我不顾不学不才，挺身劝诱诸位君子，

① 清水伸：『明治憲法制定史』下，第103—105頁。
② 伊藤博文：『帝国憲法義解』，東京：国家学会，1889年，第1—3頁。
③ 穗積八束：『憲法大意：国民教育』，東京：八尾書店，1897年，第43頁。
④ 上杉慎吉編：『穗積八束博士論文集』，1913年，第455頁。
⑤ 上杉慎吉編：『穗積八束博士論文集』，第444頁。
⑥ 上杉慎吉編：『穗積八束博士論文集』，第462頁。

虽有不惴己之嫌，但深有自信"①，仍然坚持其"超然主义"，有"与宪法一身同体之自信"。②但是政党对政权的渴望及其所代表的民众意向，使伊藤博文的自信遭遇挫折，无奈辞去总裁一职。而穗积八束与伊藤博文"同病相怜"，承认其国体论"不合风潮，缺乏有热忱的继承者，只叹孤城落日"。③在万世一系建国之体中，宪政有着新的发展契机与方向。

二、忠君与宪政的"实质化"

1909 年 2 月 11 日，明治宪法颁布 20 周年时，日本政界有三场主要的庆祝会：其一，伊藤博文在宪法纪念馆召集元老、大臣、官僚、勋爵、记者等一千余名举行庆祝暨开馆式。伊藤博文演说后，山县有朋表示，"宪法发布时我在欧洲巡游，接触到的外国政治家及学者对于日本宪政前途表示疑虑或担忧，臆断百出。二十年来，我国证明了宪政绝非欧美人专有之物"，"实现帝国宪法健全发展，我们深信不疑"。④其二，东京市在日比谷公园主办的庆祝会，入场者没有限制，政界参加者主要有桂太郎首相、众议院议长及议员、东京市会及各区会员等数百名，东京市长尾崎行雄登场致辞，随后有板垣退助的祝词："帝国宪法非一朝一夕之事，先觉之士为其流血破产，甚至过激犯法、横尸刑场"，"我国改革是基于统治阶级的士族自觉，而非一般人民之自觉"，政治改革需转向社会改革，智育的同时亦需德育，"人民有其自觉心，方能达成宪政之美"。⑤其三，议院内召开庆祝会，参加者主要有首相及大臣、贵众两院议长及议员、尾崎行雄东京市长、东京市会议员、新闻记者等一千余名，最后桂太郎首相宣读上奏贺表："吾等夙夜兢兢以达上下一致、宪政之美，奉答圣德"。⑥

明治宪法运行 20 年，元老已退出政局一线，政友会发展迅速，西园寺公望与桂太郎交替组阁。另一方面，1905 年 9 月 5 日，为反对政府的对俄媾和条件，民

---

① 博文館編輯局：『伊藤公演説全集』，東京：博文館，1910 年，第 98—99 頁。
② 鳥谷部春汀：『春汀文集』，東京：隆文館，1908，第 46 頁。
③ 鈴木安藏：『日本憲法学の生誕と発展』，東京：叢文閣，1934 年，第 50 頁。
④ 鶴城散士：『大勲位公爵伊藤博文』，東京：盛林堂，1909 年，第 325—326 頁。
⑤ 立憲政友会史編纂部：『立憲政友会史』第参巻，東京：立憲政友会史編纂部，1926 年，第 73—74 頁。
⑥ 立憲政友会史編纂部：『立憲政友会史』第参巻，第 77—78 頁。

众在东京日比谷公园召开大会，并袭击了政府官邸、警察所及政府系报社等。民众运动开始发展。政友会以代表民意自居，其他政党在反对藩阀专制的同时，反对政友会的"多数暴政"，而民众舆论则提出"打破阀族"，指向藩阀专制，同时对政党未有太多好感。

对于宪政发展之"成绩"，大隈重信认为，相比"欧美列国君臣反目、流血积骨，兵马剑戟间政权授受、宪章契约签订"，我国"春风和气间大典产生"，但回顾往昔，"今日非形式上庆祝之时，而是三思如何充分实现大典真意之时机"，感叹国民缺乏精神与责任。"近时国务大臣成为无责任大臣，宰相为无责任宰相"，权力中心在二三元老手中，认为此弊不扫，则难以"真正发挥宪法之精神、达成宪政之妙用"。[1]又如浮田和民认为，"吾人所见，我国宪政年月尤浅，止于形式，其内在仍未脱专制政治"，"现在我国政党为贵族政党，不代表多数人民，多数人民仍不解宪法为何"，"盲从政府之命的柔顺之民"。"似乎政党获得政权就是完成了立宪政治"，"这是误会了目的与手段之谬见"，"君主与人民同心一体，政府对君主负责，即对人民负责。政府对代表人民的议会有直接责任"，"目的只有一个，而手段不止一个，若政党没有多数人民信任，或党内缺乏执政资格之人，只能组织联立内阁或超然内阁"，政党是否有资格组阁，"是事实问题"，而非"真理问题"。[2]

也就是说，此时宪政已被"传统化"，与国体的冲突已经消失，社会各界对宪政的理解虽有不同，但都表示期待宪政"圆满"，一方面期待宪政与国体的进一步融合，一方面期待宪政的"实质化"。

1912 年 12 月 21 日，桂太郎第三次组阁，遭到社会各界反对，"打破阀族、拥护宪政"成为反对活动的有力口号。翌年 1 月 20 日，桂太郎首相奏请停会。曾经在宪法 20 周年庆祝会上一起憧憬宪政"圆满"的二人反目，尾崎行雄对其强烈批判：奏请议会停会或解散，似乎有宪法条文可依，但违背民意、违反舆论，"即使有依宪法条文，也是令人愤怒的非立宪行为，与违反宪法一样"[3]，认为桂太郎等"只是研究操纵宪法的手段，不问宪法精神"，只要不违反宪法条文就是立宪行为。但我们"研究宪政之实、实现宪政与民意舆论一致"，"他们信奉的金科玉律穗积八

---

① 江森泰吉：『大隈伯座談集』，東京：槐蔭書屋，1908 年，第 170—174 頁。
② 浮田和民：『倫理的帝国主義』，東京：隆文館，1909 年，第 273—290 頁。
③ 尾崎行雄：『政治教育論』，東京：東華堂，1913 年，第 62—63 頁。

束式宪法论已有二十年，侵入头脑不易改变"。①他认为忠君论应从形式转到实质：
"察世界一般趋势，皇统断续的主因在于君意民心之离合"。"文化尚低时，鼓吹不
合科学与理数之思想感情尚可维持忠义之心。但随着文化进步，不合科学与理数之
思想感情就失去信用与权威，仍以此为忠义心之基础，实为危险"。②在他看来，实
现君意民心一致的方法便是实施公正选举，去除元老、军阀等君臣间障碍。

从有宪法条文可依到尊重宪法精神、从形式忠君到实质忠君，即宪政的"实质
化"，佐佐木惣一将其归纳为"立宪非立宪"："不违反宪法未必就是立宪的，虽然
不违宪，但可能是非立宪"，"所谓违宪，不过是违反宪法，而非立宪是指违反立宪
主义精神"，"只以违宪、不违宪来攻击他人、做辩护，是低级政治家之态度"。③

他把忠君观念与立宪精神做了融合。（1）君位安泰。"君民一体是一元化思考
国家，君民对立是二元化思考国家"，"如西洋历史，君民竞争"。君民一体，"不为
个人利益施政，而是为国民利益"，"君主非单独或与自己特别关系的一部分阶级协
助下施政，而是有普遍国民协助施政"，君民"彼我一体"，"其间没有中间阶级，
国民直属君主"。所谓皇室屏藩之语造成君民对立，若"非要用此词，国民全体是
为皇室屏藩"。④（2）君德完全。"协助君主，非完全听从君主之意"，即所谓争臣。
"自古天子是否有争臣，是天子之幸或不幸，亦是东洋固有之教"，立宪政治实为
将此争臣之义充分发挥、具体化。"大臣向君主表达意见，若君主违反君主道，则
力谏之"，"大臣不谏君主，不仅违反其道德，还违反宪法职责。立宪国大臣是为作
为争臣而设之机关，立宪国君主必有其争臣"。或者说，立宪政治下国民都为争臣。
而且，"自古有清君侧之语，监督大臣行动，根据情况问责大臣"。只是以前清君侧
"只能举旗反叛、暗杀等非常手段"，⑤制度上的平稳手段即议会。（3）君威圆满。
"一是国民对君主怀感谢之念，二是国民不怨君主"，"无论何时，君主都无责任"。
因此，大臣就需承担其责任。大臣不负政治责任，国民会心生不满，"若明言或暗
示政治行动是君主之意，所以不能论责，结果会如何呢，谁都不能保证国民不怨君
主"。因此，要绝对防止国民抱怨君主，"这不是法律问题，亦非政治问题，而是国

① 尾崎行雄：『政治教育論』，第63—65頁。
② 尾崎行雄：『政治読本』，東京：日本評論社，1925年，第33—41頁。
③ 佐々木惣一：『立憲非立憲』，東京：弘文堂書房，1918年，第89—90頁。
④ 佐々木惣一：『立憲非立憲』，第171—178頁。
⑤ 佐々木惣一：『立憲非立憲』，第178—182頁。

民道德问题"①。

从宪政"实质化"来说，大正民主运动主要是天皇统治下的参政与责任问题，具体来说，即实施普选与打破阀族政治。

早在 1897 年 7 月，日本就成立了普通选举期成同盟会，之后普选运动持续不断，直到大正民主运动时达到高潮。普选不但没有与天皇统治发生正面冲突，反而成了强化天皇权威的有效手段，二者有异常的亲和性。"普选不只是单纯的理论，也是实行皇室中心主义的必要条件"②，普选也被称为"尊皇的普选"。

比如上杉慎吉，他从 1916 年秋开始宣传普选，1917 年春开始在报纸杂志上鼓吹。1919 年刊发《国体精华的发扬》，各地演讲，并向政府和元老山县有朋提出意见书，主张实行普选完成举国一致。他认为，首先就世界形势来说，第一次世界大战使日本感到了危机和契机。"如今实乃进退之关键、危急存亡之秋"，国民应"联合一致加倍努力，方能渡此难关"，③并认为日本民众缺乏民族主义意识，"应尽快实行普选，使国民参与议员选举，以此保障国策运行"，④希望通过参政来发扬国民精神。其次就国内政治来说，上杉慎吉认为政党堕落，政治需更始一新，"通过普选打破政党弊病，实现国民一致"，⑤即"政治总动员"。在他看来，"不管贫富、地位和职业，凡是日本国民皆尽全力使国家渡过难关"，⑥认为只有普选才能实现举国一致。

普选与天皇制国体的亲和性中暗含着对政党和多数规则的排斥与否定。上杉慎吉称："少数利益受到压迫，多数原则与暴君和寡头专制无异"，⑦从根本上否认政党的存在价值。更重要的是，他认为"国民全体的真正希望并不是每个人的希望，也不是个人希望的集合，多数希望并不是全体希望"，国民全体的真正希望是"超越一切、有普遍性和抽象性的东西"，这种抽象性的国民希望"不是个人之心、多数之心，也不是全员之心，而是超越现实的、必要的、普遍的和抽象的国民之心"，⑧类

---

① 佐々木惣一：『立憲非立憲』，第 181—187 頁。
② 德富猪一郎：『国民と政治』，東京：民友社，1928 年，第 106—107 頁。
③ 上杉慎吉：『暴風来』東京：洛陽堂，1919 年，第 30 頁。
④ 上杉慎吉：『国体精華の発揚』，東京：洛陽堂，1919 年，第 302—303 頁。
⑤ 上杉慎吉：『普通選挙の精神』，東京：三誠社，1925 年，第 53 頁。
⑥ 上杉慎吉：『普通選挙の精神』，第 23 頁。
⑦ 上杉慎吉：『普通選挙の精神』，第 64 頁。
⑧ 上杉慎吉：『普通選挙の精神』，第 119—120 頁。

似于卢梭所说的"国民总意"。毫无疑问，这种抽象性和普遍性的东西需要绝对权威——天皇来做保证。当国民希望被天皇所代表和垄断后，天皇之外的任何集团或者个人都失去了单独成为国家意志的资格。政党只能代表具体的多数，不能成为抽象意义上的国家希望。因此，政党所依赖的民意与多数原则也就在根本上遭到了否定。

正如吉野作造极力批判政党的"宪政常道论"，认为当时日本政党选举腐败、沉迷政争，没有资格组阁，社会各界争取普选，这与政党要求组阁并不一致。以后藤新平为例，他曾跟随桂太郎组建立宪同志会，但桂太郎死后他便萌生退意。在向立宪同志会成员告知退意时，他否定政党内阁与责任内阁的一致性，"议院中的多数只是为了方便施政，虽然多数党有利于内阁施政，但因占据多数就要使政党组阁的话，这不免有本末倒置之嫌"①。后藤新平承认多数在政治运行中的必要性，但是拒绝将议会内多数作为政权更迭的标准，否定政党在政治中的主导作用，为官僚争取政治地位。

1923 年 10 月 3 日，后藤新平召开记者会，阐述其政治"大乘论"②。他首先指出，政治家应依据自己理性及良心来协助国家与社会，"若政战没有正当性，只是玩弄政略、缺乏诚意的话，即便动机是为了国家社会，但结果也会因为手段而毁了初衷"，认为"只有自然而成的多数才是有意义的，不应通过某种不正当的手段而制造多数"。接着，他批判当前的政党："大政党犹如中风患者，小政党也犹如罹患肺痨""国民已经厌倦政党政治，四处寻求民心一新"。最后他得出结论，"政治可分小乘式和大乘式，小乘式的政治家是流于表面的、利己主义的，而大乘式的政治家则自觉对国家的义务，有无私和自治之精神"，以此要求政府以"公正严明"之心施政，但其实质就是要摆脱政党竞争。

1926 年 4 月 1 日，后藤新平发表"新政治运动"演说，其目的在于"改造"和"净化"政党，"一改往日容忍政党之不足、掩饰其过失并将罪恶归于群众心理的社会心理，实施革新"③。他认为，需要开展政治伦理化运动来实现政治的灵肉一体，使"传统的理想主义与西洋的进步主义相统一，形成独自的国民精神"④，

---

① 櫻井良樹『立憲同志会資料集』第四卷，東京：柏書房，1991 年，第 220 頁。
② 鶴見祐輔『後藤新平』第四卷，東京：後藤新平伯伝記編纂会，1938 年，第 692—702 頁。
③ 後藤新平『政治の倫理化』，東京：大日本雄弁会，1926 年，第 16 頁。
④ 後藤新平『政治の倫理化』，第 33 頁。

所谓"政治力"应该含有伦理道德之力，政治伦理化即是要正本清源，其本质是要贯彻官僚及政治家的奉公精神，有打破政党及多数规则。在后藤新平等人看来，政治之力（在这里指议会内多数）不仅是物理性实力，还应有其伦理性和道德性，选举更需要公平清正。如果一个政党缺乏道德基础，那么，即便在选举中获得了多数，它也仍然可以被否定。官僚的这种政治伦理化思想作为一股政治潜流，随着 1924年普选制的确立，通过国民政治教育而被注入到了国民思想，更是在 1932 年政党政治崩溃后被新官僚们所继承，成为批判政党及政党政治的重要理据。[①]

三、"举国一致"与宪政的"逆用"

1924 年 5 月，加藤高明内阁成立，日本进入"宪政常道"期。6 月，议会通过了普选法案。该法案取消了选举财产限制，规定满 25 岁以上的男子有选举权，30岁以上者有被选举权，参政人数从 1919 年的 307 万激增到了 1241 万，所占比例从最初限制选举的 1.1% 提高到了 19.4%。但应注意，此时的选举是在内阁更迭后进行的，所以新内阁必须要在选举中获胜，因而新内阁常采取"选举第一主义"[②]，主要有以下手段：

（1）政党更迭后，内阁首先掌握内务省，"党派左右内务省人事，执政党充分利用从中央到地方的行政警察机构"[③]，更换内务省中枢（内务次官、警保局长、警视总监）、地方长官以及所属地方行政干部，以及警察系统等等。民政党曾经攻击田中内阁更换 17 名地方官是"出于党的本位主义"。但是到滨口内阁时，断然更换 28 名，规模甚于田中内阁。到犬养内阁时期，更是达到前所未有的 34 名。地方官公开分离为两党系统，地方自治难以实现。

（2）政党的政策宣传中则常会偏向利益诱导，港湾筑造（土木工程）、道路铺设、河道改修、学校改建等等，政府利用行政权引导资源分配，以获得民众支持。"地方事业若不与政党相关的话，便很难实现。一些时常遭遇水害地方的紧急治水

---

① 新官僚：大正元年前后的高等文官考试合格者，在昭和初期反对政党政策，以内务省官僚为中心的、具有国家革新理念的官僚群体，代表性人物如：后藤文夫、吉田茂、田泽义铺等人。参见小関素明：『'政党政治' 革正と新官僚』，『国立歴史民俗博物館研究報告』，1992 年 3 月，第 123 頁。

② 酒井正文：『二大政党対立下における与党勝利の選挙準備–民政党の「選挙第一主義」』，中村勝範編：『近代日本政治の諸相–時代による展開と考察–』，東京：慶応通信，1989 年，第 250 頁。

③ 粟屋憲太郎：『昭和の政党』，『昭和の歴史』6，東京：小学館，1994 年版，第 152 頁。

事业因为不属于当时多数党的地盘，而不被县议会认可。这样一来，地方居民的态度，较之所谓主义、主张更倾向于能实现地方利益的政党"①，因此越是落后的地方其政治浮动性越强。

（3）直接收买选票。收买使选民的弃权变少，但这并不说明民众的政治积极性高，反而说明其缺乏独立判断，只是机械地被纳入普选体制。政党地盘很弱，而普选更密切了选举与金钱的关系，选举的胜负在于资金多少，政策主张与品行善恶等都不是问题。

可以说，近代日本两党制下的选举具有浓厚的工具主义倾向。执政党可以通过行政权力分配资源和权益，这也使民众产生"事大主义"心理，"选民只要追随当时执政党便不会有损失，投票自然偏向执政党"②。"事大主义"无法培养人们对议会民主的价值感、对政党认同的持久性，一旦经济不景气，政党不能持续提供利益，加之政党本身的腐败，民众便将政党政治全盘否定。"所谓普选就是在这样一种低层次上成立的，选举不是被统治者人民通过投票选择来表达政治意见的场合。"③普选并没能培养出民众参与政治的素养和智德。导致了民众对政党的消极和冷漠态度。"民选议会存在的本身既不说明政治制度的现代性，也不意味着它易于接受现代化，选举也是一样的。"④1932 年 5 月 15 日，部分海军青年军官与陆军候补军官等发动政变，袭击首相官邸、内大臣官邸、政友会本部等，杀死首相犬养毅，此即"五一五事件"，所谓"宪政常道"宣告结束。

5 月 26 日，海军大将斋藤实组阁，6 月 3 日，他在议会上作施政演说："此时本内阁的特别使命在于净化政界，革除宿弊，更新立宪政治。立宪政治下，政党互相对立，基于各自政策获取民众信任，这也是很自然的，不仅不足怪，若运用适宜的话，统制舆论便于政策研究，可以使国政运行良好展开。但是党争余波常累及中央地方行政，伴随着选举中的各种弊病，立宪政治的前途实感畏惧和悬念。新内阁鉴于眼下重大国情，不偏一党一派，在所谓举国一致的基础上组织内阁，但自然是

① 粟屋宪太郎：『昭和の政党』，第 232 页。
② 政治教育普及会：『政治の民衆化：普选本义』，东京：民衆出版会，1927 年，第 61 页。
③ 杣正夫：『日本選挙制度史——普通選挙法から公職選挙法まで』，福冈：九州大学出版会，1986 年，第 53 页。
④ [美]塞缪尔·P.亨廷顿著：《变化社会中的政治秩序》，王冠华、刘为等译，生活·读书·新知三联书店，1996 年，第 371 页。

尊重议会，也决不轻视政党，只是对于其弊病极力排除"。[1]日本进入"举国一致"内阁期，新官僚与军部主导政治[2]，标榜自身公正性，以去"政治化"、去"党派化"为口号，欲革除政党旧弊、选举腐败，提高议会代表民意的机能，强调行政权的独立。

1932 年 9 月 22 日，斋藤实内阁制定了文官分限令和文官分限委员会官制，针对高等官制定文官高等分限令，判任官则是文官普通分限令。1933 年 8 月，发布巡查分限令，地方警察也被纳入分限令，适用于文官普通分限令。1934 年 4 月，警保局长、警视总监适用于文官任用令和分限令，恢复了其事务官性质。至此，官僚身份保障体系基本形成。但 1934 年 7 月，斋藤内阁因"帝人事件"而辞职。随后 8 月，冈田启介内阁成立。翌年 5 月，成立了内阁审议会，作为政府的企划和咨询机关，设置事务局作为调查机关，收集提案材料，而事务局就是内阁调查局，其成员则多为之后的革新官僚，如奥村喜和男、饭沼一省等。内阁审议会负责的咨询范围十分广泛，包括除了军事外交之外的全部问题。

新官僚自恃以国家最高目的为己任，不甘受政党摆布，主张重新认识官僚的使命，在他们看来，政党支配官僚的话，就不可能切实保护国民利益，本应是国民代表的政党和议会机能下降、又发生了严重腐败时，政党就更失去了在国民中的威望，成了"没有一定思想基础、没有一定阶级地盘、没有主义思想政策政见、不足以与其他政党相区别"的政治团体，"失去了提起政策的能力"。[3]例如，国维会干事安部十二造批判政党："政友会政纲，民政党政纲，只是词语不同，实质上都一样。政党只是通过各种手段取得权力，上台组阁才是其目的"。理事松本学也批判："对于政党，我们着实激愤。不加批判地将英国政党政治作为金科玉条，结果只会百弊丛生，万机决于公论，议会政治只是其手段之一"，[4]排斥政党组阁的正当性。可以看出，新官僚对政党的反击主要在于两方面：一是强调行政自立，二是政策立案的改善。

为了恢复民众对议会的信赖，革除政党政治中的腐败弊病，田泽义铺、后藤文

---

① 池田美代二：『新日本の展望』，東京：国民教育会，1936 年，第 101—102 頁。

② 一般认为，新官僚是"明治四十年代到大正初年的高等文官考试合格者，在昭和初年反对政党政策的、以内务省官僚为中心的、具有国家革新理念的官僚群"，代表性人物就是后藤文夫、吉田茂、田泽义铺、香坂昌康、田子一民、堀切善次郎、丸山鹤吉、松本学等人。

③ 赤木须留喜：『近衛新体制と大政翼贊会』，第 96 頁。

④ 鈴木正幸：『国民国家と天皇制』，東京：校倉書房，2000 年，第 215 頁。

夫等官僚主导展开选举肃正运动，以此净化选举。1927 年，后藤文夫、田泽义铺等成立选举肃正同盟会，在 1930 年的总选举中，该会发布两万多册选举册子宣传选举肃正。选举肃正运动在全国大规模的实施是在 1936 年 5 月，冈田内阁命令各道府县设置选举肃正委员会，同时市町村根据府县方针，同样设置委员会，全国委员超过了 30 万人。同年 6 月 18 日，以社会教育为目的的诸团体、公益团体、政党、学界等各方面的有识之士组织选举肃正中央联盟，会长斋藤实、理事长永田秀次郎、常任理事包括田泽义铺、理事蜡山政道等，作为教化团体，没有委员会的那种行政性质。随着运动的展开，地方官会议等一系列会议召开，民间也有演讲会、恳谈会、协议会、座谈会等，国家制度与民间活动一起贯彻运动方针。后藤文夫内务大臣曾在地方官会议上训示，说明选举肃正的意义："多年积弊日甚，有碍体现纯正公明之民意，宪政基础危殆，诸般政弊多因此而起"，"今则一新国民对选举的认识和自觉，若不刈除多年积弊，则宪政之美难以达至"，"促进民间肃正运动，廓清全国选举。若选举取缔至公至正毫无私心，断可排除选举弊病，确保选举自由和公正"。①

选举肃正运动旨在打破选举积弊，但是"只要以此为目标，就会对普选以来的政党政治构造和机能提出质问。也就是当初作为政治教育运动的选举肃正就会对政党组织、构造以及议会本身造成影响"，②标榜维护立宪精神的运动却反过来会危及立宪基础本身，作为以净化选举为基调的国民统和运动成了日后向国民精神总动员、翼赞运动、法西斯体制发展的契机。如田泽义铺所说，"立宪政治就是万机决于公论的政治。众议院选举的目的和意义就是阐明公论之所在，陛下通过选举知道公论之所在。而一些政治家的主张与大多数国民希望的政策一致，那么天皇陛下就任命他组阁，这就是立宪政治的常道"③。

也就是说，在他们看来，"政党政治与立宪政治是不相同的，政党政治在没落，但立宪政治本身并不处于危机，政党存亡与宪法安危是不同的问题"，因此当前政治"不是宪政理想状态，但也不应恢复到过去政党政治的黄金时代，现在是从错误的政党本位宪政向正确宪政转变的过渡期"。④"根据日本宪法精神，帝国议会不是

---

① 赤木須留喜：『近衛新体制と大政翼賛会』，第 205—206 頁。
② 赤木須留喜：『近衛新体制と大政翼賛会』，第 228 頁。
③ 『政治教育小論』，後藤文夫編：『田沢義鋪選集』，第 131 頁。
④ 赤松克麿：『日本的憲政を確立すべし』，東京：維新制度研究会，1937 年，第 2 頁。

政权争夺的舞台，而是臣民翼赞之府。日本宪法不允许政党性的功利主义争斗，议会应清算一切政权欲望和私利欲望，应正确畅达民意，尽翼赞之赤诚"。[①]议会维持监督审议职能，不能觊觎政权，因此议员不能兼任政府官职、国务大臣，否则就会破坏议会公正的监督之责，把议会引入到政权争夺当中。"基于臣民翼赞之赤诚，考虑国家全体的政治意识。这一政治意识从根本上说是有国体观念的道义性的，不是功利的、阶级的、部分的、感性的。在正确的民意发挥下，日本立宪政治才会有其成果，与西洋诸国宪法不同的日本宪法的精神也在于此"。[②]

所谓"举国一致"内阁下，以完善宪政为名，将内阁、议会分离，重新认定议会性质。议会作为统治机关的职能性在减弱，而作为民意代表的性质在强化，此二者的共同目标即在于打压政党、排斥政党组阁。因为减弱议会职能性，可以将政党限制在议会，而提高议会民意代表性，同样可以否认政党的正当性。民意代表性在"君民合一""上下一致"、革除政党弊病等名义下不断得到强化，政党则因其代表部分私利而进一步被相对化，虽然其存在本身暂时受到认可，但上台组阁的正当性遭到否定。这一情况发展到极致，则是之后国民总动员的大政翼赞体制。

小　结

近代日本的复古非是单纯的后退，其中融合了近代西方思想，与其说是岩仓具视、井上毅等"沉于传统"，不如说是"重新发现"传统。或可以说，之所以他们对传统执着，即在于他们从传统中"发现"了与近代西方接轨的要素。所谓定国体、行立宪，亦是如此。以"万世一系天皇统治"作为建国之体，其本身即对天皇要求自制，这与立宪主义对权力限制的要求有某些共同之处，以天皇大权下的职能性分权行立宪之意，"不依欧洲分权之精神"。当召开议会、开展"数的政治"，限权的重要方面便是对多数的牵制，其途径则依然是充实国体、君意民心一致。也就是说，以国体行立宪，这就使近代立宪主义中的个人权利与自由始终从属于天皇大权。

从另一方面说，天皇大权下的行政与立法分立，政府越想得到集中的、强的权力，就越要强调天皇权威；越强调天皇权威，就需要越发强化议会代表民意的机能、

---

① 赤松克麿：『日本的憲政を確立すべし』，第33頁。
② 赤松克麿：『日本的憲政を確立すべし』，第16頁。

充实国体，就越需要动员民众参政。但问题是，如"举国一致"内阁被动员起来的民意以"完善宪政"为名被限制在议会，不能干涉行政，这看似是君民一致、民意疏通，实则是压制民意。

明治维新 150 年再探讨

——"明治维新与近代世界"国际学术研讨会综述

刘　轩[①]

---

① 刘轩，南开大学日本研究院副教授。

150 年前，日本经过明治维新，成功摆脱了殖民地危机，实现了东方后进国家的近代化转型，成为亚洲第一个走上近代资本主义发展道路的国家。150 年来，伴随着日本及东亚各国的历史变迁、世界格局的不断调整，国际明治维新研究也在不断深入，明治维新再探讨的气氛渐浓。为此，在明治维新 150 周年到来之际，2018 年 7 月 28—29 日，由南开大学日本研究院、南开大学世界近现代史研究中心与中国日本史学会共同主办，《世界历史》《日本学刊》《历史教学》《日本问题研究》《日本研究》《外国问题研究》等国内历史学和国际问题研究杂志社参与协办，"明治维新与近代世界"国际学术研讨会在南开大学日本研究院举行，对 150 年前发生的那场影响近代日本和世界的明治维新进行再探讨。

此次"明治维新与近代世界"国际学术研讨会上，来自日本、美国和国内多家学术机构的一百五十多名学者齐聚南开，再次挖掘明治维新发生的历史根源、社会基础和国际背景，历史再现了明治维新的演进过程、道路选择和社会变革，探讨了近代国家转型的理论，重新思考了明治维新的历史遗产、世界史意义及其对中国的影响，共同交流分享了国内外明治维新的研究成果。

一、明治维新的整体性透视与断面性分析

对于明治维新，国内学者一般注重历史事件、历史演进的动态性和关联性，强调从多个视角、多层面开展研究：武寅认为，"明治维新带给世界双重震撼"，即一个震撼在于创造了东亚史上发展奇迹，使日本成为非西方体系的东亚强国；一个震撼是日本在发展道路上选择了战争模式，给中国和世界造成了重大灾难。汤重南认为，日本近代化的成功之处在于执行了正确的改革政策，而日本近代化受挫的严重教训在于改革得不彻底和大政方针、基本国策的错误，各项改革的不彻底使封建因素大量存在，给各方面都带来了深远的恶劣影响，而基本国策的错误使日本走上了军国主义的不归路。崔世广在《明治维新与近代日本》中说，明治维新作为近代日本的起点和源头，从根本上规定和影响着近代日本的发展道路，整个近代日本历史都是处在明治维新的延长线上的。明治维新对近代日本的决定性影响应该还是来自于明治宪法体制这一国家政治体制。杨伯江建议，对明治维新要全面认识、深化认知，我们应看到日本在实现了跨越式发展，成为第一个进入近代化行列的东亚国家的同时，军事扩张道路几乎是明治维新的相伴物和附着物。

与国内学者侧重整体性研究明治维新不同，日本学者一般侧重针对明治维新的具体问题或历史断面进行研究：北冈伸一认为，明治维新的意义在于完成了走向立宪政治的制度构建，明治维新留下的制度体系存在着不完善的地方，但明治时代的政治家灵活加以应对和修补，而后来的日本领导层却未能灵活掌握明治维新的制度成果，并最终将国家引向了战争的深渊。北冈将日本的成功与失败付之于具体的领导人层面，以此来解释或开脱日本的战争责任。三谷博认为，明治维新是19世纪世界发生的最大规模革命之一。明治维新是人口大国日本的一次重要转型，它实现了以近世武士为核心的世袭身份制的解体，并模仿西洋不断启动改革。比较法国革命、俄国革命和中国辛亥革命，三谷博强调："矫正社会的偏差，不是必须打倒君主，也不是必然大规模使用暴力。相反，即使打倒君主制，其后也往往出现专制体制"。被解放的暴力往往导致长时期的内战或内部纷争。明治维新带来的变化不仅限于国内，对东亚国际关系也具有重大影响。

泷井一博主张，明治宪法具有重要的世界史意义。1889年制定的大日本帝国宪法是东亚历史上第一部立宪主义的宪法。从非西洋国家采用西洋立宪制度和引入议会政治上说，是一场世界瞩目的历史试验。从明治维新到今天，日本虽然经历了战败，但立宪主义基础上的议会制度却得以维系。重新探讨日本近代150年的历史轨迹，对立宪制度的正负遗产进行理论化探索，成为日本历史学的国际课题。

二、明治维新研究的理论化、系统化

对明治维新的认识已经超越传统的关于"革命"还是"改良"的定性分析，而是着眼于历史进程、权力博弈和发展目标等视角，从多方面进行实证性分析。从参会论文看，明治维新研究不仅呈现研究对象多元化、研究方法实证化趋向，而且研究深度更趋理论化、系统化。杨栋梁认为，明治维新是日本政治的一次权威重构。1853年佩里叩关后，日本社会步入近代转型的动荡期。1858年对外签署通商条约和将军继嗣问题的同时发酵，导致德川幕府独裁统治动摇，由此拉开了权威解构的序幕。围绕开国还是攘夷、佐幕还是倒幕等重大问题，幕府、朝廷、地方实力派大名、下级武士四种势力之间的博弈波诡云谲，结果以下级武士成功策动"王政复古"政变为转折点，幕府灭亡，明治政府登场。此后，新权威的建构从实现中央高度集权起步，经过政府内部近代派与守旧派、近代派中渐进派与激进派之间的抗争，政治路线上明确了治国理政的方针和途径，组织路线上"纯化"了寡头政治的构成，最后以立法形式确立了以近代天皇制为载体的权威。明治维新研究，既要厘清国家权力重构的显在主线，更要阐明以"顺天应人"为依据的权威这一制约权力重构的潜在主线，若此方能把握二者之间的辩证关系，抓住事物本质及其发展规律。

周颂伦从明治维新的"生产性"角度强调"审视明治维新的全过程，是带有强烈民族主义色彩的近代日本国家主义意识的登场"。在系统梳理明治维新研究成果的基础上系统分析了"尊王攘夷"运动的行动轨迹和思想价值。精英武士领导的倒幕战争大获全胜，是以下级武士屡屡发动的"尊王攘夷"行动为基础的。日本人的这种国家意识是以民族主义为特色的；而这种民族主义是以神授国家至高无上性为意识形态的。鲁莽的攘夷为精英的倒幕搭建了表演的舞台。"一君万民"的近代国家形成，结束了长期半统一半分割和锁国的政治局面。天皇的功能就是源源不断地为国内建设和发动对外战争提供精神驱动力。明治维新将千余年的日本历史承上启下地联结起来，至今仍可在日本的种种政策行为中觅得在天神国家思想支配下的民族冲击力。

真边将之强调，明治维新的政治目的之一是制定宪法和开设国会，但当时却没有关于近代政党制度的关注。真边以鸟尾小弥太和谷干城二人的政党论为素材，探讨了东亚和日本视域下的议会政治、政党政治，并通过与西洋政党论的比较，揭示了近代日本的政治生态。真边美佐则以板垣退助为中心，重点考察了明治维新与自由民权运动的逻辑关系，强调自由民权运动是明治维新的继续，明治维新未能实现国家政治的目标，依靠自由民权运动和爱国公党等得以继续推进。

莽景石基于制度变迁理论和历史比较研究的方法，研究了明治维新的元制度与派生制度的非均衡演化及其对日本工业化的影响。柴松霞则系统比较了"明治宪法"与清朝"钦定宪法大纲"历史联系和影响。清水唯一郎从人才选用视角强调明治维新是一场人才录用革命，即明治维新打破了几百年来的出身限制，实现了从身份主义向能力主义的革命性变化。但是这种变化并没有带来革命所特有的时代震荡，而只是有限灵活拥有人才。这对未来人才教育培养带来重要启示。

刘轩通过分析明治维新的制度构建过程，强调了日本近代转型的行动逻辑在于通过和平谈判或盟约等形式实现了近代国家的平稳转型。郭冬梅认为明治维新构成了日本以西方现代性为终极目标的起点，而这种现代性本身所具有的悖论又注定了二战前日本失败的命运。以西方现代性为依托，并未构筑起自身的现代性，是日本快速崛起而又迅速遭遇失败的终极原因。江新兴分析了明治时期的老人问题及其对策，郝祥满以医疗卫生社会化改造为视角，研究了日本明治维新后的国家社会化改造问题，田雪梅分析了日本政府利用文教统合的功能及其历史影响。张玉来围绕松方财政改革的历史事实，分析了明治维新时期日本的国家破产危机与信用体系重建问题。张东则论述了明治维新后的天皇制立宪主义，刘树良则分析了明治宪法体制下的君权与军权关系。

三、明治维新中的精神构建与思想渊源

在思想文化领域，宋成有从国家神道伦理的视角探讨了明治维新的伦理精神。他认为：明治君臣一手打造的国家神道及其伦理，是明治维新伦理精神的主要来源。明治维新"一新"与"复古"兼具的双重性格问题，尤其是"王政复古"与神道的互动、相应举措等问题值得关注。日本创设国家神道的精神文化土壤极其深厚，神国论、皇国论、武国论成为明治政府倡导国家神道的理论渊源。维新期间，国家神道伦理精神渗入其中，与明治维新的伦理精神浑然一体。两者一而二，二而一。明治维新之所以呼唤国家神道，维新精神伦理精神之所以与国家神道伦理精神浑然一体，均与维新的日本特色密切关联。强化国家神道伦理的手段是通过非宗教化的国家政策，国家神道精伦理的无休止灌输无疑饮鸩止渴，并最终引导日本帝国走向总破产。

赵德宇在追溯明治时代日本基督教史演化路径的基础上着重分析了日本基督教会与明治政府之间从"信仰冲突"到"被动妥协"，再到"主动配合"的宿命结局，论证了基督教信仰与日本政治文化生态发生冲突和被迫"转向"的不可逆的社会机理，揭示了明治专制天皇制的政治特点和日本应对外来文化的习性。许晓光系统介绍了明治维新后日本对西方社会主义思想的初步吸收情况。田雪梅系统分析了日本文教统合的政策功能，瞿亮侧重研究了明治维新前后日本国家意识中的攘夷思想。祝曙光通过实证分析了中日两国的铁路军事运输对甲午战争的影响。

郭丽以《海国兵谈》为中心，探究了日本"海洋国家论"的渊源。王铁军研究了幕末西南诸藩的海外认知。张万举分析了明治维新前后日本的海洋观念和思想谱系。宋宁而则分析了日本"海洋国家论"的双重逻辑。李少鹏则对日本水户学的"尊王攘夷"思想进行了新的探讨。李敏以岛崎藤村的《黎明之前》为例，通过小说家笔下的"明治维新"展示了幕末维新时期的社会动荡和明治时代农民的生活状态。李荣借助教育敕语的另一个草案分析了明治时代的日本思想动态。

四、明治维新对世界及中国的影响

明治维新不仅改变了日本近代的历史进程与社会性质，而且改变了东亚与世界历史。王新生认为，日本明治维新改变了日本的历史进程与社会性质，改变了东亚与世界历史。宋志勇强调，明治政府的外交体制具有继承、改革、多变的特点，明治维新是在西方殖民主义的压力下完成的，有浓厚的殖民主义、侵略主义因素渗透其中。近代外交体制建立未稳，明治政府就开始迫不及待地用刚学来的近代外交体系吞琉球，侵中国台湾，掠朝鲜，走上了对外侵略扩展的不归路。与之不同，三谷博认为，从明治维新政府的对外政策看，对外侵略并不是明治维新的直接后果，明治政府主要侧重国内经济开发。日本对外侵略是在经济条件改善后开始的以国家为对手的战争道路。

陈秀武通过追踪日本右翼思想的源流和海军右翼团体的行动逻辑，发现日本右翼思想源流的核心是"崇敬天皇"，其行动逻辑在于恐怖暗杀、武装政变。20世纪20年代，有皇族撑腰的右翼团体在"国家改造"的路途上越走越远，使国家急剧右转，并将日本推向法西斯的深渊。吴占军系统讨论了明治初年日本海外移民活动及政府的外交应对。张晋以"废除世界海陆军备"为中心，研究了明治时期民众思想家田中正造的和平思想。吴佩军则探讨了日本关东军对苏情报战的历史。

对于明治维新对中国的影响，刘岳兵以东京大学教授中村孝也1941年来华讲授明治维新史为例，探讨了中日战争时期学术交流和政治宣传的关系。罗伯特以明治维新时期日本茶叶出口中的中国技术为中心，强调明治维新研究应超越"学习西洋""脱离亚洲"的思维惯式，基于多视角、国际性来思考日本国家的形成。张礼恒以清朝驻日使领与朝鲜"朝士视察团"对明治维新的评判为中心，探讨了近代中日韩三国的历史传统与发展道路之间的关系。王美平通过日本对载泽使团访日考察之应对的考辨，揭示了日本"殷勤"接待背后的政治阴谋。黄宇宏对1874年《北京专条》中关于琉球问题记载和史实进行了历史考证。

五、明治维新研究的学术动态

此次国际学术研讨会主要围绕"明治维新与近代世界"这个中心主题展开，与会专家和学者的论文和发言既有对宏观视野的大局把握，又有微观层面的个案研究；既有理论专题的思辨分析，又有对实证支撑的系统论证；既有对明治维新史的学术梳理，又有对日本近代转型的历程透视。从一定意义上说，此次会议展现了国际明治维新研究的最新成果。

王新生认为，西川长夫提出的"国民国家论"对近三十年来的日本近现代史研究具有较大影响。戴宇分析了近年来日本国内对明治维新的反思和批判现状，提醒人们不要再盲目地迷信明治维新，不要将明治维新绝对化，而应该更为全面地来重新审视明治维新和反省日本近现代史。张艳茹系统梳理了 20 世纪 90 年代以来日本学界明治维新史的研究动向，认为近年来明治维新研究呈现研究对象不断扩大之势，明治维新研究在幕末史、地区史方面获得了长足进展，实证研究逐渐成为主流，研究视角、研究方法亦出现多元化、碎片化趋向。郭海燕全面介绍了日本学界对"征韩论"的最新进展和研究特点，重点分析了明治维新史、日本近代史中的朝鲜问题。何鹏举通过梳理近代中日两国的明治维新论，探讨了产生"改良""变法""革命"等明治维新认识差异的原因，即近代中国明治维新论的出发点是基于其自身变革的需要，是一种典型的缺乏"他者"意识的日本研究。

六、国际明治维新研究的新趋势

与会专家经过热烈讨论和密切的交流，在各自介绍研究成果和学术观点的基础上，通过学术质询、理论探讨和思想碰撞，进一步拓展了明治维新研究的国际视野和理论深度，对于国际明治维新研究的现实价值和世界史意义有了更加深刻的认知和共识。与会者一致认为，此次明治维新会议是继 20 世纪 80 年代中国"明治维新再探讨"之后的一次继往开来的动态梳理、学术传承和创新起航。本次研讨会汇聚了包括日本东京大学、早稻田大学、庆应大学、日本国际文化研究中心、美国维克森林大学以及国内中国社会科学院、北京大学、南开大学、复旦大学、吉林大学、东北师范大学等多所高校和科研单位的知名学者，这是国内学术界近三十年围绕明治维新的具体课题召开的一次较深层次、较大规模的学术盛会。

对于明治维新的研究，已经不仅仅是对其进行革命、改革、分期等定性研究，而是更加侧重实证、全方位的多角度研究。国际明治维新研究正在取得新的进展，一个关于明治维新与日本近代转型道路的探索之门正在打开。明治维新研究不仅继承了历史研究的人文关怀性和深刻时代特色，而且随着全球化、信息化和文明融合共生的时代潮流，迫使学者们必须站在一个新的高度、视野和起点重新思考明治维新的世界史意义，重新思考日本、东亚及世界近代历史的演进路径和时代价值。此次学术研讨会，摆脱了传统以欧洲为中心的研究视角，不仅将日本放在亚洲视野下，而且将其放在世界发展、周边发展与本国自身发展三个层面进行研究。

中日两国不仅是搬不走的邻居，而且是难以轻松释怀的历史旁观者和参与者。对于日本的明治维新，自黄遵宪的《日本国志》开始，中国一直加以高度关注。伴随着中日两国近百年来的历史变迁，对明治维新的认识也不断深化，明治维新研究在呈现多元化、全面化的同时，又增加了中日两国历史研究本身的行动和认识的反思。150年来，伴随着世界历史的发展变化，人们对明治维新的理解和认识也在发生变化。此次研讨会所发表的论文，不仅跨越了"王政复古"史观、藩阀史观等英雄主义、国家主义传统历史研究视角，而且克服了进步史观等过分强调阶级属性、意识形态性等研究偏向，重视从一手历史史料进行实证性研究。唐永亮认为，此次研讨会体现了中国史研究和日本史研究的两个走向：与会专家学者从权威重构、城市建设、学术交流和政治宣传等方面研究日本明治维新，反映了浓厚的时代性和中国视角。中国学界从理论角度分析明治维新，如元制度与派生制度、现代性等，反映了与日本学界不同的中国特色研究新动向。

此次国际学术研讨会将明治维新置于亚洲和世界历史的视野下，在研究深度、研究广度、研究视野和研究方法上都取得了较大程度的提高。正如刘岳兵在闭幕词中指出，一种社会现象一旦成为历史现象，对其性质的探讨、原因的分析、过程的把握、影响的研究，无论是对史实的挖掘还是对现象的理解，都会随着历史的发展出现各种各样适应不同时代特色和需求的方法和解释。明治维新这一历史现象已经历经了150年，它对日本、对东亚，甚至对世界历史所产生的巨大影响现在到了可以冷静分析的时候了。本次国际学术研讨会无疑将对推进国际明治维新研究和日本近现代史研究奉献一束新的成果之花。

东亚日本研究

　　2017 年 10 月 27 日至 29 日，由南开大学日本研究院承办的第二届东亚日本研究者国际学术研讨会在南开大学召开，来自中国、韩国、日本以及欧美国家的近三百名日本研究学者聚集一堂，围绕日本的政治、经济、文化、历史等领域展开广泛深入的研讨，现将研讨会的特邀嘉宾的主题报告和特邀报告在此发表，与读者共享。

竹内好的亚洲观及其时代脉络

孙　歌[①]

① 孙歌，中国社会科学院文学研究所研究员。

一

开始于 1946 年 5 月、结束于 1948 年 4 月的东京审判，是与冷战的"铁幕"一起拉开了日本二战后历史的序幕。时至今日，这个决不单纯的审判仍然构成理解日本政治特征的基本线索，也在一定程度上依然揭示着构成今日世界张力基础的历史结构关系。

东京审判由二战中的盟国主导，共有 11 国参与，其中的亚洲国家只有中国、印度与菲律宾；虽然苏联和中国都作为盟国成员参与了东京审判，但是这个充满了紧张与矛盾的审判基本是按照美国的意志推进的。这场审判与其后的美国占领日本以及朝鲜战争的爆发，有着相当直接的联系。正是因为东京审判主导势力的特定构成，使得它审判的对象主要被设定为太平洋战争，即日本与以美国为首的西方阵营之间的战争，而不是 1941 年 12 月日本偷袭珍珠港之前，日本对于中国大陆的侵略和对于朝鲜半岛和中国台湾主权的篡夺。虽然南京大屠杀在东京审判中也被提及，但是日本的侵华战争以及日本对于朝鲜和中国台湾的殖民掠夺，都没有成为审判的重点。审判中关于"反人类罪"的裁定，主要集中于日军对于俘虏的非人道对待，而日军在东亚特别是在中国对普通百姓的大规模屠杀和摧残，并没有成为审判的对象；至今仍然没有得到妥善处理的东亚各国的慰安妇问题、细菌战问题等，在东京审判中完全被忽略。

东京审判在漫长的两年时间里，经历了冷战的升级与美苏对立格局的形成，纠缠进了过于复杂的国际关系，最后几乎是草草收场。随着朝鲜战争的爆发以及朝鲜半岛分断体制的形成，随着美国内部麦卡锡主义在整个 20 世纪 50 年代的升级，这个审判过于复杂的特点使得对它的全面评价只好被暂时搁置。

在二战后初期，最能够代表日本进步思想界对东京审判态度的，是丸山真男的《军国统治者的精神形态》。这篇发表于 1949 年的论文对于二战后日本思想界产生了持久的影响，因为它讨论了东京审判时日本战犯以及战犯辩护律师的逻辑，深刻地揭示了日本政治社会的"病理状况"：除了法西斯共有的非理性狂热和不计后果的决策特征之外，日本军国主义统治阶层还具有推诿责任、被局势拖着走、自上而下地转移压力以求保持整体平衡等特点。丸山尖锐地指出，日本法西斯与德国法西斯相比，是猥琐而缺少主体责任意识的。丸山指出："从宏观的角度看，日本帝国主

竹内好的亚洲观及其时代脉络

义所经历的发展过程及其结局, 确实具有一以贯之的历史必然性。不过从微观角度看, 越是具体观察, 越是能够发现这个历史过程是由庞大的非理性决断堆积而成的。"①

　　丸山的分析涉及了日本统治阶层的"无责任体系"问题, 这与如何解决天皇制的问题紧密相关, 构成了二战后日本思想的基本课题意识。以丸山为代表的自由主义左派知识分子, 在建构二战后日本思想的最初阶段付出了艰苦的努力, 他们最大限度地激活了来自西方的现代性课题, 力图使其转化为在战后重建日本思想主体的契机。然而, 丸山这篇提出了重要思想课题的论文完全回避了对东京审判本身的评价, 这启发我们注意到, 在 20 世纪 40 年代末期, 日本思想家无法同时兼顾清算日本军国主义和反对美国世界霸权的问题。在丸山那里, 这是只能分开处理的两个问题。而对日本军国主义展开精神上的批判, 并不能自然地催生战后日本主体性的形成, 这个困扰了丸山一生的基本课题意识, 或许也是其后他更多地转向前近代日本政治思想史研究的基本动力吧。

　　40 年代没有可能正面处理的东京审判的合法性与正当性问题, 在整个 50 年代也仍然没有找到突破口。在这个过程中, 40 年代末期麦克阿瑟的占领政策撕下了当初的"解放军"面纱②, 在 50 年代初期把琉球从日本施政范围中分离出去、朝鲜战争时期把日本作为兵工厂, 就近生产战争物资, 这个时期集中地全面暴露了美国占领日本的真实用意; 然而即使如此, 日本进步势力在认清了美国在二战后推行世界霸权的野心之时, 也并没有回过头来正面处理东京审判这个具体的历史事件。事实上, 马克思主义者和自由主义左派知识分子, 面对着一个很难克服的思想困境, 即日本右翼在战争时期就把"近代的超克"这个说法转化为政治意识形态, 从而以对抗西方为名争夺东亚霸权; 即使在战败之后, 右翼不得不承认超克近代的失败, 他们也仍然没有放弃对于排他性民族主义的主导权。主张国际主义的马克思主义者与主张理性主义的自由主义者, 在对待民族主义这个烫手的山芋时确实有些力不从心。他们无法重新处理东京审判, 一方面是这个审判确实执行了一部分裁决日本军国主义者的功能, 具有积极的历史意义, 因此不能全盘否定; 另一方面, 也是因为日本的知识界尚未准备好足以与右翼的全盘否定态度划清界限的认识论, 因此不能

---

① 丸山真男:《军国统治者的精神形态》,《现代政治的思想与行动》, 未来社, 1969 年, 第 91 页。
② 以麦克阿瑟代表的美国军政府主导日本的政治, 虽然推行了美式民主, 但是在具体事件发生时, 制度上的民主并不能保证民众的政治权利。例如 1947 年 1 月由日本全国总工会发动大罢工, 在全国动员阶段就遭到了占领军的干预, 结果以工人领袖发表公开讲话宣布停止罢工而流产。

不顾及被右翼所利用的危险。

在东京审判中，印度法官帕尔提交了大部头的判决书，认定这个审判不符合国际法需要遵循的人类共通准则，属于战胜国一侧的"私法"，因而全面主张日本战犯无罪。帕尔的意图原本并非是为日本军国主义正名；但是他的判决书以及他本人的态度，却在二战后被日本保守派乃至右翼所利用。这个事实从一个侧面证实了东京审判这个历史事件的复杂性。同时，也暗示了一个棘手的事实：虽然从法理出发对东京审判进行历史定位很重要，但仅仅从法理的角度讨论东京审判，并不能充分对其进行历史定位。

说到底，如何认识东京审判，并不仅仅意味着对这个历史事件本身的态度。正如丸山真男的讨论所揭示的那样，对于日本国家乃至日本社会而言，其本质在于如何主体性地承担历史责任。东京审判以极端的方式，把日本明治以来最为核心的问题推上了前台——日本究竟应该以何种方式建立自己的主体性？

1956 年汤因比访日。他的造访在日本知识界引发了对于"挑战与回应"这一历史研究核心命题的兴趣。毫无疑问，这个命题勾起了一些日本知识分子的历史记忆——明治时期充满紧张的"回应西方"的社会思潮，催生了特定的代表东洋向西洋抗争、力图跻身于世界列强的主流意识形态，从思想界模仿西方的"文明开化"，到现实中与西方争夺东亚殖民地，日本选择了西方模式的现代发展道路，即以武力争夺和建立殖民地，掠夺海外殖民地资源，迅速发展资本原始积累。可以说，日本在明治时期打赢的两场战争，其"以恶抗恶"的逻辑不仅贯穿到了昭和时期的侵华战争与其后的太平洋战争，而且有了恶性发展。①但是二战后日本社会重新泛起的历史记忆，却明显地具有特定的选择性：它选择了日本"对抗西方"的正当性，却回避了这对抗所采取的"西方方式"；同时，这一历史记忆跳过了东京审判所象征的西方战胜国对日本的复仇这一难以下咽的苦果，把重点放到了日本的"文明"与"进步"方面。

明治前期，作为充满现实危机感的思想家，写作了《劝学篇》与《文明论概略》的福泽渝吉于 1885 年在报纸上发表了《脱亚论》；而在中日甲午战争与日俄战争之

---

① 竹内好曾经在《近代的超克》中比较了明治天皇在中日甲午战争和日俄战争时期发布的宣战诏书与昭和天皇在侵华战争时期发布的宣战诏书，指出其中存在着一个重大的差异：前者均写入了尊重国际法的字样，后者却不仅没有此说法，而且写入了前者没有的全民战争的意思。见竹内好：《近代的超克》，李冬木、赵京华、孙歌译，生活·读书·新知三联书店，2005 年，第 328—329 页。

竹内好的亚洲观及其时代脉络

间的 1903 年,冈仓天心用英文写作了《东洋的理想》,提出了著名的"亚洲是一体"这一命题。这一表面上对立的态度,由于面对了不同历史时期的不同课题,所以在深层缠绕着同样的危机感,并非是相互针对水火不容的;在某种意义上,甚至可以说福泽渝吉和冈仓天心只不过是采取了不同的理念形态,共同面对来自西方现代的压力、力图摆脱日本的危机而已。

在 20 世纪 50 年代,大半个世纪之前的危机感觉与思想抱负都不复存在,无论是当年福泽还是冈仓的态度,都早已经形骸化了。然而,在新一轮的"挑战与回应"格局中,当年的脱亚论和亚洲一体论,却又一次重新登场。只不过与明治时期的论述相比,这新一轮的论述缺少了充满活力的紧张与昂扬。经历了失败的侵略战争之后,前代人那种毫无顾忌地张扬不再可能找到表现的空间,无论是左派还是右派,在 50 年代后期,都面临了更为复杂的政治格局。值得注意的是,明治时期的脱亚论与亚洲一体论,尚且因为内在紧张而潜在地具有关联性,而在 50 年代后期,它们已经呈现为水火不容的格局。日本究竟是亚洲的一部分,还是不属于亚洲,变成了不同质的对立判断。在思想界,由于万隆会议正面提出了亚非民族独立的问题,在曾经以"大东亚共荣"为口号并最终滑向侵略意识形态的日本,是否属于亚洲这个问题就更加具有意识形态的性格了。

就在这个时候,理学博士、生态史专家梅棹忠夫发表了一系列颇具挑战性的随笔,记述了他在 1955 年考察阿富汗、巴基斯坦和印度的见闻,并在 1957 年发表《文明的生态史观序说》一文,大胆地提出了重新划分世界认识基准的假说。简要地说,这个假说认为,由于社会生活的基本样式千差万别,很难认为亚洲这个范畴可以统一地囊括处在亚洲地域的各种文明。他认为,宽泛地谈论亚洲是没有意义的,亚洲不仅多样,而且在历史发展脉络上无法整合为一体。因此,应该避免使用亚洲、欧洲这类范畴,可以把世界分为第一地域和第二地域;第一地域是由西欧和日本构成的,第二地域是由中国、印度、俄罗斯、地中海·伊斯兰四个文明圈构成的。这两个地域在风土上有不同特点:第一地域处于温带,离干旱的大陆地区较远;第二地域处于干旱的内陆地区,直接受到游牧民族的侵扰。因此,第二地域虽然从古代就发展出了灿烂的文明,但是不断遭到破坏;第一地域则在古代是野蛮民族,由于处在从第二地域中某一个文化共同体的周边地带,得以从中获得文明,并且由于地理上的优越条件而免受反复遭到破坏的厄运,从而顺利地发展出封建社会和资本主义,在现代拥有了高度的文明和技术。而第二地域虽然拥有灿烂的古代文明,却因为地理上的不利位置在历史上屡遭破坏而终于没有发展起来，在现代世界处于经济落后状态。

　　梅棹认为日本不属于亚洲，但是与此同时，他也同样认为印度不属于亚洲。从人种上看，他认为印度人具有雅利安血统；从文化上看，他强调印度文化强烈的包容性。在"不属于亚洲"这一点上，显然印度与日本是一样的，甚至印度人在人种方面以及文化方面，比日本更为实体性地不属于亚洲而接近于欧洲。不过，在梅棹自己的世界地图里，印度与日本也并无关联，它们分属于第二地域和第一地域，并没有因为"不属于亚洲"而被归为同一类型。这也就意味着，是否属于亚洲这个问题，并不是梅棹考察的标准。毋宁说，他所致力于建立的假说，只是为了挑战汤因比"东洋与西洋""亚洲与欧洲"这样的分类方法。

　　在发表了最初的关于印巴的随笔且尝试把世界分为第一地域和第二地域之后，梅棹又开始了东南亚之行，他对东南亚的考察，显然使他意识到此前的分类还有粗略之嫌，所以他对于自己的图示进一步加以补充，但是并没有推翻原有的假说，只是在他的第一地域处于两端、中间横亘巨大的第二地域的图示中，又加进去东南亚诸国与东欧诸国的对称关系。从区分方式上看，他仍然把这些国家共同视为第二地域。

　　总体上看，梅棹忠夫的文明生态史观固然承续了早年和辻哲郎的名著《风土》的部分视野，但是与和辻相比，作为分析框架，他的假说提供的建树十分有限。其本人后来一直试图发展自己的假说，但是逐渐把视野从重新划分世界收缩到了世界生态史中日本文明的定位问题，社会影响力也逐渐减弱；不过，坚持文化形态的相对性、反对进化史观的价值判断，梅棹的这些基本知识立场并没有因为把问题集中至日本而改变。①

---

　　① 1980 年代梅棹致力于推动"比较文明学"的讨论，仍然强调比较的意义在于去掉自我中心主义，完成自我相对化；他在 1984 年召开的"都市与都市化的比较文明学——近代世界中的日本文明"学术研讨会上做基调讲演，明确地对那种把文明类比为生物有机体的思维方式进行质疑，反对用进化论解释文明，也反对把文明视为连续性传承过程的认识论。同时，他也强调了日本文明规模太小，自足性很弱，因此它需要面对中国；这一点与中国文明不需要意识到日本的状况形成了对照。参见梅棹忠夫、守屋毅编：《都市化的文明学》，中央公论社，1985 年 3 月，第 16—19、30 页。1999 年，他在国际海洋学术研讨会做纪念讲演，又一次重申了文明生态史观的基本观点，并且强调日本是海洋国家，向大陆伸手不会有好结果，21 世纪应该向海洋发展，与太平洋岛国连带，建立"西太平洋同经度联合国家"。参见《朝日新闻》，1999 年 8 月 9 日，第 13 版。

竹内好的亚洲观及其时代脉络

二

在梅棹的假说发表之后，立刻引起了日本知识界的热议。在赞成与反对的声浪中，比较有代表性的观点是竹山道雄的看法。竹山于 1957 年 9 月在《新潮》上发表了《论日本文化》一文，把梅棹讨论的视点压缩到了"西欧与日本的平行发展"这一个角度，并且试图对西欧和日本进行横向比较。

竹山写道："梅棹氏把西欧数国与日本作为第一地域，在其间的中国、印度、俄罗斯、伊斯兰等亚洲诸大国作为第二地域加以分类。前者是高度实现了近代文明的国家，而后者则是在往昔拥有灿烂的文化，现在则属于后进地域的国家。

"……日本的历史在亚洲是唯一特别的。西欧的历史概念往往直接可以套用于解释日本，但其他亚洲诸国则没有这个可能。在西欧与日本之间，存在着神奇的历史并行现象。

"一般认为，日本走向发动这次战争的原因，在于凝聚了自古以来日本固有顽疾的'天皇制'，它是导致和推动了法西斯的元凶。……如果把这个恶果归罪于日本固有的畸形状态，那么就无法说明何以其他众多的国家几乎在同时期都推行法西斯化这一事实。

"现在，推动着日本的主要动力是现代性……日本作为近代国家立于世界之林。"[1]

当然，竹山的这篇文章并不像上述引文这么简单。它不仅周到地事先声明自己的论述有可能硬性地图示化、为了论述方便而只选取那些对自己有利的事实，而且宣布自己是甘愿冒着这一学理上的风险做这篇文章的。该文的表层结构，就是上述引文所显示的论述日本与西欧历史发展轨迹的相似性，还特别在几个段落分别比较了同为落后国家的日本与德国的异同，强调在政治统治方面日本更为开明和包容，德国更为独裁和专制；但是这篇文章的深层结构，却意在通过情感式的"同情之理解"重新讨论何谓"进步"何谓"反动"，并确立一种"别无选择"的历史主义态度。竹山认为，进步与反动在历史的不同阶段中含义不同，要根据当时的主导潮流是什么而定，不能用当代人的眼光裁断历史。他举例说，在江户末期尊王攘夷是进

---

[1] 竹山道雄：《论日本文化》，『新潮』54 卷 9 号，1957 年 9 月，第 46 頁、68 頁。

步的，开国外交是反动的；但是到了明治初期，风气逆转，闭关锁国是反动的，开国实行现代化是进步的。日本在实现西欧式近代化、避免成为西方殖民地的过程中逐渐膨胀，走上了帝国主义的道路，而这也是当时那个时期近代化的特征。言下之意，日本走上帝国主义的道路，也是历史的必然。

竹山对于日本现代化的复杂焦虑，使得他对梅棹提出的"文明的生态史观"进行了实用主义的误读。他完全无视梅棹建构世界分析新结构的学理目标，无视梅棹学说中日本与西欧的"平行发展"仅仅是服从于这一目标的一个环节，而是用偷天换日的手法，把梅棹的论述直接转化成了确认日本的"西欧"性格，使其置身于先进国家的行列。在这个过程中，另外一个偷换也不动声色地完成了：梅棹对于亚洲并不同质、因此不能作为分析范畴的论述是非价值化的，这一点从他对于印度和东南亚特有习俗的分析中可以明确感知；而竹山的论述却具有鲜明的价值判断内涵。

当然，同样为了质疑汤因比"挑战与回应"（亦即西方挑战东方回应）的世界构图，竹山与梅棹共享了一个抽象的命题，即日本不属于亚洲。尽管他们具体的思考走向并不重合，但是在抽象层面，似乎他们共同掀起了一波新的"脱亚论"思潮。

梅棹对此颇为不快。他在 1957 年"思想的科学研究会"研讨会上坦率地表示，他对日本知识分子只关心日本、漠视日本以外事情的心态感到惊讶。他说，自己提出的文明生态史观并不仅仅是日本论，也是印度论、伊斯兰世界论、西欧论，为什么关注点被仅仅缩小到了日本？[①]

在二战后日本以张扬理性精神为主流的进步知识界中，竹内好是极少数关注"亚洲主义"这一复杂思潮的思想家之一。他并不认同梅棹在指出亚洲的多样性之后就消解掉亚洲的做法，也与梅棹的世界结构图保持距离，但是他却从梅棹的论述中看到了建立新的亚洲论述的契机。1958 年，竹内好发表评论《两种亚洲史观——梅棹学说与竹山学说》，比较了二者的异同：在同样强调日本不属于亚洲且与西欧近似这一点上，二者是一致的；但是梅棹赋予日本的这个定位仅仅是为了对共同体生活样式进行功能性分析，他为此而把历史视为"主体环境系的自我运动轨迹"，竹内好认为，这是一种把历史平面化的方法，它使得历史在终极意义上"零化"了。所谓把历史平面化或者"零化"，是指破除历史进化论的单一想象，承认不同文明历史演变轨迹的多样性；梅棹的这种"零化"，在认识论上直接针对了日本社会流

---

① 梅棹忠夫：《以生态史观看日本》，《文明的生态史观》中译本，第 127—128 页。

竹内好的亚洲观及其时代脉络

行的文明一元论，梅棹本人也多次批评日本人对亚洲其他地区缺少了解和兴趣；竹内好认为这是一种健全的现实主义态度；而竹山却在论述日本与西欧平行发展的时候，自觉维护等级化的价值判断，在亚洲与西欧之间建立了一个歧视性的"进步序列"，认为亚洲所有国家都要走日本曾经走过的发展道路。正是这种进步观，使竹山自相矛盾地一边强调日本不具有亚洲特色，一边主张日本应该为亚洲提供榜样。竹内好一针见血地指出："一边说着日本不属于亚洲，同时却不愿意丧失在亚洲的支配权。"①

竹内好同时指出："（梅棹）他的强项，是现实主义的强项。这种现实主义的基础，在于他把自己的论述限定在'以共同体生活状态的设计作为问题的机能论立场'上。那种诉诸感情的亚洲连带论之类的，对此是无法招架的。梅棹如此活用了生态学，实在功不可没。它扩大了日本人的视野，促成了对亚洲意识的反省。

"但是如果梅棹学说跨越了这个界限，被原封不动地套用到价值领域，那么其学术价值将会丧失。梅棹自身也极力警戒对价值问题的介入……跨越了这些程序，把梅棹学说不加任何转换地拉扯到历史解释的领域加以利用，不仅在政治方面，在学问上也是失当的。竹山学说正是如此。"②

竹内好在梅棹的一系列讨论中感受到了健康的知识态度。他认为日本在明治以来逐渐形成了一种思想方式，把亚洲视为在日本之外的一个固化了的实体；而梅棹指出了亚洲内部的多样性，指出亚洲并不是单一的实体，打破了这种固化的感觉。梅棹与竹内在机能论意义上，有着相当的默契。思考亚洲的时候，他们都认为不能把亚洲作为一个实体对待，无论亚洲这个范畴是否成立，它作为讨论对象，首先需要"机能化"。在梅棹那里，这种机能的意义在于区分各国不同的"主体环境系统的自我运动"；而在竹内那里，这种机能则体现为主体形成过程在亚洲各国的不同形态。同时，尽管他们都承认亚洲是实在的地理空间，但是都没有把这个自然地理概念作为自明的前提。

在某种意义上，假如没有梅棹忠夫，竹内好的亚洲主义研究也许更难被把握。借助于他为梅棹所写的评论以及他与梅棹的对谈，我们更能够便捷地接近竹内好的思路——这就是力图在观念主义与历史主义之间寻找第三种可能性的艰苦努力。

---

① 竹内好：《两种亚洲史观——梅棹学说与竹山学说》，《竹内好全集》第五卷，第87页。
② 竹内好：《两种亚洲史观——梅棹学说与竹山学说》，《竹内好全集》第五卷，第85—86页。

三

在竹内好提倡重新思考明治维新的时候，上山春平发表了他的论文《大东亚战争的思想史意义》(1961)，这篇论文与其后陆续发表的《再论大东亚战争》(1964)、《不战国家的防卫构想》(1965)、《不战国家的理念》(1968)等一系列文章构成了一个完整的论述结构，至今仍未被知识界遗忘。这个论述结构的前提，是日本不能再次重蹈战争的覆辙；然而这个论述结构的骨架，却是如何摆脱作为战胜国的美国赋予日本的战争史观——把日本在昭和时期发动的侵略战争归结为太平洋战争。在东京审判的法庭上，太平洋战争成为审判的焦点，其后也成为战争历史叙述的基本视角，而大东亚战争，由于提倡者是日本的军国主义政府，带有强烈的负面色彩，也一度被知识界所冷落。二战后日本进步知识界，也一度避免使用大东亚战争的说法，而使用太平洋战争这一范畴。

所谓大东亚战争，并不是上山春平希望倡导的意识形态，也并非他的批判对象。上山的用意在于，经历了 1960 年安保斗争之后，日本国民开始形成反对日美政府勾结、反对保守派修正宪法第九条、主体性地维护世界和平的基本共识，在这样的情况下重新探讨战争历史，上山看到了摆脱东京审判模式又不陷入右翼立场的可能性。太平洋战争仅仅是日本侵略战争的一部分，而且是从美国立场出发命名的视角；当时，试图对抗太平洋战争史观的保守派全面主张大东亚战争史观的正当性，与此相对，社会主义阵营的视角则是"帝国主义之间的战争"。但是这样的视角都无法涵盖昭和时期日本的侵略战争整体格局，上山看到了另一对概念的不可或缺：深入剖析"大东亚战争"的历史视角与中国的"抗日战争"视角。在此意义上，作为曾经的侵略国国民，上山春平试图主体性地反省"大东亚战争的遗产"，探索把日本建成不战国家的可能性。

上山指出：应该说，日本的和平宪法虽然是一部"翻译宪法"(即由美国直接授意起草的宪法)，但是比起旧日本帝国宪法来，这个宪法至少维护了和平与人权，所以也不能因为它并非直接出于日本人民的意志而反对它；但是因为美国在二战后的所作所为，上山也很难积极地"保卫"这部宪法——他声言，自己的态度是"消极地拥护新宪法"。

这种态度在 20 世纪五六十年代之交有相当的代表性。竹内好也曾经在安保斗

竹内好的亚洲观及其时代脉络

争中发表以"我们的宪法感觉"为题的讲演，指出这部耀眼的"翻译宪法"来得太容易，并没有经过日本人民的拼搏就空降到政治生活中，所以如何建立相应的宪法感觉，或者换个说法，如何通过日本人自己的努力打造与新宪法提出的和平与民主理念相应的感觉，才是问题的关键。

上山也是在这个意义上，把这部饱含时代紧张的宪法称为"国家制度史上划时代的事件"[1]。他说："我认为那部宪法是一种国际契约。这种形态的宪法，过去恐怕未曾有过。在此意义上，我觉得这是一种新形态的宪法。它不是由单独国家主权的发动而成立的，它是由复数的国家的合作而制造的国际契约。并且它不是立于对等立场的成员之间的契约，而是以日本对盟国无条件投降为前提的、盟国诸国与日本之间的契约。但是曾经强加了这一契约的盟国中占指导地位的诸国，现在开始单方面地破坏这个契约了。其中最极端的，是由美国授意而发动的日本再军备（即创设警察预备队以来的各项政策）。"[2]

与此同时，他也强调，不拥有军队，只有在世界上不再有战争的前提下才是现实的，他在竹内好提出的"帝国主义不能审判帝国主义"的看法上又推进了一步，提出"主权国家不能审判主权国家"。他认为，联合国真正发挥效用，才是日本和平宪法得以成立的条件，但是缔造了联合国的主要国家并没有放弃战争手段，相反，各国不断进行军备竞赛，以此强调国家主权，这无法使日本国宪法这一划时代的国家制度真正得到保障。上山提出的建议是，在联合国真正发挥作用之前，日本自卫队虽然是违宪的，却是不得已的产物，它应该以解散为前提而存在。

1964 年，评论家林房雄出版了评论集《大东亚战争肯定论》，承接了上山的讨论，但是与上山的意图相反，他的用意在于全盘肯定"大东亚战争"。

他这样论述："在那些无法摆脱战败的虚脱和被强加的罪恶感的人看来，大亚洲主义者或许就是不可救药的侵略犯罪的大陆浪人的一派，其实，这些人用冈仓天心的说法，就是为了'亚洲一体'的理想而献身的志士们。这些人为了建设更好的世界，准备了有色人种的解放战争。

"日本貌似战败并玉碎了，其实目标已经达到了。西洋世界的统治，在他们胜利的那天就开始崩溃，而日本本身并未灭亡，用不了十年，就开始成功地

---

① 上山春平：《大东亚战争的思想史意义》，《大东亚战争的遗产》，中央公论社，1972 年初版，引自 1994 年第 6 版，第 20 页。

② 上山春平：《大东亚战争与宪法第九条》，《大东亚战争的遗产》，第 45 页。

复活了。"①

　　与竹山道雄的《论日本文化》一样，林房雄的《大东亚战争肯定论》也表现出为历史辩护的鲜明姿态：他认为日本的百年战争都是在西方列强逼迫下不得已而为之的，并不是因为日本人好战，而是因为日本人没有其他的选择。

　　竹内好的亚洲观很重要的组成部分，是他对日本战后保守主义思潮的历史决定论进行的抵抗。但是他抵抗的方式并非为了对抗历史决定论而脱离历史依靠观念，相反，他非常重视历史对人的制约，并且致力于在具体的历史脉络中寻找那些有可能改变历史的契机。在与梅棹忠夫的对谈中，他说："我反对历史主义，不过人在很大程度上是受制于历史的。在这种情况下，我们如何思考历史呢？我不把历史理解为无限的过去向无尽的未来的发展过程，我在有限的范围内思考。"②

　　这个说法清楚地说明了竹内好与竹山道雄、林房雄在历史观上的区别。竹内好何尝不知道历史对人的制约，但是区别于历史主义者追认历史既成事实的立场，他力图在历史的制约下探寻既定事实中未曾实现的那些可能性。在这样的视野里，历史并不是由已经变为现实事件的那些"事实"构成的。所有作为现实性的事实，都内在地包含了自我颠覆的紧张与矛盾。对于后来者而言，学习历史并不是为了追认和评价过去的事件，而是为了在那些既定事件中分析这种紧张与矛盾。竹内好拒绝用无限的过去不断走向无尽的未来这样一种历史感觉去想象历史过程。在这样的想象之中，历史如同一个自足的匀速运动体，内在于其中的各种紧张，作为可能性曾经存在过的各种改变历史的契机，都会被这种匀速想象所消解。竹内好认为只有"在有限的范围内思考"历史，才能够发现那些在宏观意义上并未实现的可能性，并把它们转化为"改写历史"的线索。在竹内好那里，世界划分为几个地域并不是值得关注的问题，值得关注的是这个世界究竟有多少改变的可能性。

　　1961 年，竹内好作为重新评价明治维新的倡导者之一，在《明治维新百年祭·感想与提议》一文中介绍了他的想法：他希望通过这个倡议，在广义的"论坛"（即一般性社会舆论）上设定共通的思想课题："我认为明治维新大于其结果明治政府。明治维新意图进行'未曾有的变革'，也实现了这个意图；不过明治国家只不过是这个意图中的一个选择而已，它应该还包含着更为多样的可能性。通过探求这些可能性，可以把日本国家本身对象化，从而有可能形成关于未来形态的设想。我并不

---

① 林房雄：《大东亚战争肯定论》，番町书房，1964 年初版，引自 1965 年版，第 137 页。
② 《在状况中竹内好对谈集》，第 150 页。

竹内好的亚洲观及其时代脉络

只是提倡在历史学的领域内将明治维新问题化。所以百年祭这样的政治活动是必要的。"①

不过，竹内好的希望很快就落空了。日本论坛上兴起的讨论是"明治百年还是战后二十年"②，这种认知方式恰好与竹内好的讨论意图相反。他在 1965 年明确表示退出关于明治维新纪念活动的策划，与当时的论争保持距离。他又一次重申了四年前提出的"明治维新大于明治国家"的基本命题，指出："'战后'这一理念，对我而言是不确定的。同样，'明治'也是不确定的。所以它们才有可能重新改写；如果不是这样，提倡维新百年祭之类的事情就是荒谬的。以'明治'代表专制与侵略，以'战后'代表和平和民主主义，山田的这个规定方式我无法赞同。"③

竹内好说："我提出维新的问题，是因为我不承认迄今为止公定的历史……日本人意识里的'国家'是非常坚硬的，国家与政府与民族，几乎完全捆绑在一起，我的意图就在于把它们剥离开来。我的民族主义论，从根本上来说，就是以这个意图为基点的。"④

竹内好为自己规定的这个课题意识，不仅具有认识论意义上的革命性，同时也具有极强烈的现实感觉。可惜的是，这个课题意识在他有生之年并没有获得进步知识界的理解，也没有得到有效的传承。时至今日，知识界仍然基本上满足于立场之争，"亚洲"也基本上只是一个实体性的符号。也许正因为如此，竹内好提出的问题并没有真正地在思想上遗产化，而我们也仍然有重新阅读他的必要。

---

① 竹内好：《明治维新百年祭·感想与提议》，《竹内好全集》第八卷，第 238 页。

② 传媒工作者山田宗睦 20 世纪 60 年代初出版的《危险的思想家》一书，直接对文化保守主义团体"心"的主要成员进行了思想批判，认为他们在战后的言论有可能葬送战后民主主义，并由此提出了将明治维新与战后民主主义相对立的口号"明治百年还是战后二十年"，将二者确定为两个固定的对象；这个大胆的挑战在论坛上引起了一场《危险的思想家》论争，使得象征文化保守主义的"明治维新"与象征现代民主主义的"战后"成为两个无法分解的实体。竹内好虽然对山田维护战后民主主义的心情表示了肯定，但是无法接受这种粗疏的实体化分类方式，明确宣布自己与其保持距离。

③ 竹内好：《"明治维新热"引发的思考》，《竹内好全集》第八卷，第 244 页。

④ 竹内好、荒濑丰：《如何评价战后》，《在状况中·竹内好对谈集》，第 86 页。

近代中国与日本

浅田次郎[①]

---

① 浅田次郎，日本著名作家，曾获日本文学直木赏。

近代中国与日本

　　大家好，在下浅田。以中国为舞台写长篇小说，虽然花了很长时间来写，但实在不值得一读。我开始写《苍穹之昴》是在 22 年之前，当时完全是个无名小说家，虽然觉得"这种小说不会受欢迎"，但我还是一直写自己想写、最喜欢、最感兴趣的主题，这我还在坚持。题名都很独特，想必（读者）很难理解，不过这是出于本意而写的，所以会与众不同。《苍穹之昴》写到西太后时期和戊戌政变，其后写了《珍妃之井》，用小说的笔法写了义和团运动及其成因。第三部小说《中原之虹》共 4 卷，以军阀张作霖为主人公。可惜张作霖与副主人公袁世凯在中国恐怕是反面角色，西太后也好，张作霖也好，袁世凯也罢，怕是不太适合作小说的主人公，不过我反而喜欢将这种招人厌的角色写进小说，这当然是有理由的，后面我会加以说明。写完 4 卷本《中原之虹》的张作霖，我又写了一本反映"暗杀张作霖事件（皇姑屯事件）"为何会发生的小说 *Manchurian Report*（《"满洲"报告》）。想必大家知道张作霖被日本军部炸死这件事，这要放在现在来看，就是恐怖袭击了，而且是东三省、伪满洲的实际统治者被他国军队所杀，这是"难以置信的恐袭"。这成为中日关系史上的一大转折点。

　　那之后，现在一直在写《天子蒙尘》这个系列，故事会越写越长，主人公是清朝末代皇帝溥仪。还有，加入了另一个"天子"作为主人公，就是父亲被炸死、祖国被掠夺的张学良，他经历了怎样的苦恼呢？《天子蒙尘》是以这两个主人公为中心来写的。第 1 卷和第 2 卷业已出版，第 3 卷预计 2018 年春出版，现正在执笔第 4 卷。第 4 卷预计 2018 年夏季完成。这虽暂告一段落，迟早还会继续写下去的。到《天子蒙尘》为止共写了 14 卷，也不知道死之前能否完成，这即所谓终身事业了。书从任何部分开始看都可以，可以的话建议尽量从头看起，因为登场人物有重复，这样便于理解。在下绝非写实作家，也不是历史学者，是个胡诌的小说家，所以书中会有很多虚构人物登场，因此还是建议大家从头来看。

　　《天子蒙尘》第 1 卷主要以天津为舞台，为此我多次实地采访调查。宣统帝溥仪因军事政变被赶出紫禁城，陷入一纸之隔的坎坷命运，不知何时就会被杀掉。在辛亥革命之后很久，民国政府出了优待条件，与之达成了皇室可作为象征性存在的契约，可是冯玉祥发起了政变，突然一天就被逐出了紫禁城。起初无处可去，寄身于生父北京醇亲王之处，可是在那里也不能放心，与仆众研究如何才能不被杀掉，最后被暂时隐藏于北京日本公使馆。在这前后，日本与清朝就产生了复杂的纠葛，最终建立了"满洲帝国"这一傀儡政权。但是溥仪也不能一直待在北京日本公使馆，所以又到了天津日本租界、现在的张园和静园，在那里勉强地生活了有 7 年之久。那时，溥仪身上发生了对他个人而言的重大事件。溥仪有两位妻子，这让人有一种既羡慕又嫉恨的复杂心情，不过两位都是大美人。清王朝的传统是要娶多位妃子，一般婚礼是同时进行的，开始共同生活。溥仪也是同时迎娶了两位妻子，所以到天津也是两位妻子同来，这说起来很复杂。两位妻子都不是汉族，而是满族。其实，清朝并没有皇后须是满族这样的规定，过去，蒙古族、满族有过迎娶汉族侧室的情况。虽然清王朝前后有 12 代皇帝，但要说溥仪是否是纯粹的满族，实际上他混入了相当一部分蒙古族和汉族的血统，只是号称满族罢了。还有，他恐怕不怎么会说满语，可能只能看懂写的东西，几近汉族化了。在这样的背景下，他带着两位妻子来到天津，但发生一件大事。溥仪的侧室淑妃文绣突然提出了离婚。离婚现在说起来很简单，但这是在当时发生的。当然，民国的法律制度还是完善的，这位妻子突然逃出静园，住进了酒店，在那有三人的律师团待命，于是发起了离婚官司。这在中国历史上恐怕是划时代的重大事件。中国历史上发生过各种事件，从历史上的秘史来看，中国封建时代男女差别非常之大。日本也虽是如此，但中国比日本的男女差别要更大，而堂堂皇帝的妃子竟突然发起离婚官司，并取得了胜诉。这一经过全都写在第 1 卷里。书用了"史上最高贵的离婚剧"这样一句漂亮的宣传语。这句宣传语并非是我写的，而是编辑想出来的，很有创意。

随后，日本趁清朝衰败之际，产生了进入中国大陆的念头。是以此来发动日俄战争，这是非常鲁莽的行为。但是不知道能否说是取胜了，因为是以非常有利的条件结束了战争，俄国或许不认为自己输了，但日本认为是取胜了。好容易才总算结束了战争，然而，这之后日本一直视俄国及其后十月革命后成立的苏联为北方的威胁。实际上，即使是曾经的威胁，但在精神上的威胁还是非常大的，因此就有了"必须要合并朝鲜，也必须合并'满洲'"这样的精神层面的念头，我认为这是进入中国大陆的最大动机。战争是没有正当的，战争也是没有结果的，任何战争都是一场战争之后一定有另一场战争的到来，日本近代史就是证明。

我们把话题往前推一下，视线从近代转到近世。日本与清朝同一时代的是德川幕府时期。江户幕府与清朝有比较相似的特征，是一个军事政权。武士政权以军事力量，统辖全国所有权益，进行政治统治。"幕府"这个词中的"幕"就是军事司令部之意，"府"是政府，是展开政治的场所。"幕府"即是军事政权的意思。江户幕府成立于 1603 年，是德川家康被朝廷任命为征夷大将军之年。最先在日本开创

近代中国与日本

幕府的是源赖朝，幕府设在镰仓。通过彻底的军事政变消灭朝廷，自己登上天皇的位置，这在历史上本应是最普通、最简单的方法。但源赖朝并未消灭天皇，而是把天皇推到象征的位置，只给其宗教祭祀权，自己进行政治统治，这就形成了幕府。其后，从镰仓幕府到室町幕府，再到江户幕府都继承了这一方式。这是日本固有的体系。日本天皇家2000年的历史之中，作为象征性的历史较长。

德川幕府1603年开府，清1616年建国。这里的建国是指努尔哈赤在东北建立的其前身后金国。随后，在1644年，顺治皇还小的时候，越过长城，进入关内。之后，进入北京，清王朝一直持续到1911年辛亥革命。与之相对照的是，江户幕府于1868年灭亡。江户幕府是一个约260年长期稳定的政权。德川幕府未发动过对外战争，国内除农民起义之外，也几乎没有过战争，可以说是260年都没有战争的国家。德川幕府这样的近世政治组织要重新来认识，不作为过去式，而是与现今进行比较来考量如何？从人类悠长的历史来看，明治维新到现在只不过150年，江户时代还有很多要我们学习的地方。另一方面，把有300年历史的清朝看作是"江户+明治"就容易理解了。不过，在清中后期的历史里，先是发生了鸦片战争，进入了被欧洲列强不断侵略的历史，其后，南方发生了太平天国起义，进入长期持续内战的状态。而确定现在中华人民共和国版图的也是清朝，清朝是一个伟大的王朝。

还有，这两个军事政权有着微妙的不同之处。追溯日本人的渊源，恐怕能够追到骑马民族上，也就是同满族是一个体系了。其实，满语同日语有共通的单词，习惯也有诸多相似处。举个例子来说，都有盘腿而坐的习惯。中国汉族人在日本进入日式房间，正坐盘腿估计会很难受。但如果看一下满族乾隆皇帝的画像就会发现，他是盘腿而坐的，盘腿坐是北方民族的就座方式。满族是游牧民族，多带着蒙古包迁移，不带多余的家具，所以在地上铺上东西，席地而坐。这与日本人的生活非常相似。还有"发髻"这个习惯。日本武士有丁髷（小发髻），满族有发辫。这是清朝强制的发型，其他民族是没有的。日本人、清朝人都剃头，剃头的习惯全世界常见于骑马民族，所以盘腿坐和丁髷是骑马民族传统的遗存。

然而，日本人在长时间的岛国生活中，完全成了农耕民族。清王朝在相对较近的时期还保持着骑马民族的习惯，与此相对德川幕府时期日本业已没有狩猎民族的习惯了，因此习惯上有微妙差异。其中最大的不同是继承的差异。农耕民族的日本，社会上一直延续着长子继承的传统，长子如果糟糕的话家族就可能衰败，不过农耕民族是个共同社会，所以（长子继承）顺利保留了下来。为避免纠纷，长子继承是

121

理想选择。恐怕农耕社会长子继承的理由也在此吧。

狩猎民族、游牧民族则不同，如果身体不强壮，声音不够大，就不能统率全家，软弱的长男是不行的。因此，兄弟之中最强壮、最有力气、声音最大的人作为家族继承人是合理的，清朝的继承正是如此。德川幕府原则上通过长男继承来延续血脉，没有继承人时就收养养子，通过长子继承德川幕府延续了 15 代。但清王朝的情况却是在即位后就同时立众多侧室，要生很多孩子，皇帝指名其中最有才能、身体最好的人。由此会产生很多纷争，于是从雍正帝起设立了翻牌指名的制度。所以清王朝的优势在于绝对没有体弱愚昧的皇帝，有才干的人辈出，也大多很长寿。简单来说，德川 260 年间有 15 位将军，清朝 300 年间有 12 位皇帝，这就是身体健康的证据。

现今的日本已没有了长子继承，反而是老小照顾父母的情况居多。要说到为什么？是因为兄弟多人时，从最年长的孩子起挨个去东京、京都上大学，干脆就在当地就业，不回来了。因此，最小的孩子来不及逃了，只好继承家业，照看父母。

在维持政治体制的方法上，德川幕府的婚姻政策是重要因素。德川将军也有众多侧室，诸多子嗣，不过除继承家业的长男外，其他人都要同全国的大名结亲、出嫁或去做养子。由于德川幕府不是直接支配"三百诸侯"，要解决这种不是绝对君主的脆弱根基，采取了与大名结亲的策略。为此而立侧室、生子，采取友好政策。日本在近代进行了多场战争，追根溯源，是因为日本是个合谋社会，具有这样的国民性。

清朝的婚姻政策是除了和蒙古族（对清来说是需尊敬前朝大国）之外，基本不同他族通婚。那怎样维持统治呢？是利用了科举制度。清王朝很聪明，虚心沿袭了诸多明朝的制度，原封起用众多旧官员作为官吏。唯一条件就是发辫。连文字都没有的狩猎民族不是自己来统治，而是同化汉族来进行。科举制度是隋朝以来持续一千二百余年的传统官吏录用制度。帝国成立之时，并不是一开始就有君主的，而是由同一部落联盟中最强之人担任。在这个过程中，提升皇帝权益的手段就是科举。皇帝采用科举制，将其他部族之长抬为贵族，不参与实际的政治活动，由科举制产生的官员制定出统一制度，科举制就是这样形成的。在认识到这一点的基础上，清采用了科举制，从一开始就很卓越。

那么说到我最初为何会对中国感兴趣呢？这是因为上中学一年级时汉文课上受到了触动，觉得"竟然有这么美丽语言"。明明是外语却能用日语读音来读解。

近代中国与日本

读出来的日语非常优美，而中文和日语的读出的发音截然不同，可心却是相通的。受到这样的触动，于是我喜欢上个汉诗。那期间我迷上了陶渊明。我在明治年间出生的汉文老师指导下，通过日语读音读解来学习《归去来兮辞》，觉得非常优美。通过日语读音无论怎么读都不见得正确，不过却能完全表达出本意，这真是日语读音读解汉文的杰作。

沉醉于读汉诗期间，我又邂逅了南宋诗人陆游。陆游作为"银河诗人"而著名，留下了非常浪漫的叙景诗。但其诗中也有截然不同的激进的政治诗和社会批判诗。很难想象浪漫的"星空诗人"同批判现实体制的社会批判者是同一个人，难道曾经有两个陆游吗？陆游作为宋朝的官吏，被金所追击，因此才会批判社会。这是因为他原本是官吏而使然，在此，我发现中国的官吏都是诗人。李白、杜甫原本都是官吏兼诗人。日本的政治家很现实，鲜见其中有诗人出现。中国的高明之处在于科举考试的科目一是政治论，另一个是死记硬背的四书五经，还有一个是作诗。由于作诗占其中 1/3 的分数，所以官员从孩提时代就一直尝试写诗了。这坚持到最后，考上进士、成为官员，因此官僚全是诗人。这是中国文治国家的传统。

要了解中国文学就需要了解政治。不了解学习文化所需的政治背景、历史，是无法理解中国文学的。相反，日本的文学特征是不牵涉政治，这很有型，是没有政治、没有思想也能成立的文学。日本中世出现的著名歌人藤原定家，他曾放言"红旗征戎非我事"，就是说世间的纷扰与文学者无关。更何况鸭长明更是潇洒地遁世了。抛开尘世，自己结庵山中，他的这句"心镜之中，琐事纷现，漫然书之"鲜明地表明了作为文学者的态度。从那之后，日本有了隐士的谱系。文学者有了抛开尘世为上的传统。

我们把话题转回来，之后日本迎来了明治维新。明治维新因何而生？是因为"非殖民地化运动"。欧洲列强曾为获得殖民地四处扩张。为何需要殖民地？是因为殖民者深信由工业革命产生的资本主义，在其初期没有殖民地的经营无法成立。建殖民地，从殖民地带回劳动力和资源，这是促使本国资本主义成立的条件。因此，美国黑船最早也来到了日本，其目的虽不是要将日本置为殖民地，但还是有这样的图谋，然后法国、俄国也来了，日本眼见着也要被卷入世界的洪流之中。于是发生了"尊王攘夷"运动，因德川幕府轻易签订不平等条约，"幕府已经不行了"的运动成为倒幕运动的原因。然而，作为倒幕运动半边天的长州遭到了英国的攻击，这（指"尊王攘夷"）绝对是无法实现的。由此我认为不应驱逐外国势力，而是必须自己敞开国门西洋化。所以说，明治维新是要将日式价值观一下子转变成西洋式价值观的改革运动，不是单纯的政变。

清朝同样也曾经兴起过"非殖民地化运动"。而中国不同于日本，切实经历了鸦片战争的冲击，实际上几乎沦为了殖民地。在西太后时代，清朝几乎被完全支配，实际统治地区恐怕仅是当时的直隶省，即现在的河北省（也可以讲是天津、北京周边），其他地区只是名义上的了。

其中，以康有为、梁启超为中心的推行的戊戌变法，表明了日本明治维新在中国也可行，我们自己也要改革的主张。这样的运动就是洋务运动、戊戌变法。但是过于急进（《苍穹之昴》里有写到），加上中国国土没有日本那么小，是日本的近30倍，国民众多，这是不易成功的原因。由此产生了中国近代新的苦恼。

日本的错误在于，由于明治维新进行得过于顺利，而将不成为殖民地的运动转变成了攫取殖民地的运动。这是资本主义的本质。在当时这虽是常识，但是历史是讽刺的，这造成了全世界国家间的战争，最终导致东亚、南亚殖民地被"解放"，这是一个讽刺的结果。也有人认为这不是日本原本计划的事情，这只不过是结果论罢了。

最后，关于为何以西太后作为主人公，是因为我认为西太后并非世人所言的恶人。西太后的"恶女说"并非来自中国，而是来自英国。出自于名为拜克豪斯（Backhouse）的英国人所写、大卖300万册的畅销书《西太后治下的中国》，此人是个中国通，曾供职北京大学。这是英国为推翻西太后恶政，将"推倒重建"这一理论写进了书中。因此，我让拜克豪斯在《中原之虹》第3卷中登场，进行反省。看他写的《西太后治下的中国》就会发现，西太后的恶行都出自于中国古籍传说，将其作为中国通史来看就容易明白了。第二次鸦片战争时，连紫禁城都被占领的清政府在当时没有马上灭亡是很反常的，而又将其延续了四五十年的西太后，难道不是个出色的政治家吗？另外，作为她最大智库而活跃的李鸿章在中国也是声望不好，虽然他一再签订不平等条约，但在留存中国这一层意义上难道不是伟大的政治家吗？他签订了99年后返还中国香港的条约，当时被称为卖国贼，深受谴责。但若从结果来考量，李鸿章是个预见到99年后的政治家。将"现在"做好的政治任何人都会想到，可是能熟虑到50年后的国民和平、百年后的国家安定的人才是真正的政治家。这正是李鸿章100年前所做的事情，我在著书中也将李鸿章写成了英雄。说到为何要把张作霖写成英雄，这是因为在那个时代的中国，贫穷、不识字的流民之子，能成为统治中国 1/4 领土的王者，这是个奇迹。把他写成历史上世界最大的发迹者并不过瘾，于是我将他的一生演绎成了冒险小说。那样的梦想任何时代都不能失去。

我没上过大学，学问都是靠自己，看到年轻的各位我非常羡慕，能有可供学习的地方是件很棒的事情。大家加油。

（译者：刘志强，南京信息工程大学讲师）

水户藩与日本的近代化
——德川齐昭与明治维新的关联性

徐兴庆

内容摘要 日本德川幕府"御三家"的水户藩自 1854 年至 1857 年，进行为期四年的藩政改革。19 世纪中叶，欧美势力的逐步逼近日本，迫使德川幕府逐步解除了实行 220 年的锁国体制，开始走向门户开放，推动明治维新的道路。本文以水户藩的彰考馆总裁立原翠轩至第九代藩主德川齐昭《海防策》的国家安全政策及其西洋知识摄取为范畴，从解说日本德川博物馆所藏相关史料视角切入，探讨西方势力的东渐与日本海防的政策转换，同时分析水户藩摄取兰学的内涵，水户藩的军事教育和近代化建设，西式大船的制造及反射炉的建设，进而阐明德川齐昭实践日本近代化与水户学、明治维新的历史定位。

关键词 立原翠轩 德川齐昭 藩政改革 水户学 明治维新

作者简介 徐兴庆，中国文化大学教授

水户藩与日本的近代化

前 言

欧洲各国自 18 世纪后半叶，经由产业革命，纷纷在海外拓展殖民地，这股西欧东渐的势力也进入了东亚世界，给日本德川幕末带来极大的冲击。当时德川的幕藩体制虽然坚持锁国政策，但日本的邻近海域不断地出现威胁国家安全的外国船只。德川幕府在第三代将军家光时期完成了锁国政策并提出海防政策。1638 年，幕府命令全国各藩设置"远见（Toomi）番所（异国船番所）"，用以监视外国船只的入侵。1739 年，俄国船只开始出现在日本的陆奥（Mutu，今青森及福岛县）、安房（Awanokuni，今千叶县南部）、伊豆（Izu，今东京西南）沿岸，1792 年，俄国使节 Адам Кириллович Лаксман（1766—1806）借着遣返日本漂流民，将船只开入虾夷（Ezochi，明治之前北海道的称谓），要求日本开放通商。1803 年美国船只开进长崎，1808 年英国船 Phaeton 号伪装成荷兰船只强行进入长崎港，均要求通商，1837 年 6 月，美国船只 Morrison 号，带了 7 名日本漂流民进入浦贺港，当时的浦贺奉行对非武装船的美国船只展开炮击，遭到兰学者渡边华山（1793—1841）、高野长英（1804—1850）的批评。[①]从此，外国船只逐渐逼近日本沿岸，各藩纷纷强化海防政策。

针对这些外国船只陆续接近日本，1825 年 2 月，幕府提出了《异国船打払令》，目的在于阻止外国船只的逼近。当时临海的萨摩藩（今鹿儿岛）、佐贺藩、长州藩（今山口县）以及靠近日本海的越前藩（今福井县）、四国的宇和岛藩（今爱媛县）主伊达宗城（1818—1892）等各地诸侯为了提升海防力量，致力殖产兴业，设立反射炉、制造大炮及蒸气军舰，以因应外来的危机。

此时，在太平洋海域的水户藩也不例外，除了面临财政困难的内忧，以及面对

[①] 渡边华山原名渡边定静，字子安，一字伯登，通称渡边登，号华山，斋号有寓绘堂。德川幕末的汉学家、兰学家、政治家、画家、幕府藩士，被誉为"日本开国史上的第一人"。高野长英为德川幕末的医学家、兰学家，两人都积极从事西洋学问研究。在幕府对美国军舰实施还击之后，渡边华山著《慎机论》、高野长英著《戊戌梦物语》，对幕府的攘夷政策提出批判，呼吁幕府必须实施"仁政论"，善待漂流民的人权，因而触怒幕府。天保十年（1839）幕府以企图逃亡国外及与下级武士——阳明学者大盐平八郎（1793—1837）有勾结等罪名将他们逮捕，史称"蛮社之狱"，这是幕府对兰学者进行的最早的压制行动。

西洋势力入侵的外患。德川齐昭（以下简称齐昭，1800—1860）[1]在藩内门伐派与改革派对立严重的情况下，接任第九代藩主。1837 年 7 月齐昭定立四大改革目标，提出：（1）"经界之义"（全检领地）；（2）"土著之义"（将藩士自水户城下移至农村，以充实武备）；（3）"学校之义"[建设乡校那珂凑的敬业馆（后改称文武馆）及设立藩校弘道馆]；（4）"总交替之义"（废止幕府的定府制[2]，回到藩地主政），呼吁全体藩士团结一致，进行改革。[3]在教育普及方面，设立藩校弘道馆，任用户田忠太夫（1804—1855）、藤田东湖（1806—1855）、[4]会泽正志斋及青山拙斋（延于，1776—1843）等藩士，进行教育改革，培养文武兼备的优秀人才。有关"弘道馆"的军事教育，容后论述。

1842 年，清朝在鸦片战争失败的消息入传日本，给德川幕府带来极大的冲击。1853 年 6 月美国培里（Matthew Calbraith Perry，1794—1858）舰队叩关日本之际，第 12 代将军德川家庆病死，继承的第 13 代将军德川家定体弱多病，幕府的实权落在老中首座阿部正弘（1819—1857）身上。同年 7 月 1 日，阿部为了推动"安政改革"，召集各雄藩大名，拟定因应对策，7 月 3 日任命齐昭为"海防参与"（等同今日的国防大臣），参与幕政。齐昭于天保、弘化年间（1844—1847）再三向幕府要求撤销大船建造的禁令，同时邀请兰学专家翻译大量的西式军舰和武器制造的解说书，举行大规模的军事演习"追鸟狩"（Oitorigari），[5]由齐昭发号施令、指挥，聚众数万人，用以提振军心士气，企图在水户藩习得武器或军舰等制造方法，积极推动兵制改革，强化海防的工作。

1854 年 1 月培里再度叩关，日本被迫签订不平等的《日米和亲条约》。但美国

---

① 德川齐昭是常陆国（今茨城县）水户藩的第九代藩主。幼名虎三郎、敬三郎，字子信，号景山、潜龙阁，谥号烈公。是水户藩第七代藩主德川治纪的第三子，也是第 15 代将军（日本末代征夷大将军）德川庆喜的生父。

② 水户藩为德川"御三家"之一，在诸大名之中唯一免除"参勤交替"，藩主常驻江户辅佐将军，此称为"定府制"。水户藩主也因此被称为"副将军"。

③ 鈴木暎一：『水戶弘道館小史』東京：文真堂，2003 年），第 12 頁。

④ 藤田东湖为水户学者藤田幽谷之子，曾任彰考馆编辑、总裁，与户田忠太夫并称水户藩的双璧，加上武田耕云斋则称"水户三田"。东湖为天保十一年（1840）德川齐昭致力藩政改革的重要智囊，也是后期水户学及尊攘思想的核心人物。1853 年培理扣关日本之际，齐昭担任幕府的"海防参与、海岸防御御用挂"，东湖则担任他的辅佐官。

⑤ 德川齐昭的"追鸟狩（Oitorigari）"军事演习，详请参照德川真木监修，徐兴庆主编：《日本德川博物馆藏品录Ⅲ：水户藩内外关系文献释解》，上海古籍出版社，2015 年。

并没有立即进军日本市场，原因是美国国内贸易政策的对立，引发生了南北战争，这个内战持续到 1865 年。这段时间美国对日贸易难以开展，却给航海及贸易实力雄厚的英国及法国带来机会。英国在克里米亚战争获胜之后，阻止俄国势力南下，成为进军日本的最大贸易国。为此，幕府中央接受了齐昭的建议，向各藩解除建造大船的禁令。同时为了培育外交与国防的人才，开始筹设讲武所、蕃书调所、长崎海军传习所等国家级的军事及外交研究机构，聘用江川英龙、岩濑忠震、胜海舟、大久保忠宽、永井尚志等专业人士为"海防挂"幕阁的咨询委员。水户藩也自 1854 年至 1857 年，进行为期四年的藩政改革。而后，欧美势力的逐步逼近日本，迫使德川幕府逐步解除了实行 220 年的锁国体制，开始走向门户开放，推动明治维新的道路。

本文以彰考馆总裁立原翠轩（1744—1823）至德川齐昭《海防策》的国家安全政策及其西洋知识摄取为范畴，从解说日本德川博物馆所藏相关史料视角切入，探讨西方势力的东渐与日本海防的政策转换，同时分析水户藩摄取兰学的内涵，水户藩的军事教育和近代化建设，西式大船的制造及反射炉的建设，进而阐明德川齐昭实践日本近代化与明治维新的历史定位。

一、西方势力的东渐与日本海防的政策转换

（一）立原翠轩的忧患意识

水户彰考馆的业务及《大日本史》的编纂，在朱舜水弟子安积觉（1656—1738）逝世之后，曾经一度停滞，古器古物破损日趋严重，书籍与记录卷次凌乱，目录类遭虫蛀情形亦相当严重。直到立原翠轩致力修护古器、古物之后，保存情况才逐渐好转。翠轩也成为宽政年间（1789—1800）再兴《大日本史》编纂的关键人物，在接任彰考馆的总裁之后，继续进行《大日本史》的编纂，并于 1799 年，德川光圀逝世 100 周年时，将《大日本史》纪传净抄本 80 卷呈献给光圀庙寺。

1787 年 6 月，俄罗斯商船由北海道的厚岸登陆，并要求日本开启通商贸易，当时在水户藩工作的翠轩获得第六代藩主德川治保（文公，1751—1805）高度的评价与青睐，被拔擢为彰考馆总裁，并担任藩主的侍读及藩政咨询。翠轩洞察当时日本的国外情势，曾经上书《天下三大患》给幕府老中松平定信（1759—1829）。所

谓"天下三大患"：一为朝鲜使的聘礼，劳民伤财，应予废除；二为北方蛮夷（俄罗斯）南下觊觎，视为外患，须拟订对策；三为一向宗派（净土真宗）的叛乱是为日本的三大危机。《大日本史》的再编工作即在此内忧外患的背景下进行，水户藩的《攘夷》思想也在翠轩敏锐的忧患意识过程中开始萌芽。[①]

（二）德川齐昭的《北方未来考》

天保年间，齐昭曾经写了详尽的《北方未来考》计划书，多次请求幕府，将虾夷地的拓荒，如筑城、移民、防备、产业及对爱奴族的同化，交由水户藩来经营。为遵守幕府《一国（藩）一城》令的规定，1836 年齐昭命令家老山野边义观在助川地区建造以海防为目的之城堡，城内除有本丸、二之丸、三之丸之外，还有炮击、射击教练场、马场及远见番所等设施。海防城下设有友部、大沼两处海防阵屋，阵屋之下设有川尻、初崎、河原子、久慈四个炮台。1844 年，水户藩依据幕府的命令，齐昭在那珂凑（港），水木、矶原等地设置"远见番所"，同时设置东巡回船的监视系统，并强化海防阵屋与炮台。[②]

（三）"天保改革"及维新思想的萌芽

鸦片战争之后，幕府从英国来航军舰得知中国挫败的消息，即将 1842 年规定的《异国船打払令》转换为《薪水给养令》，转攻为守。德川博物馆典藏的《异国船御达》记述了异国船只来航时日本的应对原则，是幕府对各藩地所下达的法令文书，在卷头有"船只由南北方来临时，日本全国将会动摇"的烈公（齐昭）朱批。[③]此时，魏源（1794—1857）编纂的《海国图志》东传日本，内容载有西洋各国的地图、历史说明与技术，幕府从中央到各藩大名、知识人之间，人手一册，争相阅读。

---

① 立原翠轩与"中期水户学"的发展息息相关。详请参照拙徐兴庆：《〈大日本史〉史观与日本"水户学"的重建》，《日本儒学思想与研究——王家骅先生纪念专辑》，天津人民出版社，2016 年，第 150—172 页。

② 详请参照德川齐昭《北方未来考》(1839)，日本茨城县立历史馆所藏抄本：『水尸学大系第五卷　水尸义公·烈公集』，水尸学大系刊行会，1941 年。

③ 德川博物馆藏《异国船御达》（史料编号 14056），收入德川真木监修、徐兴庆主编：《日本德川博物馆藏品录Ⅲ：水户藩内外关系文献释解》，上海古籍出版社，2015 年，第 72—75 页。

水户藩与日本的近代化

汲取西洋的地理新知，殖产兴业、学习西洋科技，抵御外侮成为当时德川幕府最大的课题。[①]举例而言，幕府实施"天保改革"，信州松代藩的真田幸贯（1791—1852）[②]成为老中，思想家佐久间象山（1811—1864）[③]撰写《论时务十策》，上书幕府老中阿部正弘，建议日本如何因应新的国际局势，是日本导入西洋技术系谱的先驱人物。齐昭则于1841年3月开始铸造大炮，同年5月在长崎的高岛秋帆（1798—1866）[④]首次进行炮术演练，而水户藩的教育机构"弘道馆"也在同年8月开馆，齐昭聘任藩士会泽安（正志斋，1781—1863）[⑤]为总裁，全力推动日本的近代化。会泽安于1791年进入藤田幽谷的私塾"青蓝舍"就读，针对幽谷的教育内容编纂《及门遗范》。1799年，以书写生的身份进入彰考馆修史局编纂《大日本史》。会泽安向来关心俄国的南下问题，曾经搜集俄国国情与国际关系资料，1801年编辑《千岛异闻》一书。1824年在水户藩领大津村接见上陆要求补给食料的英国捕鲸船员，记录了《暗夷问答》，翌年针对"尊王攘夷"论，撰写具有思想体系的《新论》，上呈给藩主德川齐修，因内容过于激烈，并未公刊出版。会泽安于1832年开始辅佐齐昭的藩政改革，1838年担任"学校造营挂"，著作《学制略说》，致力于藩校教育内容的研究，对于弘道馆教育及水户学的发展做出了贡献。

（四）鸦片战争与对英的危机管理

在"开港准备期"（1842—1853）的阶段，1844年7月，荷兰国王威廉二世（Willem

---

① 详请参照徐兴庆：『日本近代化における中国の維新思想－「聖武記」と「海国図志」に影響された政治家、思想家たち』，《台大日本语文研究》第1期，台湾大学日本语学系，2000年，第61—100页。

② 真田幸贯，德川时代的大名、老中。信浓松代藩第8代藩主，也是第八代将军德川吉宗的曾孙。

③ 佐久间象山，名启之助，字子明，号象山，以号行。日本德川幕府末期思想家、兵法家，1833年，随佐藤一斋学习儒学，崇拜陆九渊，故自号"象山"；其后又转向兰学，提倡"和魂洋才"。1839年，在江户开设象山书院，胜海舟、坂本龙马、吉田松阴等人均出自其门下，以主张"公武合体"和开国论而闻名。有关佐久间象山推动近代化的思想，请参阅徐兴庆：『東アジアの覚醒－近代日中知識人の自他認識』東京：研文出版，2014年，第59—68页。

④ 高岛秋帆出生长崎，高岛流炮术的创始者，号为"火技之中兴洋兵之开祖"。他向幕府提出《天保上书》的意见书，要求日本必须推动炮术的近代化。1841年5月他首次在日本公开洋式炮术及铳阵的演练。1853年培里来航之后，上书《嘉永上书》主张开国、交易（通商）论。

⑤ 会泽正志斋是后期水户学民族主义思想家。1825年，撰写《新论》，论述德川幕府的国防政策和西方船只对日本的潜在威胁。主张日本必须采用自己的国教，并讨论国体的概念，对水户藩未来的"尊王攘夷"运动有重大的影响。1840年，会泽成为水户学《弘道馆》大学头，但在1844年被德川齐昭因藩政改革问题被逼退隐，后于1849年被赦免复官。

Frederik George Lodewijk，1792—1849）得到中国在鸦片战争失败的消息后，即遣军舰带着国书渡航长崎，建议日本开国，"和兰王书翰和解"为其国书的日文翻译，内容除了描述日本及荷兰两国因长年通商贸易而成为友好国，说明欧洲在产业革命之后的国外贸易情形等事之外，慎重说道"有一大要紧之事（鸦片战争）不通知不行""并不关于荷兰及日本之间的贸易"，在英国与中国激烈的鸦片战争中，中国败给了"强大的兵法"，因此两国签订了不平等条约，中国开港"五口（广州、福州、厦门、宁波、上海）"通商，认可欧洲人至中国发展贸易，可想而知，之后将会有许多外国船只频繁的来航日本近海，为了避免"战乱冲突"，希望贵国政府能够提出良好政策。最后说明荷兰国王希望日本能够免于这次的"灾祸"，想报答两百余年来被日本幕府礼遇的恩情。[1]

英国之所以战胜清朝，最大的原因是蒸汽船能够自由在海上行走，从遥远的海上对陆地进行炮击，幕府认为日本的战力难敌英国而产生危机意识。在此内忧外患频传的背景下，各领（藩）地涌现了爱国志士，他们手拿荷兰的军事书籍，汲取西洋科技，一时蔚为风潮。而担任幕府"海防参与"的齐昭开始进行国产船只的制造，启用建造反射炉的江川英龙（1801—1855）进行造船设计，但江川当时尚无能力建设炮台及生产大炮，基本上，幕府的"天保改革"以失败告终，幕府的危机管理能力让人堪忧，力图国家权威的重建，天皇、朝廷在政治上崭露头角。而一向以天皇为尊的水户藩因领地有很长的太平洋海岸线，在殖产兴业、海防安全防卫方面，早有"勿恃敌之不来，恃吾有以待之"的应对，进行各式各样的改革措施与创新技术。

（五）洋式造船与海军传习所的设立

在大船建造令解除前，齐昭以建"快风丸"的名义，于 1841 年在那珂凑密造了两艘小型西洋船只。禁令解除后，幕府从西欧招聘造船技术士，在浦贺、樱岛、石川岛起造三艘洋式军舰。浦贺奉行所的"凤凰丸"是根据 1849 年渡航浦贺港的英国军舰，经过现场辨识，再参考造船兰书和翻译造船书，制造了萨摩藩的"升平

---

[1] 德川博物馆藏和兰王书翰和解（史料编号 14075）、"书翰副书礼物目录"（史料编号 14076），收入德川真木监修、徐兴庆主编：《日本德川博物馆藏品录Ⅲ：水户藩内外关系文献释解》，上海古籍出版社，2015 年，第 77—79 页。

水户藩与日本的近代化

丸"及水户藩的"旭日丸"。①水户藩在小石川的藩邸中，聘用的兰学者鲈半兵卫，翻译荷兰的造船书，进行雏形（缩小模型）的制造。这种雏形制造为当时制造洋式船只时广用的手法，雏型于 1853 年提供将军德川家定御览。当时幕府命令水户藩建造的"旭日丸（Asahimaru）"，②是日本最早建造的西洋式军舰，此船提供给幕府海军使用，明治维新之后也发挥了运输船的功能。1855 年 12 月 1 日，日本与荷兰签订《日兰和亲条约》的同时，幕府在长崎开设海军传习所，老中阿部正弘任命永井尚志为首任所长，聘雇荷兰海军专家 Pels Rijcken（1810—1889）、Kattendijke（1816—1866）等人，③传授洋式造船技术及航海术、运用术、炮术及测量术等课程。第一期入学的学生除了各藩幕臣之外，还有萨摩、佐贺、筑前、长州、肥后等西日本地区的各藩藩士，④由于习得洋式造船技术的日本船匠增加，技术知识逐渐流传，各地方也开始洋式船舰的建造，也培养了不少明治海军的将领及财经界的优秀人才。⑤

---

① 安達裕之：『和船から洋式船へ』，荒野泰典等『近代化する日本』，東京：吉川弘文館，2012年，第 359 頁。

② 水户藩在德川光圀时代已率先制造了"快风丸"，并有三次派遣"快风丸"到"虾夷地"的记录。"快风丸"，最早是朱舜水提示德川光圀"海"的概念，德川博物馆留有"快风船涉海纪事"，记载水户藩于宽文至贞享年间开始建造大船，第一艘船于宽文十一年（1671）完成，船长 18 间（约 1.4 米）、宽 5 间，第二艘船完成时为朱舜水逝世后的贞享二年（1685），第三艘的"快风丸"雇用了大阪的船匠，于贞享五年（1688）完成；此船全长 37 间（约 53 米）、宽 9 间（约 17.7 米）、船桨 40 支、桅杆长 18 间（杆基宽 3 尺角）、帆 500 段，船中附有"船马（Tenma）"2 艘（长约 9 间、桨 8 支），这些船主要在虾夷地、石狩川地区进行探索工作，船中还留有由中国曹洞宗禅师东皋心越（1639—1696）亲笔写下的"快风丸"匾额（约 1.5 米）。

③ Pels Rijcken（1810—1889）是荷兰海军军人，荷兰 Soembing 号舰舰长。1855 年此舰驶入长崎港后即赠送给日本幕府，改称"观光丸"，是日本最早的木造外车式蒸气船。Pels Rijcken 之后受雇为长崎海军传习所教授，指导第一期学生胜海舟、中岛三郎助等人的航海术及运用术。Kattendijke(1816—1866)是继 Pels Rijcken 之后的第二任教官。他倾力教导胜海舟、榎本武扬等幕臣航海术·炮术·测量术，提升了日本近代的海军教育水准。

④ 鈴木莊一：『明治維新の正体–徳川慶喜の魂、西郷隆盛のテロ』，東京:毎日ワンズ，2017 年，第 64 頁。

⑤ 例如，萨摩出身的明治海军大将川村纯义、大阪工商会议所会头五代有厚、佐贺藩出身的首任军令部长中牟田仓之助以及日本红十字会的创办人佐野常民等人都是海军传习所初期的优秀学员。

三、水户藩的军事教育和近代化建设

（一）水户藩的私塾教育

1697 年在彰考馆工作的藩士森尚谦（1653—1721），以城下大町的士民为招生对象开设私塾，德川光圀将之命名为"俨塾"，此为水户藩私塾之滥觞。而后，水户藩内即定期举行马场讲释、俨塾讲释、史馆讲释、舜水祠堂讲释，主要在普及劝善惩恶，人伦、秩序的教育内涵。宽政年间（1789—1800）以降，水户藩内城下开设四十余所"学问·手习塾"，教授儒学经典，农村则开设寺子屋（Teragoya），全藩设有武艺塾一百四十余所。1809 年第七代藩主德川治纪（1773—1816）经常亲自听讲，1811 年起，将私塾分为《素读》（背诵）及《讲释》两种课程，每月 1 日、15 日定期举行学力测验。武艺所则教授枪术、长刀、居合（Iai，剑术）、兵法、剑术、柔术、长剑、阵镰、兵学、军用、射术、铁炮、马术、诸礼、火术、水术、骑术等，以培养武术人才为主，教师人数达八十余人。德川博物馆藏有《土鉴用法相传》忠、信两卷史料，《信卷》说明"船战"有方圆八行之备用、阴船、阳船、金鼓旌旗之制定、客船法、主船法、涨潮、退潮、地利之知等战术的运用；全书以"欲进而后退者探我也""欲退而卒进者袭我也"的战术兵法做协调，随处可见烈公（齐昭）的朱批印。[①]这些私塾、"学问·手习塾"及武艺塾的基础教育奠定之后弘道馆教育的发展。[②]

（二）藩校《弘道馆》的强兵教育

1829 年 10 月，齐昭在家老山野边义观、藤田东湖、会泽正志斋、户田中敞等四十余名中下级藩士的拥护之下，继承了第九代水户藩主，当时年仅 30 岁。齐昭虽在天保年间进行藩政改革，但不巧遇到大凶作，经济与财政每况愈下，被迫将藩

---

① 德川博物馆藏《土鉴用法相传》（忠、信，史料编号 11538、11539）收入德川真木监修、徐兴庆主编：《日本德川博物馆藏品录Ⅲ：水户藩内外关系文献释解》，上海古籍出版社，2015 年，第 134—140 页。

② 铃木暎一：『水户弘道馆小史』，东京：文真堂，2003 年，第 6 页。

士的俸禄减半，致初期的改革并不顺利。

　　齐昭的"学校之义"，目的在建设藩校"弘道馆"。1840 年 2 月，任命藤田东湖、户田中敞等人为"弘道馆挂"；4 月任命会青山延于、会泽正志斋等人为"教授头取"；1843 年开始着手建设弘道馆。"弘道馆"语出《论语》卫灵公第十五篇"子曰：人能弘道，非道弘人"。在此之前，德川时代已有谷田部（常陆）、彦根（近江）、出石（但马）、福山（备后）及佐贺（肥后）等五所"弘道馆"成立。水户弘道馆有别于德川时代各藩藩校（公立学校）的祭祀孔灵它普及儒学的教育方针，融合德川家康的"尊皇"思想、水户初代藩主德川赖房（威公）的神道思想及二代藩主德川光圀（义公）敬神崇儒的思想为一体，教育的主要基本精神有神儒一致、忠孝一致、文武一致、学问事业一致等五项重要目标。[①]换言之，水户弘道馆内同时设置鹿岛神社的神灵及孔子庙，甚至有神道先于儒学的现象，这些精神都在齐昭的《弘道馆记》中做了明确的说明。藤田东湖的《弘道馆记述义》[②]《弘道馆梅花诗》具体说明了弘道馆教育的方针。齐昭推动改革的目标为奖励文武、富国强兵及实施简约。

（三）德川齐昭的《神发流炮术》和《烙丸全备》

　　1838 年，鸦片战争之前，齐昭即以日本自古以来在马上用枪射击的技术，设计大大小小的炮弹技术，命名为"神发流炮术"。《列公行实》[③]记载："公演习鸟铳，

---

　　① 鈴木暎一：『水戶弘道館小史』，東京：文真堂，2003 年，第 18 頁。

　　② 《弘道馆记述义》一册，分上下卷，藏于德川博物馆。藤田彪述，全汉文誊写。封面有"重要书类第一二函分第五号之一"，首页有"小梅德川藏本"和"潜龙阁"印章。全文皆有红笔所加的句读点。内容是藤田彪对德川齐昭写的《弘道馆记》之内容所作的解释。卷之上是对"弘道者何""弘道之馆何为而设""天地位焉，万物育焉""国体以之尊严""苍生以之安宁"等十三句话的解释；卷之下是对"我东照宫拨乱反正""尊王攘夷""允武允文，以开太平之基""凤慕日本武尊之为人，尊神道，缮武备"、"忠孝不二"、"文武不歧"、"敬神崇儒，无有偏党"等十九句话的解释。详请参照德川真木监修、徐兴庆主编：《日本德川博物馆藏品录Ⅲ：水户藩内外关系文献释解》上海古籍出版社，2015 年，第 42—44 页。

　　③ 《烈公行实》一册，原稿。封面有"重要书类八函分第一六号之一"。文久元年（1861）辛酉夏五月青山延光、会泽安、丰田亮、国友尚克谨识。行文皆用红笔断句，并有红笔增补、修改之内容。另有《烈公行实编修史料》，全五册，用日文誊写，中间有许多插图，还有大量红笔或黑笔修改处，部分修改或补充之内容是用插页剪贴的形式。为编年体著作。封面有"聿修史料第十四号分函第一二号之一"的字样。封二有"小梅德川藏本"印章，并写有"塙氏纳本"及"亲书部，武库调"的字样。开篇首页盖有"聿修馆"印章。

一日千发，自早朝从事，至日晒其功既完。众人皆惊其精敏，自是本藩诸士往往仿公之所为，研究铳炮，至有百发百中者。"①1843 年鸦片战争结束后，齐昭遣家臣吉野俊贞、田土部胜全到长崎的西洋炮术家高岛秋帆门下，直接学习西洋军事技术，由高岛传授西洋炮术，研发、融合成"神发流炮术"。德川博物馆藏《烙丸全备》全三卷，序言称"荷兰军学校头扶屈氏著作《烙丸用法》一篇，由兵法书翻译家坪井良翻译自《烙丸用法》中的《烙丸明辨》；嘉永六年（1853）10 月 20 日培里来航之际，坪井良将荷兰兵书《烙丸用法》的《烙丸明辨》翻译、校正及删改，内容纪录度量衡比例、秤量比例、时刻比例三部分，在开头部分有'烙丸自序'一篇、'烙丸全备'（卷一）、'烙丸用法试验'（卷二）、'烙丸'（卷三）等，并详细记载着各式火药、枪炮的制造过程，重要的部分则由齐昭以朱批表示"。②此外，齐昭设计出涵盖西洋流派，被称为"大极阵"的新式枪阵的枪炮中心，致力于枪炮的生产及海岸防御政策，提倡国民皆兵路线，推动西洋现代兵器的国产化，其影响力遍及幕府和全国各藩地。加上齐昭和洋折中的《大极阵》③为水户藩撷取西洋技术的优点，企图建构出有利于日本近代化的发展。

（四）水户藩的反射炉建设

齐昭为了对抗国外的入侵，从天保改革时期开始构筑水户藩内的海防城，制作大炮，为求原料供应，将寺院铜制的钟及佛像熔毁，1851 年派遣工匠到制造反射炉成功的萨摩藩研究建造方法和铁制大炮的铸造。④1854 年，培里舰队二度叩关后，齐昭力主"攘夷"并征集海防之策。《海防策》强调海防的重点为军舰的制造、大炮的铸造、枪阵训练以及先进武器的开发等，接下来要如何制伏敌人，齐昭表示"有一拙策"，"奇袭部队"是指避开对手的长兵器，并使用我方长兵器进攻。换言之，以"楯车"来回避敌方"枪阵"，发挥我方"公马枪刀"的技术，更有"楯车制造

① 德川真木监修、徐兴庆主编：《日本德川博物馆藏品录Ⅲ：水户藩内外关系文献释解》，上海古籍出版社，2015 年，第 37 页。
② 德川博物馆藏《烙丸全备》（史料编号 11535）收入德川真木监修、徐兴庆主编：《日本德川博物馆藏品录Ⅲ：水户藩内外关系文献释解》，上海古籍出版社，2015 年，第 117—121 页。
③ 星山京子：『德川後期の攘夷思想と「西洋」』，東京：風間書房，2003 年，第 116 頁。
④ 高野澄：『烈公水戸齐昭』，東京：每日新聞社，1997 年，第 184 頁。

水户藩与日本的近代化

法"和"楯车施用法"的图解说明。[①]

此外，1857 年 5 月，水户藩为了铸造铁制大炮开始建造反射炉，继佐贺、萨摩藩之后完成日本第三座反射炉的建设。齐昭建设反射炉，获得幕府一万两的资金援助，但若反射炉建造失败，则由幕府配级的五千俵的米偿还费用。为了反射炉的建造，水户藩招聘南部藩士大岛高任（1826—1901）、[②]萨摩藩士竹下右卫门（1821—1898）、三春藩士熊田淑轩（1817—1887）等技术师，持续 4 年建造反射炉，并完成了第一炉，同时成功研发了"曲射炮"，以少量火药便能发射的"臼炮"和其他西洋大炮。[③]相较于天保改革的失败，齐昭的藩政改革，遇挫愈勇，他山之石，可以攻错，西洋技术的研发，颇有进展。弘化、嘉永时期，外来势力愈逼愈进，水户藩加速强化军备的改革，却也违反了幕府维持和平的基本政策，屡遭幕府中央的警告。面对天保时期的外来危机，1846 年 3 月，齐昭再三对幕府老中阿部正弘提出制造大船的许可要求。述及：

> 作为防御异国船只的对策，欲建造大小、坚固的船只，除了御用船只外，希望允许浦贺、松前、长崎、萨摩等处的建造。经内议（商议）的结果，期望他藩亦能受到同等对待（核准建造），不才齐昭，经过这十年的沉思，诚挚禀告（原日文）。[④]

在争取造船的过程中，水户藩招聘兰学者绪方洪庵（1810—1863）的弟子下间良弼、栗原唯一等人，主导造船所，建造洋式大船、反射炉，采用西洋式大炮等。[⑤]1854 年 2 月，齐昭派遣家臣大场大次郎和炮术技师伊东八藏等人观察停泊在横滨的美国船只的构造。同年 7 月，派遣家臣至长崎，实际向荷兰人学习军舰的操作法，1856 年 7 月，铸造了 74 门大炮，提供幕府防卫之用。[⑥]1857 年水户藩成立大炮铸造所，引进荷兰的技术，建造两座大型的金属溶解炉和铸造多门的大炮，除了献给幕府之外，在领地沿海各处，设置了 28 座的炮台，用以加强水户藩的海防功能。

---

① 《海防策》原藏德川博物馆(史料编号 14031)。详请参阅德川真木监修、徐兴庆主编：《日本德川博物馆藏品录Ⅲ：水户藩内外关系文献释解》，上海古籍出版社，2015 年，第 83—86 页。

② 鉴于西洋各国可以便宜的成本铸造大炮，齐昭聘任矿山学者大岛高任等他藩的技术人员到水户指导铁制的大炮铸造，进而推动反射炉的制造。

③ 星山京子：『徳川後期の攘夷思想と「西洋」』，東京：風間書房，2003 年，第 117 页。

④ 高野澄：『烈公水戸斉昭』，東京：毎日新聞社，1997 年，第 197 页。

⑤ 山川菊栄『幕末の水戸藩』，東京：岩波書店，1974 年，第 97—98 页。

⑥ 『水戸藩史料』上編乾，東京：吉川弘文館，1970 年，第 125 页。

四、德川齐昭的西洋知识摄取

鸦片战争之后，担忧外患的齐昭于 1843 年寄给老中水野忠邦（1794—1851）的书信中，提及鸦片战争及《南京条约》的内容，述及："诸夷明日是否至此，难以预测，宜随时拟订预防对策，总之，外来势力即将到来，应对并非易事"[1]，说明列强侵略的野心即将朝向日本，如果日本被攻击，"守卫的武士必须抱着必死的决心来防卫日本"，[2]也向幕府提议，尽早制造足以抵挡西洋势力的兵器及战舰之必要性。以下说明水户藩吸收西洋信息的经纬：

（一）《伊只利须风说》的英国信息

德川博物馆中藏有《伊只利须风说》史料，《伊只利须》意旨英国，鸦片战争前后，水户藩投入了海外情势的调查及资料的搜集，此《风说书》叙述了英国侵略中国的实况，其中除了以手绘的方式描绘《唐山滨海诸国地图》含朝鲜、日本、琉球、中国的彩图之外，详细记载以英国为中心及其邻近的欧洲各国地图，目的在强化水户藩的海岸防御，阻绝外来势力的入侵。此外，也收藏天保壬辰年（1832）6月，由长崎人纳富弥大贯编写的《越南骚动风说书》，描述英国人于广东黑市买卖鸦片的情况，主要为当时入港长崎的中国船之询问记录，这些文献到处可见到"烈公（齐昭）朱批"。[3]

（二）《西洋商舶原始并诸说·全》西洋航海贸易情报

本文献记载了西洋的船只航海、通商交易等内容，也经由通商交易来介绍富国

---

① 天保十四年（1843）9 月 3 日，德川齐昭致水野忠邦书简，收入『水府公獻策』『水戶學大系』5，水户学大系刊行会，1941 年，第 260 页。

② 天保十四年（1843）9 月 3 日，德川齐昭致水野忠邦书简，收入『水府公獻策』『水戶學大系』5，水户学大系刊行会，1941 年，第 261 页。

③ 德川博物馆藏《天保辰亥子丑一》（史料编号 14055），收入德川真木监修、徐兴庆主编：《日本德川博物馆藏品录Ⅲ：水户藩内外关系文献释解》，上海古籍出版社，2015 年，第 122—125 页。

的因果关系及世界各国的地理情势，在卷头以"西洋昔时航海以富其国之说"为题，齐昭屡屡在此文献上发表感想和提出意见，可以看出他吸收西洋的航海贸易及世界各国的最新知识的企图心。[①]

（三）《中滨万次郎口书》美国与吕宋岛情报

《中滨万次郎口书》为抄本，全书以日文书写，在封面标记了"重要书类第二函分第二六号之一"，开头印有"潜龙阁"印，序文写于嘉永六年（1853）癸丑九月，内容叙述土佐国（今四国高知县）渔民的中滨（约翰）万次郎（John Mung，1827—1898）为了学习测量技术而到了美国，是日本幕末时期、黑船来航中最为人知的《日美亲善条约》的缔结促进者。他回日本后被齐昭约见，除了被询问有关美国土地面积、地理环境、社会状况、寿命乃至共和政治等问题之外，也有针对吕宋岛状况的对话，《中滨万次郎口书》于安政七年（1860）11月根据中滨万次郎的口述传闻写成。[②]

（四）各藩大名的兰书借阅

1844年5至11月，齐昭因大规模举行"追鸟狩"军事演习，遭到幕府中央的压制，过着一段隐居的生活，但期间并非无所作为。同年7月在荷兰国王以国书建议幕府开国的过程中，齐昭积极地与伊达宗城、松平庆永、阿部正弘、岛津齐彬等有权势的老中、大名交流，频繁的往来书信，交换兰学新识及海外情报。[③]齐昭强调日本必须尽早导入先进的西洋军事科学技术，因此，雄藩各大名之间，相互借阅兰书（西洋信息）的现象异常频繁。举例而言，萨摩藩的岛津家曾经送来《上海炮术书》的兰书目录给齐昭；反之，岛津齐彬也希望从水户藩借阅所藏兰书，从互相出借兰书的行动中，可以窥知当时大名之间汲取西洋知识的热衷程度。

---

① 德川博物馆藏《西洋商舶原始並諸說·全》（史料编号11619）。收入德川真木监修、徐兴庆主编：《日本德川博物馆藏品录Ⅲ：水户藩内外关系文献释解》上海古籍出版社，2015年，第61—63页。
② 德川博物馆藏《中濱萬次郎口書》，收入德川真木监修、徐兴庆主编：《日本德川博物馆藏品录Ⅲ：水户藩内外关系文献释解》，上海古籍出版社，2015年，第31—32页。
③ 详请参照宫田俊彦：『德川齊昭と島津齊彬—琉球渡来仏英人事件—』『南島史學』21、22號，1983年9月。

此外，根据星山京子的研究：伊达宗城和岛津齐彬书信的内容大多透过齐昭向幕府借阅最新的兰书或记载外国信息的《风说书》等外交文书。伊达宗城不仅借由齐昭与幕府之间的联系取得最新信息，对于水户藩的藏书也抱持着高度的关心，并频繁提出借阅的请求。齐昭与老中阿部正弘为深交，得以透过阿部借到幕府的所藏书籍。①

五、德川博物馆所藏的兰学、西学相关文献

（一）荷兰文献

水户市史编纂委员会编纂的《水户市史》（1976）中卷三，收录了《彰考馆所藏洋书一览》《兰学所书御书物目录》（史料编号 09404）、《天文方御预书物并御品目录》等文献，这些抄本都藏于水户藩（今德川博物馆），记载兰书、地图、器物等 164 个种类，其中含有《西洋历史》（一册一箱）、世界图（大册、附和兰都府图一册）（一册一箱）都包含在内，内容涵盖历史、地理、军事技术、科学书、医学图、动植物学、制药书、天文等多元领域的解说。而齐昭的自藏与藩内所藏的荷兰文献多以兵学书籍为主。诸如《红毛风说书》②《和兰宝函钞》《和兰宝函日本之记》《和兰王书翰和解》《书翰副书礼物目录》《兰学所御书物目录》等，这些文献与水户藩汲取兰学的知识有深远的关系。

《和兰宝函钞》《和兰宝函日本之记》，撷取自 1839 年发行的荷兰杂志 *Hollandische Magazien*，记载与日本相关的内容，以日本古文书记述，又称《兰人日本之记》。《宝函》为江户时代的杂志翻译，美国船只入港浦贺之际，记载"请老爷临卑船，吾乃朋友要水"（我方船只来临，你我为朋友，请给我们水）等内容，卷

---

① 星山京子：『徳川後期の攘夷思想と「西洋」』，東京：風間書房，2003 年，第 138—139 頁。

② 宽永十六年（1639），实施锁国政策之后，江户幕府的海外情报收集依赖于来航长崎的中国及荷兰船只，荷兰船只带来的《风说书》（海外情势报告书）在翻译成日文之后，经由长崎奉行提交给幕府，《红毛风说书》（史料编号 11618）于天保九年（1838）由长崎奉行久世伊势守提交给幕府，根据内容入港长崎的荷兰船长表示，七名漂流的日本人受到英国船只的救援，荷兰人虽向英国提议"因为目前日本正实施锁国政策，只有荷兰船只被允许进出，所以将代替英国把漂流的民众送回日本"。英国的 Morrison 号却希望能够亲自将民众送回江户，回绝了荷兰的提议，知晓此情报的幕府，为了商讨其对应政策而召开了紧急会议，此时，齐昭也向幕府提出了对应内忧外患的意见书。

末为"此书据闻是津山藩箕作省吾之译文"［弘化三年（1846）丙午三月箕作阮甫
虔儒翻了］；《和兰宝函日本之记》的抄本中，有齐昭的"潜龙阁"藏书印，全书到
处可见齐昭的朱批，显见他汲取西洋新知的一面。[①]

（二）漂流民文献

据日本常陆之国（今茨城县，含水户地区）的文献记载，文化四年（1807）即
有外国船只在日本东北近海出没，文政四年（1821）以降，外国船只更有增加的趋
势。当时西洋各国盛行捕鲸，因为大西洋的鲸鱼数量减少，船只纷纷转往太平洋捕
鲸，其最盛时期即在德川幕末。这些西洋捕鲸船，为了要求补给水与食物，经常在
日本沿岸靠港，目的在要求日本开放通商，而日本的一般民众也积极与异国船只接
触，目的则在与外国人进行以物易物的交易。《漂民御览记北槎略闻附全》《仙台船
鲁西亚漂流闻书宽政全》《天保辰亥子丑·一》《天保十五、弘化元年（1844）甲辰
七月·五》《天保十五年甲辰七月·六》《天保十五改元弘化元年甲辰九月·七》《弘
化二年乙巳异船之事》《漂民御览记》《唐土漂流记》等文献，是了解水户藩对当时
外国船只动向的监控、海防政策及其处理日本漂流民问题的重要文献。

六、水户学与明治维新

（一）水户学的思想与精神如何解读

日本民族主义的兴起，起于前述德川幕末的外来危机意识，延伸到明治维新的
近代化，进而成为现代日本繁荣的根源。明治维新如何解读？在150年后的现今，
再回去检讨水户学的历史演变，具有相当重要的时代意义。明治维新必须从水户学
的发展以及德川幕府末代将军德川庆喜（1837—1913）与"大政奉还"谈起。提到
庆喜即会想到孕育庆喜成长的生父德川齐昭，以及倡议尊王攘夷思想的水户学。水
户学为受到国学（日本学）、古学影响的日本主义式儒学，虽含有深厚的朱子学思

[①] 德川博物馆藏《和兰宝函钞》（史料编号 11615）、《和兰宝函日本之记》（史料编号 11616），收
入德川真木监修、徐兴庆主编：《日本德川博物馆藏品录Ⅲ：水户藩内外关系文献释解》，上海古籍出版
社，2015年，第64—68页。

想，但也受到阳明学的影响，其核心价值，自二代藩主光圀以降至齐昭主政，除了尊王（皇）之外，坚持倡议"大义名分"论，重视社会秩序与伦理、尊崇祖先以及对朝廷的忠诚。所谓"大义"，即是为人之道，所谓"名分"是指人应该理解自我的立场，做好自己的本分，它是一种社会阶层秩序化的理论。藤田幽谷（1774—1826）的"正名论"在明示幕府勤王思想的同时，也提示武家必须发誓对幕府尽忠的条件，亦即幕府（将军）作为武家的代表，必须尊崇朝廷的理论架构。

德川幕末各藩的志士大多受到水户学的影响。长州藩武士吉田松阴（1830—1859），名列明治维新的精神领袖及理论奠基者，1840 年鸦片战争发生之际，松阴即在自己的家乡长州藩萩城下的松元村设立松下村塾，[1]1851 年松阴曾经前往水户求学于会泽正志斋。当时外国船只不断威胁水户藩的太平洋海岸，并上陆到北部的大津村要求通商，19 岁的东湖萌生攘夷的思想，写了《回天诗史》，主要诉求必死的决心。《常陆带》主要阐述儒教与神道、祖先崇拜、忠孝思想的重要性以及家与国家的制度问题，其描述的内容是当时代志士必读的教材，[2]萨摩藩的西乡隆盛（1828—1877）称东湖为"先师"，幕末开明的政治家胜海舟（1823—1899）以及吉田松阴的老师佐久间象山也倾心阅读《常陆带》，并留下《常陆带心得》的小品文，[3]而水户学的《忠孝一本》与松阴的《忠孝一体》也产生了相当的关联性。[4]当时会泽正志斋的《新论》、东湖的《回天诗史》《常陆带》《弘道馆记述义》皆为志士们必读的文献，就连日本阳明学派的大家熊泽蕃山（1619—1691）[5]及日本古学派之祖、兵学家山鹿素行（1622—1685）都受到前期水户学的影响。显见水户学派的思想，在风云涌起的德川幕末，不仅成为长州藩的勤王、讨幕派运动的意识形态，[6]甚至不同理念的思想家都受到它的影响。主要原因在于水户学的大义名分论并非纯理论的学理，而是具有转换成

① 详请参照徐兴庆：《日本幕末思想家高杉晋作的中国观——兼论"明伦馆"与"松下村塾"之思想教育》，《东亚文化圈的形成与发展——儒家思想篇》，台大出版中心，2005 年 4 月，第 267—322 页。
② 『水户学全集』第一卷，高须由次郎：『藤田东湖集』解说，日东书院，1933 年，第 20—21 页。
③ 小川侃：『後期水戸学と大政奉還–現代日本の源流をもとめて一』，『日本と日本人』，1994 年 10 月，第 91—92 页。
④ 张崑将：《德川日本"忠孝"概念的形成与发展：以兵学与阳明学为中心》，台大出版中心，2004 年，第 264—266 页。
⑤ 详请参照徐兴庆：『朱舜水と熊沢蕃山の「経世致用」思想における共通点と差異』，『「心身/身心」と「環境」の哲学–東アジアの伝統的概念の再検討とその普遍化の試み』，京都：国際日本文化研究センター，2018 年 3 月，第 215—236 页。
⑥ 1866 年 1 月，日本国内掀起一阵排斥外国势力的"尊王攘夷"运动，出现了以萨摩藩及长州藩结为"萨长同盟"的倒幕势力，致力推动以天皇为中心的近代国家。

"日本型儒学"的特殊性，当日本受到外压时，水户学派的人士会自觉地将它结合成行动方针，孕育出一种实践的力量。[1]水户学是一种学问的倾向，具有解读时代氛围的学风，而非一成不变的理论体系。[2]水户学是先到受朱子学影响，经过日本化，再通过国学（本居宣长等）、古学派（荻生徂徕等）的批判、对决，最后形成了后期水户学。

（二）德川庆喜与大政奉还

日本学术界对庆喜"大政奉还"的举动，至今仍然功过难断。1868 年 4 月 11 日，庆喜将江户城（现在的皇居）还给新政府军，无血开城之后即被解官，他从上野的宽永寺大慈院出发，回到幼时受教育的水户弘道馆"谨慎"（自律），5 月移至骏府持续自律、隐身的生活，之后几乎未曾公开露面。再回顾 1866 年 6 月日本幕府第二次讨伐长州藩，两兵对决的一段历史，当时福泽谕吉（1835—1901）以幕府官僚的身份，提出"完全打倒长州，建立将军、幕府绝对主义的国家"之建白书。并积极倡议导入外国（主要是法国）先进的文明科技，以尽速达成近代化的国家。[3]对于福泽谕吉的提议，大川侃提出反驳，认为以外国援助日本的概念，是不知"佣兵"的恐怖，指出若以援军取胜，以后日本即无法反抗援军的意图，有成为隶属国的隐忧，进而批评福泽谕吉之所以后来不再担任明治政府的幕僚，是因为提出上述的建白书所致。[4]

再看 1868 年 1 月的"鸟羽、伏见之战"，庆喜舍弃大阪城，逃回江户，被批评为"阵前逃亡"，当时幕府军的战力雄厚，拥有法国培训且强而有力的近代化军队，[5]大可压倒讨幕派的军舰与大炮，财政的规模也比他藩来得健全，但庆喜为何不战而将

① 小川侃：『後期水戸学と大政奉還—現代日本の源流をもとめて—』，『日本と日本人』，1994 年 10 月，94 頁。

② 吉田俊純：『寛政期水戸学の研究—翠軒から幽谷へ』，（東京：吉川弘文館，2010 年，序章。

③ 福泽谕吉的提议主要有三点：①批评长州藩的走私贸易，承认贸易是幕府的独占事业；②雇用外国（主要是法国）佣兵，向外国发行国债，用以支付费用；③派遣公使到外国，批评长州藩的作为，造成长州藩反幕府的国际舆论。

④ 小川侃：『後期水戸学と大政奉還—現代日本の源流をもとめて—』，『日本と日本人』，1994 年 10 月，第 89 頁。

⑤ 在拿破仑三世统治的法国，因介入欧洲的克里米亚及意大利统一战争，至迟 1858 年才与日本建立国交，之后公使开始与幕府接近。德川庆喜曾与拿破仑三世有过亲交，其幕臣小栗忠顺即取得法国的资金，在横须贺建设立了制铁所。

大政奉还？因为与朝廷为敌，就违反了水户学大义名分"尊王"以及注重秩序、伦理的核心价值。当然，事情并非如此单纯。胜海舟的日记，记述了庆喜后来在演讲的一段话，内容如下：

> 自己对朝廷并无疏远，鸟羽、伏见之战，臣下并不服从自己的命令，我被称为朝敌，只能等待天皇的命令，对于接连的失败感到抱歉。我劝部下，勿再引起暴动，如果再轻举妄动，就不再是我臣民。如果续战，将步印度、中国后尘招致失败，我国将至灭亡，国民只有更加苦难。就算我的将军职务，还是有人想要惹是生非，请勿再度违抗我的命令。①

观此谈话内容，庆喜看出日本若持续内战，将导致外国势力入侵，而有亡国的危机。所以他的政治嗅觉就是赶快结束内战，一致对外。庆喜做了三件大事：一为从内部停止幕府的崩坏，二为减少佐幕派的抵抗，三为在戊辰战争中协助讨幕派有利的展开活动。②若以对朝廷尽忠的思想脉络而言，庆喜发挥了水户学的核心价值。

明治过了 20 年之后，大正天皇以皇太子的身份前往水户拜访庆喜，被解读为朝廷已经默许庆喜是无罪的，换言之，朝廷与幕府方在某种程度上已达成和解。此外，"大政奉还"过了 30 年之后，庆喜于 1898 年 3 月 2 日回到昔日的江户城拜见明治天皇，当时已经 62 岁，至明治四十一年（1908）4 月 30 日，明治天皇为感念庆喜"大政奉还"的功绩，颁授了勋一等旭日大勋章。这一连串的举动，也许我们可以认为日本政府承认庆喜造就了明治维新的成功。

---

① 勝海舟日記，鹿野正直編：『幕末思想集』，東京：筑摩書店，1969 年，第 334 頁。
② 小川侃：『後期水戸学と大政奉還—現代日本の源流をもとめて一』，『日本と日本人』，1994 年 10 月，第 90 頁。

中国改革开放 40 年与日本

中国改革开放与我的留日 40 周年

曲德林[1]

---

[1] 曲德林，清华大学日本研究中心教授。

改革开放和留日机缘

　　1978 年，以党的十一届三中全会为标志，中国开启了改革开放的历史进程，而中国的改革开放是以教育和科学技术事业的改革为先导的。1977 年冬天，恢复了高考，成为有史以来唯一一次在冬天举行的考试。1977 年 10 月国务院批转教育部《关于高等学校招收研究生的意见》，研究生教育得以恢复。记得 1977 年 10 月 22 日，中央人民广播电台广播了中央研究生招生会议的精神，我心情激动，暗下决心决定考研。经过了近半年的准备，1978 年 5 月我参加了研究生的入学考试，3 个月后我幸运地成为清华大学滕藤先生的研究生，实现了我由于"文革"未完成大学学习，希望继续深造的夙愿。邓小平在做出恢复高考和恢复研究生考试和招生之后，又部署了振兴教育和科技发展的第三步棋，向发达国家大规模派遣留学生。那是在 1978 年 6 月 23 日，正值党的十一届三中全会召开的前夕，邓小平在听取教育部关于清华大学工作汇报时做出的扩大派遣留学生的重要决策。正值我研究生复试通过，准备入学之际，我又幸运地赶上了一次留学日本的机会。东京工业大学承办的 UNESCO 的化学与化工的研究生课程，准备招收一名年龄 35 岁以下的中国申请者。教育部要清华大学和其他两个学校各推荐 1 人，最终我又幸运地被选考委员会录取，成为改革开放后清华大学第一个出国留学的人。1978 年 9 月，我踏出国门，开始了留日的学习生活。

踏出国门

　　党的十一届三中全会以来，党和国家的工作重心转移到经济建设中来，邓小平带领全党和全国人民实施改革开放的伟大决策惠及了全国人民，特别是我们这些知识分子。我对国家充满了感激之情和感恩之心，决心努力学习，报效祖国。然而出国之前我还是感到压力很大，第一是如何报答学校、系领导和导师的殷切期望，生怕自己业务能力适应不了学习的要求。第二是对自己的外语能力信心不足。虽说我高中就学英语，大学一外也是英语，但英语的水平离听课要求还有很大的距离。尽管 UNESCO 的课程工作语言是英语，但在日本学习，日语基础为零的我，自然会陷入语言的双重焦虑。确定要出国到离开只有不足两个月的时间，只能天天恶补英语。

中国改革开放与我的留日 40 周年

记得我是 1978 年 9 月 30 日登上北京飞往东京的班机。到达日本机场时，高兴地看到中国驻日使馆商务处的两位同志来接我，一下心情放松了不少。他们从成田机场把我送到使馆文化处，当时还没有设立教育处，文化处的张宇杰负责留学生工作，他接待了我，还借给我 5 万日元，告诉我拿到奖学金后再还给他。随后商务处的老师又开车送我到了 UNESCO 报到的旅馆时，已经是深夜了。沿途看到的机场和东京的夜景及高大的建筑，一切都像是梦境，花花世界的繁华和明亮的霓红灯把我带到了另一个世界。由于少许的紧张感和旅途的疲乏我很快进入了梦乡，也没能了解旅馆的位置和周边环境，第二天一早我就出门观察环境，这个旅馆名字是DIAMOND HOTEL，虽然不大，但位置极佳，走不多远就是东京的皇宫，远远望去茂密的绿树环绕的宫殿，庄严雄伟。初来乍到，我不敢走远，生怕迷路走不回来。小旅馆不大，相当温馨，微笑的服务和深鞠躬的大礼使人不知所措，第一天我就深深地感到日本人的待客之道。当天下午东京工业大学负责 UNESCO 课程管理的北泽小姐到旅馆接我去东京工业大学报到，告知我的导师是早川丰彦，住宿地点在梅丘的留学生会馆。在正式与导师见面确定自己的研究方向之前，要在会馆办理入住及去横滨绿区区役所办理医疗保险手续。报到的当天我领到了第一个月的奖学金 21 万日元。

留学生会馆是一个二层的建筑，干净整洁，一层是夫妇间和女生宿舍，二层是男生宿舍，每层都有活动室和公用厨房及公用浴室。一层有一个很大的活动室，可以容纳全楼的五十多个留学生，摆设着报纸、杂志和各国留学生带来的宣传资料。最让我感动的是管理会馆的负责人竟是东京工业大学自动控制专业的森田教授和夫人。他们英语好，有国外留学的经验，他们一家和留学生住在一起，帮助解决我们生活中的困难，就像留学生的家长。二层是男生的单间，我和同期的来自巴基斯坦和埃及的同学住在同一层。房间里只有床，没有被子，这下可让我为难了。其他同学都可到超市购买，因为发了足够的奖学金，而我因为使馆的财务制度，不经过同意不能购买，因为奖学金自己可以支配的数额有标准，不请示不能用。由于前几天时间安排得很紧，我也没时间去使馆请示，睡了几天垫子，晚上冷压上西装凑合。出国之后的生活安顿还着实费了劲，也深感改革开放初期，国内的政策还是计划体制的一套，相当僵化。

讲讲亲历的故事，说说那段经历。为了晚上睡觉的被子，我电话联系了使馆，使馆老师答复我，没有被子可以到使馆来借。我约好了时间，去使馆文化处办好了借条，领到了两条厚厚的棉被。正好时任文化处参赞的金苏成看见了这么大的两条棉被，问我住在哪里，怎么带走。我也发愁，这么大的两条被子怎么带上电车呀。金参赞特别指示工作人员，为我找两个先期的留学生，一个是农大的老师，一个是中科院物理所的研究人员帮助我，并说不要乘电车，带这么大的物品乘电车影响不好，让我们三人乘出租车去会馆。一路上，我看到出租车的里程表一路跳字，好心疼。从使馆南麻布到横滨的会馆，花去了 1.6 万日元的出租车费。其实我事前到超市调研过，买两条毯子才 8000 日元，而出租车费就可以买 4 条毯子。我的伙食标准是每月 3 万日元，从会馆到学校的电车的定期票证，及需要购置的书籍凭票证实报实销。嘱咐我，拿到奖学金立即送到使馆上交，领回自己的伙食费和报销的金额。不能把钱存在日本的银行里，否则就是为资本主义服务。我也是守规矩的人，每月领到钱后不出三天，就上交给会计。每月伙食费的标准相当于每天 1000 日元，要想买点属于自己的东西，想买电视和录音机回去都要从自己的牙缝里省。实验室的日本同学知道我奖学金高，和当时的副教授一样的待遇，开始时中午都来叫我一起吃饭。在学校附近的饭店，虽然都是 AA 制，但一餐至少是我一天的定量，害的我要从下顿省，因此尽量找理由不和大家同去吃饭。当时的中国留学生比较少，我是改革开放后东京工业大学第一个从中国大陆来的留学生。不知谁把我的奖学金要上交的消息传到了化学系教授桂敬的耳朵里。一天傍晚，我从研究室出来准备回家，看见桂先生在学校大门口站着等人，看见我就喊我，原来在等我。他把我叫到了学校附近的一个小酒馆。开门见山带着不满的口气问我，你的奖学金都弄哪去了？我很奇怪地反问，您知道什么了？他说有人都跟他说了，我把奖学金都上交使馆了。桂先生很生气，他说中国政府怎么能这样呢，这是给你学习的钱，他要和中国政府交涉。我赶紧和他解释：国家派我出国学习，在同龄人中我是非常幸运的，国内现在经济还很困难，特别是"文化大革命"以来，国家决定向发达国家派更多的留学生，各方面都需要钱。我上交一部分也是支持更多的学生有机会到日本来学习。我讲这些不是口是心非，真是这样想的。因为我们当时受到的教育是世界还有 2/3 的人生活在水深火热之中，不能处处为一己私利着想。

　　二战期间桂先生作为技术人员到过东北，新中国成立后大连工学院聘任他为教授，对中国人很有感情。他似乎有点理解了我的想法，想办法从经济上支持我。有一次，他找到我，说介绍东京工业大学的校内录像带让我帮助翻译成中文。因为 1978 年后访问日本的中国代表团增多，都要来访问东工大，学校为了接待方便，

中国改革开放与我的留日 40 周年

放一下录像带也减轻接待人员的负担。我很愉快地接受了这个任务，翻完后交给了桂先生。一周后，他找到我，对我讲翻译得很好，学校很满意。说着给我一个装着 2 万日元的信封，说这是我的报酬。我连忙说不行，不行！这是我应该干的，我怎么能要钱呢？看我不要，他生气了，说这是你的劳动所得，你嫌少？看他生气了，我才收下。

我的研究生活

我被安排到早川丰彦的研究室。早川是东京大学化学工程本科毕业，获加拿大多伦多大学的博士学位后，到东京工业大学任教。进研究室一周之内我和先生讨论并确定我的研究方向。早川研究室属于经营工学科，研究方向是过程分析和设计。这个研究领域对我来讲是个全新的研究方向，一方面要求要有控制论、信息论的基础知识和计算方法，另一方面要对研究的过程有深刻的理解在建立起数学模型的基础上进行系统的模拟和优化。因此从事这一领域的研究首先要学习计算机编程，来日本之前从未接触过计算机，对计算机知识要恶补。我把这里的研究向导师滕藤做了汇报，希望能买到 FORTRAN 语言设计和化工原理的教科书。当时来日本的团组很少，他托清华大学的老校长时任高教部部长的何东昌访日时帮我带来了这些书。我真是由衷地感谢滕藤和何东昌。

刚来日本的时候，语言的压力也很大，当时班上 14 位同学，13 位来自东南亚、埃及和东欧，英语都非常好，我和他们的差距很大。前三个月每周有三次课，我艰难地跟着，课后用了很多时间看讲义，搞明白讲课的内容。三个月后没有统一授课了，都在研究室从事研究任务。早川是个和蔼可亲的长者，为了尽快让我熟悉这一研究方向，开始时每周安排我单独进行一次 SEMINAR，研究室的助教村木正昭一起参加。每次从 *UNIT OPERATION* 和 *PROCESS ANALYSIS* 两本书中选几章五十页左右让我阅读，SEMINAR 时，我概括书中的内容，讨论书中的重点和进行研究的路径和方法。这些环节真使我受益良多，不仅扎实了我的英语表达和概括能力，更重要地培养了我发现问题和解决问题的能力。在编程语言学习的基础上，我选择了一个化工分离过程的最优化作为 UNESCO 课程答辩的论文，在学习的基础上逐步掌握了过程分析和设计的方法。一年 UNESCO 的课程学习只是为我从事新领域的研究打下了基础，那篇课程论文也算不上研究的论文，只是一个研究的入门。

　　为了真正掌握过程分析这一研究方向，我在清华大学和滕藤的同意下，申请延长学习一年，得到了教育部的批准。第二年的学习使我能深入系统工程领域的研究。在两年的研究生活中，培养了我的基本的研究素质。在早川的言传身教和研究室的研究氛围熏陶之下，我深刻地认识到了进行科学研究需要具备的两条基本原则和认识。第一要懂得什么是科学研究。早川常讲，科学研究的本质是研究，是创新的过程，学生来研究室不是来学习的，而是来研究的。研究和学习的区别是创新。第二要明确科学研究的宗旨是追求原创。早川常讲在你确定研究方向，首先要清楚你的ORIGINALITY 在哪里，有了 ORIGINALITY，才能使人们认可你的研究。第二年我选择了带有能量综合的分离过程作为研究对象，开发了新的算法，找出了带有热量综合的分离过程的最优匹配。前两个月我从东京工业大学的朋友处，听到了早川去世的噩耗，心里很难过，3 年前我到东工大藏前工业会演讲，早川特意赶来聆听，那次会面成了永别。这篇纪念中国改革开放 40 周年的文章，也作为早川丰彦的纪念吧！

留日后延续的日本情结

　　1980 年我结束了两年的留学生活。应该说那段时间是中日关系发展最好的时期，1972 年中日两国实现了邦交正常化，1978 年两国签订了《中日和平友好条约》，2018 年是友好条约签订 40 周年，同时也是中国实施改革开放 40 周年。当时中日两国政府和民间的交流都在发展的时期，社会大环境比较好，留学生的交流又促进了中日友好关系的发展，应该说在留学期间没有受到政治的干扰。

　　1980 年年底我回到清华大学后，一直在化工系任教。在研究生指导中我也采用了 SEMINAR 的方式，活跃了教研组的研究气氛，提高了学生们研究的主动性。从 1982 年开始我又担任了一年级新生的级主任和辅导员，每天的生活忙碌而充实。

　　1986 年年末，当时留学生派遣数量大，教育部选派留管干部。由于我留学过日本，被任命为日语干部。去还是不去，当时我也在纠结之中。1986 年中我刚被晋升为副教授，担心干行政会耽误业务。最后还是服从组织安排。1987 年我被派遣去了中国驻日本大使馆教育处任一秘，负责在日中国留学生的管理工作，实现了由留学生到留管干部的角色转换。

　　由于个人也有留学的经历，和留学生之间能够比较好地交流，和留学生结成了

中国改革开放与我的留日 40 周年

深厚的友谊。我深知任期完了之后，还要回学校搞业务，也特别关注学科研究的新动向，和日本的文部省和东京工业大学都建立了良好的关系。

1990 年回国前，我的导师早川对我讲，这几年你都脱离业务了，你回国后，我帮你申请资助，你再回到研究室继续研究，争取拿到博士学位吧。回国后，我的导师滕藤已经是国家教委副主任，他也很关心我，希望我去欧洲做研究拿个博士学位。我非常感谢滕先生，但考虑科学研究的连续性，我还是选择了在日本继续从事研究。经过校、系领导的同意，1991 年我以访问学者的身份又返回了东工大。我深知获得论文博士比直接读博士课程要严格得多，要在研究期间发表 6 篇在 SCI 论文，这对我来讲是压力也是动力，在一年半的时间中我完成了预定的目标，不久就获得了东京工业大学的论文博士学位。1992 年我回到清华大学化工系继续教学和科研工作，指导研究生。由于工作的需要我担任了化工系常务副主任，当时系主任出国一年，我负责系里的行政工作。1994 年清华大学党委又任命我做学校的副秘书长兼外事办公室主任。平时学校的事务很忙，晚上和周末还要到研究室做研究，指导研究生，正值中年、年富力强，感觉生活过得挺充实。

1995 年国家教委党组决定派我去接任中国驻日本国大使馆教育参赞。我于 10 月份赴任去东京中国驻日本国大使馆。在负责中日教育交流的关键岗位上近四年的工作中我体会良多，也得到了多方面的锻炼和提高。感触深的两点，一是深深体会到我国的留学生派遣政策逐渐成熟和完善，对人才培养的重视和建立优秀人才的推荐渠道也逐渐成为使馆教育处的主要工作。我在日本留学的时候，觉得使馆只是催促留学生学完立即回国，相应的管理政策生硬，没有灵活性。特别是财务和人事管理还是沿用计划经济时代的旧章和陈规，不适应改革开放时代的要求。党的十一届三中全会以来，随着党和国家工作中心转移到经济建设上来，20 世纪 80 年代开始启动自费留学，大量的留学人员走出国门，大形势的变化促使我国留学方针做出了调整。90 年代我国提出了"支持留学，鼓励回国，来去自由"的 12 字留学方针，整体氛围有了很大的变化，留学人员心情舒畅，留管人员认真做好服务，使馆逐渐成了留学人员之家。记得在使馆的支持下，1996 年全日本留学人员联谊会组织了纪念留日 100 周年大会。1896 年清朝政府派出了 13 名学子赴日留学，开启了中国人赴日留学的历史。二战前不少志士仁人怀揣科技强国的梦想来东瀛留学，形成了第一次留日的高潮。日本对中国的侵略使不少留学生毅然回国，走上抗日的战场。1978 年中国实施改革开放的国策，大量学子又为祖国的富强和发展，来学习日本先进的科学技术，掀起了第二次留学日本的高潮。两次高潮虽然有 100 年的跨度，但有着共同的思想基础——学好本领报效祖国。留学方针的调整顺应了人才培养的大方向，激励了留学人员的留学积极性，也无形地召唤着海外学子为国服务、回国服务的热情。身处管理岗位，我深感英明的政策是事业发展的生命线的道理。

2013 年 10 月习近平在欧美同学会成立 100 周年庆祝大会上，进一步概括了我国 16 字的留学方针为"支持留学，鼓励回国，来去自由，发挥作用"，讲到做好留学人员工作作为实施科教兴国和人才强国战略的重要任务。我们在使馆的工作中，依靠各个大学的留学生组织和骨干，推行"春晖计划"，让学有所长的留学人员，与国内相关单位对口联系，实施短期为国服务计划。20 世纪 90 年代正值国家实施科教兴国和人才强国的战略，国家的发展需要大量学有所长的各类人才，留管干部深入学校和研究室，发现并向高校、科研单位和政府部门推荐优秀的留学人员，这些工作成了教育处日常管理工作的重要内容。

作为国家派出的对日教育交流的主要负责人，站位要高，对于所在国的国情应该深入理解和把握，才能对两国的教育和科技交流的走向提出中肯的建议。对日本的了解，一方面通过资料和信息了解，另一方面通过实际的访问和观察。由于工作的关系我结识了不少日本朋友，加上有些留学人员毕业后在大学或重要的科技部门工作，和他们的深入交谈，使我对日本的认识也更加客观和全面。20 世纪 90 年代末，日本房地产泡沫开始崩毁，具有危机意识的日本人开始反省。随着 2011 年中国 GDP 超过日本后，不少国人也以"厉害了，我的国"自居。实事求是地说，我们的人均 GDP 和日本还差得很远，我们在科学技术发展和进步方面，和日本还有很大的差距。日本经历了 90 年代后低调发展的 20 年，致力于创新能力提升和产业结构的转型。近几年日本在创新领域的成果令人瞩目。2015 年全球创新企业 TOP100，日本占了 40 家，超越了美国的 35 家。在新技术领域，美日的领先优势突出，日本位列全球第三。除此之外，我们通常讲日本人傻认真，带有贬义。实际上日本人的认真劲造就了匠人精神，日本的产品以精细完美著称，社会安定而不浮躁。日本是亚洲唯一的一个发达国家，社会治理和文明水平，得到很多人的认可。我们客观地分析日本，在创新和高科技领域向他们学习，开展扎实务实的合作，有日本的创新技术优势，加上中国的广大市场和产业基础，完全可以打造中日经济技术合作的新局面。从教育交流和合作来说，提高赴日留学人员的层次，推进高技术领域的合作研究，会起到双赢的效果。

中国改革开放与我的留日 40 周年

1999 年 3 月教育参赞的任期结束，我回到了母校清华大学。同年教育部党组任命我为北京语言文化大学的校长，9 月我去语言文化大学赴任。大学校长的工作繁杂，但主要工作应该抓学科建设和人才队伍建设，明确学校的定位，解决办一个什么样的大学和怎么办这样的大学的问题。2002 年学校 40 年校庆，为明确学校的定位，学校的中文名简化为北京语言大学，英文名仍旧维持原称 *BEIJING LANGUAGE AND CULTURE UNIVERSITY*。我不打算去总结我在北语的工作，还是以和日本的交流为主线，延续和日本友好交往的情结做了两件事。

一是在日语系成立了中国高校第一个中日同声传译专业。随着中日交流的不断扩大，中日同声传译人才的需求增大。培养同传人才，一需要设备，二需要教师。我这个想法得到了日本朋友的支持，在时任公明党干事长远藤的多方运作下，我校得到了 ODA 的无偿援助，在国内高校引进了第一套带有 6 个小隔间 "BOOTH" 的同声传译设备。日本时任神田外国语大学的教授塚本庆一教授是日中同传的第一人，每年到北语授课培养同传的人才。这个新专业的建立，为北语和社会培养了同传的人才，这些人才又在为中日的友好交流做着贡献。

二是促进中国和日本大学之间的深度合作。不仅仅建立北语和日本大学之间的校际关系，而是落实中日高校之间人才培养方面的合作。为培养懂日语了解日本文化的日语专业人才，我们和北陆大学、文京学院大学等校达成了 "2+2" 的合作模式。北语日语专业的学生两年在北语学习，后两年到北陆大学继续深造，最终获得两校授予的学士学位。这种模式的培养效果得到了学生和社会的好评，不少学生日语水平和日本文化的底蕴有了明显的提升，相当数量的学生考入了东京大学、早稻田大学等名校的研究生课程学习。为培养懂汉语了解中国文化的汉语人才，我们和日本创价大学合作，接受他们的学生到北语学习两年，形成了汉语人才培养的 "2+2" 模式。创价大学的创立者、日本著名社会活动家池田大作是北语的名誉教授，他高度肯定这一培养中日友好的年青一代的模式。

进行日本研究，推动中日民间友好

从北京语言大学校长的位置上退下来后，清华大学党委找我，希望我回清华负责即将成立的日本研究中心的工作。2009 年清华大学日本研究中心成立。我是中心首任主任。日研中心是校级的非实体的研究机构，成立之初中日关系还好，中心的运行经费多是日本的企业和团体捐助的。中心研究的领域包括政治、经济、社会和文化的对比研究以及中日关系存在的问题和分析。中心积极推动中日两国青年学生的交流，包括外语系日语专业学生去全日空实习和研修以及校内相关院系本科生和研究生参加 JST 组织的"樱花科学计划"赴日短期交流。招收博士后，我作为合作导师和他们共同研究，研究主要集中于三个方面，一是中日能源和环境政策的比较研究，特别是 2011 年 3 月日本东北大地震引发的福岛核事故后对日本能源战略和全球能源政策的影响。为此先后召开了两次中日的能源和环境政策的国际会议。二是当代日本社会和文化的研究，参与池田大作和平主义、人本主义思想的专题研讨，参加了几届池田大作思想国际研讨会，发表的论文收集到相应的论文集中。三是进行应对老年社会中日健康养老政策的对比和老年产业发展的研究，搭建中日两国健康养老领域的产学研交流和合作的平台。到目前为止已举办了三届 200 人规模的中日研讨会，第一和第三届在清华大学举办，第二届在日本举办，收到了良好的效果。同时，努力实现日研中心的智库功能。

中日关系是一个复杂的两国关系。1931 年九一八事变日本入侵中国，两国处于战争状态，这种敌对的关系持续了近半个世纪之久。新中国成立后，中日两国的有识之士积极接触，以民促官，官民并举，最终在 1972 年实现了中日邦交正常化。两国建交后中日友好关系得到了快速的发展，中日世世代代友好下去应该说逐渐成为两国国民的主流呼声。由于两国之间存在着历史认识问题和领土争端，两国关系受政治的干扰和地缘政治的影响很大。加上中日关系中的美国因素的影响，日本政府视日美关系为对外关系的基轴。从奥巴马政府的亚太再平衡战略到特朗普政府的印太平衡战略目的都是遏制中国的和平崛起，日本作为其同盟国充当了马前卒的角色。清华大学日研中心成立后，2012 年民主党政权野田佳彦步日本右翼的后尘对有领土争端的钓鱼岛进行"国有化"，擅自改变领土现状，使中日关系陷入低谷。自民党安倍再次当选首相后，政权整体右倾化，参拜靖国神社，日本国内民族主义高涨，两国关系全面倒退和恶化。应该说直到 2018 年，安倍政权在纷繁的世界乱局中，表示希望加强与中国的交往，实现了中、日、韩三国总理会晤。并表示参与中方提出的"一带一路"的合作，中日关系迎来了稳定发展的时期。2018 年是中日和平友好条约缔结 40 周年，两国关系迎来了重大的转机。中日关系重回正轨、朝核问题的转机，对包括东北亚地区形势在内的亚太形势乃至整个全球地缘政治的变化都有积极及深远的影响。在特朗普政府的单边主义的经济政策影响，中、日、

中国改革开放与我的留日 40 周年

韩及东南亚各国在亚洲自贸区建设和坚持多边主义的上合作，无疑对全球化和建设人类命运共同体是一个福音。

日本是亚洲唯一个发达国家，是工业化强国和对外投资大国。在科技创新，绿色发展方面有明显的技术优势和较为丰富的经验。然而日本同样面临着未来的战略和政策调整。以我的研究为例，其中一个重要课题是，和中国一样面临着人口老龄化的挑战。日本总人口连续 7 年减少，65 岁以上老年人为 3515.2 万人，占总人口的比例达 27.7%。中国截至 2017 年年底，60 岁以上老龄人口达 2.41 亿，占总人口比例达 17.3%。65 岁以上老人达到 1.58 亿，占总人口比例的 11.4%，目前中国是世界上唯一老年人口过亿的国家。分析中日老龄化的异同，可以从趋势上看出日本约先行中国 25—30 年进入人口老龄化进程，日本已进入超老龄化阶段。中日在面对老龄化制度设计上的比较，特别是社保体系和服务体系的顶层设计和规划的交流和借鉴，非常有价值。日本的长照险的制度设计和介护服务上拥有的经验、介护人才培养、老年人力资源开发模式、服务机构的经营管理等我们均有参考和借鉴的价值。在 AI 技术和服务机械人的开发和应用方面也有很大的合作空间和市场价值。仅用这个例子就说明中日两国密切沟通，共同培育市场机制，共同开创合作空间，是大有文章可做的。期待着随着中日关系的改善，日本积极参与"一带一路"建设，中日关系会迎来一个稳定正常的发展，造福于两国人民的福祉。

中国改革开放 40 年来的日本研究
——基于"大数据"统计的分析

郭循春

内容摘要　1978 年实行改革开放政策 40 年来，我国的日本研究稳步发展，其主要标志是研究队伍不断壮大，研究领域不断扩展，研究深度明显增强，研究环境大有改善。随着网络技术的发展和"大数据"概念的兴起，动态把握 40 年来我国日本研究状况的变化及其特点成为可能。本文尝试以大数据统计为基础，参考已有的相关综述性研究成果，从点、线、面的不同维度入手，在对 40 年来我国的日本研究做一综合考察的基础上，重点分析我国的日本史研究状况。

关键词　改革开放 40 年　日本研究　大数据

作者简介　郭循春，南开大学日本研究院助理研究员

中国改革开放 40 年来的日本研究

改革开放 40 年以来，我国的日本研究呈现出持续发展的总体特点。研究队伍由小到大，形成了相当的规模；研究范围不断扩展，研究深度不断增强，相应的综述性成果也使学界对这一现状有了基本的认识①。特别是随着网络技术的发展以及所谓"大数据"概念的兴起，学界有了更加方便的手段保持对日本研究现状的关注，使得研究者能够从点、线、面多个角度了解研究的进展，获得更全面的学术认识。本文即尝试以大数据之统计为基础，结合已有综述性研究成果，对改革开放 40 年来我国学界的日本研究整体状态、发展特点、发展趋势进行归纳和总结。

一、日本研究队伍及研究资源的发展与变化

改革开放 40 年来，我国的日本研究取得了长足的进展，这种进展的基础是研究人才的培养和研究机构的增加。根据 1996 年北京日本学研究中心的调查结果，我国从事日本研究的工作者为 1260 人。相比较于 1986 年，1996 年研究人员总数增加了两倍②。根据 2009 年南开大学的调查结果，全国专门从事日本研究的学者人数为 1040 人（此次调查明确了调查标准，即调查对象必须是拥有两篇以上日本相关专业性论文或者一部以上专业性著作的研究者，所以相比较于 10 年前，人数略有减少），可以说调查结果与实际情况更加吻合③。根据南开大学 2018 年最新的调查结果（依然沿用了 2009 年的调查标准），从事日本研究以及日语研究教学的总人数为 3450 人，其中专门从事学术研究的学者人数为 1400 人左右，相比较过去两个十年，总人数有所增加，而这个增加的数量主要出现在高校日语教学者以及年轻研究者队伍中。出现这一现象的原因有两点，第一是因为高校日语教学者年轻化，学历提升，获得博士学位者人数大量增加，多数教师从单纯教学工作者转变为即可教学又可科研的多面手，将关注点从单纯的日语教学转移向日本文化、社会、历史、经

① 例如中华日本学会、北京日本学研究中心编：《中国的日本研究》，社科文献出版社，1997 年；中华日本学会、南开大学日本研究院编：《中国的日本研究 1997—2009》，南开大学日本研究院，2010 年；李薇主编：《当代中国的日本研究》，中国社会科学出版社，2012 年版；中华日本学会、中国社会科学院日本研究所：《中国的日本研究著作目录（1993—2016）》，《日本学刊》2016 年增刊；杨栋梁：《新世纪以来我国的日本研究状况与展望》，《南开日本研究》，天津人民出版社，2016 年。

② 中华日本学会、北京日本学研究中心编：《中国的日本研究》，社科文献出版社，1997 年，第 44 页。

③ 中华日本学会、南开大学日本研究院编：《中国的日本研究 1997—2009》，南开大学日本研究院，2010 年，第 3 页。

济等多个领域，符合调查对象的人数大量增加；第二是因为 2010 年以来高校教师考核机制的变化——大多数高校在引进教师的时候首先即要求有博士学位及专业性研究成果，对于已经入职的教师也要求就职时间内完成一定数量的科研成果。所以，2018 年以论文数量为选择标准的调查结果中，学术研究者人数相比较于过去三个十年，有了一定的增加。

　　另一方面，从年龄层上，可以看出过去 40 年我国日本研究者队伍梯次渐趋丰富、规模渐趋完整的特点。如果说中华人民共和国成立后培养了第一代研究者，"文革"期间培养了第二代研究者，那么过去 40 年以来，我国已经培养出了第三、四、五代的研究人员。20 世纪 80 年代从大学毕业的"50 后"即第三代研究者在 21 世纪的头十年是日本研究的主力军，更多的"60 后""70 后"即第四代研究者正在今天发挥着研究主力的作用，而毕业于 2010 年以后的"80 后"即第五代研究者也已经开始登上学界舞台。从数次调查数据上，可以看出研究队伍这一更新换代的特点。1996 年的调查结果显示，60 岁以上的研究者为 191 人，占比 15.2%；51—60 岁的研究者为 221 人，占比 17.5%；31—50 岁的研究者为 689 人，占比 54.7%；30 岁以下的研究者为 159 人，占比 12.6%。2009 年的调查结果显示 60 岁以上的研究者占比 8%；51—60 岁者占比 24%；41—50 岁者占比 32%；31—40 岁者占比 27%；30 岁以下的研究者比例为 9%。根据 2018 年的调查，60 岁以上者多已退休，仍在工作者仅占比 6%；51—60 岁者占比 41%；31—50 岁者占比 51%；30 岁以下者占比 2%。从三次调查的数据对比来看，最明显的特点有两个，第一是 60 岁以上的研究者比例不断降低；第二是 30 岁以下的研究者比例也有明显下降。产生第二个特点的原因在于截至 2018 年的调查，30 岁以下的研究者绝大多数还是博士研究生在读的状态，相比较于高校和研究机构过去对于研究者的要求，2010 年以后的高校要求拥有博士学位者才可入职，而大多数博士培养单位又都延长了博士培养时间，所以 30 岁以下而能直接进入相关研究机构工作的年轻学者数量相比较于以前反而减少了。历年来日本研究队伍中拥有博士学位者数量的增加恰恰证明了这一点。根据 1996 年的调查，1260 名研究者中拥有博士学位者为 52 人，2009 年 1040 名研究者中拥有博士学位的有 370 人，而 2018 年的 3450 名调查者中，博士学位拥有者高达 1044 人，其中非日语教学类的博士学位拥有者为 775 人，相比于十年前增加了一倍。显然我国日本研究者梯队中，年轻人的数量正在不断增加，研究者综合能力也在不断增强，相信在未来的十年中"80 后"乃至"90"后的日本研究者数量都会

中国改革开放 40 年来的日本研究

有一个巨大的飞跃。相关统计如表 1。

表 1 日本研究队伍概况表[①]

	总人数	博士比	年龄结构[②]			
1996 年	1260	4.1%	15.2%	17.5%	54.7%	12.6%
2009 年	1040	35.6%	8%	24%	59%	9%
2018 年	1400	55.4%	6%	41%	51%	2%

研究队伍的扩大离开不研究机构的建立与发展，40 年以来，我国日本研究机构的数量增加迅速，并在 20 世纪 90 年代形成 100 个左右的基本规模。1996 年调查显示我国的日本研究机构共 98 个（73 个研究型机构、25 个语言教学机构），2009 年调查显示研机机构数量为 86 个（62 个研究型机构、24 个语言教学机构），2018 年调查显示研究机构数量为 149 个（96 个研究型机构、53 个语言教学机构）。对比会发现，2018 年的日本研究机构数量比前两个十年增加了很多，这是因为，第一，教育部从 2012 年起批准成立了 42 家国别与区域研究培育基地，其中包括两家日本研究中心，在此基础上，教育部又发布了《2017 年度国别和区域研究中心备案名单》，备案研究中心达 390 家，其中研究对象涵盖日本者达 32 家，例如上海外国语大学日本研究中心、上海交通大学日本研究中心、河北大学日本研究中心、大连外国语大学东北亚研究中心等。上述研究中心的建立大大增加了国别研究机构的数量，日本研究中心就是其中之一，以江苏为例，2018 年的机构有 8 所，而 2009 年调查时，江苏省还一所机构都没有。第二，各个高校的日语系将学术研究规定为教师职责，多数日语教师发展成为日本研究者，因而被纳入了调研的范围。第三，网络的普及使得调查范围扩展、调查精度增加，以前未被注意到的研究机构均被收录为 2018 年的调查对象。从地域分布上看，1996 年 98 个研究机构中东北地区有 26 个、华北地区 40 个、华东地区 21 个、华中地区 5 个、华南地区 3 个、西北地区 2 个、西南地区 1 个；2009 年 86 个研究机构中，东北地区 16 个、华北地区 35 个、

---

① 参考北京日本学研究中心编《中国的日本研究》，中华日本学会、南开大学日本研究院编《中国的日本研究 1997—2009》，李薇主编《当代中国的日本研究》等总结所得。

② 年龄结构下从左向右依次分为 60 岁以上、51—60 岁、31—50 岁、30 岁以下四个层次。参见中华日本学会、北京日本学研究中心：《中国的日本研究》，社科文献出版社，1997 年，第 45 页；中华日本学会、南开大学日本研究院编：《中国的日本研究 1997–2009》，南开大学日本研究院，2010 年，第 3 页。

华东地区 15 个、华中地区 7 个、华南地区 6 个、西北地区 3 个、西南地区 4 个；
2018 年调查的 149 家机构中，东北地区 24 个、华北地区 58 个、华东地区 32 个、
华中地区 12 个、华南地区 11 个、西北地区 1 个、西南地区 11 个，如图 1 所示。
从数据来看，40 年来华北、东北、华东一直是日本研究的重心所在，但是随着国
家经济的整体发展以及中西部地区高校学科建设的发展，华南、西南和西北地区的
日本研究机构也在扩增。研究机构与研究队伍的扩大相对应，在 20 世纪 90 年代形
成百家规模，并在进入 21 世纪后渐进发展。

表 2　40 年来实体研究机构培养研究生数量

	南开大学日本研究院（硕/博）	中国社科院日本研究所（硕/博）
1978—1990 年	19 人/10 人	13 人/
1991—2000 年	24 人/38 人	7 人/6 人
2001—2010 年	115 人/69 人	35 人/24 人
2010 年至今	70 人/55 人	17 人/15 人
合计	228 人/172 人	72 人/45 人

研究机构发展的另一个表现方式是培养硕、博士研究生数量的增加。以南开大
学和中国社科院日本研究所所培养的研究生数量为例，可以发现 40 年里我国日本
研究研究生培养的变化轨迹，如表 2。

从表 2 中可以看出个别研究机构研究生的培养状况，前三个十年里研究生数量
递增，第四个十年研究生数量下降，这与 40 年来日本研究出版成果数量变化走势
轨迹相似。关于培养研究生的总数，可以将相关数据进行横向比较，以中国社科院
近代史研究所为例，过去 40 年间，社科院近代史所培养硕士 152 人、博士 164 人。
作为我国培养近代史研究人员的最权威机构，近代史所具有相当的代表性。对比后
可见，过去 40 年里我国各相关机构培养的日本研究人员数量是非常可观的。

中国改革开放 40 年来的日本研究

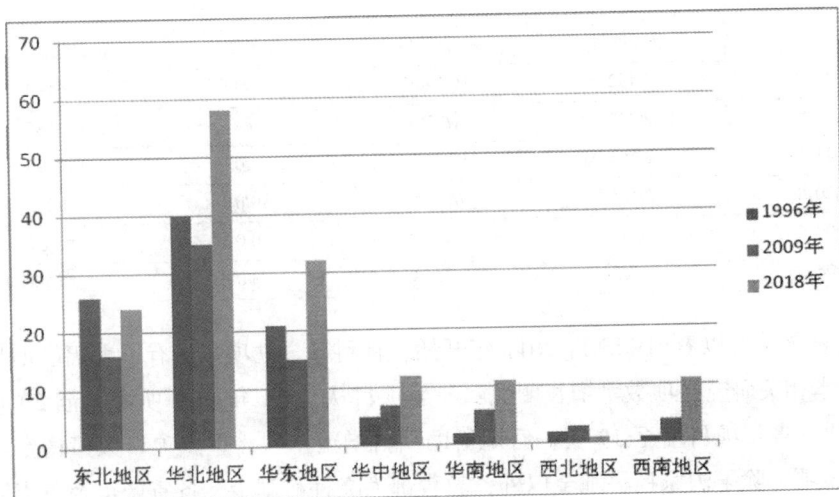

图 1　日本研究机构的区域分布图①

　　研究人数与研究机构数量的增加，离不开国家对相关研究资源投入的增加。除了上文提及的扩增国别研究基地、研究中心以外，国家增投研究资源主要表现在增加资金支持这个方面。以近年来国家社科基金的资助变化为例，可以看出国家在相关领域资金支持的增加。国家社科基金设立于 1991 年，成立之初每年资助费为 500 万元，截至 2011 年，资助费用已经增加至每年 6 亿元，资助课题从 1991 年的 500 项增加至 2018 年的 5463 项，学科组评审专家从 200 人增加至 800 人，同行评议专家增加至 15000 人。其中的日本研究也呈现出逐年增加的态势，如表 2 所示②。

表 3　近 11 年来国家社科基金立项数目及日本相关研究立项数目

	重大项目	一般项目	青年项目	后期资助项目
2018 年	2/344	44/3505	19/1001	7/613
2017 年	3/333	30/3193	18/1096	6/487
2016 年	2/213	39/2865	15/1061	5/398
2015 年	3/247	28/2750	5/1027	4/421
2014 年	2/281	22/2774	12/1044	4/370

---

　　① 根据南开大学 2009 年、2018 年调查数据总结所得。

　　② 根据"全国哲学社会科学工作办公室"所公布数据总结。表中"/"左侧为日本相关研究立项数目，右侧为当年某类项目立项总数目。

续表

	重大项目	一般项目	青年项目	后期资助项目
2013 年	3/192	16/2467	2/944	1/195
2012 年	2/231	21/3291	0/0	2/185
2011 年	2/161	9/2775	0/0	6/295
2010 年	0/135	7/2285	0/0	0/223
2009 年	0/71	8/1720	0/0	无数据
2008 年	无数据	8/1588	0/0	无数据

　　从表 3 中可以看出来，自 2011 年开始，社科基金立项数量有了大幅度增长，其中日本相关研究立项数量增长明显：一般项目从 2011 年的 9 项增加至 2018 年的 44 项，青年项目增至 19 项，后期资助项目增至 7 项，重点项目数量稳定在每年 2—3 项。除了国家社科基金以外，教育部人文社科基金、各省区市及重点院校人文社科基金等对人文社科类研究的支持力度也在不断增加，日本研究项目数量在其中都有着非常明显的增长。相关基金支持的立项数目的增加，意味着国家对日本研究支持力度的增加，可以说最近一个十年是过去 40 年来日本研究获得支持力度最大的时期。研究资金的增加自然意味着研究条件的改善，大多数学者在资金支持下都能够获得前往日本进行实地研究的机会。以南开大学日本研究院为例，每年前往日本留学的研究生数量为当届研究生数量的 80%，同时每位研究人员特定时间内都能获得一次前往日本访学的机会。另外，在相关资金支持下，研究人员能够更加便利地获得研究资料，更加有效地利用国内外资源，这些都为日本研究的发展提供了条件。国家对相关研究的支持还存在另一种表现形式，即激励机制的增加。从 20 世纪 90 年代以来，教育部以及其他国家机关先后设立了为数众多的人文社会科学研究成果奖项。例如高校科研优秀成果奖，从 1995 年开始至 2015 年共颁发七届，其中日本研究成果从第一届至第七届获奖数量分别为第一届 6 个、第二届 2 个、第三届 5 个、第四届 2 个、第五届 2 个、第六届 6 个、第七届 5 个[①]再如成立于 1997 年专门以日本研究者为对象的"孙平化日本学学术奖励基金"，每两年举行一次颁奖典礼，鼓舞了年轻日本研究者的研究信心。除上述奖项以外，各中央部委、省区市地方还有大量针对社会科学研究或专门针对日本研究的奖励基金，其存在使得日本研究从业者能够在国家支持的基础上，进一步提高自身的研究条件。另外如各高

---

　　① 相关数据根据教育部官网公布结果总结，详情见附录。

中国改革开放 40 年来的日本研究

校、各研究机构办公条件的改善、图书资料的增加等都为近十年来日本研究的繁荣提供了条件。

总体上来说，改革开放 40 年来，我国已经形成了基本稳定的日本研究队伍，该研究队伍形成于 20 世纪 90 年代中期，在 20 世纪头十年趋于稳定，并在进入 20 世纪的第二个十年之后呈现出渐进发展的态势。同时，研究条件不断改善。队伍的发展与条件的改善为我国日本研究的发展提供了坚实的基础。

二、日本研究成果的大数据表现

相比较于发展并稳定了规模的研究团队，过去 40 年里出版的与日本相关的研究成果，更能体现出改革开放以来我国对日本研究认识的深化。在"大数据"的时代，学界拥有了过去难以企及的便利的查询手段，因而对研究成果的概况能够有更加精确的认识。

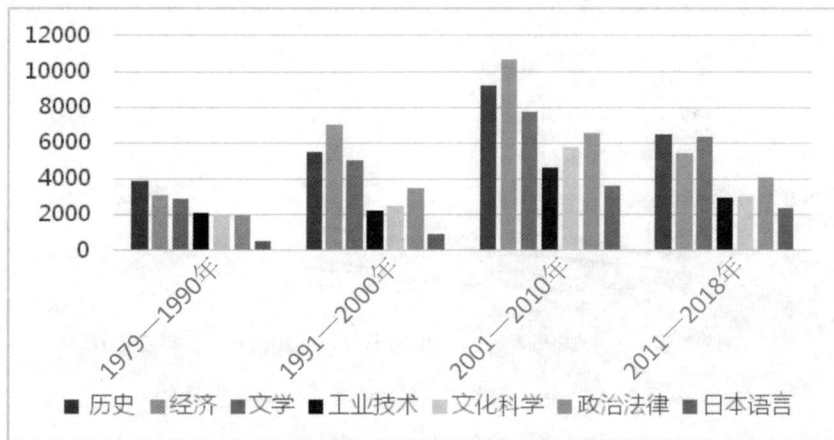

图 2   日本研究不同领域出版图书数量变化图

以"读秀"图书类数据库为例，1979 年到 1989 年间出版的以"日本"为关键词的图书共有 19878 种；1990 年到 1999 年增加至 32248 种；2000 年到 2009 年增加了一倍，达到 62080 种；2010—2017 年有 51905 种。其中 2011 年图书出版总量为 8066 种，达到了 40 年来的顶峰，其后逐年减少，截至调查为止，2018 年的图书出版量为 918 种，几乎只有 2011 年的 10%。这种现象是有其合理逻辑存在的。改革开放之初，中国开始向发达资本主义国家学习，各类图书如雨后春笋，层出不穷，但是随着我国对外学习的深入发展，各种基础理论和产业技术类的知识借鉴，已经达到了全部为我所用以及我国可以自主生产的阶段，那么从日本引进的知识和技术就会相应减少。再加上新知识新技术的生产速度远远低于图书的出版速度，各类图书在改革开放之初的头两个十年里扎堆出版，其后的时间内，在相关技术知识并未进步的情况下，已无再出版该类图书的必要，某类图书市场趋于饱和，图书增量自然会越来越低。从 1979 年到 2011 年，中国已经从日本学习了 30 年，与日本相关的图书出版量一直处于增长的状态，其后呈理性减量状态，是完全合理的。

另一方面，在头三十年里出版的各类图书中，经济、历史、文学类图书比例最高，紧随其后的是工业技术类和科学文化类。但是从 2007 年起，政治法律类图书开始超过工业技术和科学文化类；从 2011 年起，艺术类图书异军突起，增量迅速；从 2006 年到 2011 年，日本语言类图书大量增加；2018 年，各类图书出版量已经低于 1980 年，回到了最初的起点，参见图 2、图 3、图 4。

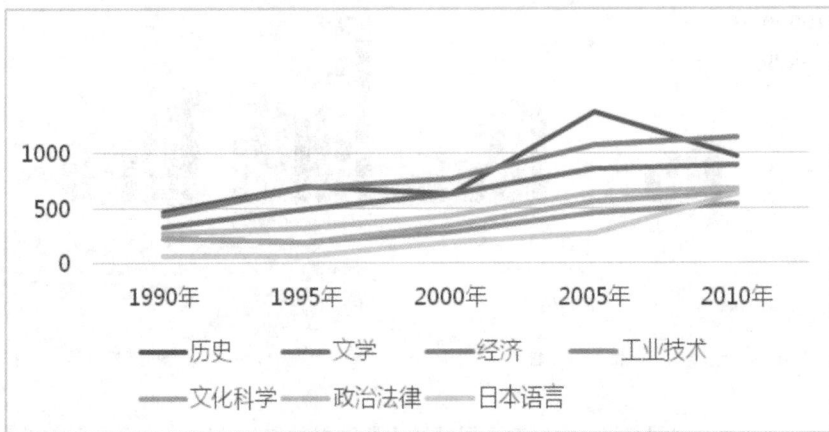

图 3　1990—2010 年各专业图书出版量

中国改革开放 40 年来的日本研究

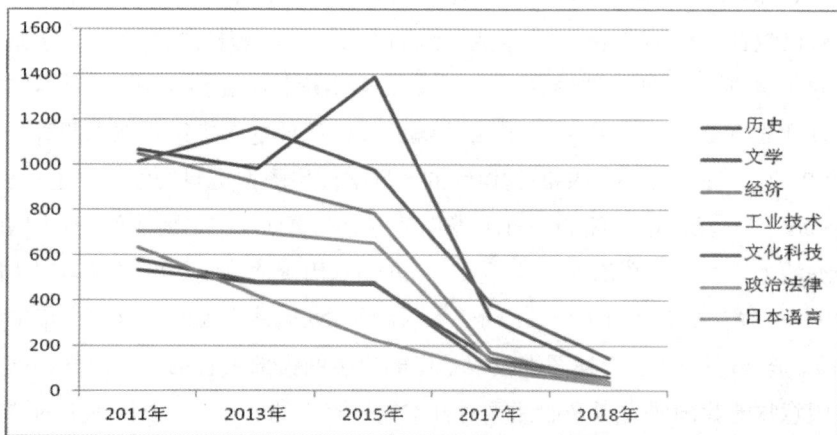

图 4　2011—2018 年各专业图书出版量

　　从上述图 3 和图 4 可以清晰地看出过去 40 年来我国出版领域中与日本相关的图书出版量的变化以及各专业图书出版量的变化，从而对我国 40 年来日本研究成果变化有一个基本的了解。

　　在图书类研究成果中，大型套书、丛书、资料汇编的翻译与出版成为近十几年来的一个亮点，但是相关成果大多是日本史、中日关系史方面的内容，例如速水融等主编的《日本经济史》（8 卷）[1]；解学诗主编的《满铁档案资料汇编》（15 卷）[2]；杨栋梁主编的《近代以来日本的中国观》（6 卷）[3]；沈强主编的《中国人民抗日战争纪念馆藏日本强掳中国赴日劳工档案汇编》（60 册）[4]；许金生主编的《近代日本在华报刊、通信社调查史料集成（1909—1941）》（10 册）[5]；上海市档案馆编的《日本侵略上海史料汇编》（3 卷）[6]；汤重南主编的《日本侵华密电九一八事变》（59

　　① 速水融等主编：《日本经济史》，生活·读书·新知三联书店，1998 年。
　　② 解学诗主编：《满铁档案资料汇编》，社会科学文献出版社，2011 年。
　　③ 杨栋梁主编：《近代以来日本的中国观》，江苏人民出版社出版，2012 年。
　　④ 沈强主编：《中国人民抗日战争纪念馆藏日本强掳中国赴日劳工档案汇编》，国家图书馆出版社，2014 年。
　　⑤ 许金生主编：《近代日本在华报刊、通信社调查史料集成（1909—1941）》，线装书局，2014 年。
　　⑥ 上海市档案馆编：《日本侵略上海史料汇编》，上海人民出版社，2015 年。

册)[①]；东亚同文会编的《中国省别全志》(50 册)[②]；庄明水、黄雅丽主编的《日本侵华殖民教育史料》(4 卷)[③]；金成民编的《日本涉华密档总目录》[④]，包括《陆海军省卷》(4 册)、《外务省卷省》(5 册)及《外务省补编》(4 册)；日本博文馆编的《日俄战争史料》(6 卷)[⑤]；许金生编的《近代日本在华兵要地志调查资料集成》(全 24 册)[⑥]；九一八历史博物馆编的《日本侵华图像史料汇编——七七事变》(全 15 册)[⑦]；汤重南主编的《日本侵华密电七七事变》(51 册)[⑧]，日本国际政治学会编的《日本国际政治学》(4 卷)[⑨]；九一八历史博物馆编的《日本侵华图像史料汇编——九一八事变》(全 11 册)[⑩]；徐勇、臧运祜主编的《日本侵华决策史料丛编》(全 46 册)[⑪]。上述图书仅仅是已经出版的大部头套书的一部分，该类图书的出版意味着我国研究者开始注重对日本原始资料的利用，加强日本史的源头性研究，标志着我国日本研究进入了新阶段。

接下来我们看一下与日本相关的专业性论文的研究成果。相比较于图书这种外延更广的出版物，专业性论文是更加深刻、更加精确地认识日本的研究成果，其出版量的变化，能够更加全面的反应学术界日本研究状况的变化。本文以"中国知网"数据库为基础[⑫]，对学术论文出版状况进行了统计。首先通过图 5 看一下 40 年来论文发表总量的变化：

---

① 汤重南主编:《日本侵华密电九一八事变》，线装书局，2015 年。
② 东亚同文会编:《中国省别全志》，国家图书馆出版社，2015 年。
③ 庄明水、黄雅丽主编:《日本侵华殖民教育史料》，人民教育出版社，2016 年。
④ 金成民编:《日本涉华密档总目录》，线装书局，2015 年。
⑤ 日本博文馆编:《日俄战争史料》，线装书局，2016 年。
⑥ 许金生编:《近代日本在华兵要地志调查资料集成》，线装书局，2016 年。
⑦ "九一八"历史博物馆编:《日本侵华图像史料汇编——七七事变》，线装书局，2017 年。
⑧ 汤重南主编:《日本侵华密电七七事变》，线装书局，2017 年；
⑨ 日本国际政治学会编:《日本国际政治学》，北京大学出版社，2017 年。
⑩ "九一八"历史博物馆编:《日本侵华图像史料汇编——九一八事变》，线装书局，2017 年。
⑪ 徐勇、臧运祜主编:《日本侵华决策史料丛编》，社科文献出版社，2018 年。
⑫ 中国知网期刊论文收录的全部是学术性论文，而"读秀"期刊论文所收录者除了专业性论文外，还包括很多非学术性的内容，因此本文对期刊论文的大数据统计，以"中国知网"为基本数据库。

中国改革开放 40 年来的日本研究

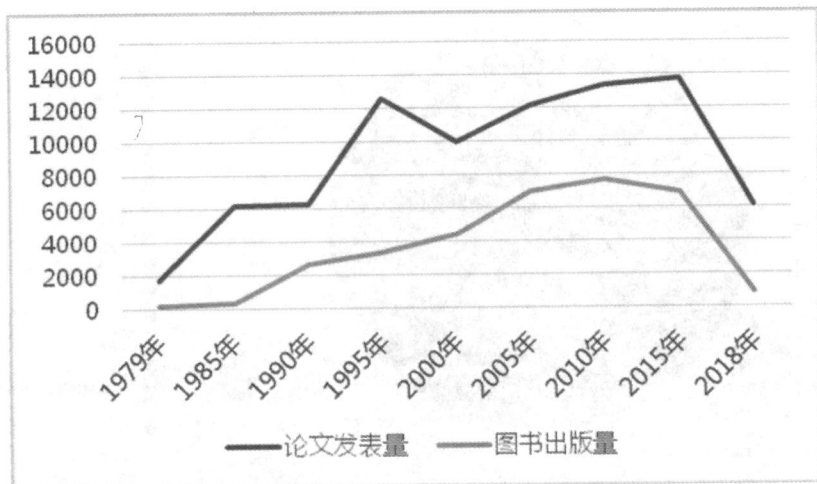

图 5　论文发表量与图书出版量走势对比图

从图 5 中可以看出，40 年来我国论文发表总量的走势变化同图书出版总量几乎一致，只是在增长拐点上滞后于图书——图书总量在 2011 年以后开始下降，论文发表量在 2015 年以后开始下降。这是因为图书出版以市场为导向，对于社会需求更加敏锐，而论文发表以研究为导向，更多体现的是学术需求，对于市场敏感性较弱。从数据来看，与日本相关的专业性论文的发表数量，按类别以工业经济、历史、国际政治、经济体制、贸易经济、企业经济、轻手工业、金融、农业经济、有机化工、建筑科学工程、宏观经济管理、外国语言文学为顺序依次减少，如图 6 所示。显然，经济大类的文章占据了相关研究的主要内容，凸显出 40 年来我国对日研究的侧重点。

按照研究层次来看，社科类基础研究占据最大的比例（37.6%），其次是工程技术类、产业发展指导类、自然科学应用基础研究类、政策研究类等。从这笔数据可以看出我国 40 年来对日本研究以基础研究为主的特点，凸显出我国在了解日本以及向日本学习的过程中对于基础问题的重视。如图 7。

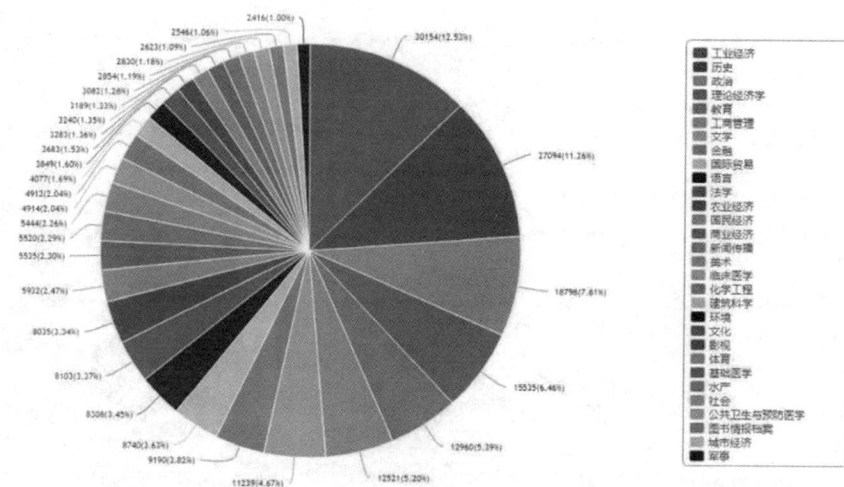

图 6　日本研究相关不同学科论文发表量

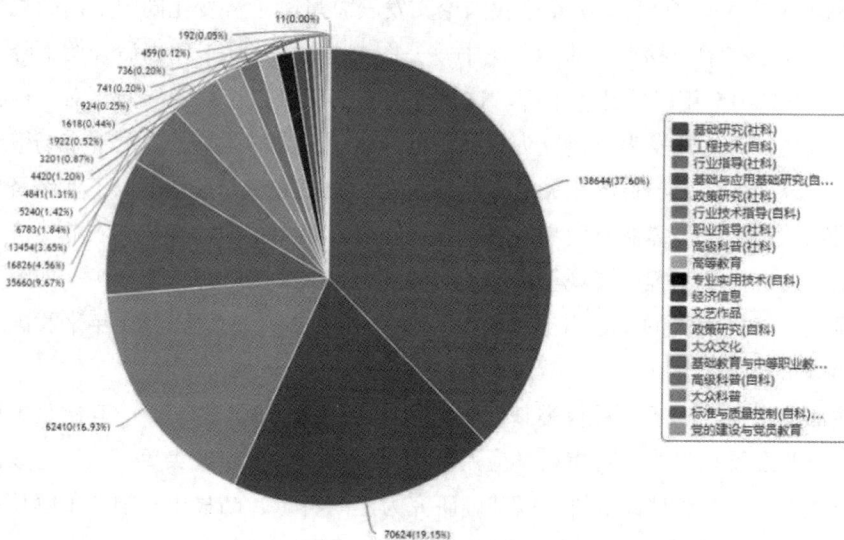

图 7　按研究层次分类各类论文发表比例图

中国改革开放 40 年来的日本研究

以基金支持为标准，按照基金依托来分类，可将相关研究分为国家社科基金支持者、国家自然科学基金支持者、国家高技术研究发展计划支持者、国家科技支撑计划支持者、中国博士后科学基金支持者、国家重点基础研究发展计划支持者等。论文总数量上，各类基金支持项目下论文发表数量如图8所示。从图中可看出，国家社科基金支持者占据比例最大，这一点同上文按照研究层次来划分后的成果排序相一致，同时也可以看出国家在对日本研究进行支持的时候，更加侧重于对基础问题研究的投入。

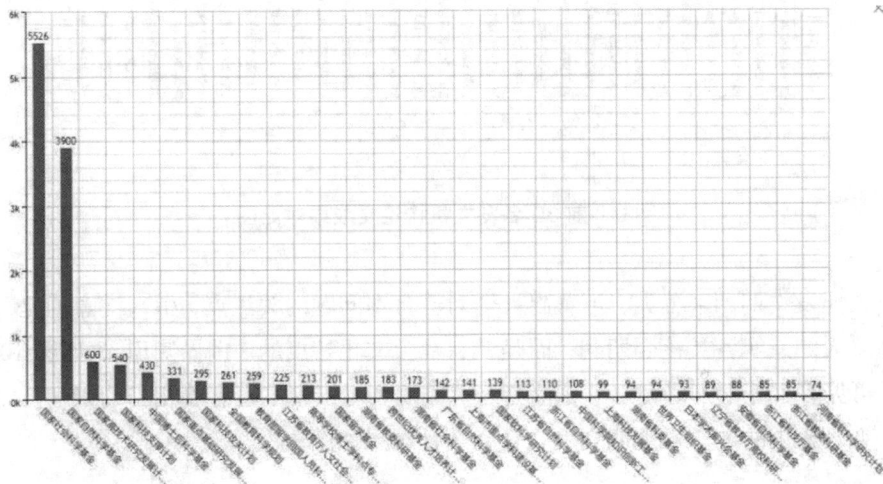

图 8　不同基金支持下的论文发表量对比图

注释：带有省略号的基金名称分别为国家高技术研究发展计划（863 计划）、国家重点基础研究发展计划（973 计划）、教育部留学回国人员科研启动基金、高等学校博士学科点专项科研基金、跨世纪优秀人才培养计划、上海市重点学科建设基金、中国科学院知识创新工程基金、辽宁省教育厅高校科研基金。

按照机构分类排序，可看出东北师范大学、北京大学、南开大学、吉林大学等机构在日本研究问题上近年来的发展状态。如图9。

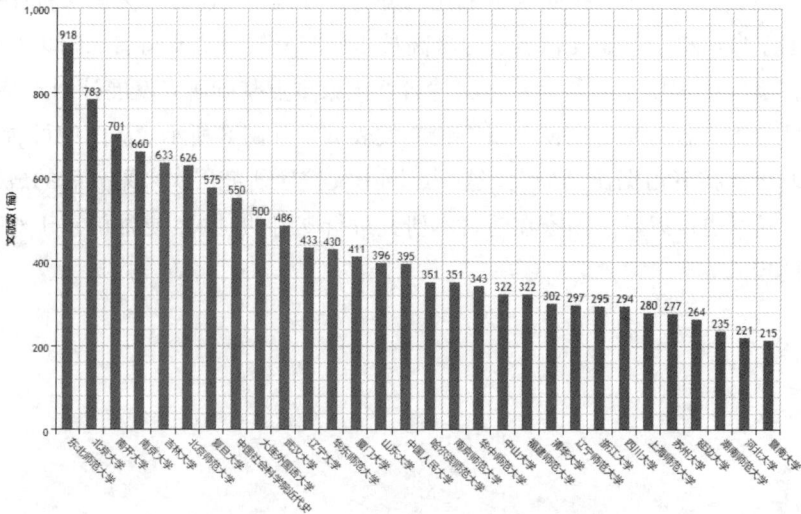

图 9　前 30 名发文机构论文成果对比图

按照发文期刊来分类，可看出社会对于日本问题的关注点，引人注意的是，发文量最大的并非各类核心期刊，而是具有社会文化特点的《世界知识》，如图 10 所示。可见除了纯学术研究以外，社会知识类期刊对于日本也有着相当的兴趣。而以核心期刊为主的纯学术类期刊发文量，统计结果如图 11。

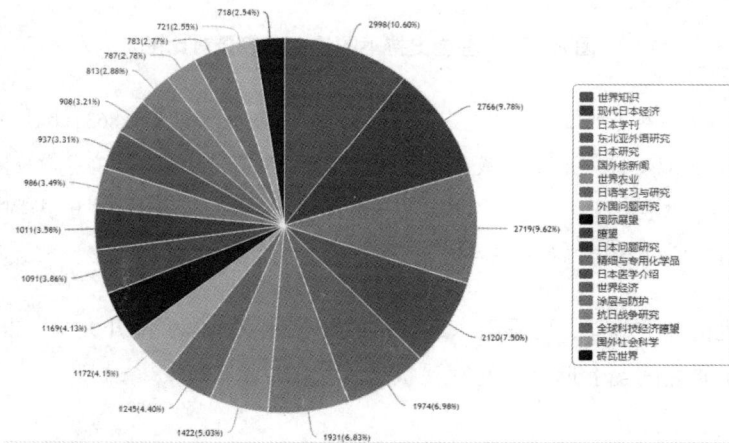

图 10　刊载日本相关文章各个期刊（以发文量多寡为标准的前 20 名期刊）

中国改革开放 40 年来的日本研究

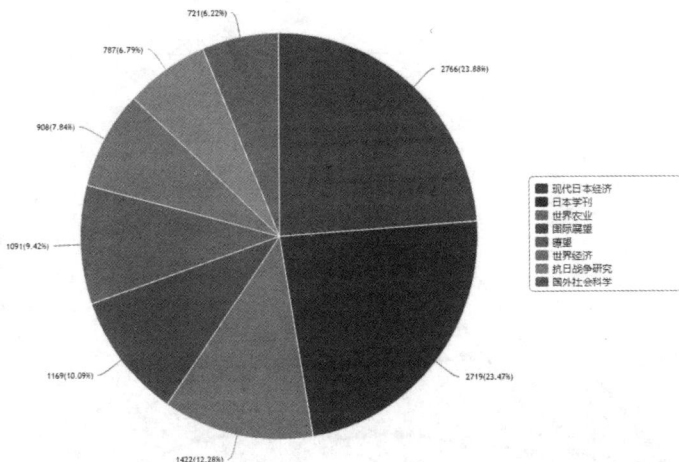

图 11　刊载日本相关文章的各个核心期刊（以发文量多寡为标准的前 8 名）

三、各领域研究成果数据表现及分析

40 年来日本研究产生了大量的研究成果，因而很难对具体的论文题目或者课题项目进行深入探讨，本节只能尝试以经济发展、政治外交、历史文化这三方面为研究对象，以数据为基础，对相关研究成果进行概述。

（一）40 年来的日本经济研究

从上文的数据呈现可以看出，改革开放 40 年以来，经济研究是我国日本研究的最主要内容。总体上来说，改革开放以来的对日经济研究是有着深刻的历史背景的，40 年来中国的改革开放以及日本的经济发展是这种背景中最主要的部分。特定的背景塑造了我国对日经济研究的基本变化轨迹和特点：从改革开放之初的对日学习和借鉴，发展为对日经济剖析与求证；从对日经济现状描述发展为对日经济学理的论述①。

---

① 章政：《中国的日本经济研究》，《南开日本研究 2016》，2016 年，

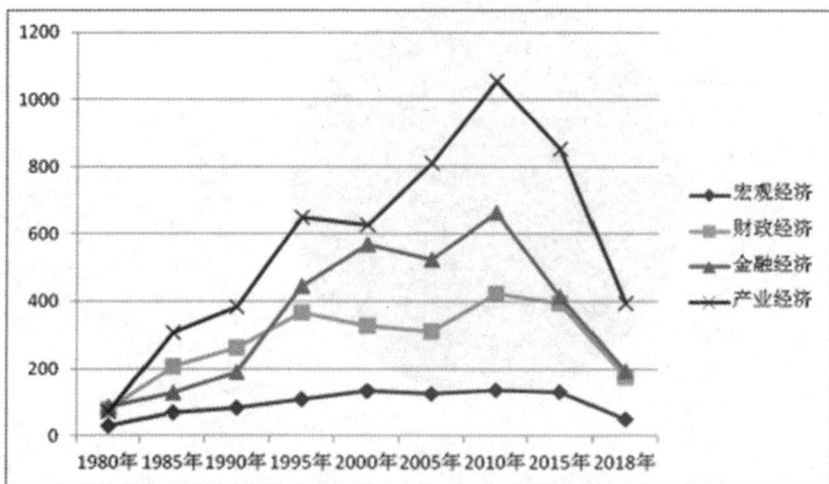

图 12　日本经济研究领域各方向研究成果数量对比图

　　日本经济研究主要包括宏观经济研究、财政研究、对外经济研究、产业经济研究、金融研究几个部分。按照图 12 所示，近四十年来研究成果增量明显，其中产业经济研究一直是相关研究中占据比例最高者，这是因为日本经济发展的最突出点即在于产业发展经验，我国改革开放以来推动私有制经济发展，各类中小型企业得到了生存发展的空间，从邻近的日本借助产业发展经验是自然而然的选择。对日本金融经济的研究在 1990 年以后有巨大的进步，这是因为 1991 年日本以金融为导火索的经济危机引发了世界关注，中国对日本金融经济的研究在此前后进入一个快速发展的时期。财政经济和宏观经济的被关注程度不如前二者，在整体数量上一直保持相对平缓的发展态势。总体上来说，进入 2010 年以后，我国对日本经济的研究成果数量有一个较大的下降过程，这和我国自身经济发展到一定的程度这一状况是分不开的。

（二）40 年来日本政治外交研究

　　如图 13 所示，40 年来，我国针对日本政治外交的研究，也经历了与其他领域类似的发展轨迹，即第一个十年平缓增加、第二个十年大量增加、第三个十年发展

中国改革开放 40 年来的日本研究

至最高峰、第四个十年成果锐减这一特点。具体而言，在第一个十年间，我国针对日本政治外交的研究载体非常少，主要包括《世界知识》《国外社会科学》《外国问题研究》这几个为数不多的杂志，在研究内容上，呈现出零碎化的特点，相关研究成果没有理论支撑，大多是对日本某一具体政治现象、外交行为的简单论述。例如王泰平《众议院解散后的日本政局》、姜若孝《关于日本自由民主党党近代化问题》、李铮强《日本地方自治制度的特色及其成效》等文章都具上述特点。进入 20 世纪 90 年代后，研究日本的专业性杂志增多，其中包括《日本学刊》《日本研究》《世界经济与政治》《现代日本经济》《国际政治研究》等，连同研究队伍的壮大，这一时期中国的日本研究进入快速发展并初定规模的时期，研究成果的多样性也迅速增加，对日研究以介绍、学习、借鉴为目的，新的研究特点包括理论性增强、宏观性增强、深入性增强。例如蒋立峰的《从读卖新闻的舆论调查看日本政治的发展趋势》等文章。该类文章的深入性体现在对细川、小泽等政治家族的研究问题上。第三个十年，中国经济、政治、文化全面发展，我国对日本的态度发生了相应的变化——在心态上将日本从学习对象变成了竞争对手。政治外交领域的学术研究改变了过去学习、借鉴的目标，转而具有辩证性、批判性。其中以中日历史认识问题、中国的日本观和日本的中国观问题、日美关系问题、政治外交右倾化问题为主要研究内容。第四个十年间，对日政治外交研究成果数量下降，中日政治现实问题成为影响对日研究的根本因素，针对日本内政的研究数量有所减少，而外交战略问题成为最近十年来对日研究的重点，其中包括中日美三国外交关系、围绕中国钓鱼岛的中日外交问题、日本对南亚和中南半岛的国际战略问题等。

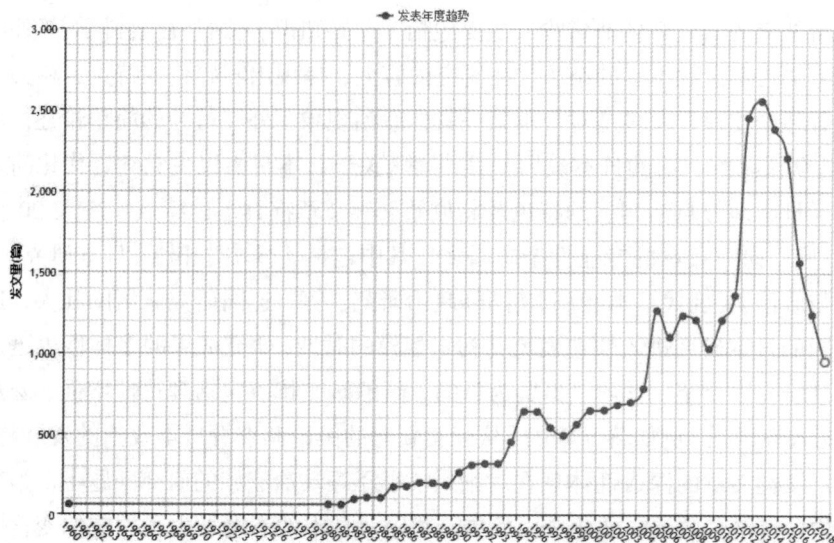

图 13　政治外交类论文发文数量变化图

（三）日本历史文化领域研究成果

在我国的日本研究领域，过去 40 年里，对日本历史与日本经济的研究居于最主要地位，因为不管是针对日本政治、外交还是经济、社会的认识，都是以对日本历史的认识为基础的，下面对日本史研究成果进行较为详细的介绍。

根据统计结果，1978 年到 2018 年的纯日本史类学术论文共 7399 篇，其中发表于 1978—1990 年的论文 783 篇；1991—2000 年的论文 1438 篇；2001—2010 年的论文 2535 篇；2011—2018 年的论文 2643 篇。从这组数据上可以看出，40 年来日本史领域学术论文的发表数量一直保持增长的态势。从图 14 中可以看出日本史论文历年的发表情况：40 年来日本史论文数量稳定增长至 2012 年、2013 年前后达到最高峰，其后略有回落，但即便在 2012 年以后，每年的发文量依然保持在 300 篇以上（2018 年除外），远超过过去三个十年的研究成果。由此可以看出，进入 2010年以后，日本史研究团队规模虽然并没有太大的扩大，但是研究成果却有着明显的增加，其背后既有我国日本史研究多年累积的影响，也有高校和研究机构改变学术

中国改革开放 40 年来的日本研究

评价标准、职称评定标准等因素的影响。

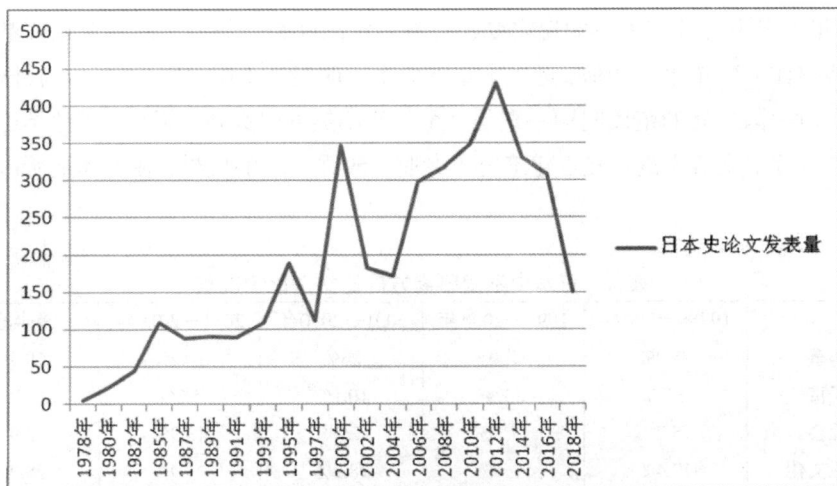

图 14   日本史研究成果数量走势图

　　根据笔者统计，从时间段上来看，明治维新后的日本史论文占比 75.5%，明治维新以前的论文占比 24.5%，这种古代史少、近代史多的情况在过去四个十年中一直没有太大的变化。从研究方向上来看，过去 40 年发表的论文中，思想文化史、军事史、外交史、社会史、政治史依次占据主要地位，如表 4 所示。从数据中可以看出，过去 40 年日本史研究的一些特点：第一，军事史论文的比例从第一个十年的 22.2% 下降到了第四个十年的 10.2%，这一变化轨迹是改革开放后我国学术界必然会出现的，因为改革开放之初，我国学术界对于日本的了解更多停留在 "日本帝国主义侵华史" 这个点上，围绕这一点的军事、外交自然在第一个十年间占据最大的比例，其后随着中日交往的加深以及经济往来的活跃，对日本的研究便从军事、外交这个点逐渐扩展到其他领域。第二，日本思想文化史的论文在数量和比例上一直处于增长的状态，这一点同我国对日本史研究的深入化有着深刻的联系，是我国学者尝试从思想、文化史的角度去理解日本历史和当下的日本的一种表现。第三，经济史论文在第一个十年中占据相当的地位，但是从 1995 年开始所占比例逐渐下降，这与日本当代经济研究成果规模形成鲜明的对比。第四，对日本社会史的研究论文数量整体上有下降趋势[①]，尤其在 2001—2010 年间表现明显。第五，外交史论文数量经历了从多到少再到多的变化，尤其是近十年来增长态势比较明显，这同 2012 年以来中日外交关系的现实变化有着一定的联系。第六，政治史论文数量变化曲线整体上同军事史相似，近二十年来比重有明显的下降。第七，日本对外殖民，尤其是对中国东北的殖民问题一直是一个不冷不热的研究点。第八，其他类论文包括日本医疗卫生方面的历史、建筑史等专业性较强领域的成果，在整体上所占比例较低。

表 4　日本史不同研究方向论文占比情况表

	1978—1990年	1991—2000年	2001—2010年	2011—2018年	平均值
军事	22.2%	21.4%	23%	10.2%	19.2%
经济	5.7%	8.2%	10.1%	5.3%	7.3%
社会	15.2%	17.3%	5.1%	13.9%	12.9%
思想文化	17.4%	21.4%	28.2%	35.9%	25.7%
外交	21.3%	10.2%	15.4%	23.7%	17.7%
政治	13%	18.4%	10.3%	6.5%	12.1%
殖民	1.2%	2%	2.6%	2.9%	2.2%
其他	4%	1%	5.1%	1.6%	2.9%

接下来，我们通过对具体论文的分析，来了解一下过去四个十年间，日本史研究领域有哪些突出的特点。

第一，20 世纪 80 年代以唯物主义史观指导、以军事外交为侧重的研究。

从表 4 中已经可以看出来，在改革开放以来的第一个十年间，我国史学界侧重于对军事和外交史的研究，这一点从当时刚刚改革开放的氛围以及我国对日本的认识基础来看，是必然会出现的状况。社会和思想文化史的研究也占据着一定的比例，说明老一代的日本史研究者从一开始进行对日了解的时候，就对日本思想文化以及社会有足够的重视。以上是从数据来看的整体特点，具体而言，20 世纪 80 年代的研究包括以下几个方面的特点：

---

① 此处所讨论的"下降"，并非论文数量上的绝对下降，而是某个十年间该领域论文占比的相对情况。

中国改革开放 40 年来的日本研究

1. 研究以宏观为主,学者关注点都是"大问题"

随便从 20 世纪 80 年代的论文中选择几篇就会发现,老一辈学者首先着重于对宏观历史的认识,例如《世界历史》1978 年第 1 期王芸生的《中日关系新的历史时期》[①]、汪向荣的《明治维新后日本是怎样学习西方的》[②],1979 年刊登的汤重南的《日本明治维新后的地税改革》[③]、俞辛焞的《论日本的战后改革》[④],1982 年管宁的《日本德川幕府锁国的原因及其影响》[⑤]、李秀石的《日本倒幕维新思想的形成》,1985 年武寅的《三十年代日本财阀与法西斯的关系》等。再如其他刊物所刊登的易显石《论日本法西斯化与军部》[⑥],申健《论日本明治初期的"文明开化"——以19 世纪七八十年代为中心》[⑦]等。这种题目的大量存在,说明了这一时期日本史研究的宏观性特点。

2. 以历史唯物主义为史观,并有针对"资本主义"的专题论述,且有大量研究日本左派人物、思想、国民运动的文章出现

老一辈研究者的论文成果有明显的历史唯物主义史观作指导,在论述历史问题时,多以从经济基础到上层建筑这一模式展开论述。例如邱田恒《战后日本公务员制度的形成》[⑧]、吕元明《日本近代文学的两级发展》[⑨]。关于日本左派人物、思想、国民运动的研究,成果包括杨孝臣《论幸德秋水》[⑩]、贾纯《日本接触的马克思主义革命家片山潜》[⑪]、伊文成《略论日本近代工人运动的发展及其特点》[⑫]。这种特点脱离不开老一辈历史学者所受过的教育,也脱离不开时代环境的影响。

3. 经济史类论文引人注目,军事、外交、政治类论文所占比重较大

经济史类论文绝对数量虽然不多,但是呈现出逐步增加的状态,研究重点在于

---

① 王芸生:《中日关系新的历史时期》,《世界历史》,1978 年第 1 期。
② 汪向荣:《明治维新后日本是怎样学习西方的》,《世界历史》,1978 年第 1 期。
③ 汤重南:《日本明治维新后的地税改革》,《世界历史》,1979 年第 1 期。
④ 俞辛焞:《论日本的战后改革》,《世界历史》,1979 年第 2 期。
⑤ 管宁:《日本德川幕府锁国的原因及其影响》,《世界历史》,1982 年第 1 期。
⑥ 易显石:《论日本法西斯化与军部》,《日本研究》,1985 年第 4 期。
⑦ 申健:《论日本明治初期的"文明开化"——以 19 世纪七八十年代为中心》,《史学月刊》,1988 年第 6 期。
⑧ 邱田恒:《战后日本公务员制度的形成》,《历史研究》,1985 年第 6 期。
⑨ 吕元明:《日本近代文学的两级发展》,《日本研究》,1985 年第 4 期。
⑩ 杨孝臣:《论幸德秋水》,《历史研究》,1982 年第 4 期。
⑪ 贾纯:《日本接触的马克思主义革命家片山潜》,《东北师大学报》,1984 年第 6 期。
⑫ 伊文成:《略论日本近代工人运动的发展及其特点》,《史学月刊》,1988 年第 4 期。

二战后日本经济。对于刚刚改革开放的中国而言，日本经济二战后的迅速发展最有吸引力，因而出现了大量研究二战后日本经济的论文，其中尤其以"日本政府在经济管理中的作用"这一问题点最为突出。其他研究点包括日本中小企业发展史、资本发展史、市场机能和政府机能的关系、经济与日本近代化等。代表性论文包括任文侠《论战后日本政府在经济管理中的作用》[①]、高公晋《日本经营管理的发展》[②]。除了经济史类论文，军事、外交及政治类论文数量也较为庞大。改革开放初期，我国对日本的认识是以"资本主义""帝国主义侵华"等关键词所附带的内容为基础的，但是又因为这一时期中日关系处于较为融洽的阶段，所以权威杂志并没有刊登直接批判日本侵华行为的文章，而多是从侧面对相关历史进行论述。例如郎维成《日本军部、内阁与九一八事变》[③]、沈予《第一次世界大战后英美与日本在华新角逐和日本侵华策略的演变》[④]等，都是从宏观的视角对日本之中国政策进行了论述。至于日本侵华期间的军事、政治、沦陷区以及对中国造成的实际伤害，却是最近十年的研究成果更多一些。

4.在核心期刊上，日本史研究发文量较大

以《世界历史》为例，20世纪80年代刊登日本史论文共计118篇、20世纪90年代共计43篇、2001—2010年发文40篇、2011年至今发文34篇。其他各类刊物发文量也呈现出类似的趋势，如表5。这说明的是80年代整个社会科学学界对于日本史的认可与重视。进入90年代及以后，日本史类研究论文在核心期刊中的发表量逐渐减少，这是值得日本史研究者注意的一个问题。

表5　核心期刊日本史类论文发文量

	1978—1990年	1991—2000年	2001—2010年	2011—2018年
《历史研究》	21篇	17篇	15篇	12篇
《世界历史》	118篇	43篇	40篇	34篇
《日本学刊》		75篇	54篇	31篇

① 任文侠：《论战后日本政府在经济管理中的作用》，《现代日本经济》，1983年第6期。
② 高公晋：《日本经营管理的发展》，《现代日本经济》，1984年第6期。
③ 郎维成：《日本军部、内阁与九一八事变》，《世界历史》，1985年第2期。
④ 沈予：《第一次世界大战后英美与日本在华新角逐和日本侵华策略的演变》，《近代史研究》，1988年第1期。

中国改革开放 40 年来的日本研究

第二，20 世纪 90 年代的研究特点：数量增加、侧重点发生变化。

进入 20 世纪 90 年代，中国经济以及中日经贸关系都进入了个新的阶段，在这样的背景下，日本史研究进入了一个空前繁荣的时期，正如图 1、图 2、图 3 所表现的，与日本相关的各类图书出版量都有大量增加。其中，日本史类图书和论文增量明显。此时的日本史研究也呈现出了几个比较明显的特点：

1. 日本研究相关杂志增多

1991 年中国社科院近代史研究所《抗日战争研究》创刊，中国社科院日本研究所《日本问题》改名《日本学刊》，辽宁大学《日本研究》每期发文量增加，河北大学《日本问题研究》1994 年创刊。专门研究日本的杂志增加，意味着学界对于日本研究的重视。另外，日本史论文的刊载平台增加，是造成其他几个核心期刊日本史类论文数量减少的一个原因。

2. 研究侧重点发生改变

从上文表 3 中可以看出，20 世纪 90 年代思想文化史的论文数量比 80 年代有所增长，研究的集中点包括"武士道""儒学""福泽谕吉思想"等，代表性成果有王家骅《儒家思想与日本的现代化》[①]。这一类成果都是尝试从现实的角度，论述儒学在日本近代化和现代化进程中的作用，并从儒学的角度来探索日本的民族文化、民族性格等问题。在军事政治领域，继续了 80 年代对于日本军国主义的关注，在论文比例上依然保持了一定的优势，其中的代表性成果包括朱庭光的《法西斯新论》[②]、徐勇的《征服之梦——日本侵华战略》[③]。相关研究尝试将天皇制、传统右翼势力同法西斯联系起来解读，并从思想史而不仅仅是政治史的角度对这个问题进行剖析。另外，1995 年是甲午战争 100 周年，相关领域论文大量出现。在其他方向上，二战后复兴和制度经济成为日本研究的一个新关注点，例如杨栋梁的《日本战后复兴期经济政策研究》[④]等，除此以外，还有学者围绕这个问题将美国对日本的二战后政策进行了联系性论述，代表成果包括于群的《美国对日政策研究》[⑤]、李寒梅的《1947—1949 年美国战后对日基本政策的制定》[⑥]。在侵华战争方面，关

① 王家骅：《儒家思想与日本的现代化》，浙江人民出版社，1995 年。
② 朱庭光：《法西斯新论》，重庆出版社，1991 年。
③ 徐勇：《征服之梦——日本侵华战略》，广西师大出版社，1993 年。
④ 杨栋梁《日本战后复兴期经济政策研究》，南开大学出版社，1994 年。
⑤ 于群：《美国对日政策研究》，东北师大出版社，1996 年。
⑥ 李寒梅：《1947—1949 年美国战后对日基本政策的制定》，《日本学刊》，1989 年第 1 期。

于"南京大屠杀"的题目在 20 世纪 80 年代末开始出现，90 年代数量增加。关于"慰安妇"问题的研究也在这一时期开始，例如稣实的《日本侵略者强迫中国妇女作日军慰安妇实录》①是该类研究的起点，整个 90 年代《抗日战争研究》发表了与之相关的论文达 17 篇。另外，经济史类论文比重上升，20 世纪 90 年代日本经济泡沫的出现及破灭引发了中国的极大关注，因而对于日本经济史研究的论文数量增多。

第三，21 世纪头十年的研究状况及特点：现实政治影响力增加、思想文化史研究成果增多。

1. 2000 年以来中国日本史研究的最大特点就是受中日国家关系影响巨大

在 20 世纪 90 年代末期，中日之间在经济贸易发展的基础上，已经表现出外交上的矛盾，例如围绕中国钓鱼岛问题、日本右翼教科书问题、战争受害者赔偿问题、参拜靖国神社问题的矛盾。以上每一个问题都需要我国日本历史的研究者从历史根源上去寻找解决问题的办法，所以相关问题的研究成果比较多。与此同时，中国政府向高等院校和研究机关增加了研究经费的拨付，各种研究基金为研究者提供了相当的研究基础，日本史研究经费也不断增加。上述两个因素使日本史研究成果比头一个十年增加了 67%。

2. 从研究方向上来看，思想文化史的研究成果依然不断增加

研究对象包括日本神道思想、近世儒学思想、著名人物思想研究等，例如刘岳兵的《日本近代儒学研究》②、步平的《日本靖国神社问题的历史考察》等。③人物思想研究包括针对内藤湖南、吉村幸次郎、津田左右吉等人物思想的研究，尤其是针对内藤湖南的研究非常多——"中国知网"收录的从 2001 年到 2010 年的内藤湖南相关研究论文达 46 篇。与军事相关的论文数量依然较多，尤其是在 2005 年反法西斯战争胜利 60 周年之际，各类期刊刊登的关于侵华战争、太平洋战争、甲午战争、日俄战争相关的论文多达 1267 篇。该十年的日本战争史研究突出点在于日本的战争责任问题，例如南京大屠杀问题、慰安妇问题和二战后赔偿问题以及与日本间接相关的中国远征军问题。外交史的研究成果数量略有降低，但是新的研究视点非常明显，最突出的就是"华夷秩序"问题，韩东育在这方面有较为突出的研究成

---

① 稣实：《日本侵略者强迫中国妇女作日军慰安妇实录》，《抗日战争研究》，1992 年第 4 期。
② 刘岳兵：《日本近代儒学研究》，商务印书馆，2003 年。
③ 步平：《日本靖国神社问题的历史考察》，《抗日战争研究》，2001 年第 4 期。

中国改革开放 40 年来的日本研究

果。另外，经济史的研究成果有所有所增加，但是侧重点依然在于二战后经济和日本体制经济和经济政策方面，例如冯炜的《总体战和现代日本经济体制的三大特征的形成》①、杨栋梁的《论日本战后型经济体制的形成》②等。经济史类论文在 2001 —2010 年之间数量再次增加，占比超过论文总量的 10%，可见中国学术界对于日本经济史抱有一种持续关注的态度。

第四，2010 年以来的研究成果及特点：年轻学者成果增加、研究题目细化。

2010 年以来，互联网可以说是真正普及到了每个角落，研究者尤其是年轻一辈的研究者对于网络的利用程度大大加强，因而大大提高了研究日本历史过程中对外文原始档案的利用率。最典型的例子就是日本亚洲历史资料中心在 2010 年前后开始对外开放，学者可以免费不限量下载已经经过初步整理的原始档案。这一背景无疑给最近几年来的日本史研究增加了新的动力，再加上包括中国近代史研究者在内的年轻历史学者的日语能力普遍提高，我国研究者的研究深度大大加强了。不过，这种特征主要表现在政治、外交、军事史的研究领域，其他如经济和社会、思想文化的研究无法更充分地利用开放的档案，所以该特点表现不明显。总体上来说，这一时期的研究成果特点表现在以下两个方面：

1. 研究题目细化、外语资料利用率提升

如果说过去的日本史研究是开拓型的研究，那么 2010 年后随着研究资料的增加，研究题目开始进入细化的阶段。以"南京大屠杀"研究为例，过去的成果侧重于研究事件的原因、经过、结果以及日军的残暴等内容，而 2010 年以后的研究则开始利用英文、德文、日文资料对该事件进行全方位多角度的论述，例如张生的《美国文本记录的南京大屠杀》③、杨夏鸣《日军南京暴行与罗斯福的反应》④。其他如外交方面，也更多利用了原始档案进行研究，比如李花子的《1905—1909 年日本调查间岛归属问题的内幕》⑤、刘永连的《华夷秩序扩大化与朝鲜、日本之间相互认识的偏差——以庚寅朝鲜通信日本为例》⑥等文章就非常充分地挖掘了日文资料，

---

① 冯炜：《总体战和现代日本经济体制的三大特征的形成》，《历史研究》，2004 年第 5 期。
② 杨栋梁：《论日本战后型经济体制的形成》，《南开学报》，2004 年第 5 期。
③ 张生：《美国文本记录的南京大屠杀》，《历史研究》，2013 年第 5 期。
④ 杨夏鸣：《日军南京暴行与罗斯福的反应》，《历史研究》，215 年第 5 期。
⑤ 李花子：《1905—1909 年日本调查间岛归属问题的内幕》，《近代史研究》，2015 年第 3 期。
⑥ 刘永连：《华夷秩序扩大化与朝鲜、日本之间相互认识的偏差——以庚寅朝鲜通信日本为例》，《世界历史》，2015 年第 2 期。

对相关问题进行了非常深入的论述，这种深入程度是过去的研究所没有达到过的。另一方面，随着拥有日本留学经历的年轻研究者数量的增多，我国的日本史研究开始多少出现一些学习日本的倾向，即题目从小处着手，重视史料的堆积和事件的考据，表现出研究细化的特点。

2.思想文化类研究成果占比继续增加，论文数量远超其他研究成果

思想文化是社会的根源，无论是政治、经济还是外交、军事，日本社会的行为方式都是建立在相应的思想文化的基础上的，所以该类研究成果的增加意味着我国日本史研究者对于日本社会基础性问题的重视和探索，实际上体现了我国对日本认识程度的深化。2010 年以来的思想文化史研究成果是在过去研究基础上增加的，基本上还是在过去研究成果的延长线上的深化研究。在相关成果中，最突出的特点在于对思想和近代化的关系的认识，例如徐晓光的《日本明治前期的立宪主义思想争鸣》[1]、唐利国的《两面性的日本近代化先驱——论吉田松阴思想的非近代性》[2]等。另一个较突出的研究点是对日本二战后史学思想、史学史的研究，例如韩东育的《丸山真男原型论考辨》[3]等，标志着我国学者对日本史学观研究的开始。

四、日本学术研究的问题及趋势

过去 40 年的日本研究产生了很多的成果，但是随着研究的深化，也出现了一些问题。

第一，2011 年以后研究成果数量有下降的趋势，而且新研究点出现较少，对日批判性研究较多。从前文的分析已经可以看出，不管是专业性图书的出版数量还是学术论文的刊载数量，2011 年以后都呈现出了一种下降趋势，尤其是 2018 年的成果，与之前对比数量大减，如果这种趋势继续下去的话，未来十年间日本史研究成果将会有大大缩水的危险。另一方面，2000 年以后的研究，除了极个别的点外，大部分都是以往研究者所耕耘过的题目，即便是新增加的研究领域，也并没有提出让人印象深刻的观点。

---

① 徐晓光：《日本明治前期的立宪主义思想争鸣》，《世界历史》，2015 年第 1 期。
② 唐利国：《两面性的日本近代化先驱——论吉田松阴思想的非近代性》，《世界历史》，2016 年第 4 期。
③ 韩东育：《丸山真男原型论考辨》，《历史研究》，2015 年第 1 期。

中国改革开放 40 年来的日本研究

第二，开始受到日本学者研究成果和研究习惯的影响。年轻人是未来研究的主力，他们从日本求学归来，研究习惯甚至观点，都受到了日本学者非常深刻的影响，这种影响如果跟随他们很久的话，就会影响到我国未来的历史研究成果。实际上，相比较于日本学术界注重细节的特点，我国学术界一贯的、核心的研究习惯是使论文具有以历史唯物主义史观为指导的系统性，即在整体上对研究贯穿一种逻辑性，这一点是日本学界所没有的优点，不应该被从日本带来的研究习惯、研究风气抵消掉，这是需要注意的一点。

第三，日本社会类研究成果数量偏低。从明治维新以来，日本社会发展只有二战期间遭受了较大的挫折，其他时候都处于直线发展的状态中，在这样的状态下，日本实际上积累了大量的解决社会问题的经验，不得不说，这是我国今天进行社会改革的过程中可以借鉴的东西。举例而言，大到日本社会福利制度、初级教育制度、乡村团体制度，小到幼儿园教育方法、养老院管理规定、城市市政管理规定等都并没有得到我国学术界的重视和研究，笔者认为在未来的研究中这是需要注意的一点。

关于未来日本研究的趋势，这里认为应该从以下两个点来认识。

第一，对日田野调查、实地研究增多。关于国别研究，中国政府已经给予了各个研究机构大量拨款和资助，这就为研究者近距离认识研究对象提供了机会。现在我国的日本研究者绝大多数都有近距离观察日本的经验，将来这种经验会进一步增加，因为如日本产业经济、社会模型、乡村治理等问题的研究，只有建立在"体验性认识"的基础上才能出现真正有价值的成果。

第二，完成属于中国人的日本研究成果。虽然全世界很多的国家都有针对日本的专门研究，但是中日关系毕竟不同于英美同日本之间的关系，中日之间历史文化的相通性决定了我们对于日本的理解要比欧美人的理解更加容易，更主要的是日本语言对于中国研究者来说并不算难事，所以中国学者完全可以利用自身优势进行非常深入的研究，而不是将研究停留在浅层次上。如果未来环境持续优化，相信我国的学者能够做出属于自己的具有权威性的学术研究成果。

附录

教育部高等学校科学研究成果奖（人文社科）
——日本相关研究成果获奖名单

第一届
二等奖

王家骅：《儒家思想与日本文化》，浙江人民出版社，1990 年。

金明善：《日本经济：昨天·今天·明天》，辽宁民族出版社，1992 年。

于昴雕：《日本经济论》，吉林大学出版社，1991 年。

刘柏青：《鲁迅与日本文学》，吉林大学出版社，1985 年。

张日升：《青年心理学——中日青年心理的比较研究》，北京师范大学出版社，1993 年。

俞辛焞：《九一八事变时期的中日外交史研究》，奇方书店，1986 年。

第二届
二等奖

梁忠义：《日本教育发展战略》，吉林教育出版社，1993 年。

凌文辁：《中日合资企业中国员工对日本管理者及所在企业的评价》，《中国社会科学》，1993 年第 1 期。

第三届
二等奖

杨建顺：《日本行政法通论》，中国法制出版社，1998 年。

李国新：《日本图书馆法律体系研究》，北京图书馆出版社，2000 年。

三等奖

杨栋梁：《国家权力与经济发展——日本战后产业合理化政策研究》，天津人民出版社，1998 年。

梁忠义：《日本教育》，吉林教育出版社，2000 年。

米庆余：《琉球历史研究》，天津人民出版社，1998 年。

中国改革开放 40 年来的日本研究

第四届

三等奖

冯天瑜：《"千岁丸"上海行—日本人 1862 年的中国考察》，商务印书馆，2001 年。

俞辛焞：《辛亥革命时期中日外交史研究》，东方书店（日本出版社），2002 年。

第五届

二等奖

曲铁华、梁 清：《日本侵华教育全史》，人民教育出版社，2005 年。

三等奖

肖霞：《日本近代浪漫主义文学与基督教》，山东大学出版社，2007 年。

第六届

二等奖

张中秋：《中日法律文化交流比较研究——以唐与清宋中日文化的输出输入为视点》，法律出版社，2009 年。

徐水生、阿川修三、佐藤一樹：《中国哲学与日本近代的知识人》，日本株式会社东方书店，2008 年。

李怡：《日本体验与中国现代文学的发生》，北京大学出版社，2009 年。

韩东育：《从"脱儒"到"脱亚"——日本近世以来"去中心化"之思想过程》，中国台湾大学出版中心，2009 年。

三等奖

黄大慧：《日本大国化趋势与中日关系》，社会科学文献出版社，2008 年。

徐苏斌：《中国的城市•建筑与日本——"主体受容"的近代史》（日文版），东京大学出版会，2009 年。

第七届

一等奖

韩东育：《日本对外战争的隐秘逻辑 1592—1945》，《中国社会科学》，2013 年第 4 期。（论文奖）

二等奖

杨栋梁等：《近代以来日本的中国观》，江苏人民出版社，2012 年。

三等奖

陈福康：《日本汉文学史》，上海外语教育出版社，2011 年。

崔丕：《冷战时期美日关系史研究》，中央编译出版社，2013 年。

徐园：《日本报纸连载儿童漫画的战前史》，日本桥报社，2013 年。

中日关系·日本政治研究

抓住新机遇，拓宽中日合作新领域

吕克俭[①]

---

① 吕克俭，全国日本经济学会副会长、中国驻日本大使馆原公使。

中国和日本互为重要邻国，友好交往绵延两千多年，经贸往来始终是双边关系的重要推进器。40 年前，中国吹响改革开放号角，日本率先开展对华务实合作，为中国经济快速发展做出积极贡献，也为自身成长提供广阔空间，成为双边互利合作的典范。

2017 年是中日邦交正常化 45 周年，两国关系改善势头进一步增强，两国领导人在多边场合保持会见，习近平主席和李克强总理分别在 APEC 岘港会议和马尼拉东亚合作领导人会议期间会见安倍晋三首相，两国领导人一致同意要把握和平、友好、合作的大方向，推动两国关系持续改善、向好发展。双方还就携手推动区域经济一体化、推进"一带一路"框架内合作、开展第三方市场合作等达成重要共识。两国经济界积极开展互利合作，为中日关系的改善发挥了积极作用。双方各层级接触与对话逐步恢复，各领域务实合作稳步推进，国民感情呈现回暖迹象。在双方的共同努力下，中日各领域交流合作逐步恢复发展，双边贸易额重返 3000 亿美元大关，人员往来首次突破 1000 万人次，两国关系出现了改善向好的势头。2018 年适逢中国改革开放 40 周年和中日和平友好条约缔结 40 周年，两国关系处于改善发展的关键阶段。李克强总理 5 月的访日对进一步推动中日关系改善发展、深化中日韩合作、促进亚太地区和平稳定与发展具有重要意义和深远影响。双方应重温两国复交时秉持的坚定信念，加强对话，凝聚共识，增进互信。同时，应以更加开放的视野观察和拓展两国经贸关系。中日经贸合作发展到今天的规模和水平，是双方共同努力的结果，也是互惠、互利、合作的结果，来之不易，需要双方倍加珍惜。当前，中日经贸合作面临新的发展机遇，双方应增强责任感，着眼长远和大局，抓住机遇，排除障碍，落实好业已达成的各项共识，深化各领域的务实交流与合作，努力推动两国关系长期健康稳定发展。

一、2017 年中日经贸关系回顾

（一）中日贸易额止跌回升，重返 3000 亿美元规模

近年来，世界经济复苏疲软缺乏动力，全球经济收缩，国际市场需求减少，加之中日关系困难复杂，双边贸易连年下降。进入 2017 年，随着中日关系进一步改善，双边贸易呈现止跌回升态势，重返 3000 亿美元水平。据中国海关统计，2017

年，中日进出口贸易额 3029.8 亿美元，同比增长 10.1%，占中国外贸总额的 6.9%。其中中国对日出口 1373.3 亿美元，同比增长 6.1%，占中国出口总额的 6.1%；中国自日进口 1656.5 亿美元，同比增长 13.7%，占中国进口总额的 9.0%。中方逆差 283.3 亿美元。日本居欧盟、美国、东盟之后，为中国第四大贸易伙伴（2016 年居中国香港之后为第五位）。按国别排名，日本是中国第二大贸易对象国，中国是日本第一大贸易伙伴。进口排在欧盟、东盟、韩国之后，出口排在美国、欧盟、中国香港、东盟之后。2017 年，中国企业在日本承包工程新签合同额 3.38 亿美元，减少 10.8%；完成营业额 3.28 亿美元，增长 4.9%。此外，日本仍是中国国际服务的第四大发包市场。

据日本财务省统计，2017 年，日中贸易总额为 33 万 3361 亿日元，同比增长 13.5%。其中，日本对华出口 14 万 8014 亿日元，增长 20.5%，占日出口总额的 17.8%；从中国进口 18 万 4446 亿日元，增长 8.4%，占日进口总额的 26.8%。日本从 2016 年的 4 万 6531 亿日元减至 3 万 5532 亿日元，减少 17%，连续两年下降。尽管如此，中国仍是日本第一大贸易伙伴、第二大出口目的地和第一大进口来源地。

值得关注的是，以跨境电商为代表的"互联网+"模式将为中日贸易增添新动能，许多日本品牌占据各大电商平台畅销前列。

2018 年 1—6 月，中日贸易额 1574.8 亿美元，同比增长 10.7%。其中，中国对日出口 703.7 亿美元，增长 8%；中国自日进口 871.1 亿美元，增长 12.9%。

（二）日本对华投资企稳增长

2015 年，日本成为首个对华投资额累计突破 1000 亿美元的国家，位列中国第一大外资来源国。2017 年日本企业对华投资开始止跌回升并企稳向好。据中国商务部统计，2017 年，日本企业对华投资项目数 590 个，同比下降 1.5%，实际到位金额 32.6 亿美元，同比增长 5.3%，占中国吸引外资总额的 2.5%。除中国香港及自由港以外，日本排在新加坡和韩国之后，为第三位，呈现企稳向好之势。投资领域向多元化发展，服务业投资不断升温。2018 年 1—6 月，日本在华新设立企业 377 家，同比增长 32.3%，实际使用金额 18.1 亿美元，增长 4.9%，是第三大外资来源国。截至 2018 年 6 月，日本累计在华投资设立企业项目数 5.1 万家，实际使用金额 1100 亿美元，占中国吸引外资总额的 6.0%，在中国利用外资累计总额国别中排名中居首。日本企业加大在高端制造、绿色环保、现代服务等领域投资，特别是汽车、机器人等技术密集型、高附加值型企业对华投资活跃。据日本财务省统计，2017 年，日本企业对华直接投资 100.04 亿美元，占同期日本对外投资总额的 6.1%，排在美国、英国、荷兰之后，居第四位。

日本企业对华投资近几年受中日关系困难和日元贬值等影响出现跌宕起伏，实际到位金额连年下降，部分日本企业也在加速"中国+1"战略，但据日方的调查显示，多数日本企业仍看好中国市场。如今，中日两国位居世界第二和第三大经济体，双方经贸合作互补性不断增强，逐渐形成了"你中有我，我中有你"的伙伴关系。特别是中共十九大对新时代中国特色社会主义建设做出了全面部署，受到包括日本在内的世界各国的广泛关注。中国将坚定不移全面深化改革，将实施更高层次的对外开放，为全面建成小康社会，实现两个一百年奋斗目标而继续努力奋斗。当前，中国经济形势稳中向好，质量和效益不断提高，国内市场潜力巨大，产业能力完善。随着供给侧结构性改革、城镇化的深入推进、产业结构的优化升级、国民收入的快速提高，必将引发新的投资和消费增长点，这些综合优势对日本等外资企业依然有较大吸引力。可喜的是日本国际贸促协会、日中经济协会、经济团体联合会、商工会议所等经贸团体坚持每年组织经济界代表团访华，"展现日本重视与中国合作的热忱之意"。尽管有的日本媒体报道日本企业"要从中国撤退"，引起各界猜测，但根据日本贸易振兴机构的调查报告显示：目前在华日资企业中有 89.4% 的企业看好中国市场，将继续留在中国市场。大多数日本企业看好中国经济社会的发展前景和市场的发展潜力，继续重视并加大在华投资合作，包括产品研发、智能制造、节能环保和医疗养老、现代服务业、电子商务、中小企业、物流和人才交流等合作。如丰田、日产、本田等汽车公司、瑞穗金融、三井住友、三菱东京日联银行、索尼、NEC、日立、佳能、欧姆龙、富士通、日本邮船、山九、泰尔茂、YKK、川崎重工、欧力士及三菱、三井、住友、丸红、双日、伊藤忠商事和伊藤洋华堂等。日本国际贸促协会、日中经济协会等经济团体组团访华的企业和人数也在逐年增加。

（三）技能实习生合作面临新机遇，人员往来稳中有进

日本是中国重要的海外劳务市场。据商务部统计，2017 年中国向日新派出技能实习生 38670 人，同比增长 5.8%，扭转了连年减少的趋势。2018 年 1—6 月，中

抓住新机遇，拓宽中日合作新领域

国向日新派出技能实习生 6779 人。截至 2018 年 6 月，中国在日技能实习生总数约 14.2 万人，约占中国在外劳务人员总数的 23.4%，主要分布在日本各地的中小企业，涉及制造业、农林牧渔和建筑业等。近来，日本放开了建筑和健康护理行业限制，技能实习生合作面临新的机遇。

中国是日本最大的海外客源国。2017 年双方人员往来突破 1000 万人次，有效增进了两国社会层面相互理解。近年来，赴日中国游客屡创新高。2014 年中国大陆访日游客突破 241 万人次，比 2013 年增长 80.8%。2015 年，达 499.5 万人次，比 2014 年增长 107.1%，跃居各国和地区访日游客人数首位。2016 年为 637.3 万人次，同比增长 27.6%，首次突破 600 万人次大关。2017 年再次刷新纪录，达 735.6 万人次，增长 15.4%，人数和消费额连续 3 年名列日海外游客首位。另一方面，受日元贬值和中日关系等影响，日本访华游客人数连年减少。2017 年有所恢复，约为 265 万人次，较 2016 年略有增加。

（四）中国企业对日投资不乏亮点，更加重视社会责任

近几年，中国企业加快对外投资步伐，深度参与全球化。中国企业对日"走出去"起步较晚，规模不大，但近几年增长较快。2016 年达 4.71 亿美元，同比增长 117%。据商务部统计，2017 年，中国对日非金融类直接投资额为 2.54 亿美元，同比减少 46.1%。2018 年 1—6 月，中国对日本直接投资 1.7 亿美元。截至 2018 年 6 月，中国对日本直接投资额为 36.1 亿美元，中国对日本直接投资企业约 900 家，中方员工约 1800 人。制造业为中国企业对日投资主要行业。近年来，中国对日投资也逐步向金融服务、电气通信、软件、网络等领域拓展。投资方式多元化，有绿地投资、跨国并购、联合投资等多种方式。

同时，有实力的中国企业看重日本市场和研发环境。例如，海尔集团、华为技术和中兴通讯等中国企业在日本设立了研发中心，中国银行、工商银行、建设银行、交通银行和农业银行均在日本开设分行及多家分支机构。上海电力在 3·11 大地震灾区投资建设大型太阳能发电站，支持灾区重建和日本社会可持续发展。华为、中兴、海尔、百度、京东等企业与日本运营商及生产商开展良好合作。阿里巴巴、腾讯微信等增加在日支付网点，在日本掀起新一轮支付方式革命。摩拜单车等开始登陆札幌等地，中国式共享经济开始登陆日本。在日中国企业协会和日本中华总商会

不断发展壮大，热心为会员企业牵线搭桥，提供服务。熊本地震后，在日中国企业协会向灾区捐款 1700 多万日元，体现了中国企业的社会责任感，获得日本社会赞誉。在日中国企业努力融入日本社会，重视履行企业社会责任，积极实行本土化管理，为当地提供就业岗位，是双赢的合作。但中国企业对日投资能否保持增长，仍需自身练好内功，继续树立良好的企业形象。与此同时也会遇到一些困难和偏见，特别是受到中日关系、经济金融形势等宏观环境的影响和制约。

（五）"一带一路"开启合作新篇章

"一带一路"倡议提出四年多来，得到国际社会广泛响应。日本各界对"一带一路"开始显示出积极意愿。2017 年 5 月，日本自民党干事长二阶俊博率团出席"一带一路"国际合作论坛，受到习近平主席接见。同年 7 月，习近平主席与安倍晋三首相在 G20 峰会期间举行会谈，共同确认将继续推进中日关系朝着正确方向改善发展，并就探讨在"一带一路"框架下开展合作达成一致。11 月，日本经济界又派出 250 人大型代表团访华，受到李克强总理的接见。经团连神原正昭会长表示，包括"一带一路"在内的全球产业链合作不仅对两国，而且能对世界带来繁荣，显示出日本企业参与"一带一路"合作重要性的共识和积极态度。11 月 30 日，"一带一路"日本研究中心在东京成立，两国学者就"一带一路"框架下中日合作问题进行了深入交流。两国围绕"一带一路"开展合作对接的氛围逐渐升温。

实际上，中日企业开展三方市场合作已有基础，包括技术转让、共同研发、相互持股、联合竞标或分包项目等。随着"一带一路"建设的不断推进，已有部分日本企业在装备制造、物流、金融等领域与中国企业对接与合作，共同探讨将中国的优势产能、日本的先进技术你和发展中国家的需求有效对接，合作开拓第三国市场，谋求实现 1+1+1>3 的效果。目前，两国相关部门和研究机构等已开始"一带一路"合作的相关研究。中方欢迎日方参与"一带一路"的国际合作，愿意积极同日方开展相关协商，比如探讨以亚洲为中心开展基础设施、能源、环保、金融等领域的交流与合作，争取双方在"一带一路"的具体合作早日落地生根。相信随着"一带一路"建设的深入推进，不仅会为中国的开放发展创造更大的空间，同时也将会为包括日本在内的世界各国的发展和全球的经济增长提供更多的机遇。

抓住新机遇，拓宽中日合作新领域

（六）金融等服务贸易领域合作成为亮点

金融等服务贸易领域合作成为近年中日经济合作的亮点。两国已实现人民币和日元直接结算，双方相互持有对方国债规模也在扩大。中国中信集团于 2016 年 10 月 20 日在日本成功发行 1000 亿日元武士债券并获得超额认购。中国工商银行东京分行于 2016 年 10 月 25 日在日本成功发行 5 亿元人民币债券并于 11 月 1 日在东京证券交易所上市，成为在日本首家发行上市的中资银行。日本瑞穗银行作为第一家日资银行进入中国银行间债券市场。在人才培训方面，日本瑞穗银行自 1979 年开始连续 37 年举办面向中国学员的金融研修班，人数已超过 1200 人。金融合作有利于两国实体经济的发展，也有利于贸易投资等经贸领域合作的拓展和提升。中国（上海）自由贸易试验区的设立以及在天津、广东和福建等地进一步实施，特别是在"一带一路"建设中，必将为中日两国在更高层次的贸易、投资和金融服务等领域的合作带来新的发展机遇。

（七）政府和经济界等交流增多

随着中日关系的改善和发展，两国间经济交流活动全面回升。2017 年，中国商务部与日本外务省牵头举办跨部间的中日经济伙伴关系磋商，与经产省举行副部级磋商，就两国经贸合作中的重大关心事项深入交换意见，为推动双方经贸合作关系发挥了重要作用。2018 年 4 月在东京举行了第四次中日经济高层对话，5 月李克强总理对日本进行正式访问，两国关系走上改善发展进程，经贸合作全面回升。中国有关部委和省区市继续组团访日并与日本各界进行广泛交流，共论合作、共创商机。以河野洋平为会长的日本国际贸促协会和以宗冈正二为会长的日中经济协会以及日本经团联、日本商工会议所、日本贸易振兴机构等经济团体均积极组团访华，受到中国领导人的会见，并与商务部、国家发改委等就双边经贸合作事项深入交换了意见。近十几年来，中日节能环保论坛、绿色博览会、中日经济合作会议等顺利举办，为两国经济界交流搭建了丰富多样的平台，为促进中日经济合作发挥了积极作用。第十一届中日节能环保论坛也在东京成功举行，双方政府官员、专家学者和企业家等近千人与会，双方企业还举行了对口洽谈，签署了多项合作协议，取得了积极成果。

（八）推进区域一体化进程

作为全球化和自由贸易的倡导者和维护者，中日两国应携手推进区域一体化的进程，加紧自贸安排。中日韩三国互为近邻，都是世界经济和贸易大国，是东北亚区域经济的基础。中日韩自由贸易区（FTA）和区域全面经济伙伴关系协定（RCEP）等已进行过多次磋商，争取在求同存异、照顾各方关切的前提下努力达成更高水平的协定。2017 年 4 月，中日韩三方在东京举行了首席谈判代表会议第十二轮谈判，三方就货物贸易、服务贸易、投资、规则等领域深入交换了意见。2018 年 5 月，李克强总理赴东京出席中日韩领导人会议，三国领导人就进一步推动中日韩自贸协定和全面经济伙伴关系协定谈判达成共识。中日韩人口占东亚的 71%，世界的 22%，经济总量占东亚的 86%，世界的 20%。据分析，中日韩自贸区如成功实现，三国国民生产总值将达到 15 万亿美元，将为深化经贸合作和推动各国经济增长注入强劲动力，并为三国互惠关系奠定坚实的共同利益基础，有利于东北亚地区的繁荣与发展。

中日两国一衣带水，友好交往绵延两千多年，经贸往来始终是其中主要内容和重要形式。回首以往，自 1972 年中日邦交正常化以来，两国关系虽然起起伏伏、经贸交流也常遇挫折，但在双方的共同努力下，两国经贸合作已经形成"全方位、宽领域、多层次"的合作格局，成为中日关系的"压舱石"和"推进器"。中国改革开放以来，日本通过对华贸易、直接投资、开发援助、科技合作等方式对中国现代化建设给予了宝贵支持，同时，日本也获得了巨大市场和丰厚利益。中日经贸合作为两国人民带来实实在在的利益，也为中日关系的长远发展和本地区及世界经济的发展做出了积极贡献。

二、前景展望

2018 年，国际形势仍将继续深刻变化，世界经济复苏缓慢，经济全球化和亚洲区域合作在不确定因素中持续推进，机遇与挑战并存。

应日本首相安倍晋三的邀请，李克强总理 5 月 8 日至 11 日赴日本出席第七次中日韩领导人会议并对日本进行正式访问。李克强总理的访日对进一步推动中日关系改善发展、深化中日韩合作、促进亚太地区和平稳定与发展具有重要意义和深远

抓住新机遇，拓宽中日合作新领域

影响。特别是在经贸领域，中日双方签署了多项紧密合作协议，就共同参与"一带一路"建设进行了深入探讨，双方还签署了《关于中日第三方市场合作事项的备忘录》等。

中国共产党第十九次全国代表大会规划了未来中国发展的宏伟蓝图。习近平总书记在报告中特别讲道"中国积极发展全球伙伴关系，扩大同各国的利益交汇点"。中国将继续为实现全面建成小康社会的目标而努力。日本也在为提振经济做出努力，正在推动科技创新、旅游和"奥运经济"等经济成长战略。当前，中日两国政府都为改善投资环境做出努力，中国的改革开放进程将继续为两国深化在经贸、基础设施、装备制造、高科技、新能源、金融服务等领域合作提供源源不断的动力。在新的形势下，双方应重温两国复交时秉持的坚定信念，加强对话，凝聚共识，增进互信。同时，双方站得更高，看到更远，抓住新时期难得的契机，发挥各自优势，推动以下领域的合作向前发展。

（一）共同维护多边自由贸易体系，积极推进区域一体化的进程

当前贸易保护主义、逆全球化思潮不断抬头，各种不稳定不确定因素日益增多。李克强总理在出席中日韩领导人会议，并向外界发出"中日韩应坚定地站在一起，维护以规则为基础的多边自由贸易体系，旗帜鲜明反对保护主义和单边主义做法"这一中国声音，既阐明了中国的立场，也指明了三国合作努力的方向。中日作为亚洲和世界重要国家和自由贸易的受益者，应当在反对贸易保护主义和单边主义方面协调立场，共同维护多边主义、以规则为基础的国际秩序和自由贸易体制，共担时代使命。还应加强协调，围绕应对气候变暖、能源安全等课题开展互动，扩大共同利益支撑点，为其他国家发挥示范效应。还应加强在世贸、亚太经合等多边机制下的协调与合作，共同防止国际贸易保护主义抬头，维护正常的国际贸易秩序和环境。同时，加快中日韩自贸协定和区域全面经济伙伴关系协定谈判，携手推进区域一体化进程，向着早日建成亚太自由贸易区的目标不断迈进。

（二）加强创新交流，拓展现代服务领域的合作

中国国内生产总值 2017 年迈上 80 万亿元人民币的新台阶，各项民生事业加快发展，未来中国将是大市场，旅游、文化、体育、健康、养老五大幸福产业将快速发展。这为包括日本企业在内的外国企业带来很多商机。2020 年，中国中等收入群体有望达到 4 亿—5 亿人，同时也开始步入老龄化社会。中国已开始实行"一对夫妇可生育两个孩子"的政策，这不但可以为人口红利提供后备军，还是现实的消费增长点。财政金融、社保医疗、教育培训、健康养老、文化娱乐、旅游、物流等多样性服务消费成了新的热点需求。今后中日双方可以在以下领域开展合作：

一是旅游产业合作。未来五年，中国旅游市场总规模达到 67 亿人次，出境游客将达到 7 亿人次。中日每周有 1000 多个航班往返两国 60 多个城市之间，主要港口之间都已开通了航线。近几年到日本的游客快速增长，2015 年以来中国赴日游客每年都以百万人次递增，许多日本朋友已感受到了来自中国的购买力。购物观光、医疗体检成为中国游客访日的热门之选。

二是健康养老产业合作。中日两国都面临人口老龄化挑战。目前，中国 65 岁以上人口已达 1.58 亿人，占总人口 11.4%，中国是世界上唯一的老龄人口过亿的国家。到 2020 年，失能老人预计 4000 万人，仅护理人员就需 2000 万人，这既是压力也是动力，将会促进服务业增长，形成几百亿元的市场，是潜在的增长力。而日本在老年护理服务和医疗保健技术与设备等领域处于世界领先水平，两国在养老产业的合作方兴未艾。

三是加强软件和信息服务合作。日本是中国重要的软件和信息服务外包市场之一。应继续支持两国企业发展软件和信息服务外包合作，共同推进信息技术研发、交流与合作。

四是加大在以云计算、完善大数据和智能制造、跨境电商、"互联网+"、物联网、电子商务等新兴领域的创新、务实合作。网购有可能成为中日新的合作领域。

五是推动节能环保合作。中国正在创新驱动发展，实施"中国制造 2025"，推动制造业向自动化、智能化、服务化转变，由粗放型向集约型转变，特别是要加快生态文明建设，推进绿色发展、构建清洁低碳安全高效的能源体系。日本在节能环保、绿色循环经济和高科技等领域有着世界先进的节能环保技术，也有着成熟的生产和技术出口经验。生态文明建设是中国经济社会发展的必然要求。中日在节能

抓住新机遇，拓宽中日合作新领域

环保领域互补性强，未来合作前景广阔，中日两国企业可以发挥各自优势，实现绿色技术与市场资源的有机结合，不断把"现实需求"转化为"实际成果"，造福两国人民。

（三）契合"一带一路"开启中日合作新篇章

中日企业开展三方市场合作已有基础，包括技术转让、共同研发、相互持股、联合竞标或分包项目等。随着"一带一路"建设的不断推进，已有部分日本企业在装备制造、物流、金融等领域与中国企业对接与合作，共同探讨将中国的优势产能、日本的先进技术和发展中国家的需求有效对接，合作开拓第三国市场，谋求实现1+1+1>3 的效果。目前，两国政府和经济团体及研究机构等已开始相关研究。期待双方在共建"一带一路"中密切沟通，优势互补，积极开展第三方市场合作。比如探讨以亚洲为中心，在基础设施、能源、环保、物流、金融、服务业等领域的开展合作，争取具体合作早日落地生根，实现共同繁荣与发展。

（四）金融等服务贸易领域合作成为亮点

金融等服务贸易领域合作成为近年中日经济合作的亮点。培育债券市场、相互增持国债等举措有助于提高金融市场的稳定与储备资产的安全。中日互为重要经贸合作伙伴，双边贸易额已超过 3000 亿美元，相互投资也在恢复和不断增长，目前，两国部分贸易已实现人民币和日元直接结算，双方相互持有对方国债规模也在扩大。中国中信集团于 2016 年 10 月 20 日在日本成功发行 1000 亿日元武士债券并获得超额认购。中国工商银行东京分行于 2016 年 10 月 25 日在日本成功发行 5 亿元人民币债券并于 11 月 1 日在东京证券交易所上市，成为在日本首家发行上市的中资银行。作为第一家进入中国银行间债券市场的日资银行，日本瑞穗银行自 1979年开始连续 37 年举办面向中国学员的金融研修班，人数已超过 1200 人。金融合作有利于两国实体经济的发展，也有利于贸易投资等经贸领域合作的拓展和提升。中国（上海）自由贸易试验区的设立以及在天津、广东和福建等地进一步实施，必将为中日两国在更高层次的贸易、投资和金融服务等领域的合作带来新的发展机遇。

（五）携手推进两国民间和地方交流与合作

中日两国地方间的交流与合作一直是中日关系的重要组成部分，有着良好的传统和基础。两国友好省县和城市达 250 余对，可以说在世界范围内都是屈指可数的。以李克强总理访问北海道为契机，双方应继续挖掘地方间的合作潜力，开发新的合作领域，真正实现优势互补和共同发展。今后应继续鼓励和支持中日地方间发挥各自优势，大力开展民间友好交流与互惠合作，夯实两国关系发展的民意基础，为中日关系和双边经贸合作稳步发展做出贡献。

（六）增进理解，深化合作，推动中日关系行稳致远

新形势下，中日两国在很多新领域都迎来了新机遇。能否顺利开展合作、造福两国人民，我认为非常关键的一个问题就是双方的心态，即是将对方视为"伙伴"还是"对手"。1972 年中日邦交正常化以来，尽管两国关系历经起伏波折、经贸交流也常遇挫折，但在双方的共同努力下，中日经贸合作为两国经济的发展和人民带来了实实在在的利益，已经形成"全方位、宽领域、多层次"的合作格局，成为中日关系的"压舱石"和"推进器"。中国改革开放以来，日本通过对华贸易、直接投资、开发援助、科技合作等方式对中国现代化建设给予了宝贵支持，同时，日本也获得了巨大市场和丰厚利益。推动中日关系长期稳定健康发展，符合两国人民的根本利益，也是国际社会的共同期待。正如李克强总理所言，中日互利双赢合作正在面临提质升级的新机遇。中方欢迎日本参加首届中国国际进口博览会；将与日方积极对接发展战略，积极推进"一带一路"建设和第三方市场合作，共同应对贸易保护主义，推进区域合作等，实现互利共赢，推动中日关系不断改善和健康稳定发展，为本地区和世界的和平与发展做出积极贡献。

2018 年恰逢中日和平友好条约缔结 40 周年，中国改革开放 40 周年，中日韩合作领导人会议已经在日本成功举办。在两国关系处于进一步改善发展的良好态势下，双方应重温两国复交时秉持的坚定信念，加强对话，凝聚共识，增进互信。同时，双方应以更加开放的视野观察和拓展两国经贸关系，中日经贸合作发展到今天的规模和水平，是双方共同努力的结果，也是互惠、互利、合作的结果，来之不易，

抓住新机遇，拓宽中日合作新领域

需要双方倍加珍惜。双方应增强责任感，切实把两国合作伙伴、互不构成威胁的定位落到实处，抓住机遇，克服困难，努力扩大两国经贸合作，推进中日关系持续稳定改善和向前发展，实现中日和平友好和共同繁荣，为世界和平与发展做出应有的贡献。

记忆与遗忘：
论日本的历史认识如何形塑国家认同*

田庆立

内容摘要 在历史认识中记忆什么、遗忘什么，直接与国家认同的指向性、有效性和合法性密切关联，二战后日本的国家认同建构，在关涉历史认识层面，通过将靖国神社打造为"记忆之场"，同时以官方审定教科书的方式进行有意识地操控，旨在强化有利于国家认同的正面记忆，同时遗忘乃至抹杀不利于国家认同的负面记忆，日本的历史认识在形塑二战后国家认同方面具有鲜明的官方意识形态色彩。

关键词 记忆 遗忘 国家认同 靖国神社 南京大屠杀

作者简介 田庆立，天津外国语大学朝鲜半岛研究中心研究员

＊ 本文为教育部人文社会科学重点研究基地重大项目"一战后日本的'转向'与对外战略误判研究"（编号：17JJD770010）及国家社科基金项目"战后日本建构国家认同的思想资源研究"（编号：15BSS012）阶段性成果。

记忆与遗忘：论日本的历史认识如何形塑国家认同

记忆与历史息息相关，是个体、集体、民族、国家形成的基础和发源地，记忆证实了过去曾经客观存在，也赋予了以过去为基础重构现实经验的行为以合法性和意义，因此，记忆是现实政治的重要武器。人类学家玛丽·道格拉斯（Mary Douglas）非常犀利地指出，"任何机制想要维持良好状况，就必须控制其成员的记忆"，只有掌握了记忆，比如国家才能使其成员"忘记不合乎其正义形象的经验，使他们想起能够维系自我欣赏观念的事件"，而一个群体才能"利用历史来美化自己，粉饰过去，安定人心，为所作所为正名"。①谁掌握了记忆，谁就掌握了未来；对历史和未来负责，同样意味着要对记忆负责，记忆因此成为一种政治操纵机制。与之同时发生作用的是遗忘或忘记，"遗忘不仅仅是一种解放的力量，也是一种再生性的力量。遗忘通过扫除过去的碎片，可以走向净化和再生之路"②。记忆与遗忘恰如一枚硬币的两面，共同服务并作用于社会权力。③在历史认识中记忆什么、遗忘什么，直接与国家认同的指向性、有效性和合法性密切关联。二战后日本的国家认同建构，即是在对历史认识进行有意识地操控，旨在强化有利于国家认同的正面记忆，同时遗忘乃至抹杀不利于国家认同的负面记忆，日本的历史认识在形塑战后国家认同方面具有鲜明的官方意识形态色彩。

一、历史记忆与国家认同的内在逻辑

过去历史在通常意义上代表着国家，正如国家主要通过历史来表达自我一样，它通过学校和时间，成为我们集体记忆的框架和模型。科学的历史学在对记忆传统的修正中变得丰富起来。但是无论表现得如何具有"批判性"，其代表的始终是记忆传统的深化，终极目标在于通过亲缘关系来确立身份。从这一意义上而言，历史和记忆不过是同一种东西，历史就是被验证了的记忆。④现代记忆产生的根源并非来自与过去的割裂感，而是脱胎于对相互矛盾的历史叙述内容的高度自觉，以及每

---

① 乔伊斯·阿普尔比：《历史的真相》，刘北成译，上海人民出版社，2011年，第93页。
② 大卫·格罗斯：《逝去的时间：论晚期现代文化中的记忆与遗忘》，陶东风主编：《文化研究第11辑》，社会科学文献出版社，2011年，第48页。
③ 赵静蓉：《文化记忆与身份认同》，生活·读书·新知三联书店，2015年，第119页。
④ 皮埃尔·诺拉主编：《记忆之场：法国国民意识的文化社会史》，黄艳红等译，南京大学出版社，2015年，第51—52页。

一个集团为使他们的历史叙述版本成为国家认同的基础而付出的艰苦努力。①

记忆具有选择性，这也意味着记忆在揭示的同时必然也要遮蔽，揭示那些被选择的过去，而遮蔽那些未被选择的历史。②正如博尔赫斯指出的："废止过去的企图古已有之，不可思议的是它恰好证实过去是不可废除的。过去是无法销毁的；一切事物迟早都会重演，而重演的事物之一就是废除过去的企图。"③可见，遗忘和记忆一样，都能够被转化成政治斗争的武器。有选择性的遗忘，就和有目的性的记忆一样，都是一种解放性的力量，也是社会发展的巨大诱因。④归根结底，从集体记忆或社会记忆的角度来看，遗忘不仅仅是一种记忆的政治，还是一种政治的记忆，其最终的指向都是争夺统治的合法性。

英国学者约翰·戴维斯认为："在讨论集体的身份认同时，同样的问题就更明显了。没有过去就没有身份认同可言——不管是族裔的或任何其他群体的身份认同。"⑤历史认识的希望和难题恰恰出自其与记忆的联系，有希望正是因为记忆证实过过去的客观实在性。人们的记忆经验证明，过去曾经存在，也因此确认了重构过去事件的可行性和必要性。

记忆的实际功能主要体现为当前行动对过去经验的利用，并通过两种不同的认知方式产生。有些时候，它在于行动本身，启动自动激发与环境相适应的机制；另一些时候，它意味着大脑的一种禀赋，即在过去中寻找最能介入当前情势的那些表现（representations），以便将过去用于当前。⑥德国学者阿莱达·阿斯曼指出："功能记忆与集体、个人等载体相关联，贯穿过去、现在和未来。功能记忆的作用体现在'合法化''非合法化'以及'区分'等方面。'合法化'是将公共的或政治的记忆作为优先关心的事项，统治者独占过去，也攫取未来；'非合法化'指官方记忆所生产的非正式的、批判性的和颠覆性的记忆，历史由胜者所写，也被胜者忘却；'区分'则是通过诸如纪念等活动赋予集体以自我认同的轮廓。"⑦

---

① 徐国琦：《中国与大战：寻求新的国家认同与国际化》，马建标译，上海三联书店，2013 年，第 28 页。

② 赵静蓉：《文化记忆与身份认同》，生活·读书·新知三联书店，2015 年，第 138 页。

③ 博尔赫斯：《探讨别集》，王永年等译，浙江文艺出版社，2008 年，第 75 页。

④ 赵静蓉：《文化记忆与身份认同》，生活·读书·新知三联书店，2015 年，第 86 页。

⑤ 克斯汀·海斯翠普著：《他者的历史——社会人类学与历史制作》，贾士蘅译编，中国人民大学出版社，2010 年，第 24 页。

⑥ 昂利·柏格森著：《材料与记忆》，肖聿译，华夏出版社，1999 年，第 62 页。

⑦ 阿莱达·阿斯曼著：《记忆中的历史：从个人经历到公共演示》，袁斯乔译，南京大学出版社，2017 年，第 Ⅱ-Ⅲ 页。

记忆与遗忘：论日本的历史认识如何形塑国家认同

历史认识是形塑国家认同的本源和基础，因此，从历史中记忆什么、遗忘什么，往往与执政者维系其合法性的政治诉求紧密地联系在一起。记忆有助于彰显国家认同的神秘性、光辉性、权威性的历史侧面，遗忘乃至剔除那些晦暗的、罪恶的、丑陋的黯淡过去，在有意识地"选择性记忆"与"选择性遗忘"之间，成为掌握在执政者手中肆意挥舞的化腐朽为神奇的"利剑"。

二、日本负面的历史记忆与国家认同的冲突

二战后日本国家认同的构建，往往难以摆脱二战中的负面历史对国家自豪感和民族自尊心的销蚀和损伤，德国学者阿莱达·阿斯曼在描述德国的情况时与日本也存在着惊人的相似之处："记忆是表征民族国家和历史之间关系的纽带，在德国的历史语境中，两者是断裂的，这源于纳粹政权所造成的历史创伤，它像一块巨大的岩石横亘在历史的道路上，民族国家退场了。两德的统一终止了去国家化的历史，德国国家形象的缺失愈来愈被视为一种缺陷，国家自豪感在德国极度匮乏。"①二战期间日本在亚洲邻国开展的明火执仗的殖民侵略活动，给战后日本国民带来了难于启齿的历史记忆和心理伤痛。如何面对这一段并不光彩的历史，如何深入追究和反省战争责任，如何在教科书中书写灰暗的过去，无时无刻不在考验着日本人的理性和良知，负面的历史认识成为战后日本构筑国家认同不得不随时予以面对的巨大障碍。

（一）日本政府对战犯及阵亡者的应对之策

1952 年 4 月，随着《旧金山和约》生效，巢鸭监狱的管理权限移交给日本政府，国会随即接到无数有关释放战犯的请愿和陈情，并为此召开四次会议。释放战犯的根据之一是古典的"大赦论"。战争越是残酷，双方更要通过和约相互"永远地忘却"犯下的罪行，从而实现新的和平，"大赦论"的思想成为众多日方辩护人主张释放战犯的理论根据。"大赦"的本意原是在承认战争责任的基础上，赦免其

---

① 阿莱达·阿斯曼：《记忆中的历史：从个人经历到公共演示》，袁斯乔译，南京大学出版社，2017年，第XI页。

罪行并加以忘却。[1]然而，日本国内却在责任依旧模棱两可的情况下，将战犯视作战争的"牺牲者"，死刑犯"为公而死"，还成为《遗族援护法》和《恩给法》的对象，甚至还打开了靖国神社合祀的大门。

1952 年 5 月，日本政府主办的首次国家仪式——全国战亡者追悼会召开，首相吉田茂正式明确了战亡者作为"和平基石"的地位。随后，最高法院长官田中耕太郎致辞，承认"我国由于过去的战争犯下了重大的失误"，但"对战争的批判与对战亡者的追悼和感谢完全是两回事"，歌颂为国捐躯的行为符合"人类普遍的道德原理"。田中长官的致辞意为应把对战亡者的哀悼和吊唁与对战争的评价分离开来，从中可以管窥二战后日本在国家层面应对战犯上的共同态度。

（二）官方审定教科书中的历史认知

一个民族拥有自己的历史记忆，旨在与其他民族相区隔，一个民族内部不同群体和个体也有不同记忆，官方记忆与民间记忆也经常存在着差异和对立，从而形成了"有分歧的记忆""选择的传统"。归根结底，集体记忆是当代人的选择，在一定程度上会受到当代人的意识、诉求和认同所支配，也会被强权人为地制造出来。[2]通过官方审定教科书的方式塑造日本国民的国家认同，是一种立竿见影而行之有效的锻造国民品格的重要手段。日本学者的观点十分具有代表性："教科书审定并非考量著者的思想和学问研究的价值，而主要是看它是否符合教育上的处理。譬如对我国历史如果将重点放在其缺陷和失败、阴暗的社会侧面等问题上来教授，难免有失妥当。从整个角度来看待民族的生活体验，才能培养出真正的国民情操。"[3]显然，日本政府审定教科书的实质为，意在回避那些负面的、暗黑的过去，力图将本民族光辉的和自豪的情感激发出来，从而达到凝聚社会共识、形塑国家认同的目的。

历史教科书具有官方性、权威性、正式性和普及性特征，它将一个民族的历史记忆深深地嵌入青少年一代的精神世界，因而是格外重要的"记忆之场"（sites of

---

① 波多野澄雄：《国家与历史——战后日本的历史问题》，马静译，社会科学文献出版社，2016 年，第 20 页。

② 劳拉·赫茵、马克·塞尔登编：《审查历史：日本、德国和美国的公民身份与记忆》，聂露译，社会科学文献出版社，2012 年，第 2 页。

③ 波多野澄雄：《国家与历史——战后日本的历史问题》，马静译，社会科学文献出版社，2016 年，第 75 页。

记忆与遗忘：论日本的历史认识如何形塑国家认同

memory），是一个民族的"体制化记忆"（institutionalized memory）。[①]日本学者高桥哲哉认为："在 1956 年，当时日本国内外到处遍布着战争伤痕，因此'战后已经结束'的说法并不是明确的事实。其中隐藏着不愿意正视现实，想给战争的记忆贴上封条的企图。我认为，这是一种忘却的政治、忘却的政治宣言。"[②]日本政府试图通过教科书审定，把日本的战争责任敷衍过去，实行忘却的政治，而疏于具体追究"作为日本人"的"继承战争记忆"的政治责任。二战结束以来，历史教科书问题一直是日本国内和国际争议的焦点，大多数都是与官方进行较量，官方坚持以美化战时国家的方式描述太平洋战争和殖民时期，而日本国民却努力拒绝战争，使二战后日本与二战时的价值观和行为保持距离。日本国民视历史教育为日本民主的关键战场，家永三郎在长达 30 年的时间里在法庭上挑战文部省的审查权，即是其中最为著名的例子之一。[③]

旅日华人学者姜克实认为，日本的"和平教育"存在问题，倡导"爱好和平，绝对不进行第二次战争"可谓日本学校教育的骨髓，是历史教科书中的重中之重，也是唯一可以看到的历史观。但是教科书的描述总是从被害者的立场出发，向学生传递一种从感情上厌恶战争的价值观。例如描述太平洋战争中出现的自己国家的310 万战死者，广岛、长崎的原子弹被害情况，东京空袭、冲绳战斗中的被害等。日本学生憎恨战争的感情也由此而来。日本学生从被害者的角度出发，虽然会产生憎恶战争的感情，但是由于不清楚历史构造，所以不知道战争为什么会发生，近代日本为什么会侵略，当然也无法认识到自身国家的战争责任。[④]这就是日本历史教育的结果，也是国家通过历史教科书审定所期待达到的教育效果。

所谓真实的历史，不仅意味着所讲述的历史是真实的，还包括在历史材料的选择中不能遗漏重要的历史事实。如果有意忽略一些重要的历史事实，那么教科书并未给学生一幅真实的历史面貌。"自由主义史观研究会"和"新历史教科书编撰会"

---

① 劳拉·赫茵、马克·塞尔登编：《审查历史：日本、德国和美国的公民身份与记忆》，聂露译，社会科学文献出版社，2012 年，第 3 页。

② 高桥哲哉：《战后责任论》，徐曼译，社会科学文献出版社，2008 年，第 4 页。

③ 劳拉·赫茵、马克·塞尔登编：《审查历史：日本、德国和美国的公民身份与记忆》，聂露译，社会科学文献出版社，2012 年，第 21—22 页。

④ 姜克实：《我如何看中日之间的历史和解》，http://www.aisixiang.com/data/102726.html，下载日期：2018 年 3 月 20 日。

的许多骨干承认日本在战争中的一些罪行，但他们认为这些不宜写进教科书中。[①]在这些民族主义者看来，学校是专门培养日本公民和对其进行社会化的场所，所以不应传授那些让学生质疑和羞愧于自己的日本身份的知识。他们公开肯定历史教育应该服务于民族利益，目的是培养学生坚强的国家意识，对国家的自豪感和自信心。所以历史应该像国旗一样，发挥意识形态的核心作用，通过它来使日本人成其为日本人，紧密团结，一致对外。[②]根据他们的理解，历史认识是"国民认同计划"的一部分，是"光明的历史"，而不是反日本的、自虐的和取悦于外国人的历史，应该是培养国家意识所需的各种传说和故事的集合。

可见，二战后日本在国家层面清理和认识战争责任时，采取一种模棱两可的淡化乃至遗忘的态度，在未对战争责任进行深刻反省的前提下，基于负面的历史认识会对民族认同和国家凝聚力存在瓦解效能的认知，于是通过官方审定教科书的方式，刻意回避负面的历史认识，有意识淡化和遗忘战争时期的侵略暴行，而不惜花费巨大篇幅在教科书中描写被害惨状，直接导致日本国民并未深究带来战祸的深层原因，从而造成严重缺失加害者责任的状态。

三、靖国神社的记忆与国家认同的凝聚

对任何一个国家而言，历史从来不是简单的回忆，而是在政治实践以及公共心理层面牵涉着过去、现在与未来的多重面向。靖国神社作为保持战前日本与战后日本一以贯之的"记忆之场"，发挥着凝聚和整合国民身份认同的重要作用。尽管日本政要参拜靖国神社始终受到来自亚洲邻国的激烈批判，然而，日本右翼保守势力却将其视为凝聚国家认同的核心装置，旨在将其打造成彰显阵亡者与国家之间保持紧密联系的"空间场域"。

（一）靖国神社在战争期间发挥动员效能

靖国神社作为自明治维新以来构筑近代民族国家体制的一环，发挥着在精神层

---

① 劳拉·赫茵、马克·塞尔登编：《审查历史：日本、德国和美国的公民身份与记忆》，聂露译，社会科学文献出版社，2012年，第7页。
② 劳拉·赫茵、马克·塞尔登编：《审查历史：日本、德国和美国的公民身份与记忆》，聂露译，社会科学文献出版社，2012年，第9页。

记忆与遗忘：论日本的历史认识如何形塑国家认同

面鼓舞普通国民为天皇和国家献身的宗教设施的重大作用。靖国信仰让人们相信"为国家而死""为天子"献出自己的儿子和丈夫是神圣行为，从而给那一时代日本人的生和死赋予了终极意义。靖国信仰实际上发挥了"宗教"的效能，不管人们如何界定"国家神道"这一概念的内涵，它都是奉"天子"即"国家"为神的宗教，奉天皇即国家为神的宗教，正因如此，为天皇即国家而战死的人才被当成了"神"。日本学者高桥哲哉总结的靖国信仰得到维系的"感情的炼金术"是，必须通过彰显阵亡者，让遗属们为此而高兴，使其他国民自觉自愿地为国家奉献自己的生命。为此"无论花费多少，也不足为惜"。也就是说，国家应该投入大量资金，把全国各地的遗属们召集到东京，让他们知道"国家"和"天子"是多么令人感激，让他们怀着无比"感动"的心情回到故乡去。[1]所谓"靖国精神"就是日本的"国民精神"和"日本精神"，其本质就是"为国捐躯"的精神，"为祖国欢喜地流血"精神，为天皇和国家贡献自己的"牺牲精神"。而且只有发挥这种"牺牲"精神而死的"英灵"，才能受到国家最大的"感谢和尊敬"；有这样"英灵"的丈夫和儿子的遗属们，才会受到国民的"莫大感谢和尊重"。[2]

靖国的逻辑从本质上说不是为战死而悲痛，而是把对战死的悲痛转换成欢乐，靖国话语里充满了对战死的美化和彰显。无论是天皇还是皇后，无论是父母还是妻儿，只要有"人之常情"，首先会为战死而悲痛，但靖国的逻辑却是压抑这种作为"人之常情"的悲痛之情，引导人们从战死中感受到欢乐。战死的不幸必须转化为幸福，战死的悲剧必须转化为光荣，否则国家就无法在新的战争中动员国民。[3]

（二）靖国神社在战后时代充当"记忆装置"

当国家动员国民参战，出现大量战死者时，国家即会启动将战死者圣化（consecrate）的神圣仪式予以表彰和赞美，以此慰藉和安抚精神上受到沉重打击的遗属。运用"国家的故事"起到弥补遗属对战死的亲人感到悲哀、空虚和痛苦的作用；同时使国民与遗属和战死者产生共鸣，以达到由国民自身制造以死者为榜样、"自己也要继承他们"的"自我牺牲逻辑"的目的，使国家能够反复进行战争。

---

① 高桥哲哉：《靖国问题》，黄东兰译，生活·读书·新知三联书店，2007年，第25页。
② 高桥哲哉：《国家与牺牲》，徐曼译，社会科学文献出版社，2008年，第33—34页。
③ 高桥哲哉：《靖国问题》，黄东兰译，生活·读书·新知三联书店，2007年，第33页。

　　1985 年 7 月 27 日，中曾根康弘首相在自民党轻井泽研讨会上的发言可谓无比直白："正如美国有阿灵顿，苏联和其他外国也有无名战士之墓一样，每个国家都有国民对为国捐躯者表示感谢的地方，这是理所当然的，否则谁还会去为国家奉献生命呢？"①靖国逻辑的实质内涵，折射了国家所要求的"牺牲逻辑"的一般性和普遍性。国民"为祖国捐躯"是因为"有国民向为祖国捐躯的人们致谢的场所"。从官方有意营造的"记忆之场"来看，如果没有类似场所，究竟有"谁还肯为国家献出生命呢？"因此，从国家和当政者的立场出发，为了培养"为祖国捐躯"的国民，必须拥有这样的场所和仪式。

　　在日本因军队上层的错误所造成的军事上的无意义的、悲惨的死亡，却通过送还遗骨、骨灰，作为英灵供奉在靖国神社等行为而被改写为英雄的死。这种对死的记忆方式，不仅符合国家立场，也契合那些想使家人、亲属的死变得有意义的遗族的心情。②可他们谁也不会想到，这些行为只是对战死进行美化。如果从真实地认识战争的实际情况，并在此基础之上形成历史认识的观点来看，若一味美化战争，势必会成为人们观念上的一个巨大枷锁。

　　靖国神社的作用是为天皇发起的战争中的"阵亡者"提供祭祀场所，作为天皇的恩惠将其"合祀"在靖国神社，对"阵亡者"的献身精神加以颂扬。合祀在靖国神社的阵亡者，其生前的社会地位、头衔以及功绩等一概不计，在天皇的名誉下获得了平等和均等。"靖国思想"的内涵在于，如果为国家和天皇献身的话，就可以从世俗社会的不平等及差别、歧视、压抑和贫困中得到解脱。因此，靖国神社起到了将国家和民众一体化的政治功能。③

　　在持续参拜靖国神社的小泉纯一郎看来："对那些在我国的历史上，自明治维新以来，迫不得已撇下亲属，为祖国献出生命的人们表示衷心的哀悼。我认为今天日本的和平与繁荣是建立在许多战殁者的崇高的牺牲的基础之上……把为国家做出了崇高的牺牲的人们作为追悼对象，参拜长期以来在许多国民中已经成为中心设施的靖国神社，献上追悼的诚意是很自然的事情。"④

---

① 高桥哲哉：《国家与牺牲》，徐曼译，社会科学文献出版社，2008 年，第 77 页。
② 伊香俊哉：《战争的记忆——日中两国的共鸣和争执》，韩毅飞译，社会科学文献出版社，2016年，第 50 页。
③ 纐缬厚：《我们的战争责任：历史检讨与现实省思》，申荷丽译，人民日报出版社，2011 年，第22—23 页。
④ 高桥哲哉：《国家与牺牲》，徐曼译，社会科学文献出版社，2008 年，第 4 页。

记忆与遗忘：论日本的历史认识如何形塑国家认同

所谓战殁者的"表彰显扬"，就是把战死盛赞为"崇高的牺牲"进行圣化，以此达到掩盖战争的惨烈程度，并达到将其从人们的意识中抹消的目的。具有"表彰显扬"意味的"英灵祭祀"，一方面似乎是要把战殁者"永远留在记忆里"；而在实际上，也是要把战死的历史实际状态"从记忆中抹消"。[①]对于今后的自卫队或常备军的海外派兵和武力行为正当化，动员全体国民协助"战争"，这一逻辑正在开始发挥作用。当普通国民看到天皇和国家如此盛赞表彰战死者及其遗属，万一国家发生战争，他们都愿意为天皇和国家去死。也就是说，自己也愿意像那些战死者一样，为天皇和国家在战死后永远受到天皇和国家的感谢，受到表彰显扬，从而为下一次战争做好了充分准备。[②]

靖国神社作为法国学者皮埃尔·诺拉提出的"记忆之场"，集中发挥着记忆功能、彰显功能和垂范功能等综合性作用，旨在将其铸造为凝聚民族和国家认同的核心装置。靖国的祭典不允许人们沉浸于情感之中，从本质上而言，不是共有悲哀和痛苦，不是"追悼"和"哀悼"，而是赞扬、美化、褒奖和彰显战死，将战死作为后人的模范。"在这个意义上，我们不得不说，靖国神社绝不是一个'追悼'设施，而是一个'彰显'设施。"[③]靖国神社对战死英灵业绩的肯定实质上是把战死者作为"为了保卫国家"而献出生命的"崇高牺牲者"进行表彰显扬，对其功绩表示国家级的敬意和感谢，而这恰恰是"牺牲"逻辑的本质所在。

安倍晋三第二次上台执政后，通过解禁集体自卫权，制定并通过新安保相关法案，一步一步地向着战争国家迈进。但是对于实现"可战之国"的目标而言，不可缺少的是"能够战争的国民"，参拜靖国神社其中蕴含着唤起国民意识之目的。作为"可战之国"日本必不可少的条件，亟须在国民中培养一种忠诚于国家目标、誓死献身的国民意识，靖国神社正是可以顺应这一目的、发挥效用的政治设施。[④]参拜的真实意图就是通过重新评价靖国神社的作用，旨在创造天皇制意识形态来统一国民意识。对于保守势力来说，参拜靖国神社是促使国家主义复活以及在亚洲重建战后版的"国民国家日本"的绝佳机会。

---

① 高桥哲哉：《国家与牺牲》，徐曼译，社会科学文献出版社，2008 年，第 39—40 页。
② 高桥哲哉：《国家与牺牲》，徐曼译，社会科学文献出版社，2008 年，第 71 页。
③ 高桥哲哉：《靖国问题》，黄东兰译，生活·读书·新知三联书店，2007 年，第 36 页。
④ 纐纈厚：《我们的战争责任：历史检讨与现实省思》，申荷丽译，人民日报出版社，2011 年，第112 页。

四、南京大屠杀及慰安妇问题的遗忘与国家认同的悖论

美国《外交事务》编辑高登·罗斯指出，每个国家都面临来自前代的"原罪"。无论种族灭绝、奴隶制还是政治集中迫害，宽恕如何实现？忘记与压制，发掘与重塑，不同国家的实践为我们进一步思考前路指明了方向。①一个民族最不光彩的历史往往是对外战争史。吊诡之处在于，创造这段不光彩历史的民族主义者基于情感方面的需要，同样会本能地掩盖和美化这段历史。这就是一个民族正视历史的困境，而掩盖和美化对外侵略和暴行，又会为新的侵略和暴行铺路。②二战后日本在面对和处理二战期间的侵略暴行时，走上了一条试图遗忘这段不光彩历史之路，而面对的现实却是，每一次遗忘的诉求旋即让这一历史认识再度被激活、被批判及被记忆，循环往复，不断强化。本来是通过遗忘负面的历史为凝聚国家认同增砖加瓦，但实际后果却适得其反，国家凝聚力也由于日本各界未能反省战争责任问题，反而导致国家认同处于疏离和瓦解的尴尬境地。

（一）否定南京大屠杀的真实意图

20 世纪的文化创伤最重要的组成部分就是战争记忆，而战争记忆中最核心的内容就是大屠杀和大灾难记忆，即指"记忆的创伤性遗产"。安德里亚斯·胡赛恩（Andreas Huyssen）指出，自从二战结束后，特别是从 20 世纪 90 年代开始，世界已进入一个与大屠杀关联的"历史记忆的全球化"过程。他认为，"大屠杀话语的全球化"指出了"大屠杀作为一个历史创伤的普遍比喻"。因此，大屠杀"失去了它作为特别历史事件的指代特点，而开始发挥成为其他创伤史和创伤记忆的暗喻功能"。中外学界对创伤记忆的研究是人类自反本能的一种体现，跨越地域差距和文化差异而共同承担历史的遗产也是全球化时代的必然趋势，正如美国思想家汉娜·阿伦特所言，"野蛮产生自文明内部"，人类需要借助记忆恢复被战争和屠杀摧

---

① 安妮特·戈登-里德、理查德·埃文斯：《外交事务：一个国家如何面对历史中的"原罪"？》，http://www.guancha.cn/AnNiTe-GeDeng/2018_03_02_448636.shtml，下载日期：2018 年 3 月 28 日。
② 劳拉·赫茵、马克·塞尔登编：《审查历史：日本、德国和美国的公民身份与记忆》，聂露译，社会科学文献出版社，2012 年，第 10 页。

毁的人性，重建未来人性的道德基础。^①从这一角度来看，大屠杀不是发生在特定时代和特定人群中的"特殊事件"，相反它是需要由全人类共同担负的沉重罪恶，是全世界各个国家和政治实体不得不共享的历史记忆。

学校和教科书是形塑国家认同的重要媒介，通过讲述美好的历史和光辉的未来，可以传播公民观念，提供权威的国家叙事，界定正确的公民行为，规划国家想象的边界。像教科书本身一样，关于民族国家的叙事总是未完成的工程，需要不断地修订和反复地解释，以便在变化的时代保持其连续性。^②按照"新历史教科书编撰会"的论调，试图挽回"日本国民的自豪感"，就必须把历史教科书中充满"自虐性"的记述去掉。他们尤其是对关于南京大屠杀和随军慰安妇记述的批判最为强烈。^③藤冈信胜、西尾干二的主张是："南京大屠杀并未发生过。性奴隶制（sexual slavery）的日本军慰安所制度也不存在；南京事件中中国人牺牲者人数不是中国方面所说的 30 万人，也不是日本历史教科书写的十几万到 20 万人，而是最多为 1 万人。一般市民的死者，据安全区国际委员会的报告'即使都正确'，也只有 47 人；南京大屠杀、随军慰安妇问题是'国内外反日势力'的宣传捏造。"^④历史修正主义者在开始为构筑新的帝国主义国家进行活动时，南京大屠杀是必须否定的历史事件。他们首先否定侵略战争这一历史事实，由此偷梁换柱，将侵略战争改说成"亚洲解放战争"论，最终目的是肯定日本的战争。^⑤这一论调反映了一部分历史修正主义者竭力遗忘历史的险恶用心，历史事实昭然若揭，断不容肆意否认及篡改。

20 世纪 90 年代以来，日本政府官员以不同方式回应了国际批评，尽管当前日本的高中和初中教科书包含了批评战争的内容，而且几乎所有教科书提及了严酷的殖民政策、南京大屠杀和军队慰安妇。但是这些讨论大都很不充分。例如，一本初中课本如此解释南京大屠杀："在中国的日本军队占领了一些城市，诸如上海、南京、广州。当他们占领南京时，许多中国人被屠杀了（南京大屠杀事件），但是日本国内的人民并不知情。"一个注释作了详细补充："该事件中的死亡人数，包括战

---

① 赵静蓉：《文化记忆与身份认同》，生活·读书·新知三联书店，2015 年，第 173—174 页。

② 劳拉·赫茵、马克·塞尔登编：《审查历史：日本、德国和美国的公民身份与记忆》，聂露译，社会科学文献出版社，2012 年，第 3 页。

③ 高桥哲哉：《战后责任论》，徐曼译，社会科学文献出版社，2008 年，第 87 页。

④ 高桥哲哉：《战后责任论》，徐曼译，社会科学文献出版社，2008 年，第 89—90 页。

⑤ 纐纈厚：《我们的战争责任：历史检讨与现实省思》，申荷丽译，人民日报出版社，2011 年，第 190 页。

俘和平民，估计为 10 万人。东京审判中法庭所用的数字是 20 万人，中国政府使用的数字高达 30 万人。"正如官方对此事的评论一样，教科书试图寻找一个闪烁其词的中间立场，以避免明确地对战争历史做出评价。这种令人费解的教科书评论，既可用于开启对战时态度和战后责任的讨论，也可用来拒绝考虑有疑问的事件，只把它当成令人遗憾却不重要的事实，而如何使用则完全看课堂上老师的立场。①

（二）慰安妇问题与国家认同的冲突

冷战结束后的前南斯拉夫，国家权力、媒体、知识分子联合在一起，主张"改变过去"（伊凡·切洛维奇），"让人们的眼睛转向美化了的民族历史"，准备民族净化战争，绝非偶然。日本版的"否定论"者主张要净化"自国史"的"负面记忆"，要对非日本人及"反日日本人"的双重他者实行观念上的"日本人"意识的民族净化，这一"历史观"被高桥称为危险性大为提高的"民族净化史观"。②日本版的"否定论"者使加害者和受害者之间、民族与民族之间、性与性之间进一步加深了裂痕，并未挽回失去的信赖，反而加剧了不信任和敌意。他们的攻击集中在"慰安妇"身上，而这正是日本能否与东亚国家建立信赖关系的历史条件。高桥认为，"日本人"受到受害者的控告，应该对最基本的历史共同认识的呼吁做出响应，作为在过去破坏了同他国信赖关系的国家成员，积极参加建设东亚的信赖关系，摆脱狭隘的"自国史"的羁绊，这是向前迈进的第一步。③

"忘却"与"记忆"是相反相成的对立统一关系，无论是个人还是团体都不可能记忆一切。正如法国学者诺拉所言，"我们自己记忆过去丰富的遗产时，就已经存在忘却了，没有忘却不可能创造一个国民"，"正因如此，历史学的进步对国民性来说往往是危险的"。按照诺拉的说法，如果对在日本近代国家起源上的暴力一直念念不忘，或特别记忆，或不断想起的话，国家的统一就总是会受到威胁，所以"忘却"是重要的，而且是必要的，这是颇具耐人寻味的问题。④20 世纪 60 年代末之

---

① 劳拉·赫茵、马克·塞尔登编：《审查历史：日本、德国和美国的公民身份与记忆》，聂露译，社会科学文献出版社，2012 年，第 9 页。

② 高桥哲哉：《战后责任论》，徐曼译，社会科学文献出版社，2008 年，第 95—96 页。

③ 高桥哲哉：《战后责任论》，徐曼译，社会科学文献出版社，2008 年，第 103 页。

④ 高桥哲哉：《国家与牺牲》，徐曼译，社会科学文献出版社，2008 年，第 106—108 页。

记忆与遗忘：论日本的历史认识如何形塑国家认同

后，日本和韩国曾出版过有关慰安妇问题的书籍。然而，这一罪行无论是在国家之间的赔偿、公共教育，还是在大众媒体及其他涉及"国民的记忆"的场域，如同根本不存在一样，从大多数日本国民的"战争记忆"里消失殆尽。为改变这种状况，1991 年 8 月，韩国人原"慰安妇"金学顺怀着终有一天要将事实真相告诉日本的决心，首先站了出来。其后，亚洲各地的原"慰安妇"也纷纷出面证言。原"慰安妇"们的证言和"七三一"部队以及南京大屠杀一样，给日本的战争记忆最不名誉的耻辱部分又添加了一笔。对于上述的耻辱记忆，日本政府面向国内外一直秉持不予承认的态度，媒体的报道在此时也完全退缩了。从日本前首相中曾根康弘提及的"国家国民抛弃耻辱、面向荣光"的立场出发，认为耻辱的记忆会威胁到使日本丧失"国家国民"的同一性。经过长期的忘却，从历史的黑暗中现身的原"慰安妇"，她们每个人的面孔和目光最强烈地告发了日本这一"抛弃耻辱、面向荣光"的"国民国家"的虚伪和自我欺骗。①显然，为了不让随军慰安妇的受害记忆进入日本国民的内部记忆，从而采取了回避态度。

历史修正主义者们的目标是，否定本来是历史创造主体的个人，全面肯定国家是管理、修正历史的主体。因此，若是有损国家利益的历史事实，就极力进行主观上的解释，试图进行抹杀或隐瞒。②藤冈信胜赤裸裸地宣称，教育的目标应该根据国家需要界定，如果"日本人不为自己的国家感到自豪，他们在世界上也得不到尊重"③。对藤冈信胜而言，慰安妇问题是"出于打击日本这一政治目的，而在 20 世纪 90 年代创造出来的子虚乌有的丑闻"，它甚至是"与国外力量联合，摧毁日本的一个重大阴谋"，认为如果这样的错误也要写入日本学校教科书，那么日本将越来越被人看作是"一个史无前例的下流的、愚蠢的、狂热的种族"。④历史学家中村政则认为，日本人渴望有新的、正面的日本人身份认同，这种愿望已经达到了顶点，特别是对当今一部分年轻人和学生而言，他们在历史的无知中长大，身边充斥着各种想象，缺乏独立思考的能力。驱动藤冈信胜的是一种恐惧，他担心国家权威的缩

---

① 高桥哲哉：《战后责任论》，徐曼译，社会科学文献出版社，2008 年，第 156—157 页。

② 劳拉·赫茵、马克·塞尔登编：《审查历史：日本、德国和美国的公民身份与记忆》，聂露译，社会科学文献出版社，2012 年，第 189 页。

③ 劳拉·赫茵、马克·塞尔登编：《审查历史：日本、德国和美国的公民身份与记忆》，聂露译，社会科学文献出版社，2012 年，第 24 页。

④ 劳拉·赫茵、马克·塞尔登编：《审查历史：日本、德国和美国的公民身份与记忆》，聂露译，社会科学文献出版社，2012 年，第 61 页。

小，担心国家权威和国家象征的没落和消逝。①

　　繁荣富裕的日本面临的核心难题是，由于具有强烈的不满情绪和被害者情结，从而强烈地渴望自身是单纯的和无辜的，渴求慰藉，并广泛地认同要谱写一种"人民为之自豪的历史"——仿佛这就是历史的功能。②高桥的观点可谓代表了日本学界的一种理性声音："保持耻辱的记忆，为它羞愧，不要忘记那场战争是侵略战争，要一直作为今天的课题意识到这一点。在所有的责任中，对被侵略的他国死者的责任最为根本，也包括侵略者本国死者的责任。对于侵略者本国死者的责任是对死者的必然哀悼和祭奠，但不是在国际社会中袒护他们；而是要立足于把他们作为侵略者在法律上、政治上、道义上的责任，和他们一起，并且代替他们，向被侵略者偿还即谢罪与赔偿。"③唯其如此，二战后日本只有正面直视历史，而不是基于一己之私的刻意否定与遗忘，在对战争责任进行彻底反省的基础上，与东亚各国人民达成历史和解，才是化解日本人陷入历史认识困境的至善抉择，在此起点上，富有理性和良知的国家认同才会构筑起来。

结　语

　　历史是人类创造的产物，同时应该有助于人类社会的发展。修改历史事实、篡改历史是向整个人类社会的挑战。遗憾的是，二战后日本一直在不断地篡改着历史。日本保守势力一贯肯定"大东亚战争"和殖民统治，同时否定南京大屠杀，并不断地赞颂靖国神社。战败后随着时间推移，日本的社会舆论也已经默认和容忍了这些歪曲的论调，这是日本不断遭到亚洲诸国人民的反对并失去信赖的一大原因。④

　　二战后日本人的政治意识及历史认识在很大程度上受到冷战构造的影响，对于大多数生长在二战后的日本人来说，在所处的社会中难以形成共同普遍的历史观。冷战构造不仅是美苏争霸的问题，在此期间，日本也与亚洲诸国之间失去了反省过

---

① 劳拉·赫茵、马克·塞尔登编：《审查历史：日本、德国和美国的公民身份与记忆》，聂露译，社会科学文献出版社，2012年，第68—69页。

② 劳拉·赫茵、马克·塞尔登编：《审查历史：日本、德国和美国的公民身份与记忆》，聂露译，社会科学文献出版社，2012年，第67页。

③ 高桥哲哉：《战后责任论》，徐曼译，社会科学文献出版社，2008年，第163页。

④ 颜绍厚：《我们的战争责任：历史检讨与现实省思》，申荷丽译，人民日报出版社，2011年，第155—156页。

记忆与遗忘：论日本的历史认识如何形塑国家认同

去加深历史认识的机会。问题的关键在于，二战后日本人对此并未幡然悔悟，而是表现的麻木不仁，只是一味地寻求日本自身的"民主化"。日本忘却了侵略战争的事实，由此愈加失去了遭受日本侵略的亚洲各国人民的信赖。从对历史的记忆与遗忘这一视角来看，日本人对于被害的历史事实，像东京大空袭、广岛和长崎原子弹爆炸、西伯利亚扣留等深深地铭刻在记忆中。至于加害的历史事实，像殖民统治、出兵山东、轰炸重庆、南京大屠杀、平顶山事件、越南饥馑事件等则予以全然忘却。显然，日本对于自己国家，或者对于自身不利的历史事实，以及否定现在价值观的历史事实好像要极力从记忆中抹掉。[1]二战后日本人根据对自身的利弊将历史的遗忘与记忆区别开来，随意地重新构筑历史，试图以此强化国家认同，这一举措非但未能达成预期目标，还对日本的国家声誉及国际形象带来了无可估量的巨大损伤。

　　二战后日本政府以及大部分日本人，不能将侵略的历史事实视为自身的问题，而只是将过去的侵略战争看作是"过去的事情"而"相对化"，忽视了"过去规定着现在"这一重要的历史视点。况且日本将"侵略战争"这一不利于本国的"过去的记忆"列为抹杀忘却的对象，这种"卑劣"行径只能遭到富有正义感的人们的唾弃。[2]

　　从目前的国际环境以及日本的国内政治状况来看，日本恢复军国主义几无可能。大部分否认或美化侵略战争历史的日本政治家，其实更多的是着眼于现在，即希望通过忘却或修改历史，重新恢复国人对国家的热爱和民族自信心，消除战败国心理，摆脱战败国地位，进而能够更广泛地参与国际事务的管理，在国际社会获得更大的政治权力。[3]历史认识及历史教育至关重要，它在形塑国家认同与社会意识方面具有强大的影响力。记忆什么，从而遗忘什么，以现在为立足点，个体将众多的历史细节筛选、过滤，通过反复的"叙述"来修正自身所受到的伤害。[4]通过个体的反复咀嚼，形成集体的共识和道德规则，从而建立真正的道德常识，并在社会层面自觉遵守，才会不断地推动社会进步，也是个体记忆为修复文化创伤所要最终达到的目的，这也恰恰是记忆伦理的真义之所在。

　　历史记忆构成一个民族精神生命的重要组成部分，享有共同的历史记忆是民族

---

① 颟顸厚：《我们的战争责任：历史检讨与现实省思》，申荷丽译，人民日报出版社，2011年，第154—155页。

② 颟顸厚：《我们的战争责任：历史检讨与现实省思》，申荷丽译，人民日报出版社，2011年，第191—192页。

③ 梁云祥：《日本政治右倾化与中日关系》，《国际政治研究》，2014年第2期，第38—39页。

④ 赵静蓉：《文化记忆与身份认同》，生活·读书·新知三联书店，2015年，第140页。

认同和国家认同的深厚根基，但如果历史被曲解、阉割、遗忘，则意味着一个民族集体记忆的扭曲和中断，一个记忆或记忆错乱的民族不可能具有健全的心智和人格。当代另一位关注历史记忆问题的犹太裔历史学家舒横哲（Vera Schwarcz）把历史记忆理解为"有系统并经过反省的民族记忆"。一个民族只有保存对历史的客观完整的记忆，不仅保存着对历史的敬意与珍重，也保持着对历史的反省与批判，才能从真实的历史中得出真实的教训。选择性的历史、被阉割的历史是对当代人和后人的误导，失忆和伪造的历史则是致命的毒药。[①]这一警示对于二战后日本在运用历史认识形塑国家认同方面具有振聋发聩的劝诫作用，如何基于人类良知记忆所值得记忆的正反两方面经验教训，始终是关乎日本国家战略走向的紧要课题。

---

① 劳拉·赫茵、马克·塞尔登编：《审查历史：日本、德国和美国的公民身份与记忆》，聂露译，社会科学文献出版社，2012年，第2—3页。

二战后日本现实主义国际政治思想的崛起*

——以 20 世纪 60 年代为中心

张　帆

内容摘要　二战后日本现实主义国际政治思想有别于现实主义国际关系理论。在二战后初期至安保斗争的外交论争中，"保守派"重视权力政治、担忧苏联的威胁、反感舆论界的不良氛围，支持单独媾和、再军备与日美安保，日本型现实主义由此萌芽。进入 20 世纪 60 年代，高坂等新一代"现实主义者"提出一种承认权力与价值并存的新的"现实主义"，促成了日本型现实主义的崛起。新的"现实主义"立足多元的权力观与均势原则，反思"吉田路线"并把"海洋国家"设定成日本的目标，主张日本通过无核化宣言和改善中日关系等方式推行更加自主的外交政策。从社会科学哲学的视角来看，日本型现实主义具有浓厚的折中主义色彩，给国际关系理论的发展带来了丰富启示。

关键词　现实主义　保守派　高坂正尧　吉田路线　海洋国家

作者简介　张帆，京都大学法学研究科博士研究生、日本学术振兴会特别研究员

　＊ 本文是日本学术振兴会（JSPS）特别研究员奖励费"战后日本现实主义国际政治思想的崛起与成熟"（课题编号：17J00055）的阶段性成果。

引　言

由于"大理论"（grandtheory）的发展陷入停滞，国际政治学界近年来开始探讨非西方国际关系理论（non-Western IR theories）的可能性，重点关注亚洲各国的国际政治学①。在这样的背景下，日本的国际政治学成为热点话题。

21 世纪以来，日本学界尝试总结日本国际政治学的经验，出版了《日本的国际政治学》丛书等重要著作②。然而，围绕是否存在日本国际政治理论（Japanese IR theories）这一问题，学者们众说纷纭。猪口孝把"雁形模式"看成日本国际政治理论的成功案例③，大矢根聪等人却认为日本并不存在具有原创性的国际政治理论④。

不过，日本学者也有共识，即有潜力发展成为非西方国际关系理论的日本国际政治思想（Japanese IR thoughts）确实存在。猪口就指出，西田几多郎等日本学者的国际政治思想具备了理论化的条件⑤。初濑龙平等人更是考察了数十位日本国际政治学名家的思想，试图从中获得构筑日本国际政治理论的启示⑥。

因此，本文把二战后日本现实主义国际政治思想作为研究对象。一般而言，日文"現実主義"和"リアリズム"都对应英文"Realism"，但两者在日本国际政治学的文脉中有所区别。神谷万丈用"現実主義"指高坂正尧、永井阳之助为代表的战后日本现实主义国际政治思想，把"リアリズム"定义为摩根索（Hans Morgenthau）、华尔兹（Kenneth Waltz）为首的现实主义国际关系理论。由于前者具有独特性，又被称为日本型现实主义⑦。

在二战后日本国际政治思想的众多流派中，日本型现实主义最具影响力，其代

---

① Amitav Acharya and Barry Buzan eds., *Non-Western International Relations Theory: Perspectives on and beyond Asia*, London and New York: Routledge, 2010.

② 日本国際政治学会編：『日本の国際政治学（全四巻）』，有斐閣，2009 年。

③ Takashi Inoguchi, "Why Are There No Non-Western Theories of International Relations? The Case of Japan", in Achaya and Buzan eds., op.cit., p.51.

④ 大矢根聡編：『日本の国際関係論：理論の輸入と独創の間』，勁草書房，2016 年。

⑤ 猪口孝：『国際関係論の系譜』，東京大学出版会，2007 年，174—180 頁。

⑥ 初瀬龍平・戸田真紀子・松田哲・市川ひろみ編：『国際関係論の生成と展開：日本の先達との対話』，ナカニシヤ出版，2017 年。

⑦ 神谷万丈：『日本の現実主義者のパワー観』，『国際安全保障』第 39 巻第 4 号，2012 年 3 月，第 66—81 頁。神谷万丈：『日本的現実主義者のナショナリズム観』，『国際政治』第 170 号，2012 年 10 月，第 15—29 頁。

表人物曾深入参与了外交决策。然而，西方学者往往从国际关系理论的主流范式出发去理解日本外交。卡赞斯坦（Peter Katzenstein）等建构主义者把"反军国主义"的政治文化看作日本没有成为军事大国的原因①，而林德（Jennifer Lind）等现实主义者认为日本对美国采取了推诿（buck-passing）战略，故无须军事大国化②。其实，"现实主义者"长期主张日本一边保持最小限度的军事实力，一边在国际社会中塑造"和平国家"形象。相比西方国际关系理论，日本型现实主义的解释力更强。

可见，研究日本型现实主义具有重要的学术与政策意义。目前，先行研究主要分为三类。第一，田中明彦等学者对日本型现实主义的历程进行了宏观性叙述③。第二，土山实男等人把现实主义国际关系理论作为参照物，指出了日本型现实主义的特征④。第三，酒井哲哉等学者运用思想史研究方法，从多方面考察了日本型现实主义者的国际政治思想⑤。

这些研究富有启示性，但也存在一些不足。首先，日本学者过于关注细节，未系统地回答"日本型现实主义是什么"这一根本性问题。其次，由于日本型现实主义崛起于 20 世纪 60 年代，既有的研究都聚焦这一时期，忽视了日本型现实主义在安保斗争前已经萌芽的历史事实。此外，先行研究只比较了日本型现实主义与现实主义国际关系理论，很难说完整地揭示了日本型现实主义的特性。

本文也把崛起期的日本型现实主义作为重点考察对象，力求弥补先行研究的不足之处，同时提出新的观点。笔者先考察日本型现实主义的萌芽过程，然后综合分析 20 世纪 60 年代的日本型现实主义，最后借用社会科学哲学的框架揭示日本型现实主义的特征。

---

① Peter Katzenstein, *Cultural Norms and National Security: Police and Military in Postwar Japan*, Ithaca: Cornell University Press, 1996. Thomas Berger, *Cultural of Antimilitarism: National Security in Germany and Japan*, New York: John Hopkins University Press, 1998.

② Jennifer Lind, "Pacifism or Passing the Buck: Testing Theories of Japanese Security Policy", *International Security*. Vol.29, No.1, Summer 2004, pp.92–121. Michael Green, *Japan's Reluctant Realism: Foreign Policy Challenges in an Era of Uncertain Power*, New York: Palgrave Macmillan, 2001.

③ 田中明彦：『日本の国際政治学-「棲み分け」を超えて』，前掲：『学としての国際政治学』，第 1—19 頁。村田晃嗣：『リアリズム¯ その日本的特徴』，同書，第 41—60 頁。

④ 神谷：『日本の現実主義者のパワー観』『日本的現実主義者のナショナリズム観』。土山實男：『国際政治理論から見た日本のリアリスト-永井陽之助、高坂正堯、そして若泉敬』『国際政治』第 172 号，2013 年 2 月，第 114—128 頁。

⑤ 酒井哲哉：『永井陽之助と戦後政治学』，『国際政治』第 175 号，2014 年 3 月，第 70—83 頁。五百旗頭真·中西寛編：『高坂正堯と戦後日本』，中央公論新社，2016 年。

一、日本型现实主义的萌芽

正如酒井哲哉所言，现实主义对理想主义是战后日本国际政治学的基本结构[①]。战后初期至安保斗争期间，日本的知识分子在舆论界围绕媾和、军备与安全保障这三个问题展开了激烈的争论。"进步派"呼吁全面媾和与非武装中立，"保守派"则支持单独媾和与安保体制，日本型现实主义就萌芽于后者的主张中。

（一）单独媾和论

二战后，日本把恢复主权作为外交的首要目标。随着冷战的白热化，美国在1949年年底表态希望尽早对日媾和。吉田政权决定只与西方国家单独媾和，在媾和后与美国缔结军事协定，赞成美军继续驻扎日本。

然而，"进步派"在舆论界强烈抨击政府的媾和方针。其重要组织"和平问题谈话会"发表两次声明[②]，呼吁日本选择全面媾和。其主要观点如下：第一，由于核武器具有毁灭性，战争不再是实现政治目标的有效手段，和平才是时代的主题。第二，意识形态的对立并非不可妥协，美苏为首的两大阵营有可能共存。第三，全面媾和能够推动国际局势走向缓和，符合"和平宪法"的基本精神。日本在媾和后应该保持中立，依靠联合国来实现安全保障。

全面媾和论一时之间广受支持，但在朝鲜战争爆发后遭到质疑。当时，"第三次世界大战"即将爆发的看法甚嚣尘上，不少人士担心日本会成为"下一个朝鲜"。在这样的背景下，小泉信三发表了《和平论》一文[③]，率先对"进步派"发起了挑战。他认为"在美苏对立的现状下，日本不管如何抉择，都无法同时均等地满足美苏双方"，全面媾和缺乏现实性[④]。苏联具有强烈的机会主义倾向，"避免制造所谓

① 酒井哲哉：『戦後の思想空間と国際政治論』，酒井哲哉编：『日本の外交 第3巻 外交思想』，岩波書店，2013年，第281—311頁。
② 平和問題談話会：『講和問題についての平和問題談話会声明』『世界』1950年3月号，第60—64頁。平和問題談話会『三たび平和について』，『世界』1950年12月号，第21—52頁。
③ 小泉信三『平和論』，『文藝春秋』1952年1月号，第64—79頁。
④ 小泉信三『平和論』，『文藝春秋』1952年1月号，第69頁。

二战后日本现实主义国际政治思想的崛起

的真空状态是维护和平的关键措施"①。面对苏联的威胁,"最实际的手段就是由美国保障日本的安全"②。论文发表后,小泉受到了"进步派"的猛烈攻击。不过,随着旧金山合约的签订,媾和论争迅速平息了下去。

(二)再军备论

朝鲜战争爆发后,吉田政权借机设立警察预备队,扩大了海上保安厅的编制。随后,美国在 1951 年年初要求日本尽早再军备。尽管日本政府予以婉拒,但军备问题由此受到瞩目。

"进步派"始终立足"和平宪法",主张日本不得拥有武力。另一方面,不少"保守派"希望媾和后的日本可以靠美国来实现安全保障,同样认为不必再军备。然而,芦田均却在舆论界积极支持再军备,认为日本必须拥有最小限度的军备才能防止来自苏联的威胁③。

对此,山川均在《世界》发表文章④,较为系统地提出了非武装论。他的见解主要如下:第一,最小限度的军备不仅涉嫌违宪,也无法抵抗核大国苏联,反而可能成为苏联进攻日本的借口。第二,美苏都希望和平共存,苏联不会冒着核战争的风险攻打日本。第三,再军备可能造成日本军国主义的复活,必须予以阻止。

随后,吉田政权在 1952 年新设保安厅与警备队,改组警察预备队为保安队,又在 1954 年设立了自卫队。"进步派"批评日本的再军备是美国(资本主义)全球战略的一环,不利于世界和平⑤。

在这样的背景下,福田恒存发表了《关于和平论的前进方向的疑问》一文⑥,在舆论界引起巨大反响。他指出"美苏都想和平共存"的说法缺乏证据,批评非武装论背后存在着资本主义对共产主义的极端逻辑。由于苏联的和平意志真假难辨,

---

① 小泉信三『平和論』,『文藝春秋』1952 年 1 月号,第 70 頁。
② 小泉信三『平和論』,『文藝春秋』1952 年 1 月号,第 71—72 頁。
③ 芦田均:『永世中立不可能論』,『文藝春秋』1950 年 7 月緊急増刊,第 2—7 頁。芦田均:『小野君への回答』,『中央公論』1951 年 3 月号,第 87—89 頁。
④ 山川均:『非武装憲法の擁護』,『世界』1951 年 10 月号、23—47 頁。
⑤ 平野義太郎:『福田恒存氏の疑問に答える』,『中央公論』1955 年 1 月号,第 84—98 頁。
⑥ 福田恒存:『平和論の進め方についての疑問』,『中央公論』1954 年 12 月号,第 18—30 頁。

"日本这样的小国无论如何也必须与强大的国家（注：美国）合作"[1]。再军备是日美合作的一环，自然需要支持。此后，军备论争的焦点主要集中于自卫队是否违宪，逐渐陷入沉寂。

（三）日美安保支持论

早在媾和论争时，"进步派"就主张日本严守中立，由联合国来保障安全，而"保守派"寄希望于美国。旧金山和约签字的同一天，日美缔结了"旧安保条约"。"进步派"虽有不满，也只能接受现实。到了 1957 年，岸政权把安保改定作为外交目标，安保问题再次成为外交论争的焦点。

"进步派"在舆论界反对安保改定，呼吁日本转向中立政策。他们认为日美安保不仅有可能让日本卷入美苏核战争，还会使日本从属美国，甚至导致日本军国主义复活，阻碍中日关系的改善。相反，中立与"和平宪法"的基本精神一致，既可以缓解东亚的紧张局势，从而改善日本的安全环境，又有助于解决中日邦交问题[2]。

对此，林健太郎毅然选择支持日美安保。他认为日内瓦首脑会议后美苏关系的升温降低了日本卷入核战争的风险，但这一趋势的基础是美苏均势，故日美安保不可或缺[3]。日美安保尽管涉嫌违宪，但日本可通过宪法解释来调和这一矛盾。与"进步派"一样，他也赞成改善中日关系，但认为这与日美安保并不冲突[4]。

在安保论争中，岸政权于 1960 年 1 月签署"新安保条约"，5 月在国会强行表决通过。日本各界纷纷表示抗议，安保斗争的重点也转向了保卫民主政治。新条约生效后，岸内阁在 7 月辞职，外交论争暂时告一段落。

（四）"保守派"的问题意识

---

① 福田恒存：『平和論の進め方についての疑問 』，『中央公論 』1954 年 12 月号，第 30 頁。

② 加藤周一：『中立と安保条約と中国承認 』，『世界 』1959 年 4 月号，第 16—25 頁。神山茂夫：『なぜ「改定」論にだまされるか 』，『世界 』1959 年 5 月号，第 230—235 頁。大内兵衛：『安保改定と憲法 』，『世界 』1959 年 9 月号，第 18—26 頁。福田歓一：『二者選一のとき 』，『世界 』1959 年 7 月号，第 26—37 頁。

③ 林健太郎：『安保闘争に理性を 』，『文藝春秋 』1959 年 12 月号，第 62—73 頁。

④ 林健太郎：『安保論議を解剖する 』，『自由 』1960 年 1 月号，第 76—81 頁。

二战后日本现实主义国际政治思想的崛起

"保守派"的上述见解构成了日本型现实主义的原型。然而，"保守派"最初并未自称"现实主义"，反而是"进步派"给"保守派"贴上了"现实主义"的标签，促成了日本型现实主义的萌芽。

丸山真男在1952年发表了《"现实主义"的陷阱》[1]一文，把"保守派"的观点称为"现实主义"。他认为"现实主义"具有三个特征，即屈服于既成事实、只强调现实的一个侧面、追随（政治）权力选择的方向。这一见解被"进步派"奉为圭臬，奠定了舆论界对"现实主义"的评价。直到安保斗争时，"进步派"仍然把"现实主义"看作"既成事实主义"[2]和"追随权力的姿态"[3]。

由此，第一代日本型现实主义者（即"保守派"）觉醒了对自我身份（identity）的认知。那么他们出于怎样的问题意识而秉持了"现实主义"的立场呢？从小泉、福田和林的问题意识中，笔者找到了三个共同点。

第一是重视权力政治。小泉认为朝鲜战争那样的局部战争有可能爆发并演变成世界大战[4]，必须用日美安保防止东亚出现"权力的真空"[5]。福田主张"权力政治只有以力量压制对手"[6]，日本的中立会打破美苏均势，反而不利于世界和平。林同样强调日美安保对美苏均势的意义，指出日内瓦首脑会议后国际局势的改善正是两大阵营势均力敌的结果[7]。

第二是担忧苏联的威胁。小泉再三强调苏联的机会主义倾向，明确表示自己"对苏联持批判或警惕的立场"[8]。福田不仅质疑苏联的和平意志，还批评苏联为了目标不择手段的行为方式违背自由主义原则[9]。林主要警惕的是苏联外交的逻辑，即不惜牺牲中小国家的斯大林主义[10]。

第三是不满充斥舆论界的"一言堂"现象和"二分法"论述。由于"进步派"

---

① 丸山眞男：『「現実」主義の陥穽』，『世界』1952年5月号，第122—130页。
② 篠原一·坂本義和：『現代の外交』，『世界』1959年6月号，第71页。
③ 小林直樹：『日本国憲法の理想と現実』，『中央公論』1960年6月号，第120页。
④ 小泉信三：『私の平和論について』，『世界』1952年5月号，第242页。
⑤ 小泉信三：『平和論の前進』，『世界』1952年8月号，第66页。
⑥ 福田恒存：『戦争と平和』，『文藝春秋』1955年6月号，第90页。
⑦ 林健太郎：『世界史の転換をいかに理解するか』，『中央公論』1955年10月号，第18—33页。
⑧ 小泉：『私の平和論について』，第247页。
⑨ 福田恒存：『個人と社会』，『中央公論』1955年8月号，第107页。
⑩ 林健太郎：『歴史の事実とその判断』，『中央公論』1955年12月号，第31—43页。

在舆论界位居主流，"保守派"的言论空间极为狭窄。不少"进步派"动辄摆出"战争对和平""苏联是善、美国是恶"等"二分法"，不尊重客观事实。《和平论》发表后，小泉被批判为好战分子，不得不澄清自己也热爱和平，称"不允许任何人、任何团体摆出只有自己才爱好和平、知道通往和平的完美道路"①。受到类似攻击的福田高呼"'言论自由'不只意味着'进步派'的言论自由"②，坚决反对"和平的苏联、好战的美国"的思维③。林亦指责"进步派""肆意排除反对自身的言论"④，反感"对苏联投以任何非难都被视为禁忌"的舆论界氛围⑤。

在这些问题意识的推动下，"保守派"走向了"现实主义"。然而，尽管萌芽期的日本型现实主义正确把握了权力政治这一国际关系的本质，却忽视了价值的意义。因此，"保守派"与"进步派"各执一词，在外交论争中未能达成共识。

二、崛起期的日本型现实主义

进入 20 世纪 60 年代，国际形势与日本的国内状况发生了巨大变化。自民党政权全力推进"国民收入倍增计划"，日本经济出现腾飞。中产阶级大量出现，革新势力开始衰退。在舆论界，高坂等新一代"现实主义者"推动日本型现实主义完成崛起。

（一）超越外交论争

由于萌芽期的日本型现实主义未回答权力与价值的关系这一问题，外交论争没有产生建设性成果。面对"保守派"留下的思想遗产，新一代日本型现实主义者既有继承，又有批判。

一方面，他们同样重视权力政治，反感"二分法"论述。高坂回忆："我投身安全保障论争的最基本原因是对所谓的双重标准的近似愤怒的感情……针对同一

---

① 小泉：『私の平和論について』，第 241 頁。
② 福田恒存：『再び平和論者に送る』，『中央公論』1955 年 2 月号，第 98 頁。
③ 福田：『戦争と平和』，第 93 頁。
④ 林：『世界史の転換をいかに理解するか』，第 32 頁。
⑤ 林：『歴史の事実とその判断』，第 32 頁。

件事，（"进步派"）批评美国，却不批评苏联。"①在他眼中，"进步派"秉持着一种"把战争的原因归咎于特定势力"的"善恶对立"（非黑即白）的逻辑②，无视权力政治的意义。永井讽刺"进步派"主导的舆论界宛如"愚者的乐园"，轻视权力政治的现实③。他自嘲道："如果我是所谓的'现实主义者'，就不会写恶名远扬的防卫论和战略论，而去写批判美帝国主义、诉诸和平与正义的道德感的理想主义型论文了吧"。④

另一方面，他们希望外交论争脱离意识形态思维。比如，高坂反对从意识形态出发的中国观，呼吁日本立足权力政治制定对华政策⑤。卫藤倡导"科学的国际关系学"，主张"冷静地、尽可能远离价值判断来观察国际社会"⑥。在他们看来，如果"进步派"与"保守派"达成共识的话，就可以超越此前的外交论争。高坂期待在舆论界与"进步派"对话求共识⑦，永井也想改变"关于外交与国防这些最基本的问题缺乏共识"的状况⑧。

（二）"现实主义"的革新

为此，新一代日本型现实主义者对"现实主义"进行了改造。高坂在1963年初发表了《现实主义者的和平论》⑨一文，可谓日本型现实主义崛起的先声。高坂如此回忆撰文的初衷："现实主义一词带有负面色彩，日本的现实主义或有歪曲。我尝试努力去纠正这种歪曲，消除现实主义的负面色彩。（让各方）达成同一个基本立场也是（我的）任务。因此，与'理想主义者'对话，使'现实主义者'发生质变，都是我内心的期望。"⑩

① 高坂正堯：『ダブルスタンダード批判』，松下政経塾編：『松下政経塾談話録（続）』，PHP研究所，1981年，第188—189頁。
② 高坂正堯：『高坂正堯著作集 第七巻 国際政治-恐怖と希望』，都市出版，1999年，第22頁。
③ 永井陽之助：『平和の代償』，中央公論社，1968年，第219—221頁。
④ 永井陽之助：『平和の代償』，中央公論社，1968年，第223頁。
⑤ 高坂正堯：『高坂正堯著作集 第一巻 海洋国家日本の構想』，都市出版，1998年，第96頁。
⑥ 衛藤瀋吉：『日本の進路』，東京大学出版会，1969年，第5—6頁。
⑦ 高坂：『高坂正堯著作集 第一巻 海洋国家日本の構想』，第203—204頁。
⑧ 永井：『平和の代償』，第71頁。
⑨ 高坂正堯：『現実主義者の平和論』，『中央公論』1963年1月号，第38—49頁。
⑩ 高坂正堯：『海洋国家日本の構想』，中央公論社，1965年，第189頁。

　　因此，高坂在文章的开头批评"进步派"的"理想主义"忽视了权力政治的意义①，同时又指出"保守派"的"现实主义"没有注意到价值的作用②。在他看来，"外交不只是现实的，还有必要努力创造使本国的价值发挥效果的国际秩序"。由此，他提出了一种权力与价值并存的新的"现实主义"，试图为长年的外交论争画上句号。他认为"进步派"与"保守派"的目标都是和平，分歧仅在于实现和平的手段③。因此，双方完全可以在具体的外交政策上达成共识，缓和东亚的紧张局势就是最好的妥协点④。这种新的"现实主义"引起了不少知识分子的共鸣，永井、卫藤、若泉等人纷纷在舆论界表态支持，促成了日本型现实主义的崛起。

　　立足新的"现实主义"，新一代日本型现实主义者主张权力的多样性。在1966年出版的《国际政治》中，高坂提出了"国际政治是力量的体系、利益的体系、价值的体系"⑤这一论断，把军事实力、经济力和"软实力"视为国家权力的来源。永井把一国的权力区分为"实力"和"势力"，前者是物质能力，后者指国际舆论、道德、价值体系等非物质力量⑥。卫藤把"国民意志、精神力、政府的质量与领导能力、外交政策的质量与实现政策的能力、经济力、武力、警察力量、社会体制的质量等等"都视为国家权力的组成部分⑦。

　　相比"保守派"，新一代日本型现实主义者虽然更关注非军事力量的作用，但同样信奉均势原则。正如永井所述，均势有效防止了美苏从冷战走向核战争⑧。当然，他们也意识到均势并不完美。高坂就承认，"均势原则说到底只是苦肉计，未超越健全的常识，并不保证风平浪静的和平"⑨。因此，他们主张在维持均势的前提下，"各国维护自身的理念与利益，通过行动创立国际法，提高联合国的权威"⑩，渐进实现世界和平。

---

① 高坂：『現実主義者の平和論』，第38页。
② 高坂：『現実主義者の平和論』，第41页。
③ 高坂：『現実主義者の平和論』，第44页。
④ 高坂：『現実主義者の平和論』，第47页。
⑤ 高坂正堯：『国際政治-恐怖と希望』，中央公論社，1966年，第19—20页。
⑥ 永井陽之助：『国家目標としての安全と独立』，『中央公論』1966年7月号，第69页。
⑦ 衛藤瀋吉：『日本の安全保障力をどう高めるか』，『中央公論』1965年5月号，第103页。
⑧ 衛藤瀋吉：『日本の安全保障力をどう高めるか』，『中央公論』1965年5月号，第146页。
⑨ 高坂：『国際政治-恐怖と希望』，第25页。
⑩ 高坂：『国際政治-恐怖と希望』，第201—202页。

（三）独立自主的外交政策

凭借对"现实主义"的革新，新一代日本型现实主义者把外交论争的重点转向了具体政策。首先，他们反思"吉田路线"，进而提出"海洋国家"构想。

"进步派"长期批判吉田外交，而高坂却予以重新评价。他认为吉田立足"商人式国际政治观"给战后日本选择了经济中心主义的道路[①]，"经济大国"日本的崛起离不开吉田的贡献。同时，他认为单独媾和束缚了日本的对华政策[②]，涉嫌违宪的再军备导致国内舆论分裂[③]，日美安保使日本在一定程度上丧失了自主精神[④]。

对此，高坂主张日本把"海洋国家"作为国家发展方向，推行更具自主性的外交政策[⑤]。他批评战前日本没有成为"海洋国家"，是因为缺乏对外开放的欲望与广阔的视野，而战后日本受"吉田路线"的影响或重蹈覆辙。

"我觉得日本其实正在逐渐成为岛国。这或许可以说是战后日本在美国的军事保护伞下，在防卫和外交上对美依存，只致力于发展经济的代价……日本的对外政策染上了这样的消极色彩。"[⑥]

在高坂看来，"海洋国家"既是地理和经济概念，又是精神和政治概念。一方面，日本可以利用四面环海的地理环境，努力发展对外贸易。另一方面，日本外交应该更加积极地有所作为，增强在国际政治中的影响力。他建议日本尽早让美军撤出日本本土，援助发展中国家，开发海洋资源[⑦]。

日本想要成为"海洋国家"，必然需要安全的外部环境。因此，新一代日本型现实主义者再次把重点转向安保问题。当时，法国与中国先后成为有核国家，日本是否需要拥核成为舆论界的话题。高坂指出，在美国的"核保护伞"下，日本只需要依靠自卫队去预防常规战争即可[⑧]。永井也认为日本只需要维持最小限度的军备就能实现安全保障，无须开发核武器[⑨]。在卫藤看来，日本拥核不仅意味着沉重的

① 高坂正堯：『宰相吉田茂論』，『中央公論』1964 年 2 月号，第 110—111 頁。
② 高坂正堯：『海洋国家日本の構想』，『中央公論』1964 年 9 月号，第 60 頁。
③ 高坂：『宰相吉田茂論』，第 105 頁。
④ 高坂：『海洋国家日本の構想』，第 48—49 頁。
⑤ 高坂：『高坂正堯著作集 第一巻 海洋国家日本の構想』，第 130—131 頁。
⑥ 高坂：『高坂正堯著作集 第一巻 海洋国家日本の構想』，第 72 頁。
⑦ 高坂：『高坂正堯著作集 第一巻 海洋国家日本の構想』，167—178 頁。
⑧ 高坂正堯：『国際政治の多元化と日本』，『中央公論』1964 年 12 月号，第 102 頁。
⑨ 永井：『平和の代價』，第 125—128 頁。

经济负担，还会刺激中国，弊大于利①。

　　针对"日本拥核论"，他们呼吁日本宣布无核化。在高坂看来，无核化有利于构建"和平国家"日本的国际形象。正如永井指出的那样，"日本应该占据受过原子弹的伤害、拥有能力却不去制造核武器这一道德优势，将之诉诸世界舆论，大规模推动防止核扩散、禁止使用核武器、裁军等一系列和平运动"②。同样，卫藤也认为日本宣布无核化可以扩大在国际社会中的话语权与外交的自主性③。

　　同时，新一代日本型现实主义者把中日关系看作自主外交的突破口，支持尽早实现中日邦交正常化。在《中国问题是什么》④一文中，高坂认为新中国拥有巨大的潜力，未来将给国际政治带来重要的影响。因此，日本需要立足权力政治制定对华政策⑤，顶住美国的压力承认新中国，不干涉中国台湾问题，支付战争赔款⑥。永井也赞成日本通过扩大民间交流、经济合作、支持新中国恢复联合国席位等方式推动中日邦交正常化⑦。卫藤反对夸大新中国的威胁⑧，建议日本不干涉中国台湾问题，加强对华经济技术交流，推动改善中日关系⑨。

　　正如高坂所述，尽管日本在20世纪60年代崛起成为"经济大国"，却"迷茫不知该将国力用在何处"⑩。对此，新一代日本型现实主义者树立了"海洋国家"构想，呼吁日本宣布无核化并对华复交，推行独立自主的外交政策。可以说，崛起期的日本型现实主义反映了日本外交路线调整这一时代需求。

三、日本型现实主义的特征

　　此后，尽管日本型现实主义在20世纪80年代分流成"军事现实主义"与"政

① 永井：『平和の代償』，第107—109頁。
② 永井：『平和の代償』，第131頁。
③ 衛藤：『日本の進路』，第112頁。
④ 高坂正堯：『中国問題とは何か』，『自由』1964年4月号，第30—45頁。
⑤ 高坂：『高坂正堯著作集 第一巻 海洋国家日本の構想』，第92—96頁。
⑥ 高坂：『高坂正堯著作集 第一巻 海洋国家日本の構想』，第102—105頁。
⑦ 永井：『平和の代償』，第100—103頁、第113—115頁。
⑧ 衛藤瀋吉：『衛藤瀋吉著作集 第八巻 無告の民と政治』，東方書店，2004年，第26頁。
⑨ 衛藤瀋吉：『衛藤瀋吉著作集 第八巻 無告の民と政治』，東方書店，2004年，第30頁、36頁。
⑩ 高坂：『海洋国家日本の構想』，第48頁。

二战后日本现实主义国际政治思想的崛起

治现实主义"[①]，但其核心观点没有发生根本性变化。因此，笔者把崛起期的日本型现实主义看作日本型现实主义的标准形态。如前所述，先行研究通过对比现实主义国际关系理论与日本型现实主义来指出后者的特征，视角较为狭窄。本文借助社会科学哲学的框架，在本体论（Ontology）、认识论（Epistemology）、方法论（Methodology）上对日本型现实主义进行定位[②]，由此指出其折中主义的特征。

（一）本体论：物质主义与弱理念主义

在《国际政治的社会理论》中，温特（Alexander Wendt）把本体论区分为物质主义与理念主义[③]。日本型现实主义在本体论上属于物质主义与弱理念主义。萌芽期的日本型现实主义只关注权力政治的作用，重视军事实力。崛起期的日本型现实主义承认权力与价值的并存，秉持多元的权力观，超越了物质主义的范畴。

可是，日本型现实主义终究只是一种弱理念主义。新一代日本型现实主义者虽然认为权力与价值并不冲突，但仍然把权力放在价值之前。他们始终把均势放在第一位，希望日本在日美安保的前提下推行更加自主的外交政策。正如高坂自述："我基本上把国际政治看成权力斗争，重视权力在国际政治中的作用。在这一意义上，我是现实主义者。"[④]

（二）认识论：理性主义与弱反思主义

基欧汉（Robert Keohane）把认识论分为两类，即注重客观合理性的理性主义与强调社会实践、规范和价值的反思主义[⑤]。从这点来看，日本型现实主义在认识论上属于理性主义与弱反思主义。

萌芽期的日本型现实主义带有浓厚的意识形态色彩，崛起期的日本型现实主义

---

① 永井陽之助:『現代と戦略』，文藝春秋，第 1985 年。
② Ted Benton & Ian Craib, *Philosophy of Social Science: The Philosophical Foundations of Social Thought*, New York: Palgrave Macmillan, 2011.
③ Alexander Wendt, *Social Theory of International Politics*, Cambridge: Cambridge University Press, 1999.
④ 高坂:『海洋国家日本の構想』，第 188 頁。
⑤ Robert Keohane, "International Institutions: Two Approaches", *International Studies Quarterly*, Vol.32, No.4, 1988, pp.379–396.

却呼吁日本推行理性的外交政策，排除意识形态。从高坂等人的问题意识和对华政策观中，我们可以明显发现这种倾向。卫藤甚至主张国家在国际政治中必须始终按照"收益大于成本"的原则行动[1]，十分推崇理性选择。

不过，日本型现实主义并未完全摆脱反思主义。比如，永井把共同的国民性、信任感与连带感看成"英美特殊关系"的重要原因，期待日美也可以酿成同样的互信关系[2]，这种观点就带有反思主义的色彩。并且新一代日本型现实主义者十分重视日本的"和平国家"身份，试图运用和平主义这一价值给日本获得更高的国际地位。这种弱反思主义的立场，正是二战后日本特殊国情的产物。

（三）方法论：还原主义与弱结构主义

在名著《国际政治理论》中，华尔兹将方法论区分为关注个人和国家层次的还原主义与关注国际体系的结构主义[3]。基于华尔兹的观点，笔者认为日本型现实主义在方法论上属于还原主义与弱结构主义。

由于日本型现实主义萌芽于外交论争中，国内政治始终是其问题意识的根源。新一代日本型现实主义者试图促使"保守派"与"进步派"达成共识，推动更加理性的外交政策的形成。他们始终从本土意识出发，关注战后日本自身的课题。高坂重新评价"吉田路线"，然后提出"海洋国家"构想，就体现了一种还原主义的视角。

同时，日本型现实主义兼有结构主义的色彩。"保守派"和高坂等新一代"现实主义者"都认为美苏均势是战后国际政治的基本格局，作为美国同盟体系的一环的日美安保不可或缺。不过，由于"两极格局"长期保持稳定，日本型现实主义并未高屋建瓴地关注国际体系，而是始终致力于解决日本独有的课题。因此，日本型现实主义只能说是一种弱结构主义。

---

① 衛藤:『日本の進路』，第16—19頁。
② 永井:『平和の代償』，第117—118頁。
③ Kenneth Waltz, *Theory of International Politics*, Boston: McGraw-Hill, 1979.

（四）本质：折中主义

综上所述，日本型现实主义在本体论、认识论和方法论上虽然倾向于物质主义、理性主义与还原主义，却又有微弱的理念主义、反思主义与结构主义的色彩。正因为如此，日本型现实主义既有别于现实主义国际关系理论，又不同于西方国际关系理论的其他范式，折中主义（Eclecticism）是其最大特征。

折中主义是一种不拘泥于固定的理论范式，具体问题具体分析，跨越不同范式去建构中范围理论（middle-range theory）的研究路径[1]。21世纪以来，随着西方国际关系理论的范式论争陷入沉寂，国际政治学者把目光转向折中主义，试图靠新的中范围理论来取得突破。在这一意义上，日本型现实主义可以给国际关系理论的学术创新带来丰富的启示。

结　语

本文综合分析了日本型现实主义从萌芽到崛起的全过程，并借助社会科学哲学的框架指出了其折中主义的特征。由于二战后日本革新势力曾具有强大的影响力，日本型现实主义以挑战者的姿态登场，在二战后日本国际政治思想史上留下了浓重的一笔。

由于日本在冷战后走向"总保守化"，日本型现实主义如今已经成为主流思潮，革新势力反而在舆论界遭到围攻。崛起期的日本型现实主义希望"对话求共识"，但高坂等人的初衷未能实现。不如说，在保守化的大环境下，日本知识分子之间产生了一种"虚假的共识"。在安倍政权极力谋求军事大国化的今天，回顾日本型现实主义的历程具有重要的现实意义。

---

① Rudra Sil & Peter Katzenstein, *Beyond Paradigms: Analytic Eclecticism in The Study of World Politics*, New York: Palgrave Macmillan, 2010.

历 史 研 究

论"新民主义"的形成*

彭　程　李福兴

内容摘要　"新民主义"是日本军部为维持其在华北沦陷区的殖民统治而推行的意识形态。目前仅有少量文献对其进行了研究，研究范围主要限于对"新民主义"理论的批判和"新民机构"本身，而对"新民主义"理论的形成过程则鲜有触及。"新民主义"理论是经过日本国内学者的"研究"、外务省的"建议"，最终在军部主导下形成的。这一理论是以儒教思想中的柔顺面为内核，并植入了道教中"清静无为"的思想。

关键词　"新民主义"　形成　华北沦陷区　意识形态

作者简介　彭程，湖南工业大学外国语学院副教授；李福兴，长江大学外国语学院讲师

*　本文是湖南省社会科学成果评审委员会课题"日本馆藏涉常德会战档案的整理与研究"（XSP18YBZ077）的阶段性成果。

　　1937 年 7 月 7 日卢沟桥事变爆发，到 8 月底中国华北全境基本上处于日军的占领之下。12 月 14 日日军在北平组建伪中华民国临时政府的同时，另外成立了号称华北沦陷区内最大的群众组织——伪新民会。在成立大会上，伪新民会发表了作为其组织指导理念的"新民主义"。此后，日伪当局先后成立了以"新民主义"为指导思想的华北沦陷区最大报社——伪《新民报》，被称为"最高学府"的伪国立新民学院，以及伪新民合作社、伪新民映画班、伪新民茶馆、伪新民先锋队等冠名为"新民"的各种机构，并大举推进"新民运动"。

　　"新民主义"是伪临时政府的指导原理，是各类伪新民机构的指导理念，还是"新民运动"的指导理论。一言以蔽之，"新民主义"是日本军部在华北沦陷区推行的意识形态。因此，有关"新民主义"的研究对整个华北沦陷区的研究都具有十分重大的意义。

　　目前对"新民主义"的相关研究，代表性成果有史会来、夏潮的《论"新民主义"导引的思想教化运动》[1]和樊瑛华的《缪斌的"新民主义"理论》[2]。从研究对象来看，他们主要是阐述和批判这一理论本身，并未涉及其理论的形成过程。此外从内容来看，缺乏第一手资料，特别是没有使用日文资料，使研究具有很大的局限性。

　　二战后日本学术界关于"新民主义"的研究主要是将研究的重点置于各种新民机构。有关伪新民会的研究主要有八卷佳子的《中华民国新民会的成立与初期工作状况》[3]与堀井弘一郎的《新民会与华北占领政策》等[4]。有关伪《新民报》的研究主要有陈昌凤、陈阳的《"新民报"的研究》[5]与《"新民报"的研究》（续）[6]。有关伪国立新民学院的研究有岛善高的《国立新民学院初探》[7]。这些论述都未涉及

---

①　史会来、夏潮：《论"新民主义"导引的思想教化运动》，《哈尔滨工业大学学报》（社会科学版）2000 年第 2 卷第 3 期，第 106—109 页。

②　樊瑛华：《缪斌的"新民主义"理论》，《唐都学刊》1995 年第 11 卷第 4 期，第 71—73、77 页。

③　八卷佳子：《中華民国新民会の成立と初期工作状况》，藤井升三编：《1930 年代中国の研究》亚洲经济研究所，1975 年，第 349—394 页。

④　堀井弘一郎：《新民会と華北占領政策》（上、中、下），《中国研究月报》，1993 年 1 月，第 1—20 页；1993 年 2 月，第 1—13 页，1993 年 3 月，第 1—6 页。

⑤　陈昌凤、刘阳：《〈新民報〉に関する研究》，《国際社会文化研究所紀要》第 6 号，2004 年，第 16—25 页。

⑥　陈昌凤、刘阳：《〈新民報〉に関する研究（続き）》，《国際社会文化研究所紀要》第 7 号，2005 年，第 13—27 页。

⑦　岛善高：《国立新民学院初探》，《早稲田人文自然科学研究》第 52 号，1997 年，第 1—49 页。

"新民主义"理论的形成过程。

由此可见，无论中国学术界还是日本学术界，对"新民主义"理论的形成过程都尚未涉及。而对该理论形成过程的研究不仅是研究"新民主义"理论的基础，而且还对日本在华北沦陷区殖民活动的研究具有重要参考价值。所以本文将结合相关中文文献，利用大量日文一手资料对"新民主义"的形成过程做尽可能的还原。

一、日本学者的论说

1937 年 8 月底华北全境几乎为日军占领之后，日本国内各大报社和杂志社不仅举行了"皇军慰劳""战争募捐"等各类活动，还将目光投向了"华北的更生"和"华北的建设"，大规模地开展了"建言运动"。比如，《中外商业新闻》"设立了对华文化工作问题专栏以刊登诸家的意见"①；继 8 月的《华北事变特辑》之后，《中央公论》将 9 月号又命名为"中国问题特辑"；《改造》在 9 月发行了题为"日华事变与现下的日本"厚达 624 页的"九月特大号"之后，10 月又发行了《中国事变增刊号》。此外，《文艺春秋》和《妇人之友》等杂志连续召集日本学者和其他相关人士举办各种座谈会。与此相呼应，日本学者争先恐后著书立说，纷纷攘攘地陈述自己对"华北的更生"和"华北的建设"的见解和主张。

"华北的更生"或"华北的建设"涵盖了政治、经济、军事、文化等诸多方面，对日本方面来说，有大量课题需要解决。而其中最重要和迫切的是意识形态问题。对此，日本学者各抒己见，积极献策。其主张主要为排除欧美思想影响，肃清共产主义和三民主义，活用宗教教义。

（一）西洋思想的否定

新意识形态的形成是一个十分重大而且耗时的问题，日本学者对此的认识也是一个不断深化的过程。首先，日本学者认识到必须建立起新意识形态的框架，并设定这个框架的大致范围。他们考虑到不可能在极短的时间内自创一个全新的新意识形态，因此只能通过对现存的各类思想进行裁剪搭配来完成。

---

① 《北支那文化工作二関スル各方面ノ意見（2）北支工作二関スル各意見／分割1》（1937 年），东京:亚洲历史资料中心藏,档号:B05016195200。

具体而言，就是将当时存在的各种思想进行分类，根据殖民需要将某一部分纳入新意识形态的框架之内，而将另一部分不符合其需要的思想从这个框架中排除出去。即对各种思想分析归类后，根据需要进行取舍。而"取"与"舍"相比，自然是舍弃某些东西相对容易一些。日本学者也正是从"舍"上开始做文章，对华北沦陷区的新意识形态进行建言的。

杉森孝次郎提出，"超近代国民主义以及超近代国家主义是目前全世界都必须的，华北问题和中国问题的解决也（同样——笔者注）"[①]。杉森虽然明确否定了发祥于欧美的"近代国家主义"，但对"超近代国民主义"或"超近代国家主义"为何物却并未详论，同时作为发端于欧美思想的"近代国家主义"为何不必要，也未论及。换而言之，杉森虽然主张新政治指导原理应该排斥欧美传来的思想，但其主张并没有经过严密的论证，仅仅停留在口号的阶段。

而栗屋义纯则从另一侧面透露出为何要排斥欧美思想的原因。他在回顾了近代以来欧美列强的亚洲侵略史之后说道："中国人大部分与其说怀有亲日感情，还不如是怀有辱日或抗日感情。这主要是因为中国广泛存在'欧美依存主义'的缘故。"[②]也就是说，栗屋断言中国人的反日思想来源于"欧美依存主义"。

的确，当时大部分中国人普遍怀有一种反日情绪，这是日本屡屡对中国的侵略以及强加于中国的各种不平等条约的结果。如果栗屋的逻辑成立的话，存在"欧美依存主义"的中国为何对朝鲜和越南等"东方文化圈"内的其他国家不抱有反感？中国人是否真正怀有的"欧美依存主义"姑且不论，即使有，这也不是反日的原因，而只能是日本侵略的结果。

三木清认为，"首先必须灭绝抗日思想……然而那只是战争的目的，文化工作的目的不能止步于此……为了推进文化工作，必须考虑到中国自身的立场，排除欧美思想，因此具有涵盖他们立场的博大思想十分有必要"[③]。虽然三木并未对"博大思想"进行详尽的分析，但明言要排除欧美思想，并将目光投向了对中国有重大影响的思想。

---

① 杉森孝次郎：《思想動員と北支事変》，《日本評論》，1937年第9号，第38页。
② 栗屋义纯：《支那知識人の侮日思想》，《戦争と宣伝戦》，东京:时代社,1938年，第184页。
③ 三木清：《文化工作の前提》，《読売新聞》，1937年7月15日。

（二）共产主义·三民主义的排除

当时国民政府和共产党政权并立，三民主义和共产主义在社会中广泛传播，于是对这些思想进行肃清并提出与之相对抗的思想便成为日本方面的工作目标。

小泽开策认为，“为了华北的大众，其指导精神当然要包含反国民党、反共产党、反资本主义独占的内容，根据该指导精神应首先成立代表民众的团体”[①]。小泽不仅如是说，后来根据这个主张担任伪新民会的实际负责人，在该团体中发挥核心作用。

比小泽开策更进一步的是滨本一人，他认为，“仅仅强调抨击共产党，抨击国民党这种防御性的‘口号’是不够的，还应该实施农村救济等能直接把握民心的基本方策”，强调为了得到民众支持采取进取精神的必要性。与此相近，三池亥佐夫提出，“必须在新政权中提出与国民党三民主义相匹敌的指导原理……具体来说就是必须制定能超越三民主义的东西”[②]。

将以上意见进行归纳的是中谷武世。他逐条写道：“在政治建设和经济建设之前，必须完成作为精神性基盘的思想建设。华北新政权应有的思想基调是：一，亲日亲满；二，反对共产主义；三，反对白人帝国主义；四，反对国民党；五，应立足于东方文化主义。”[③]也就是说，中谷主张的新意识形态是一个排除欧美思想、共产主义、三民主义，以东方文化为基础，能酿成亲日亲满感情的东西。

（三）宗教的活用

中谷所说的“东方文化主义”，也就是日本和中国共通的文化到底是指什么呢？

三池亥佐夫认为，“完全不能将这些置之事外，要把宗教时刻放在脑海里，这不仅对于华北，而且对于整个中国的思想善导都十分重要”[④]。

宗教是文化的一部分，作为中日两国民间普遍存在的宗教信仰，日本学者自然

---

① 小泽开策：《北支どうするか》，《文芸春秋》，1937 年第 9 号，第 198 页。
② 滨本一人：《北支どうするか》，《文芸春秋》，1937 年第 9 号，第 200 页。
③ 中谷武世：《支那事変の史的意義と北支の建設》，《文芸春秋》，1937 年第 15 卷第 13 号，第 25—33 页。
④ 三池亥佐夫：《北支をどうする》，《改造》，1937 年第 9 号，第 202 页。

把目光投向了佛教。《读卖新闻》指出，"华北开发……是摆在日本国内佛教各宗各派脚下重大而且紧要的课题，必须引起注意"①，呼吁宗教界献计献策。

的确，对于佛教思想已经浸透的中日两国来说，其教义较为柔和，更容易纳入新意识形态之中来。但如此一来又产生了一个新的问题，那就是对战争所带来的人员伤亡，即"杀人"这一事实，与佛教思想支柱之一"不杀生"这一戒律相冲突。对此，日华佛教研究会公开发表了《告中国佛教徒诸君》一文，其中说道："中国佛教徒诸君，请务必舍弃迄今为止抱有的'执意'，虚心前来与我等亲近，这种精神性的结合才是'恨亲平等'大乘佛教的真精神，也只有这样才能成就伟大的圣业"②。

林屋友次郎认为，"大致说来，中国的佛教认为尽量避免战争才是佛教之道，而日本的佛教却认为只要有正当理由出兵，也符合佛教的大慈大悲"③，这无疑是在为日本侵略中国寻找合理化依据。此外，古川曰悟发言道："日本的佛教属于大乘佛教，与小乘佛教不同，为了护法杀生也没有关系"④，将战争比作"护法"，为侵略进行辩护。

以上内容概而言之，日本学者对新意识形态建设的主要主张为：否定欧美（西洋）思想，排除共产主义、三民主义，以东洋文化为基础，植入以日本为主导的佛教思想。这个过程构筑了"新民主义"理论形成的基点。

二、日本外务省的参与

卢沟桥事变爆发前，有关中国各种政策的制定和实施基本上是外务省的专管事项。在中日全面战争一触即发的局势下，外务省秘密地行动了起来。他们在广泛吸收日本国内学者研究建议的基础上，制定了对华北工作的指导性意见，并对华北地区进行了实际调研。在此基础上，他们制定了旨在缓和华北民众反抗日本侵略的文化政策。

---

① 《街の雀》，《読売新聞》，1937 年 10 月 10 日。
② 日华佛教研究会：《告支那仏教徒诸君》（1938 年），东京:亚洲历史资料中心藏，档号：B05016195300。
③ 林屋友次郎、岛影盟：《仏教と戦争》，东京:时代社,1937 年第 67 页。
④ 《北支那文化工作ニ関スル各方面ノ意见（2）北支工作ニ関スル各意见／分割 2》（1937 年），东京:亚洲历史资料中心藏,档号：B05016195300。

（一）外务省对于华北工作的意见

在中日全面战争即将爆发之际，外务省广泛收集日本国内学者的议论和建言，并辑成《关于华北文化工作各方面的意见（2）关于华北工作的各种意见／分割（1、2、3）》[①]（以下简称《意见》）。《意见》由外务省文化事业部做成，于 1936 年 8 月 8 日和 1937 年 11 月 22 日分两批提交给有田外务大臣[②]。第一次提交的《分割（1）》有 99 页，第二次提交的《分割（2、3）》分别有 101 页和 90 页，即《意见》一共厚达 300 页。

该《意见》主要由四个部分组成，分别是："①对本次事变的文化性解释；②指导精神的问题；③文化工作的必要性；④关于宗教、教育、艺术等的具体提案乃至提示"。外务省文化事业部以华北沦陷区为对象，在与"华北的更生"和"华北的建设"的各种课题中选定了这 4 个项目为重点研究对象，如《意见》所示，其中之一就是"指导精神"。

（二）外务省对华文化政策的制定

外务省的活动并不仅仅停留在收集各方面的意见，还采取了具体的行动。卢沟桥事变爆发后不久，为了掌握华北地区的实际情况，外务省委托服部宇之吉进行现场调查。服部当时担任外务省文化事业部下属的东方文化事业总委员会副总裁兼该委员会下属的东方文化学院东京研究所所长，他组织了一个调查团，1937 年 9 月第一批调查员到达华北。

随后服部宇之吉向外务省提交了《关于华北的文化工作》这一调查报告。其后该报告与东方文化学院京都研究所所长狩野直喜提交的《关于在中国北地实施我方文化工作的意见书》一起，分别更名为《关于对华文化工作（1）》和《关于对华文化工作（2）》，再加入由外务省文化事业部执笔的"序言"，由外务省编辑成《关于对华文化政策》一书。

之后外务省除了将该书下发给驻青岛总领事馆和驻巴西大使馆、驻维也纳领事

---

① 《分割 1》的 JACAR 编号是 B05016195200，《分割 2》和《分割 3》是一本资料，因为篇幅过长，分断之后称为《分割 2》和《分割 3》，其 JACAR 编号分别是 B05016195300 和 B05016195400。

② 《北支那文化工作ニ関スル各方面ノ意見（2）北支工作ニ関スル各意見／分割 1》（1937 年），东京:亚洲历史资料中心藏,档号:B05016195200。

馆①，还"赠予"给其他机构和组织，比如"华北文化工作委员会"和"国际文化振兴会"②，此外，以外务次官泽田廉三的名义送给陆军次官山胁正隆两册③。考虑到卢沟桥事变后，华北地区的实权掌握在陆军省下属的华北方面军手里，我们可以认为外务省将该书作为其主张的代言，试图通过赠予间接影响新意识形态的制定。

《关于对华文化工作（1）》由15项构成。第一项的标题是"国民生活的指导原理"，具体内容是"民族的共存共荣、民族精神的发挥、培养国际共同精神、民族之间互相的理解和同情、民族之间互相的尊敬和亲近"。由此看见，《关于对华文化工作（1）》的"指导原理"是想在华北地区酿成一种亲日的气氛。

"指导原理"的核心是"王道立国·孔教明道"。对此该书的解释是，"依据大中至正的王道立国，再依据仁道一贯的孔教明道，如此就可确保东亚的和平"。作为具体的措施，该书列举了"王道研究院"的设立和"尊孔主义的普及"。

此外，该书还把目光投向佛教，主张"日华两国国民的精神上融合提携的根本大义在于发扬贯流于两国国民心中的佛教精神"。该书不仅在"王道研究院"之外"在此对佛教大学的设立寄予厚望"，甚至还想到了在佛教大学各项科目，以及各科应该配置教授、副教授和助教的具体人数。

虽然服部宇之吉的论述并没有超过其他日本学者的主张，但与他们相比，服部曾经担任过京师大学堂师范馆的总教习，长期在中国学习和工作，在当时被誉为中国哲学的泰斗。可以说他的论说是日本学者各种论调的总结，为日本学界和外务省对新意识形态设立了一个框架。

对于儒教思想，《关于对华文化工作（2）》中说道："研究他们本国文化，让他们获得正确的认识，是打破他们身上严重沾染欧美崇拜思想的有效手段"。也就是说，狩野直喜将儒教思想视为与欧美思想相对抗的有效手段来对待。而且，"必须向他们灌输所谓的'国学'（经史辞章之学，即我国一般所说的'汉学'——原文）"。换而言之，该书认为新意识形态必须以儒教思想为中心。

① 《北支那文化工作二関スル各方面ノ意見（2）北支工作二関スル各意見/分割1》（1937年），东京：亚洲历史资料中心藏，档号：B05016195200。
② 对于"赠予"给"北支文化工作委员会"请参照亚洲历史资料中心所藏的档号为"B05016195300"的资料。对于"赠予"给"国际文化振兴会"请参照：亚洲历史资料中心所藏的档号为"B05016051800"的资料。
③ 《〈对支文化政策二就テ〉刊行送付ノ件》（1939年），东京：亚洲历史资料中心藏，档号：B05016051800。

　　为何这两名所长以及其他的日本学者如此重视儒教呢？他们是将儒教视为强化支配、维持治安的一种手段，其理由有二。第一，儒教思想作为中国历代封建王朝的必需品，不管什么样的王朝，为了构筑强有力的统治体制，都必须用儒教来治国安民；第二，日本自古以来就有重视儒教的传统，能够根据自己的需要来灵活解释儒教。

　　狩野直喜对儒教思想有如下的认识，"对于他们尤为重视的仁义道德理论，（"中国"文人经常——笔者注）曲解古典，牵强附会，散布妄说，此外还从狭隘的民族意识出发附会历史，提出各种僻论……这些'学问'不仅不应被认同，还应当一扫而空"。也就是说，日本学者和外务省虽然要在新政治指导思想中置入儒教思想，但并非导入儒教中的一切思想，在置入一部分思想之后，主张"一扫"其他部分。狩野虽然没有明确指出其所说的"曲解，僻论，妄说"为何物，但我们仔细阅读就会明白，狩野认为"狭隘的民族意识"会导致高扬的爱国心。也就是说儒教思想中含有类似"天下兴亡，匹夫有责"的精神因素，而这些精神因素是绝对要被"一扫而空"的。

　　众所周知，儒教思想作为一个庞大的思想体系，包含着各种各样的侧面。在处理人际关系之时，有"温良恭俭让""仁者爱人""克己复礼"等柔和的一面。相反，当自己的信念或最高道德与环境或局势相冲突时，有"富贵不能淫，贫贱不能移，威武不能屈""杀身成仁，舍生取义"等刚劲的一面。狩野直喜等日本学者和官员故意想混淆其使用上的差异，主张应排除儒教思想中刚劲的一面，而仅仅置入柔顺的一面。换而言之，他们想通过儒教思想中柔顺的一面，来缓和华北人民对日本侵略和掠夺的反抗。

三、华北方面军的主导

　　"新民主义"的出台，既有日本学者的积极献策，又有日本外务省的具体参与，更有日本华北方面军的组织策划。从"新民主义"概念的提出到"新民主义"意识形态的正式出笼，都有浓厚的日本军方色彩。无论是"新民主义"研究小组的成员组成，还是"新民主义"内容的剪裁取舍，无不贯穿了日本军部的强烈意图，可以说"新民主义"就是在华北方面军的主导下完成的。

（一）"新民主义"概念的提出

关于"新民主义"概念的最终确立过程，笔者遍查资料未获，只在《华北作战史要》一书发现有简略的记载，大致如下。

1937 年 10 月 12 日在北京的根本公馆里，"喜多少将、根本大佐、今井中佐、直方少佐等会于一堂"，进行了"关于华北政权的第一次研究"。作为会议主持者的华北方面军特务部总务课课长根本博提出一个能压倒三民主义的新思想，即"新民主义"。关于这个"新民主义"，根本解释道："以王道为招牌置入道教思想"，"从王道出发新（亲）民可期"。作为理由之一就是"政治的要谛如《大学》所言，在于新民"。接着又说，"仅仅依靠王道的话可能新思想不为一般中国人所亲"，与此相对，"道教为一般民众所亲炙"。最后得出的结论是"置入道教思想，命名为'新民主义'比较妥当"[①]。

从以上记录中我们可以看出，首先参加会议的人都是隶属于华北方面军特务部的现役军人。也就是说，在制定华北地区即将实施的新意识形态的过程中，一直以来参与此事的外务省被摒弃在外。其次，没有发现在外务省制定的《关于对华文化政策》中反复出现的佛教思想，取而代之的是道教思想。再次，"新民主义"已经成为一个确定的概念。这些因素说明，华北方面军先前已经开始单独着手这方面的研究了。

（二）"新民主义"研究小组的成立

在伪临时政府成立之前的 10 月 28 日，华北方面军特务部部长喜多诚一向陆军省报告到，"为了让新政权得到中国民众的支持，让他们积极支持新政权，必须让新政权有一个指导精神，然后根据这个指导精神发动大众运动，再设立各种民众组织"，这里就已经明确提到"指导精神"了。对于为什么要制定这个"指导精神"，喜多进一步解释道："南京政府通过三民主义与共产党协同，进行思想侵略，在这种情况下如果没有能与之对抗，具有很强反共反党攻击性的思想运动，以及能与蓝衣社对抗的秘密特务机关的话，新政权的维持将十分困难。"[②]这表明，在卢沟桥事

---

① 陆军大学校编：《北支那作战史要》（昭和十二年 9 月 1 日——昭和十三年 5 月 31 日），未公刊，1938 年，第 31 页。

② 《北支政権樹立二関スル一部ノ研究》（1937 年），东京:亚洲历史资料中心藏,档号:B02030551900。

论"新民主义"的形成

变爆发后不久，华北方面军就已经充分认识到，新意识形态建设对于维持其在华北的政权统治的重要性了。

关于研究的形态冈田春生简单地提道，"（武田南阳——笔者注）衔军命成立了研究小组……得到了汤而和、何其巩等所谓北京文化界保守派的支持，为新政权的成立提供了研究成果"①。这里的"军命"当然是指以喜多诚一为首军特务部发出的命令。换而言之，对于新意识形态的研究是由华北方面军下达命令，由日本知识分子主导，由中国知识分子参与，组成了一个小组的形式来进行的。从其后发表的"新民主义"的内容来看，该研究小组显然大量参考了上述日本学者的主张和外务省的相关资料。

（三）"新民主义"研究者组成

因为新意识形态的制定十分重要，所以一般来说其研究者必须是当局最为信赖的人或团体。然而，这次新意识形态的研究却与一般情况有所不同。我们从负责研究的汤而和、何其巩、武田南阳三人的经历来看就明白了。

身为日本人的武田南阳在此就不赘述了，而汤而和具有留日背景，从1912年10月开始担任国立北京医学专门学校校长开始就被公认为是"亲日派"。伪临时政府成立之后，担任该政府的议政委员会委员长兼教育部长。

但何其巩却完全不同。日本占领华北之后，何其巩担任中国大学代校长，在此期间他不屈服于日本的压力，没有聘用一个日籍教师。当时何其巩就被国民党和共产党誉为北平沦陷后苦心经营大学的三大校长之一，获得了很高的评价。战后其他在沦陷区就职的知识分子纷纷作为汉奸被逮捕或被处刑，可何其巩不仅没有受到任何处罚，还被擢升为国民政府驻北平文化接收委员。

以上所述三人，他们的共同之处不在于是否亲日，而在于熟悉华北当地的情况。为什么军特务部不委托日本国内的专家，而让忠诚度低的中国人参与研究呢？军特务部这种令人费解的举动恰恰反映了方面军想绕过外务省，直接掌控华北地区支配主导权的意图。

日本华北方面军虽然有这种意图，但制定新意识形态必须依靠专家来研究，在

---

① 冈田春生：《新民会外史—黄土に挺身した人達の歴史》（前編），函館:五稜出版社,1986年，第85—86页。

他们研究的基础上经过反复讨论才能决定。与拥有众多国内专家的外务省相比，方面军在这方面望尘莫及。因此，方面军就只能召集置于自己控制之下的当地的知识分子，让他们展开研究。可是卢沟桥事变爆发后不久来华北地区的日本知识分子极少。中国知识分子在战前为了躲避战火大多西迁或南迁了，而由于其他原因不得已滞留在北平的知识分子，也大都拒绝与日本人合作。在此背景下，对于华北方面军来说，像何其巩这样与日本保持不即不离关系的中国知识分子，不仅不能被排除在外，而且还是他们求之不得的"人才"。

实际上卢沟桥事变后，中日之间的战争进入全面战争的新阶段。随着战争规模的扩大，陆军省一直将负责对华事务的外务省视为障碍，摆脱其束缚的想法日益强烈。这次制定华北地区新意识形态未让外务省参与就是表现之一。其后陆军省下定决心要将对华政策的主导权从外务省手里夺过来，置于自己的掌控之下。之后，陆军省提出要单独设置专门处理中国事务的兴亚院，在审议中陆军省力压外务省强烈的反对，最后以让外务大臣辞职的形式强行通过了"兴亚院设置案"。于是，1939年初由军部主导的兴亚院正式成立。

（四）道教要素的吸收

在"关于华北政权的第一次研究"会议中，根本博的发言"道教为一般民众所亲炙"，很明显并不符合当时华北地区的现实。众所周知，道教作为一种宗教虽然长期存在于中国社会，但其信徒仅限于一部分人。那为什么要置入道教呢？

在军特务部看来，新意识形态仅仅置入儒教思想是不充分的。尽量将儒教思想中刚劲的一面排除在外，在这一点上军部吸取了日本国内学者的意见。也就是说，不管是日本学者，外务省还是军部，都主张以儒教思想中的柔顺一面为新意识形态的中核，在此基础上再加入其他的宗教要素。但在加入何种宗教要素的问题上，军部与日本学者、外务省产生了分歧。

如果按照日本学者和外务省的主张，在新意识形态中加入佛教要素的话，日本学者那种对"不杀生"的解释无法说服华北民众，新意识形态将有可能囿于佛教的戒律，对此根本博和他的研究小组心知肚明。为了克服这种束缚，他们将目光投向了具有"清静无为"思想，却没有"不杀生"戒律约束的道教，于是提出了"置入道教"的建议。

结 语

1937 年 12 月 14 日在伪新民会的成立大会上，其中央指导部部长缪斌[①]在与会者面前高声朗读了这个命名为"新民主义"的新理论。自此"新民主义"正式出笼，同时作为伪新民会的指导理念得以确立，并在华北沦陷区作为新的意识形态一直大张旗鼓地予以宣传。

"新民主义"出笼之后，有日本学者赞美到，"新民主义是由缪斌孕育并开花结果的理论"[②]。相反，对"新民主义"严厉批判的《日伪北京新民会·序》也反复提到"缪斌的新民主义"[③]，甚至樊瑛华论文的标题就是"缪斌的'新民主义'理论"。现在中日两国的学术界只看到"缪斌的新民主义"，"新民主义由缪斌创造的"这种观点。然而从以上论述来看，"新民主义"从头到尾都是由日本人制定的，缪斌充其量不过是第一个宣讲人或执笔者而已，因此"新民主义"由缪斌创造的这种主张不能成立。

日本占领华北之后，对于华北沦陷区的新意识形态，日本国内的学者、之前一直主管对华事务的外务省，以及掌握华北沦陷区实权的军部都分别进行了研究。日本国内学者主张对欧美（西洋）思想进行否定，肃清共产主义和三民主义，以东洋文化为基础，以儒教中的柔顺思想为核心并置入佛教要素。外务省则主要是提出自己的意见，其意见与日本国内的学者大同小异。军部则集中一批中日学者组成小组来展开研究最终将佛教要素排除在外，以儒教思想为中核置入道教要素，从而创造出命名为"新民主义"的新意识形态。

总之，"新民主义"由日本学者建言，由外务省参与，由军部（陆军省）主导的，一种为了缓和当地人民的反抗，维护日本的统治，粗制滥造的意识形态。

---

① 缪斌，1902 年生于江苏无锡。1921 年考入南洋公学后不久加入国民党。1924 年就任黄埔军校教官，为了与共产主义组织"青年军人联合会"对抗，发起成立了国民党外围组织的"孙文主义学会"，十分活跃。由此受到蒋介石的赏识，20 岁出头就被选为国民党第二届全国代表大会中央候补委员。在北伐战争中任第一军党代表，战争结束任江苏省民政厅长。后因贪污被罢免，受何应钦之命来日本考察。回国后不久卢沟桥事变爆发滞留北京。伪新民会成立后任中央指导部部长。其后离开新民会就任汪伪政权立法院副院长。二战后作为第一号汉奸被国民政府处决。

② 冈田春生：《新民会外史-黄土に挺身した人達の歴史》（前编），函馆:五稜出版社,1986 年，第88 页。

③ 北京档案馆编《日伪北京新民会》，光明日报出版社,1989 年，第4—8 页。

近卫文麿国际秩序论的演变

金寅斌

内容摘要　近卫文麿的国际秩序论虽是他个人的国际思想理论，但因为其长期位居日本政府中枢，也就对日本国家的国际秩序理论和行动产生了重要影响。本文以两次世界大战期间近卫文麿的国际秩序论为核心，把对现存国际秩序的基本认识、国家定位和路径选择作为其内在结构的三个层次，探讨近卫从"认识旧秩序"到提倡"打破旧秩序"的国际秩序论的本质和逻辑的发展变化，梳理近卫"大东亚新秩序"思想的形成过程，剖析近代日本发动对外侵略战争的理论根据和谬误。

关键词　近卫文麿　国际秩序论　日本本位

作者简介　金寅斌，杭州西泠印社拍卖有限公司任职

近卫文麿国际秩序论的演变

前　言

近卫文麿（1891—1945），是日本大正和昭和前期著名的贵族政治家。1917 年京都大学毕业后，先在内务省任职，后作为日本全权代表随员参加巴黎和会。1933年出任贵族院议长。1937 年组成第一次近卫内阁，任内发生七七事变，日本发动全面侵华战争。1940 年发起并组织新体制运动，随之成立第二次近卫内阁。缔结日德意三国同盟，且成立大政翼赞会，组织全国力量支持战争。1941 年成立第 3次近卫内阁，后因对美交涉无果和对发动与英美的战争没有信心而辞职。二战后，被占领军确定为战犯嫌疑人，1945 年 12 月 16 日畏罪服毒自杀。

一提到近卫文麿，人们会立即想到日本全面侵华战争爆发后 1938 年 11 月他担任日本首相时提出的"建立大东亚新秩序"的"近卫声明"，以及后来的"大东亚共荣圈"。"东亚新秩序"是近卫政府外交战略的最高目标，是近卫外交的代名词。但是近卫的"大东亚新秩序"理论不是在日全面侵华战争爆发后一蹴而成的，而是经历了一个阶段性的形成过程。关于对近卫"大东亚新秩序"本身的研究和批判，已经有太多的研究成果问世，本文不在此赘述。本文更关注的是近卫"大东亚新秩序"形成过程，是为研究的重点。由此，本文研究的时间段是第一次世界大战结束到 1938 年近卫"大东亚新秩序"出笼，大致相当于两次世界大战之间。

关于国际秩序论，其实是指作为认识主体的集体或个人对国际秩序的基本认识和根本看法，属于哲学意识形态范畴。其内容主要包括认识主体对现存国际秩序的认识和评价、对本国或观察对象在该秩序中的定位和角色分析以及基于这种分析基础之上所应采取的行动和达成的预期目标。具体结合本文，近卫文麿的国际秩序论主要是指：（1）近卫对一战后形成的凡尔赛——华盛顿体系的认知和评价，包括对秩序原则、游戏规则及其所带来的现状划分的认识和评价；（2）近卫对日本在这一体系中的角色定位的认知，大体遵循受益国和受害国这样一种简单逻辑；（3）基于前两方面的认识，近卫所认为的日本应该采取的行动（顺从抑或挑战），以及所期望达成的目标，亦即期望值。

一、近卫国际秩序论形成的背景

近卫文麿的国际秩序论形成的背景和受到的影响，主要可分为三个方面，即：其一是家庭背景的影响；其二是个人教育过程中受到的影响；其三时代思潮的影响。

近卫文麿在家庭成长的环境中受到的影响主要是来自于其父亲——近卫笃麿①。作为活跃于明治中后期的重要政治人物，近卫笃麿的主要活动领域包括：（1）在贵族院倡导拥护立宪政治和调整贵族院的权利与责任；（2）通过领导东亚同文会、国民同盟会、对俄同志会等的活动，提倡"支那保全论"和"大亚细亚经济论"思想；（3）创办杂志宣扬政治见解；（4）作为学习院院长推进日本贵族的教育制度改革②。其子近卫文麿在进入政界之后的活动，大致也与此相似，特别是在贵族院的改革问题上和外交问题上有不少的继承性③。而且由于父亲近卫笃麿的关系，近卫从儿时便开始接触到往来于家中的亚细亚主义者。在日后的回忆中，近卫自己承认"因此关系，家父处多支那关系者出入，吾自幼时起，不少受到此等影响"④。

但是近卫笃麿"平素公务繁忙,于家少闲适安稳,故无同餐共食之事"⑤，所以在近卫文麿的思想形成的过程中，同样需要重视其个人的教育经历及其影响。

近卫于 1897 年进入学习院初等科，开始接受正规学堂教育。之后在 1904 年父亲近卫笃麿去世后，成为近卫家的家主，并袭爵为公爵。1909 年学习院中等科毕业时，选择参加考试而进入东京一高，而不是和其他贵族一样直接进入学习院高等科。1912 年一高毕业后，入东京帝国大学哲学系，旋即又转学京都帝国大学法学系，在学期间于 1916 年 10 月成为贵族院的议员。

京都帝大在学期间，近卫和马克思主义经济学家河上肇有过交往。关于此段经历，矢部贞治在《近卫文麿》一书中，记有当时近卫的言论，"此时，吾于河上氏

---

① 近卫笃麿（1863—1904），日本明治时代的贵族政治家。公卿贵族出身，曾在欧洲留学，1890 年归国后成为贵族院议员。历任学习院院长、贵族院议长和枢密顾问官等职。1904 年去世。

② 栗原彬：『近衛文麿の个性と新体制』，日本政治学会编：『年報政治学』第二三卷，1972 年，第 189 页。

③ 山本茂樹：『近衛篤麿：その明治国家観とアジア観』の終章『「霞山」の明治と「虎山」の昭和』，ミネルヴァ書房，2001 年 4 月，第 225—234 页。

④ 矢部贞治：『近衛文麿』，読売新聞社，1976 年，第一刷，第 52 页。

⑤ 近衛文麿：『清談録』，千倉書房，1936 年，第 28 页。

近卫文麿国际秩序论的演变

从借得书二册，一曰约翰·斯帕尔格之《卡尔·马克思之生涯与事业》，一曰意大利都灵大学罗西亚教授之《当代社会问题》。受此影响，近卫于 1914 年 5 月与 6 月刊的《新思潮》杂志上，发表英国作家奥斯卡·王尔德的《社会主义制度下人的灵魂》的翻译稿，然而该杂志却受到了被禁止发行的处分。究其原因，乃王尔德的论文力陈私有财产的弊端而赞美社会主义的理想；此外，王尔德更否定一切权威和刑罚，将君主视为支配肉体的暴君，与无政府主义有契合相同之处甚多[①]。也即是可认为，王尔德的学说与日本的国体之间存在冲突甚至是违反日本国体的"邪说"。

除河上肇外，京都帝大期间对近卫影响更大的是户田海市，甚至是贯穿之后近卫一生的深刻影响。近卫在后来的回忆中也认为在大学时代能受到这位学者的教育至今仍是值得庆幸的事[②]。户田海市是当时京都帝大的经济学教授，主攻工业经济学和社会政策等，强调立足于"开发"中国资源的"日本产业论"。对华问题上，主张中国资源的对外开放，日本则通过对中国资源的投资来维持国内的产业建设和发展[③]。而在论文《国际间的差别待遇废止问题》（京都帝国大学经济学会编：《经济论丛》第八卷第二号，1919 年 2 月，第 236—251 页）中，户田认为像日本这样资源匮乏和人口膨胀的国家，必须要有一个开放的国际环境，所以要废弃国际间阻碍自由贸易和人口移动的限制。这些思想主张都对近卫早期的思想产生了深刻的影响，尤其是近卫在《排斥英美本位之和平主义》一文提出的观点和户田海市的《于和平会议上吾国之主张》（京都帝国大学经济学会编：《经济论丛》第八卷第一号，1919 年 1 月，第 73—99 页）一文如出一辙，故而被学者认为是近卫借鉴了户田海市的思想和逻辑[④]，而《排斥英美本位之和平主义》一文被普遍认为是近卫国际秩序论思想的奠基之作。

此外，作为一个时代之人物，近卫自身也不可避免地受到所处时代的思潮的影响。正如两次世界大战期间的别称"变动期"所示，此期间世界和日本都经历了许多的变化与转变。第一次世界大战之后的国际秩序论主要是批判国家主权的绝对性，探讨在国家以外的层面构筑国际秩序。后来成为近卫文麿智囊团昭和研究会的

---

① 矢部贞治：『近衞文麿』，第 75、79 页。

② 矢部贞治：『近衞文麿』，第 75 页。

③ 戸田海市：『支那の産業に対する投資』，京都帝国大学经济学会编：『経済論叢』，第十六卷第六号，1923 年 6 月，第 964 頁。

④ 中西宽：『近衞文麿「英米本位の平和主義を排す」論文の背景——普遍主義への対応』，『法学論叢』，第一三二卷、四·五·六号，1993 年 3 月，第 232 頁。

主要成员、也是近卫的挚友之一的蜡山政道即将多元的国家论纳入视野，主张机能主义的国际统合论。同时，腊山亦关注在东亚地域和亚洲与太平洋区域的地域和平机构的设立①。而日本的殖民政策学者矢内原忠雄则主张，将殖民政策学的论述对象由狭义的殖民统治政策扩大至伴随着社会群体的移动而产生的政治、经济和文化上的相互作用，即宗主国与殖民地之间应确立各种各样的联系和全领域的关系，此乃1931年九一八事变之前受国际协调原则支配的日本国际秩序论的基本情况②。

　　九一八事变之后，为了对日本的侵华行为辩护，新的国际秩序理论的提出和建立成为"燃眉之急"。而为呼应日本对华侵略出笼的新理论就是从 20 世纪 30 年代开始席卷日本的 "广域秩序论"。这个广域秩序论后来被包含于 "东亚协同体论"之中而登上政治舞台。主要的提倡者有蜡山政道和矢部贞治等，其均为昭和研究会的成员和相关者。广域秩序论可谓一种伪学术理论，是为九一八事变之后日本的对外侵略扩展服务的。

　　另一方面，军部及与军部关系密切的思想家也提出了其他的理论。军人出身的石原莞尔在九一八事变后提出了 "东亚联盟" 的国际秩序论。在此理论的基础上，石原又进一步提出，日本应该基于东亚联盟，准备与西方世界进行"世界最终战争"。与此同时，在日本国内，右翼势力以 "改造国家" 为由，发动了一系列恐怖事件，杀害国家和政府领导人。军部自身也陷入激烈的派阀斗争之中③。1936 年 2 月 26日，由皇道派青年将校发动的 "二二六事变" 震惊日本朝野。但是皇道派的此次政变被政府镇压，军部的另一派——统制派则掌握了军队的主导权④。对于此次事变，近卫的态度是很值得推敲的，从其之后的发言和行动来看，近卫对皇道派持同情和支持的态度。在第一次近卫内阁时期，近卫提出大赦问题就可见一斑⑤。也就是说，可以认为近卫本人是认同主张改造国家的皇道派的思想的。

---

　　① 酒井哲哉:『近代日本の国際秩序論』, 岩波書店, 2007 年，第 125—131 頁。

　　② 三谷太一郎:『序—国際協調の時代から戦争の時代へ政治』, 日本国際政治学会編:『国際政治』97 号，1991 年，第 1 頁。

　　③ 关于陆军派阀的分类和基本定义，日本学者堀幸雄在其《战前日本国家主义运动史》中有详细解释，参见堀幸雄:『戦前の国家主義運動史』, 三嶺書房, 2001 年 6 月，第 235—239 頁。

　　④ 堀幸雄:『戦前の国家主義運動史』, 第 263—282 頁。

　　⑤ 矢部貞治:『近衛文麿』, 第 223 頁。

二、两面性的国际秩序观

对于现有国际秩序架构的认识是近卫文麿构筑其国际秩序论的基础，也是关系到后面两个构成部分的关键所在。第一次世界大战接近尾声时，国际社会热论战后国际秩序。踌躇满志的近卫也迫不及待地加入这一论战中，1918 年 12 月，他在《日本及日本人》杂志上发表了《排斥英美本位之和平主义》的论文，阐述了自己的国际秩序观。

近卫在这篇论文中旗帜鲜明地抨击了既存在的以英美帝国主义为本位的国际秩序，反对流行于世的以"威尔逊十四条"为中心的普遍主义的国际秩序思想，提倡以"日本人本位"来看待和评价二战后国际秩序，进而提出了"国民生存权"，倡导国际间的"正义人道"和"人种平等"原理。对于一战后构筑起来的新国际秩序，近卫首先感受到的是实力的铁则。在其战后所著《战后欧美回览录》的《媾和会议所感》一文中，近卫提到"第一所感乃实力支配之铁则至今仍嫣然存在"[①]。书中，近卫文麿通过具体实例来揭露被世界人民所憧憬的和会的真实面目，展示英美等帝国主义列强的实力至上的霸道原则。

其一是大国独断专行的和会议事方式。媾和会议主要由五大国特别是以法国总理克里蒙梭、英国首相劳合·乔治及美国总统威尔逊这一"三巨头"为主导，日本在其中最多只是五大国中的看客。近卫对于此种议事的不满溢于言表："谓列于媾和会议、齐聚巴黎之联合各国共二十国有余，此等代表全会于一堂而议事之机会仅限总会之场合而已。然总会之会只媾和会议开幕以来仅五次，不过形式性之召开，主要问题之几乎全部尽由五大国会议定夺。"不仅如此，对于小国的要求和反对意见，"克里蒙梭于终了之时起身大声呵斥，主张'强者的权利'，一蹴即粉碎小国之要求"，将以老虎克里蒙梭为代表的欧美政治家的霸道行为描写得入木三分。

其二是在对日本有重大打击的事件上，即"至国际联盟斥人种平等案而采用门罗主义之事实，乃得视为实力之支配原则之最露骨之表现"。作为近卫《排斥英美本位之和平主义》三大思想支柱之一的"取消人种差别待遇"原则，是日本代表团在巴黎和会上提出的重要目标之一，却被公然弃之不理。近卫对此十分不满，指出

---

① 近衛文麿：『戦後欧米見聞録』，中央公論社，1981 年，第 33 頁。

"思之人种平等案之物，由基于正义维持世界之和平之国际联盟观之当然应成联盟基础之先决条件……反之门罗主义乃有与国际联盟不相容之性质。"但是"存有道理之人种平等案因由实力不足之日本提出遂至被葬送，反之无道理之门罗主义因由具实力之美国主张而之堂而皇之入联盟规约之中"①，再次反映出实力原则作为战后国际秩序中的铁则这一事实。

其三是实力原则所带来的一战后世界分配的不均衡。近卫文麿评论战后世界的这种分配原则"一言以蔽之，谓于国际间不合理状态之存在。世间有增殖力之极端旺盛、发展力之极端充实之民族，然此民族被迫无奈于狭小之领土上过穷屈之生活。另一方面，却有坐拥极其广袤之领土却人口稀薄，且受惠于天然之富足之国。如此之领土分布，怎能称之合理性之状态乎"。在这样的不合理状下，受惠于自然资源的国家还实行人种差别对待，对别国特别是黄种人实行限制，如英国自治领澳大利亚对于日本人则"断然闭锁门户不允一日人移居"②。不单是分配不合理的问题，还牵涉各国国民的生存发展权的公平问题，如此状态下各国的国民生存权得不到平等的保障，毫无国际正义可言。

在近卫看来，这样的新形成的一战后国际秩序本身就存在问题，并没有解决战争的根源问题，"只要此状态未被改善，又如何能保证不再起第二第三之世界大战。不调节成战争之根源处之不合理之此状态，徒然谈制止战争之事，不仅完全之徒劳，且有自身不合理、乃有悖自身正义之事"③，流露出其对和会的失望和对战后国际秩序根基不稳的悲观情绪。

总的来说，近卫对一战后国际秩序的认识是符合事实现状的：这是一个实力原则支配下的欧美主导的国际秩序，其中存在着各种的不均衡和不合理的因素，可以说蕴藏着下一次冲突和战争的火种。

必须指出，近卫的国际秩序观是利己、自私的，它不是站在全人类的高度，而是以日本的利益得失为评价标准。巴黎和会是帝国主义分赃的会议，日本作为帝国主义的一员，参与了分赃，特别是希望获得德国在中国山东的一切殖民权益。只是因为实力不济和中国代表的坚决抵制，才没有得逞。近卫一方面标榜国民生存权、人种平等，却根本不顾及被日本占领的中国山东人民的感受，不顾及他们的生存权，

---

① 近衛文麿：『戦後欧米見聞録』，第34—36頁。
② 近衛文麿：『清談録』，第245—246頁。
③ 近衛文麿：『清談録』，第249頁。

不顾及中国的主权。所以近卫的国际秩序观虽然具有一定的合理性，但也具有很大的局限性，是一个两面性的东西。

三、国际秩序中日本的定位

基于对国际秩序的如上认识，近卫将秩序内的国家分为"领有国"和"无领有国"，前者是指拥有广大国土或者殖民地的国家，后者是指本国领土狭小、人口饱和又没有足够殖民地的国家。从一战后形成的国际秩序来看，得益的"领有国"希望维持现状，没有得益的"无领有国"则主张打破现状。近卫认为"得益于现状维持之国呼吁和平，得益于现状破坏之国提倡战争[1]"的违和是之前一战爆发的内在诱因。在其之后写的《改造世界之现状》中，近卫仍然抱有相同的看法，认为"世界大战乃得益于现状维持之先进国与得益于现状打破之后进国之战争。不过得益于现状维持之国为和平主义、得益于现状打破之国为侵略主义而已[2]"。这一认识对其强调日本的选择路径具有很大的影响。

在这样的分析基准下，日本应如何定位？在当时的近卫看来，日本显然属于后者，即"无领有国"中的一员。他认为，日本是一个"世界上增殖力之极端旺盛、发展力之极端充实之民族"，然而现实却是"此民族被迫无奈于狭小之领土上过穷屈之生活。"而另一方面，却存在"有坐拥极其广袤之领土却人口稀薄，且受惠于天然之富足之国"。后者的具体实例就是英国的自治领澳大利亚——"澳州之面积三百万平方里，即有日本内地面积之二十倍以上。此土地之上有几许人乎？仅六百万，仅只大东京之人口而已[3]"。如此鲜明对比，日本作为"无领有国"的形象一目了然，而且日本还要在这样的狭隘之所承受每年增殖近百万的人口压力。这只是其早期思想中对日本的定位，到1931年日本发动九一八事变、与国际社会对立之后，近卫的思想也发生了变化。其在写于1935年11月22日的《国际和平的基本问题》中，认为作为这样的一个"无领有国"的日本在当时的环境下，"乃与意大利、德意志相同，与以现状维持为目标之和平机构必不能相容[4]"。此时近卫对

---

[1] 近衞文麿：『清談録』，第236页。
[2] 近衞文麿：『清談録』，第248页。
[3] 近衞文麿：『清談録』，第245页。
[4] 近衞文麿：『清談録』，第262—264页。

日本的定位已经不是简单的"无领有国"，而是要扮演一个和平国际秩序挑战者的角色。

　　然而实际上，从历史史实来看，日本在一战之后的情况并没有近卫所阐述的如此窘迫和不利，相反，日本在一战后基本上还属于一个"领有国"。首先是在殖民地占有上，当时日本占有的殖民地包括 1894—1895 年中日甲午战争后通过《马关条约》所获得的中国台湾、1904—1905 年日俄战争之后通过《朴次茅斯条约》获得的俄国的萨哈林岛南部、1910 年《日韩合并条约》后吞并的朝鲜半岛，另外还包括《朴次茅斯条约》之后继承俄国在中国东北的条约特权和一战后实际占领的中国山东地区。所以在 1918 年的当时，近卫对于日本的定位罔顾事实，是非常利己的，特别是 1922 年根据国际联盟盟约规定，太平洋地区赤道以北原德意志领有的新几内亚委任日本统治①后，日本的海外领地较一战前已经有了很大的推进，虽然之后被迫将山东交还中国，日本还是从战争中得到了巨大利益。其次，从在凡尔赛会议和华盛顿会议上日本都位列五大国之一这一现象，可以看出一战后的国际秩序中日本的国际地位和实力都是得到国际承认的，是被作为一个既得利益者来对待的。当然与英国等老牌殖民帝国相比，日本的确是一个地狭人多、资源匮乏、没有足够的发展空间来保障和英美等国同样的国民生存权的国家，或许正是从这一点上，近卫得出了以上的结论，其实就是为日本的对外侵略扩展寻找理论根据和借口。

四、日本的道路选择

　　基于对一战后国际秩序的认识和对日本在其中的定位，近卫对日本未来的道路做出了选择。对于未来日本发展的道路，近卫明言"吾人不可不立于日本人本位而思考之"②。虽然同样都是日本人本位的思考方式，但是在一战后的这近二十年中，近卫的这一思想也经历了不同的发展阶段。首先是在一战后初期的文章中，近卫强调日本应在国际上主张"排斥经济性帝国主义，各国开放其殖民地，作为制造工业品之市场，亦作为天然资源之供给地，此供各国平等之使用，无如仅自国独占之事"以及"撤废黄白人之差别性待遇"两大原则，也即是贸易和移民自由以及人种平等原则，并以此达成世界"真正和平"。否则"领土狭隘、原料品匮乏、又人口众多

---

① 原德意志领有的赤道以南的新几内亚则归澳大利亚和新西兰委任统治。
② 近衛文麿：『清談録』，第 234 頁。

近卫文麿国际秩序论的演变

且作为制造工业品市场之我国，于英国闭锁其殖民地之拂晓，如何求得国家之安全生存？"①这两大原则在其《排斥英美本位之和平主义》一文中有详细的论述，在当时近卫的意识中这是作为解决国际间分配不合理的首要解决方案。

之后，随着时间的推移和国际、国内局势的变化，到九一八事变之后，近卫在《改造世界之现状》一文中，已经将这两大原则视为解决问题的次善方案，即"窃以为调节此状态之世界之现状，至少不得不承认所谓经济交通之自由与移民之自由此二原则"。②究其原因，是近卫在经济危机之后看到了这两大原则在当时世界的受阻困境，正如其在文章中提到的"仅日本明了应成此真之和平之基础之经济交通之自由与移民之自由之两大原则于近之将来始终不可实现，故不得已择向作为生存下去之唯一之途之满蒙进展"。"吾等由于因年年近百万人口之增加作为国民之经济生活被压迫甚烈，被迫于应早日寻出自己可生存之道之必要"③，实际上是为日本侵略中国东北进行诡辩。

既然经贸和移民的自由由最善退居次善解决途径，表明此时近卫的思想中出现了新的最佳解决方案，这即是在1935—1937年于日本甚嚣尘上的"殖民地再分割论"。

由于日本在东亚和意大利在北非的挑战，一战后的国际秩序在世界范围内出现崩溃趋势。九一八事变后，日本又越过长城，侵略华北，并强迫中方签订了《塘沽协定》《何梅协定》和《秦土协定》等一系列协定，强化了对华北的控制。1934年4月17日，日本外务省情报部部长天羽英二发表谈话，公然称日本对中国"负有特殊责任"，反对欧美对中国的经济和技术援助，搞起了亚洲门罗主义，引起了国际列强的强烈反应。

1935年9月5日，美国外交家爱德华·豪斯上校在美国的《自由》杂志上撰文《国际新方略之必要》，述及在当时的国际现状下，英美等国应调整政策，以缓和国际局势。他甚至认为在一战后产生的新秩序中对日德意三国，尤其是对日本的确均有失公允④。因豪斯上校"适时"地为近卫的思想主张做了注脚，让近卫大为

---

① 近衛文麿：『清談録』，第239—240页。
② 近衛文麿：『清談録』，第249页。
③ 近衛文麿：『清談録』，第254—255页。
④ JACAR（アジア歴史資料センター）Ref.B02130677800、国際事情統篇第八（B-情-8）（外務省外交史料館）、（四）雑／1領土及資源再調整論，第575—576页。

喜悦和满足[①]。同年 11 月 27 日，近卫在《自由》杂志上发表了《答豪斯上校》一文。在此之前的 11 月 22 日，近卫已写有《国际和平之基本问题》一文，可以视为是《答豪斯上校》一文的姊妹篇，都是对豪斯上校文章的回应，在此置于一起进行分析。

近卫在文中对一战后新出现的国际联盟这一维护和平的机构进行了批评。他认为"世界大战后，世界之为政者欲基于共同保证制度、由网罗世界之大小国家之国际联盟来维持世界之和平，然未得发挥最初预期之效果。如此，欧洲之政局于战后始终不安定。他处，现今东非方面战云密布"[②]。基本就是认定国际联盟的无用性，认为其不过是英法用来维持现状的工具而已。近卫更强调，在当时国际环境下，单一的国际和平机构，根本无法对付复杂的国际局势，因为"如此不虑及除去战争之原因而以现状维持为前提，只虑和平机构之处根本上潜有为未触及之缺陷"[③]，一语道出了国际联盟存在先天缺陷。

近卫对于国际秩序的批评，基本是延续之前思想脉络，继续陈述一战后世界领土和资源分配的不均，仍将此种不均归结为导致战争的原因。但近卫也不得不承认，可以解决这样的冲突和战争的方法的主动权仍然是在占有广大殖民地和势力范围的欧美列强手中。所以近卫指出如果欧美列强仍然执着于对现有秩序的维护，"此无理亦无可能，如此则最终不得永久维持和平，此为洞若观火之事"[④]。因此，为了防止已享有的和平不被战争破坏殆尽，这些现状维持国家就应该做出必要的调整。而对于这样的调整原则，近卫认为最基本的就是承认和实行"移民之自由"和"通商之自由"两项原则，仍然是延续"取消人种歧视"和"国民生存权"的思路，但在表述和措辞上较《改造世界之现状》中为委婉，或许此时日本已经占有中国东北和华北的部分地区，生存空间较此前已有很大改观之故。

在此，近卫再次将日本、德国和意大利这三个一战后反体制的国家放在一起进行讨论和分析比较。近卫认同豪斯上校文中提出的"凡尔赛和平条约，夺德国之殖民地、未给意大利约定之殖民地、妨害日本之要求"[⑤]思想，并且认为日本与德意

① 矢部贞治：『近衛文麿』，第 220 頁。

② 近衛文麿：『ハウス大佐に答ふ』，『清談録』，第 226 頁。

③ 近衛文麿：『国際平和の根本問題』，『清談録』，第 261 頁。

④ 近衛文麿：『ハウス大佐に答ふ』，『清談録』，第 230 頁。

⑤ JACAR（アジア歴史資料センター）Ref.B02130677800、国際事情続篇第八（B-情-8）（外務省外交史料館）、（四）雜／1 領土及資源再調整論，第 574 頁。

有相同欲求，对世界和平有着重要的影响，欧美列强应"侧耳倾听日本、德意志、意大利此三大国国民之要求而以适当之条件，共同讲求瓜分己物之方法"①，明确提出了重新瓜分世界的要求，为的就是建立日本的区域帝国。

与此同时，近卫还认为"日本乃与意大利、德意志相同，与以现状维持为目标之和平机构必不能相容之立场"②，明确表明将日德意与一战后成立的和平机构立于水火不相容之势，即日德意三国和英法等国是对立的两个集团。结合近卫此前主张改变一战后不合理国际现状的思想，可知方法不外两种，或英美等国实行调整和开放政策，或日德意三国实行挑战政策。但如历史所示，英法等国的"绥靖政策"最终也未能挽救一战后的国际秩序，甚至助长了日德意三国的胃口和野心。

值得注意的是，近卫重视日德意三国的关系，除三国确有相同之处外，或许更重要的是可以形成一种集团的力量，相辅相成地实现日本单枪匹马之下很难完成的挑战。可以认为，近卫此时已经开始意识到与德意合作打破旧秩序的可行性和实用性，这也可视为其日后同意"三国同盟"的一个前兆。

近卫从早期强调"日本人本位"开始，就已批评日本国内追随英美与和平主义的潮流。近卫认为"意大利之政治家有大极其胆率直论意大利之膨胀之不得已之结果。德意志之政治家将德意志新领土乃必要之文公然入纳粹之纲领中。然日本缺此率直性。此乃受世界之误解之一大原因"。③正是缺乏这种直率性，导致"于'满洲'事变，恰如罪人被引出于裁判官之前之时，仅做辩解"这样的拙劣表现。近卫强调其根本原因在于"以基于现状维持之处之和平机构为神圣之所之英美本位之思考方式已浸入日本人之头脑中"，导致日本最终无法正当化自身的生存权要求和所带来的行动。④近卫主张这种对外路线是日本在过去、当下和将来受非议、失去国际信义的祸首，强调日本要发展下去，就必须克服行动与主义之间的矛盾⑤，一如德意所从事的那样。

为此，近卫指出日本应做出改变，重要的是要有"克服基础于现状维持之和平主义，而虑出由吾等独自之立场、独自之见识而来之新国际和平之原则，必有向世

---

① 近衛文麿：『国際平和の根本問題』，『清談録』，第 257 頁。
② 近衛文麿：『国際平和の根本問題』，『清談録』，第 264 頁。
③ 近衛文麿：『国際平和の根本問題』，『清談録』，第 266 頁。
④ 近衛文麿：『国際平和の根本問題』，『清談録』，第 266—267 頁。
⑤ 近衛文麿：『国際平和の根本問題』，『清談録』，第 267 頁。

界大胆率直质问此之程度之觉悟"①。只有立足于"日本人本位"并具有此种直率性，日本才能勇于打破现有的国际秩序，建立自己的国际秩序。这就是近卫为日本做出的道路选择。

至此，近卫早期的国际秩序思想基本形成，它经历了对战后国际秩序由批评、非议，到提议调整及部分打破，再到九一八事变后与德意等不满现状国家一同打破现状的发展轨迹。其主旨一直围绕着日本人本位的"生存权""正义人道"和"人种平等"这三个原则而展开与深化，后期更在强调，日本不应掩饰自身的帝国欲求，而应"光明正大地"公之于众、公开地抢夺殖民地，实现"殖民地再分割"。而所谓的"殖民地再分割论"，即是近卫执政后推行"东亚新秩序"的前奏和理论准备。而建立在这一理论上的发展道路，只有侵略扩展战争，没有二选。

结　语

从 1918 年到 1937 年的近二十年的战间期，是近卫文麿从政治外围逐步向政治核心接近的过程，也是其国际秩序论萌生、发展和转变历史时期。通过对期间其国际秩序论的分析可以发现，近卫对一战后"弱肉强食"的国际秩序有了深刻的认识，对于欧美列强主宰世界的局面十分不满，并把日本定位为现行不公平国际秩序的"受害者"。进而提出了"日本人本位"的独特国际秩序论，核心是要打破现秩序，创立新秩序，重新瓜分世界。近卫的世界秩序论不仅仅停留的理论层面，而是随着其地位的变化，特别是 1937 年开始执掌日本最高权力后，将其理论直接运用和指导了实践，"大东亚新秩序""大东亚共荣圈"都是其打破现秩序，建立以日本为中心的国际新秩序的结果，而这些国际秩序都是伴随日本对外侵略扩展战争产生和形成。

从萌发到形成再到最终破灭的二十多年时间里，近卫的国际秩序论一直围绕着日本和国际秩序的关系问题，即对现有国际秩序的认知、日本在其中的定位和基于此定位日本应该采取的行动展开。从发展逻辑来看，近卫大致遵循"认识旧秩序—批评旧秩序—打破旧秩序—建立新秩序—构建失败与破灭"这样的单线发展。具体来看，在近卫的国际秩序观论中，认知和批评旧秩序的阶段在《排斥英美本位之和

---

① 近衛文麿：「国際平和の根本問題」『清談録』、第 267 頁。

近卫文麿国际秩序论的演变

平主义》一文中既已经成型和比较完善；20 世纪 30 年代，近卫开始强调打破旧秩序，特别是日本发动全面侵华战争之后，打破旧秩序进入了实质性阶段；"东亚新秩序"的提出，标志着"建立新秩序"阶段的到来；近卫提出"大东亚新秩序"和"大东亚共荣圈"的构建妄想，是"建立新秩序"的顶峰，后由决定对美开战而最终破灭。

从历史发展潮流上来看，近卫的国际秩序论其实是近代以来日本对外扩张的"大陆政策"和西方近代殖民主义、帝国主义国际秩序论的混杂物。尽管近卫一再用"国际正义人道"等口号来为其国际秩序论掩饰和"正名"，却欲盖弥彰地体现了其思想的两面性和侵略性。运用双重标准，近卫在秉持"日本人本位"思想来实现日本的发展和平等的同时，却践踏着中国等亚洲国家的主权和领土，更用"东亚新秩序"这样的幌子来为日本侵略行为辩护。近卫国际秩序论的发展过程和本质，正是近代日本对外侵略扩展道路的缩影。

第一次世界大战后日本铝产业的发展

三和元

内容摘要 第一次世界大战后，在军部的需求下，日本开始制造杜拉铝，并自主研发了以明矾为原材料的制铝技术，推进原铝的国产化，逐步确立了日本国内的制铝体系。同时，还在中国、朝鲜等地建立了境外铝业。日本的铝业得到了急速的发展。1937 年，中日全面战争爆发后，日本经济转向战时经济体制，政府与企业间矛盾重重，铝业的发展充满曲折。随着二战的爆发，进口原铝非常困难，控制铝矿原料产地也成为日本军部推进战争道路的重要原因之一。

关键词 一战后　日本　铝产业

作者简介 三和元，日本岐阜经济大学经济学系副教授

第一次世界大战后日本铝产业的发展

日本的原材料产业之中，有自古相传历史悠久的铜、铁、纸，也有明治时期开始使用的水泥和半合成树脂（赛璐珞）。20 世纪之后，又出现了铝和合成树脂（塑料）。第一次世界大战后，历史悠久的日本制铜业日渐衰落，新材料铝的生产及其产业日益发达。在日本，铝的产量于 20 世纪 70 年代超过了铜的生产量，成为继钢铁之后的主要金属。

本文，将追述日本铝产业诞生初期的过程，并对当时所出现的日本特有的问题进行分析。

一、一战后有色金属产业的变化

学界普遍认为，是第一次世界大战促成了日本的产业构造向重化工方向发展的重大转变。如图 1 所示，1910 年由钢铁、有色金属、机械、化学等构成的重化工产业的生产总额占总比重的 21.3%，但 1920 年就增至 32.8%。在整个 20 世纪 20 年代中，虽然重化工业的增长曾一度出现停滞，但到 1930 年就又恢复至总比重的 32.8%、1940 年达到了 58.9%。这期间，有色金属的构成比重，依次为 1910 年的 1.6%、1920 年的 1.9%、1930 年的 2.5%，占比逐步增大。

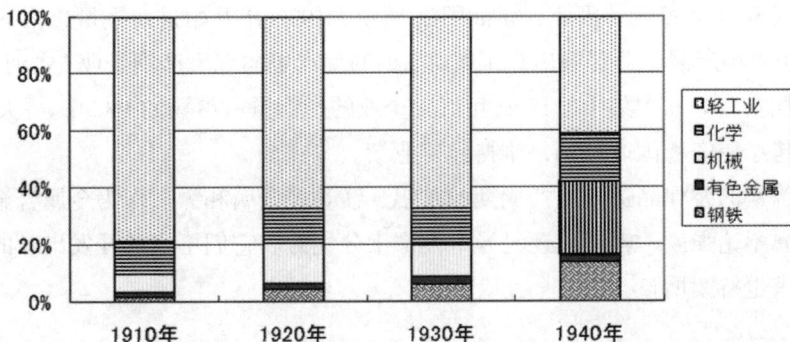

图 1　制造业的构成比重

资料来源：根据三和良一、原朗编：《近现代日本经济史要览》（修订版）第 11 页绘制。

第一次世界大战期间，陆军使用的战车、军用车，海军使用的潜艇，空军使用的战机，这些以前从未出现过的兵器登上了历史舞台，而这些兵器的出现促使战争策略发生了重大转变。新兵器的使用加大了对新型原料的需求。其中最引人注目的新型原料就是轻量化的铝和金属强化素材的镍、镁。另外，第二次产业革命时代到来，电力逐步取代蒸气成为主要能源，也加剧了对铜的需求。

日本的有色金属矿业的重心是产铜业，从江户时代起，作为国产资源且蕴藏丰富的铜，被日本精冶炼制并作为主要产品出口国外。但由于第一次世界大战的爆发，日本产铜业急速地失去了其国际竞争力。究其原因，一方面是日本国内名义工资的上升及煤炭等燃料价格的提高导致生产成本的增大；另一方面是海外市场上，美国的产铜企业开发了中南美洲的矿山，提升了产能，加强了铜产品出口。根据研究报告，日本的铜产品生产成本，自 1914 年每 100 斤 30 日元升至 1927 年的 45 日元，而美国的铜产品生产成本，从 1914 年的每磅 10 美分降至 1927 年的 9.5 美分。[①]

如图 2 所示，铜的产量自 1918 年的 9.7 万吨降至 1921 年的 5.4 万吨，降幅达 44%，之后虽有所回升，但还是徘徊在年产 6 万吨左右的水平。铜的出口量也是持续降低，到 1920 年铜的进口量超过了出口量，日本也变成了铜的进口国。由于电力革命，导致铜制品需求持续增大，这促进了生产铜板、铜条之类的伸铜产业的持续成长，但精铜产业却逐步走向了衰落。

产铜企业向政府申请提高进口关税，并于 1922 年成功将每 100 斤 1.2 日元的进口关税提升至 7 日元。因此，正如图 2 所示，1923 年开始进口铜量急剧下降。而且，由于中小产铜企业普遍停止了精炼，铜的生产更向五大产铜企业（古河、三菱、藤田、住友、久原）集中，1929 年五大企业的产铜量占市场的 93.3%。[②]大企业们通过销售结盟安稳国内市场，维持经营业绩。

作为铜的替代品进入生产周期的是铝、镁等轻金属和镍。作为金属合金材料，这些金属不论强度、轻量化还是导电性都十分优秀。它们不仅被开发出新的用途，市场需求也持续增长。

---

① 《钻石》，1927 年 11 月 11 日号，第 16 页。转引自武田晴人：《日本产铜业史》，第 355 页。
② 依据武田晴人《日本产铜业史》，第 361 页表 237 计算。

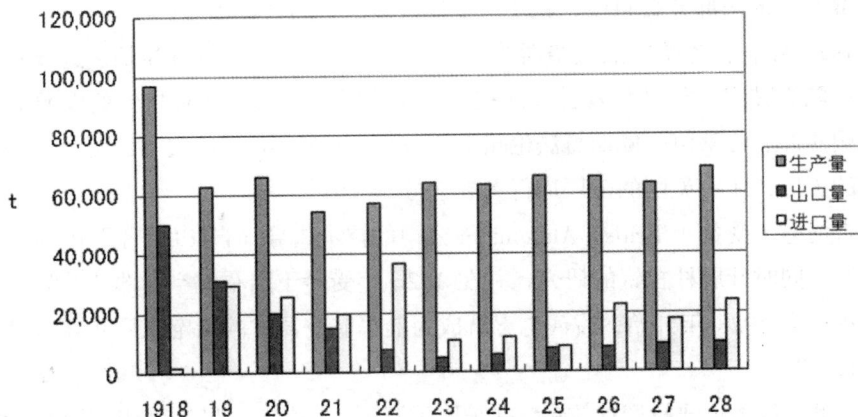

图2 铜的生产及进出口的变化

资料来源：武田晴人：《日本产铜业史》，第242页。

二、杜拉铝的引进

在新诞生并开始发展的有色金属中，铝作为航空飞机机体及引擎的轻量化素材，非常受重视，含有铜、镁的铝合金也就是杜拉铝的开发研究日益发展。杜拉铝是一种铝合金材料，由德国发明，并于1909年取得专利，从1910年开始正式工业生产，这种材料的扩张力不逊于软钢且能保持强硬度。德国使用杜拉铝制造了齐柏林飞艇，并在第一次世界大战时用于空袭伦敦和向非洲战线运输物资。军用飞艇虽然容易被对空炮和军用战机攻击，但作为最初的空中武器，实现了从空中打击、爆破地面设施的目的。

第一次世界大战期间，日本驻伦敦的海军武官搞到了坠毁的德军齐柏林飞艇碎片，并将其送回日本。日本舰队技术本部委托住友伸铜所进行材料分析。住友伸铜所自1898年就开始利用进口铝材料压制铝板，并于1913年左右开始研究铝合金材料。他们研究分析了齐柏林飞艇碎片后发现，制造齐柏林飞艇的材料是铜与镁、锰的合金。根据研究结果，住友伸铜所开始尝试制造杜拉铝，几经波折，终于自1920

年开始正式投产杜拉铝，并称其为"住友轻银"。[①]1922 年，中岛航空制造的日产飞机 B 六型的一部分材料中，就使用了住友伸铜所的杜拉铝板。[②]

1922 年，作为德国战败赔偿的一环，德国接受了日本的杜拉铝制造技术研修团。由陆军技术人员和住友伸铜所技术人员构成的研修团在杜拉铝的发源地迪伦（德国西部、北莱茵—威斯特法伦州）的 Dürener Metall 工厂实习，调查研究德国各地的工厂，还去英国的工厂进行参观学习。[③]

古河电工受益于 British Aluminium 公司的技术指导，自 1920 年开始制造钢芯铝电线，同时开展杜拉铝的研究，并在 1926 年受命于陆军航空本部开始尝试制造杜拉铝。自 1928 年开始，古河电工就成为陆军航空器材的指定工厂并开始制造杜拉铝板。[④]

至此，日本正式投产杜拉铝，并采取了海军联手住友，陆军结盟古河的双线并进方针。

三、铝的国产化之路

日本铝的国产化比较晚，经历了从进口到国产的曲折发展道路。

在构成地壳的元素中，除氧（46.6%）、硅（27.7%）以外，铝的含量占第三位（8.1%），是比铁（5.0%）还要丰富的金属。铝以矾土的形式存在，但与铁和铜不同，由于与氧的亲和力较为坚固，不能使用木炭或煤进行碳还原。因此，直到 19 世纪，铝并没有作为金属被利用。[⑤]

随着丹麦的物理学家奥斯特（Hans Christian Ørsted）及德国的化学家弗里德里希·维勒（Friedrich Wöhler）成功制造出粉末铝，法国的化学家圣克莱尔·德维尔（Henri Etienne Sainte-Claire Deville）终于在 1854 年实现了铝的工业化。德维尔制

---

① 《住友轻金属年表》，第 19—20 页。
② 清水启：《铝外史上卷》，第 98 页。
③ 《住友轻金属年表》，第 33 页。
④ 《日本轻金属 20 年史》，第 3 页。
⑤ 含有铝的硫酸盐的明矾、医用（消毒剂）、工业用（染色剂、单宁、沉淀剂）等从很早就开始被使用。1808 年英国的化学家汉弗莱·戴维（Humphrey Davy）预测明矾里含有金属，将其命名为 Alumium、后又称为 Aluminum。当时新命名的元素有 Magnesium（镁）、Calcium（钙）等，名称结尾都是-ium，因此提议用 Aliminium 这个名称，于是便有了两个名称。美国至今依然使用 Aluminum 作为正式名称。

第一次世界大战后日本铝产业的发展

造的铝，在 1855 年巴黎召开的第二次世界博览会上展出，被称作"黏土中的白银"，并受到广泛关注。[①]当时，铝是比黄金更贵的金属，仅用于装饰品和高级餐具。1855 年，亨利·梅尔创立的佩希内公司（当时称 CPC 化工公司，现在的力拓加铝公司前身）获得了德维尔制铝工艺的专利垄断权 30 年，并于 1860 年开始生产铝。[②]

铝的真正工业生产，是始于用电气分解矾土进行冶炼的方法被发现之后。电解法是由德维尔最初关注，被美国的霍尔（Charles Martin Hall）和法国的埃鲁（Paul Héroult）同时分别发现的。霍尔、埃鲁的方法成为后来制铝的基本方法。

霍尔在 1888 年建立了匹兹堡冶金公司（美铝公司的前身）。同时，1888 年瑞士（纳豪森 AIAG，后来的阿鲁苏伊萨公司，现在的力拓加铝公司的前身）、法国，1894 年英国（英国铝业公司，后来的加拿大铝业集团、美铝公司，现在停止生产）都开始用电解法工业化制铝。

原铝的生产量 1890 年不足 110 吨，但是 1900 年就达到 7300 吨、1910 年 4.3 万吨、1920 年 14.8 万吨、1930 年 26.7 万吨，产量急速增加。1910 年之前主要以美国和法国为中心，之后，德国、挪威和加拿大的产量也都急速上升。

日本在 19 世纪 90 年代后期就开始由陆军的炮兵工厂生产铝制军用餐具(饭盒、水杯)，进入 20 世纪后，民间工厂也开始生产铝制生活用品。铝制品的原铝主要从欧洲进口，但由于第一次世界大战造成进口困难后，转而依赖于从美国进口，自 1932 年起更扩大至加拿大。（如图 3）

[①]1867 年巴黎第四次世界博览会上也展出了铝制品，幕府派遣的使节团看到后，将铝的相关信息带回了日本。

[②] 佩希内公司从 1897 年开始采用电解法。*International Directory of Company Histories*, Vol. 45. St. James Press, 2002.

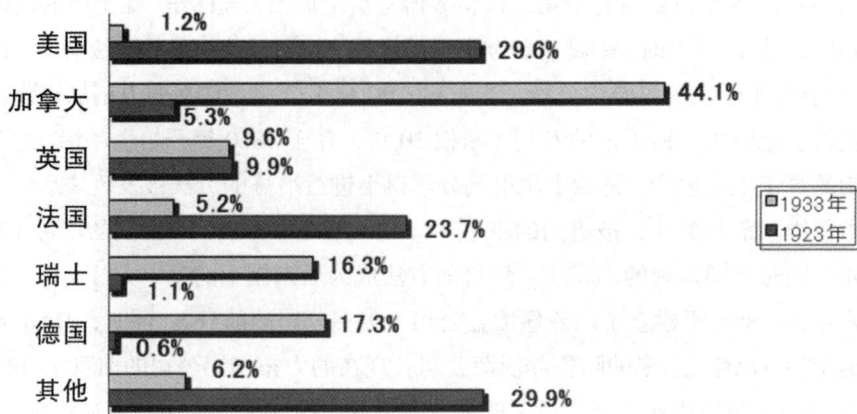

图 3 原铝进口国

资料来源：根据《日本轻金属 20 年史》第 524 页表 8 绘制。

日本尝试生产原铝，是始于 1916 年成立的日本轻银制造公司。但由于技术不足，工厂成立不满一年便关闭了。在那之后，日本轻银制造公司虽受惠于政府的资金支持再次尝试了生产，但最终失败并于 1925 年关闭工厂，连公司也解散了。

第一次世界大战期间，航空兵器登上历史舞台，作为原材料的铝深受瞩目，随着杜拉铝的国产化推进，原铝国产化也变成了重要课题。

1926 年，计划召开铝业发展促进协议会，为政府提供行业发展方向，但由于当时政府内阁换届，导致会议没有完成申辩手续，而未能召开。古河电工、东海电极、大成化学这三家大企业于 1925 年联合创立铝业发展协商会组织，并于 1927 年向政府商工大臣提交了"关于发展日本铝业的建议书"，1929 年该组织又向当时的田中义一内阁和滨口雄幸内阁的商工大臣提交了促进铝业发展及相关奖励的请愿书。请愿书中，该组织希望政府能够针对铝业公司，保证其 10 年 8% 的利益收入。在 1930 年召开的铝业咨询委员会上，制订了原料使用铝土矿、电解工厂年产量 4000 吨、4 大财阀共同出资、申请关税优惠及政府补贴的内阁答疑申报计划，但又因当时政府内阁换届而没有完成最终的议会申辩手续。①

1931 年日本军部发动了九一八事变，日本也于 1933 年退出了国际联盟组织，

———————————

① 《日本轻金属 20 年史》，第 3—4 页。

在此环境下，原铝的进口也变得前途暗淡，导致军部对国产铝的诉求越发强烈。1933年，新兴财阀之一的森集团创始人森矗昶经营的日本沃度公司（1934年2月更名日本电气工业，1939年与昭和肥料合并后更名昭和电工）在长野县大町设立电解工厂，在神奈川县横滨创建了制铝工厂，并于1934年成功地使用原材料明矾生产出了原铝。之所以使用明矾做原料，也是根据军部期望原料自给自足的方针而选择的。

1936年住友铝制炼公司（1934年成立）开始尝试使用原材料明矾冶炼，1937年日本曹达公司开始使用原材料铝土矿炼制。到1940年，由古河电工与东京电灯共创的日本轻金属公司（1939年成立）也开始使用原材料铝土矿进行炼制。

四、日本国内制铝体系的确立

日本轻金属公司的诞生确立了日本国内的制铝体系，但其创立过程中却充满了曲折。

1937年日本全面侵华战争爆发，经济也随之转向战时经济体制，相继出台了监管贸易进出口的临时法案、临时资金调整法、工厂事业所管理法案等经济统管法案，对经济实行管制，并于1938年通过了国家总动员法，完备了战时统管的法律体系。为了统管铝业，于1938年成立日本铝工业联盟组织。

当时的紧急课题就是要提高重要物资的生产能力，为此，企划院（1937年成立）在"重要产业五年计划"中讨论了制铝产能的扩充计划。当时，古河电工作为国家企业提出了大规模成立精炼公司的方案。古河电工自成为陆军航空器材指定工厂以来，一直进行铝原料的调查，发现马来半岛南部的民丹岛铝土矿藏丰富，进而与采矿权拥有者必和必拓公司谈判，于1930年开始参与矿产开采，又通过日本铝业集团与必和必拓公司签署了铝土矿的长期供应协议。之后的1935年，古河电工与三井、三菱共创日本铝业公司，并在中国台湾设立工厂，确保了原铝的稳定供应。古河电工之所以计划成立新的公司，就是为了开发民丹岛的铝土矿资源。

日本政府也同意古河电工的方案，并筹谋制定铝业相关法案和建立国家级企业。于是古河电工说服了当时在富士河和大井河搞水电开发的东京电灯公司，提议共同创建新的企业，并积极向政府争取通过他们的方案。原计划是分3期完成年产5万吨工厂的筹建工作，但日本商工部建议将3期计划变更为一次性建成。古河电工和东京电灯接受了商工部的建议，并提交了新的建厂计划。商工部最终通过部级决议确立了基本方针，新成立的公司属于准国家级企业，将对其提供政策支持，要求现有诸公司为新公司的成立进行出资，并提供技术交换与氧化铝资源共享。

但是成立新公司的方案遭到了现有诸企业的强烈反对，他们通过日本铝工业联盟组织开展了反对运动。而古河电工和东京电灯一方，由于得到了商工部将要成立新公司的内部消息，开始准备筹划创立日本轻金属公司，并于1938年11月得到了公司成立准许证。成立条件中虽然要求了现有诸公司需要提供资金支持，但是古河电工和东京电灯却无法与现有诸公司达成共识，而现有诸公司也通过日本铝工业联盟组织继续开展反对运动。现有诸公司强烈要求停止对新公司凭借准国家级企业而获取的资源分配优惠待遇，希望商工部能认可现有诸公司申请的增产计划。

商工部最终以政府内阁轮换为契机，更改了原方案，撤回了现有公司需向新公司出资的强制政策，并明确表示新公司不会作为准国家级企业得到政策优惠待遇。1939年3月，轻金属制造事业法在议会通过讨论，最终确定了采用许可制，免除营业税、所得税、关税等税种，扩大投资时政府给予政策优惠等法案内容。这个法案的确立安抚了现有诸公司，而日本轻金属公司也于1939年3月成立，和现有诸公司一样，都属于一般企业。

五、日本的境外铝业

在境内发展铝业的同时，日本也积极开拓境外铝业。1933年，日满铝业公司成立，自1935年开始利用伪满洲地区的矾土页岩（富含铝素的岩石）冶炼铝制品。

1935年，由三井、三菱、古河三家共同出资成立了日本铝业公司。该公司依据民丹岛长期供应铝土矿资源的协议而设立，在中国台湾高雄开设铝业工厂和电解工厂，并招募外国技术员，于1936年正式投产。

同年，"南满洲"铁道集团与伪满洲国合办成立了伪满洲轻金属公司，利用东北地区的矾土页岩矿藏，于1938年正式投产铝制品。

在朝鲜，日本窒素肥料公司自1940年开始在兴南地区利用水力发电制造铝，朝鲜轻金属公司也于1941年开始在镇南浦地区，三井轻金属自1943年开始在杨市地区开展冶炼事业。

至此，日本境内外已具有完备的铝业生产体系，再加上后期加入的制铝企业，

第一次世界大战后日本铝产业的发展

至日本战败时（1945 年），日本境内外的工厂规模可参考表 1 所示。

表 1　铝业工厂的规模（1945 年 8 月）（单位：1000 吨）

地域	公司	工厂所在地	开始生产日期	生产能力	产量
日本本土	昭和电工（日满铝业）	大町	1934 年 1 月	20.0	18.3
		喜多方	1943 年 12 月	8.5	4.3
		富山	1935 年 9 月	6.0	5.7
	住友铝业冶炼	新居滨	1936 年 2 月	25.0	19.1
	日本曹达	高冈	1937 年 5 月	12.0	11.0
	东北振兴铝业	郡山	1939 年 7 月	3.6	3.4
	日本轻金属公司	蒲原	1940 年 10 月	36.0	30.9
		新潟	1941 年 1 月	18.0	16.8
	国产轻银公司	富山		3.5	0.0
	合计			132.6	109.5
中国台湾	日本铝业公司	高雄	1937 年 2 月	15.0	8.4
		花莲港	1941 年 11 月	9.0	2.9
	合计			24.0	11.3
朝鲜	日本窒素肥料公司	兴南	1940 年 1 月	6.5	4.6
	朝鲜轻金属公司	镇南浦	1941 年 6 月	4.0	3.3
	三井轻金属公司	杨市	1943 年 5 月	20.0	8.0
	合计			30.5	15.9
伪满洲	伪满洲轻金属公司	抚顺	1938 年 6 月	12.0	8.6
	合计			199.1	145.3

注：生产能力是指 1945 年 3 月的数值，产量是指 1944 年的产量。

资料来源：三和元：《日本铝业——铝业的兴盛与衰退》，第 48 页。

结　语

原铝的供给量在 1929 年达到了 1.2254 万吨，且全部依赖进口。由于世界经济危机需求一度减退，到 1934 年时供给量减少到 1.1917 万吨，这其中还包括当年开始国产的 1002 吨。之后如图 4 所示，供给量继续提升。

1939 年爆发了第二次世界大战，导致进口原铝非常困难。虽然 1940 年的供给量有所减少，但由于境内外日本企业的产量增长，至 1941 年时供给量达到了约 8

万吨，其中 70% 由境内工厂生产，30% 由境外工厂生产。原铝的供应量至 1943 年时达到顶峰，自战败的前一年也就是 1944 年开始减少。

一战之后进入了总体战时代，特别是在生产航空飞机时，铝是不可或缺的材料。因此，自 20 世纪 30 年代开始，铝业在日本也得到了快速的发展，确立了生产体系，提高了产量。

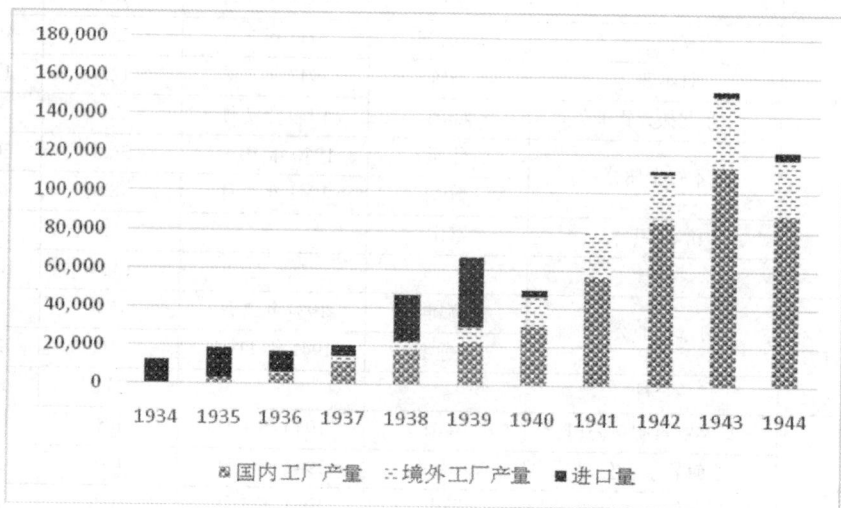

图 4　原铝的供给情况（自产与进口）

资料来源：根据《日本轻金属二十年史》，第 520、524 页绘制。

在日本铝业的成长发展过程中，有 5 个要点值得关注。

1. 军部的需求促进了日本铝业的发展

军部通过分析柏林飞艇碎片，认识到了杜拉铝的重要性，所以从背后坚定地支持日本铝业的成长与扩张。而日本铝业国产体制的确立，反过来又成为日本军部推进战争道路的重要原因之一。

2. 铝矿原料无法做到自给自足

利用日本境内的明矾作为制铝原料，其资源量和技术上都有困难。采用铝土矿做原料不得不依赖于当时受荷兰殖民的马来半岛民丹岛的原料供给，或者中国东北地区的矾土页岩资源。因此，要保证铝的供给量，就要求军部不断对外扩张，确保对原料产地的控制。

第一次世界大战后日本铝产业的发展

第二次世界大战期间，随着日本逐渐丧失了海上运输力，1945 年的生产能力如表 1 所示，仅有 20 万吨。正是由于依赖海外原材料供给的铝业生产体系，才导致了如图 4 所示，1944 年的生产量急剧下降，无法维持战争。

3. 铝业的发展主要由新兴财阀主导

对于军部的强烈要求，除了住友，其余四大老牌财阀一开始并未表现出积极态度，所以由新兴财阀，也就是森矗昶领导的森集团占据了先机。铝业冶炼需要强大的电力支持，这就为以电力化学起家的新兴财阀与铝业的结合创造了条件。

4. 在生产技术方面发挥了自主性

虽然铝业冶炼过程中要依靠海外技术，但是以明矾为原材料的制铝技术却是日本的自主研发。另外，铝合金的制造领域中，杜拉铝的升级版超级杜拉铝的制造虽然是海外技术，但更高版本的超级杜拉铝 ESD 技术是由住友金属工业公司于 1936 年独自研发的。超级杜拉铝材料被使用于制造军用飞机。特别是在第二次世界大战前期，号称世界最强的日本海军零式舰载战斗机（零式战机）的主翼就采用了超级杜拉铝，从而达到了机身轻量化的目的，实现了超长距离飞行，提高了战斗机性能。

5. 战时经济体制下确立的生产体系

围绕着日本轻金属公司的成立，政府与现有企业之间发生了矛盾。在战时经济体制的建立过程中，双方产生了哪些问题？这些问题又是如何被解决的？通过这个案例，可以深入思考研究。

关于日本铝业发展的历史研究，还处在极度落后的阶段。针对以上这些问题，还有很多值得讨论的地方，作为研究课题应进一步思考探索。

（译者：龚娜，天津社会科学院日本研究所副研究员）

南开经济研究所与太平洋国际学会[*]

王美平

内容摘要 南开大学从建校到抗日战争结束以前一直是作为私立大学存在的，其经济来源离不开国内外团体及个人的援助。太平洋国际学会作为一个国际性民间调查团体，注重对太平洋沿岸国家间各种问题的调查研究，在 20 世纪 20 年代末 30 年代初资助南开大学经济研究所对其感兴趣的课题进行研究，双方的合作是双赢的。太平洋国际学会的资助，为处于财政困难的南开大学经研所提供了稳定的资金，从而促使经研所完成了各项研究计划，拓展了研究领域，并能在初创阶段就取得蜚声国内外的研究成果。同时，南开大学经研所的研究成果，也成为国际了解中国的重要窗口与参照。在学会内，中日学者既有交流合作，也有斗争，也是当时中日关系的一个缩影。

关键词 南开大学经济研究所 太平洋国际学会 合作交流

作者简介 王美平，南开大学历史学院副教授

＊ 本文为教育部人文社会科学重点研究基地重大项目《一战后日本的"转向"与对外战略误判研究》（编号 17JJD770010）的阶段性成果。

南开经济研究所与太平洋国际学会

1927 年创建的南开大学经济研究所①（以下简称经研所）是我国最早的民间经济调查和研究机构。在经济落后、内忧外患的旧中国，它不怕困难，勇于开拓，取得了卓越的成就，在国内外中国经济研究史上留下了光辉的篇章，也成为南开大学的标志性研究机构。

经研所开创初期，经费十分短缺。为了创造研究条件，在所长、著名经济学和统计学家何廉的领导下，该所立足中国，放眼世界，关注时代问题，加强与国际社会的交流，多方筹集经费，保证了研究事业的顺利进行。在经研所对外交流合作中，它与太平洋国际学会的合作是一个成功的范例，它对初创时期经研所的发展，起到了关键作用。本文拟就经研所与太平洋国际学会合作的建立及其合作的内容、过程进行简要的介绍和评述。

在此还要特别说明，中日两国是太平洋国际学会的重要成员国，两国代表既有友好的交流合作，也有激烈的交锋。围绕亚太问题特别是日本对华侵略政策，两国代表在学会会议上了展开了激烈的斗争。而其中以经研所为主体的南开大学群体，作为中国代表团的重要力量，发挥了积极作用。对此本人已有专文论及，在此不再详细介绍。②

一、太平洋国际学会与南开大学

20 世纪初，人们认为在不久的将来，亚洲太平洋地区将取代欧洲成为世界的中心。第一次世界大战之后，美、英、日在太平洋地区展开的海军军备竞赛和列强围绕中国展开的激烈竞争，使亚太地区充满了不稳定因素，这引起了国际社会的忧虑。1925 年美国夏威夷的基督教青年会（YMCA），联络中国、日本、加拿大、澳大利亚、新西兰以及菲律宾、朝鲜等国家与地区的基督教青年会，在夏威夷的火努鲁鲁发起召开了第一次太平洋会议。会议的宗旨在于调查、分析太平洋各国间的矛盾、冲突的原因，增进各国间的理解与交流，避免战争，维护世界和平③。会议决

---

① 1927 年 9 月 10 日，南开大学在张伯苓校长的支持下组建经济研究所的前身——社会经济研究委员会。1931 年 5 月，社会经济研究委员会与商学院、文学院的经济系合并，成立经济学院。1934 年 9 月，撤销经济学院，成立经济研究所。

② 王美平：《太平洋国际学会与东北问题——中、日学会的交锋》，《近代史研究》，2008 年第 2 期。

③ "黎序"，申仲铭：《太平洋会议与东北问题》，哈埠广盛印书局，1930 年，第 8 页。

定依托基督教青年会，在太平洋沿岸诸国即美国、日本、中国、加拿大、澳大利亚、新西兰，以及夏威夷、朝鲜、马尼拉地区，设立调查研究太平洋问题的常设国际组织太平洋国际学会（The Institute of Pacific Relations，简称为 IPR），在与会各国设立支部，并在夏威夷设立了太平洋国际学会中央理事会（1934 年迁往纽约）。太平洋国际学会作为一个常设的国际民间调查研究组织，长期对太平洋地区存在的各种问题进行调查研究，每两年开一次由该组织成员参加的国际会议，通称太平洋会议（Pacific Conference）[①]。日常调查研究的成果多以论文形式，提交于大会进行讨论。其资金主要来源于美国洛克菲勒基金会和卡耐基基金会。

　　第一次太平洋会议由宗教界人士发起，尚不成熟，影响较弱。从 1927 年召开的第二次会议开始，逐渐脱离宗教色彩，许多知名学者、新闻界人士、实业家和在野政治家参加进来，他们多为社会各界的精英，会议影响扩大。第二次太平洋会议通过了会议规约，对会议的性质、目的、调查计划以及调查项目等做出了明确规定。关于会议的性质，规定太平洋会议不是国际行政组织，而具有学术讨论性质。学术讨论范围，只限于社会科学领域，不包含自然科学。中国代表、南开大学校长张伯苓对该会的性质作了精辟的阐述："太平洋国交讨论会之主旨，在提出各关系国之问题，共同讨论，研究一解决办法，以谋互相间之了解而促进全世界之文化进步。虽无强制执行之决议，但其道德上及舆论上之制裁力，极为伟大。各国代表均系来自民间，与国家政治上之势力，迥不相谋，凡曾充代表而现任官吏者，均需回避。"[②]太平洋国际学会与太平洋会议的性质是一致的，即太平洋国际学会是促进太平洋地区和平与发展的非政府国际组织，"这是历史上首次将亚太地区作为研究对象的国际非政府组织，也是今天以太平洋经济合作会议（PECC，Pacific Economic Cooperation Conference）为代表的各种国际非政府组织的先驱"[③]。

　　太平洋国际学会的特点在于注重调查研究。《会议规约》第二条规定，"自当以

---

　　① 中国称其为"太平洋国交讨论会"。太平洋会议至 1958 年共召开过 13 次会议。20 世纪 50 年代以后，美国麦卡锡主义猖獗，太平洋会议因与苏联有交往而受到冲击，美国太平洋国际学会的成员受到迫害，学会的免税特权被废止，由此太平洋国际学会失去了洛克菲勒基金会和卡耐基基金会的资助，陷入了财政危机，1961 年 1 月被迫解散。

　　② 申仲铭：《太平洋会议与东北问题》，第 6 页。

　　③ 早稻田大学社会科学研究所（日米関係部）编：『黎明期アジア太平洋地域の国際関係：太平洋問題調査会(I.P.R.)の研究』，東京：早稲田大学社会科学研究所，1994 年，第 1 頁。

南开经济研究所与太平洋国际学会

'调查事实'为第一要务"①，并提出了八大调查项目：（1）太平洋沿岸各国国际资本的移动。（2）东亚、澳洲、新西兰及其他未调查之太平洋地方，土地利用现状。（3）东北亚、澳洲及其相近地方的人口趋势。（4）东北亚及其接近地方之农产物。（5）太平洋之热带农产物（如椰子）生产发达及对经济社会之影响。（6）中国社会学的调查：甲：中国内地村落状况之研究；乙：中国手工业之研究；丙：上海社会学的研究。（7）领事裁判权撤废后结果之研究。（8）中部美拉尼西亚之人类学的调查②。其中第六大调查项目专门是针对中国的调查，关于太平洋沿岸诸国之资本的移动、东北亚的人口移动趋势、东北亚及其相近地方之农产物及领事裁判权撤废的研究，都是与中国有直接关系的调查项目。正是因为太平洋国际学会重视实际调查研究，后来才与南开大学经济研究所建立起了合作关系。

太平洋国际学会在中国也设立了支部，称为中国太平洋国际学会③（以下简称中国学会）。中国学会集结了以胡适、张伯苓、蒋梦麟、吴鼎昌等中国的社会名流和最具影响力的知识分子，在九一八事变、抗日战争、内战的动荡时期进行了艰难的调查和研究活动，并从1925年的第一次夏威夷会议到1947年举行的第十次太平洋会议，每次都派代表参加。国民党败退台湾地区后，中国学会退出太平洋国际学会宣布解散，完成了它的历史使命。

由于在经济学、社会学研究方面的成就，以及张伯苓校长基督教教徒的背景和经研所所长何廉教授的学术地位，南开大学很早就参与了中国学会的工作，并成为学会的重要成员。其中张伯苓两次作为中国代表团团长出席太平洋学会召开的国际大会，何廉则担任了中国学会的首任调查研究主任。应该说，南开大学为中国学会及太平洋会议的发展做出了重要贡献。

① 申仲铭：《太平洋会议与东北问题》，第7页。
② 申仲铭：《太平洋会议与东北问题》，第9—10页。
③ 中国学会1925年在上海成立，中华基督教青年会全国协会总干事余日章担任中国学会的会长，青年会全国协会干事陈立廷任干事，管理日常事务。全国各大城市都有会员，最初会员以青年会为主干，从第二届会议起，开始脱离宗教色彩，许多知名学者、经济界名流和在野政治家成为学会骨干，学会影响扩大。学会成员大多都有在美国接受高等教育的共同经历。

表 1 南开大学参加太平洋会议代表概览表

会议	时间	代表	代表职位
第三次京都会议	1929 年 10 月 28 日—11 月 9 日	张伯苓 何 廉	南开大学校长 南开大学社会经济研究委员会 主任
第四次杭州·上海会议	1931 年 10 月 21 日—11 月 2 日	张伯苓 何 廉	南开大学校长 南开大学社会经济研究委员会 主任
第五次班夫会议	1933 年 8 月 14 日—26 日	张彭春	南开大学哲学、教育学教授
第六次约赛米底会议	1936 年 8 月 15 日—29 日	张彭春	南开大学哲学教授
第七次弗吉尼亚海滨会议	1939 年 11 月 18 日—12 月 2 日	张彭春	西南联合大学教育学教授
第八次会议	1942 年 12 月 4 日—14 日	方显廷	南开大学经济研究所所长
第九次会议	1945 年 1 月 6 日—17 日	陈序经	西南联合大学社会学教授、南开大学经济研究所所长

资料来源：山冈道男：《南開大学経済研究所と太平洋問題調査会》，早稲田大学社会科学研究所（日米関係部）編：《黎明期アジア太平洋地域の国際関係：太平洋問題調査会（I.P.R.）の研究》，第 91—92 頁。

从南开大学历次参加太平洋会议的代表人数和次数来看，经研所都是核心力量，何廉、方显廷、陈序经三人，先后担任社会经济研究委员会和经济研究所主任，并是研究工作的主要承担者。何廉作为首任主任，在早期参加了第三、四次太平洋会议。方显廷、陈序经各出席了一次。

二、项目合作关系的建立

南开大学与太平洋国际学会之间不仅保持了上述作为支部成员参加会议的关系，而且具有资金资助与委托项目的合作关系。

太平洋国际学会的特色，在于它是一个常设的民间国际调查研究组织。为了厘清太平洋沿岸各国矛盾冲突的原因，它以调查研究为第一要务，并在 1927 年的第二次太平洋会议上确定了八大调查项目。这些调查项目都是当时与亚太地区有密切关系的问题。太平洋国际学会将他们关心的项目，委托于各国学会进行调查，并拨给调查项目的经费。关于中国项目的调查，太平洋国际学会主要委托给了南开大学经研所的前身——社会经济研究委员会。究其原因，社会经济研究委员会的地位和

南开经济研究所与太平洋国际学会

何廉的学识在其中发挥了主要作用。

南开大学社会经济研究委员会,是中国第一个对中国经济进行有组织的研究工作的民间机构[①]。经研所建立之前,中国也存在国家经济情报局、中国社会科学研究所等国办的经济调查研究机构。太平洋国际学会是民间调查组织,不便与这些隶属于国家机关的研究组织合作。而南开大学社会经济研究委员会具有承担这种调查工作的条件。尤其是负责人何廉的教育背景和学术地位,更是一位能承担重任的带头人。

何廉,1895 年出生于湖南省邵阳县,在中国接受早期教育和中等教育后,于1919 年赴美国波姆那学院留学,1923 年至 1926 年在耶鲁大学攻读经济学兼社会学。1926 年 6 月获哲学博士学位,毕业后被张伯苓聘请于南开大学执教。在耶鲁大学留学期间,何廉作为著名经济学家费喧教授的研究助手,编制物价指数。经过 3 年的专业训练,何廉具备了很好的制定物价指数的能力,而且,他获得了做调查工作的要领和技巧。这为他以后在南开大学从事研究活动奠定了坚实的基础。而且在帮费喧教授编制《物价指数百科全书》时,他收集了当时在中国出版过的所有指数,这些资料也为其在南开最初的研究工作创造了条件。因而,南开大学社会经济研究委员会,不论是机构性质,还是研究人员素质,都是当时太平洋国际学会最满意的合作对象。

而社会经济研究委员会与太平洋国际学会合作的契机,是筹备定于 1929 年 10月在日本京都召开的第三次太平洋会议。该会议讨论的焦点问题是东北问题。美英国家的代表为了在开会之前能对该问题有一个直观认识,而在会前纷纷来中国访问。天津作为华北工商业中心,地理位置上又靠近北京,因而吸引了不少美英代表来访。而且太平洋国际学会的各国代表均多为学者,南开大学作为一所著名的私立大学,成为来访天津的各国代表的必访之地。这就使何廉有机会让太平洋国际学会了解社会经济研究委员会的工作。何廉眼光敏锐,他提议对东三省移民问题进行研究,正好与太平洋国际学会的目标相吻合。

何廉在其回忆录中,回忆了当初与太平洋国际学会接洽合作并获得资金援助的过程。1929 年 6 月,斯坦福大学的食品研究所主任、太平洋国际学会成员卡尔·阿尔斯伯格,邀请何廉进行一项为期 3 年的研究合作,研究东南亚自给自足到农业商品生产的趋势。津贴为每年 7500 美元,出差和生活另有补助。何廉对于这一合作

[①] 何廉:《南开经济研究所的工作》,《何廉回忆录》,中国文史出版社,1988 年,第 69 页。

很感兴趣，但他离不开南开大学，遂写信向阿尔斯伯格说明了他对于合作的兴趣以及他难于抽身离开南开大学的处境。何廉希望食品研究所能信任南开大学，并保证作为导师对社会经济研究委员会的成果负责。阿尔斯伯格回信答应秋季在参加第三次太平洋会议之后，到天津来与何廉商谈该问题。

9月，詹姆斯·T. 肖特维尔（James T. Shotwell）教授和爱德华·C. 卡特（Edward C·Carter）携家眷来南开访问。肖特维尔是美国哥伦比亚大学历史学教授，是美国卡耐基和平基金会成员，又是太平洋国际学会中央调查委员会委员长。卡特是太平洋国际学会秘书长。二者都是太平洋国际学会中央理事会的重要成员。他们在天津停留多日，何廉有机会与他们相识，并向他们介绍了社会经济研究委员会的工作。肖特维尔和卡特对社会经济研究委员会的研究目标很感兴趣。何廉进而将卡尔·阿尔斯伯格的邀请和他对此事的反应告诉给肖特维尔和卡特。二人认为何廉确实无法离开南开大学，肖特维尔教授知道阿尔斯伯格所提项目的基金来源，并认为太平洋国际学会对于具有同等国际意义的华北地区亦应展开研究。

肖特维尔和卡特在结束了对南开大学的访问之后，邀请何廉和他的新婚妻子陪同他们访问北京。在北京讨论社会与经济研究中的问题时，何廉建议对山东、河北的人口向东北边疆迁移和定居状况进行研究。他认为 20 世纪 20 年代末期从华北向东北地区每年迁居的人数是惊人的，"这是中日纷争的最关键地区具有重大意义的人口移动"①。当时的东北问题，在国际上被称为是"远东的巴尔干半岛"。一战后美、日围绕东北展开竞争。美国要求在东北实行门户开放政策，并通过华盛顿会议，迫使日本承认了该原则。日本在实施了短时间的协调主义外交之后，田中外交取代币原外交，在东北奉行独占主义，引起国际上的不满。日本通过军事手段，扩大在华权益，出兵山东，制造了济南惨案，1928 年又蓄谋制造了皇姑屯事件。这一系列事态的发生，引起了世界对东北问题的关注。日本一系列的侵略行径引发了中国人民的反日情绪，中国各地纷纷掀起了抵制日货运动，中日矛盾不断激化。为此，东北问题自然成为第三次太平洋会议讨论的中心问题。如上所述，肖特维尔等美英代表在开第三次太平洋会议之前来华访问的目的，即在于实地考察中国情形，尤其是中日在东北的纷争状况。而且太平洋国际学会的八大调查项目中的第三项就包含了对东北亚人口趋势的研究项目。何廉对东北移民问题进行研究的提议，正符合太

---

① 何廉：《在南开大学任教的前十年》，《何廉回忆录》，第 44 页。

平洋国际学会的需求，肖特维尔为此倍感激动[1]，遂请何廉准备一份备忘录，以备他在太平洋国际学会国际研究委员会的京都预备会议上与阿尔斯伯格讨论该问题。当时张伯苓与何廉已经接受中国学会邀请，作为中国代表团的成员出席京都会议。肖特维尔教授请何廉提前动身去日本，以参加国际研究委员会的会议。

第三次太平洋会议的预备会议于 1929 年 10 月 23—26 日在奈良举行。何廉参加了太平洋国际学会的国际研究委员会议。大会决定每年拨款 7500 美元，为期 3 年资助何廉指导的有关山东、河北人口向东北边疆迁移运动的研究，另外每年拨款 5000 美元，资助一项为期 3 年的对华北工业化的研究，该研究以天津地区为主要对象，由方显廷指导。这两项提案均委托南开大学社会经济研究委员会全权处理所拨款项[2]。这样，太平洋国际学会在中国的调查项目的实施基地，被确定为以何廉、方显廷为核心成员的南开大学社会经济研究委员会。应该说，何廉在经研所与太平洋国际学会合作的建立上起到了决定性作用。

三、项目合作关系的成效

太平洋国际学会与南开社会经济委员会展开的项目合作关系，从多个角度促进了南开大学经济学的发展。

首先，为处于财政困难状况中的南开社会经济委员会提供了稳定的资金来源。作为私立大学，南开经济学的发展历程是非常艰辛的。1927—1928 年，社会经济研究委员会成立之初，研究经费非常紧缺，何廉不仅把他个人的图书、计算机、打字机捐给研究所，而且把他在美国打工所得的有限美金，也用于聘请助手。从 1929 年到 1931 年，太平洋国际学会对南开大学社会经济研究委员会提供了为期 3 年的资助。这些资助对经费拮据的经研所来说，可谓雪中送炭。以 1931 年经济学院的预算为例，当年经济学院的收入主要有两项，一是本校拨款，为 20000 元；一项便是太平洋国际学会的资助，金额亦为 20000 元[3]。也就是说，太平洋国际学会的资助资金占到了经济学院经费的 50%，足见该资助对南开大学经济学研究事业发展的

① 何廉：《在南开大学任教的前十年》，《何廉回忆录》，第 44 页。
② 何廉：《在南开大学任教的前十年》，《何廉回忆录》，第 45 页。
③ 《经济学院董事会成立会开会记》，见王文俊、梁吉生编：《南开大学校史资料选（1919—1949）》，南开大学出版社，1989 年，第 47 页。

重要性。

表2　太平洋国际学会资助南开大学资金一览表

时间（年）	金额（元）	指定用途	美金
1928	80000	东北问题研究会	2000
1929	40000		
	17600	社会经济研究委员会	8000
1930	30750	社会经济研究委员会	
1931	20000	经济学院	
1932	30000		
1933	30000		
1934	15000		

资料来源：《南开大学历年捐款出入表》，参见王文俊、梁吉生编：《南开大学校史资料选（1919—1949）》

　　第三次太平洋会议预备会决定的为期3年的专项经费资助结束后，太平洋国际学会从1932年到1934年又继续资助南开大学的发展。与前3年的资助有所不同，这些资助没有指定使用用途。

　　其次，太平洋国际学会资金的取得，为各项研究计划的实施创造了条件，拓展了南开社会经济委员会的研究范围与领域。在取得太平洋国际学会资助之前，社会经济研究委员会由于经费限制，工作范围比较狭窄，研究工作进展缓慢。初期的研究工作主要局限于对天津地区的物价进行调查分析统计，制定物价指数。1928年，何廉决定扩大研究范围，以天津地区为专门考察对象，研究中国工业化程度及其影响。何廉拟定了一个计划，要对不同程度地表现出现代化的几种城市工业进行调查，特别是对棉纺、缫丝、地毯、针织、面粉和制鞋工业进行调查。但"由于人力物力不足，我们每次只能从这些工业中挑选一个"[1]。1929年社会经济研究委员会取得太平洋国际学会资金后，何廉拟定的关于工业调查的计划也由此得以顺利实施。因而，何廉对太平洋国际学会的资助给予了高度评价，称这笔资金的获得，"对于委员会和我们个人来讲都是巨大的鼓励"[2]。这批资金的获得，使受资金制约而不能

---

[1] 何廉：《何廉回忆录》，第72页
[2] 何廉：《何廉回忆录》，第45页。

南开经济研究所与太平洋国际学会

充分展开工作的社会经济研究会，拓展了研究范围和领域，由各种指数的编制与城市工业之调查，兼及于乡村工业与农业经济之研究。

再次，在太平洋国际学会的资助下，何廉与方显廷展开了他们负责的调查工作，并取得了非常可观的成果。至 1931 年，经研所总计 4 年中先后出版经济专刊达 16 种，定期刊物 2 种。从 1929 年至 1937 年，方显廷指导的对于华北工业化的研究，"把天津地区的主要工业从工业组织到资本都包罗无遗了"。①方显廷对华北的地毯、织布、针织、棉纺等工业、贸易问题以及华北农村工业经济建设问题进行了大量的调查研究，这些研究都以专题论文的形式发表。

太平洋国际学会提供的另一项为期 3 年的 7500 美元的研究资助，使何廉能够开始由他指导的新研究项目——山东、河北两省向东北地区的人口迁移问题研究。1930 年年初，何廉着手进行对东北当地的首次调查工作，向长春等东北各地相关机构寻求帮助，向相关官署收集移民相关材料，搜集各地农会、商会、铁路、航路、垦务等部门的相关记录与报道②，在进行了大量调查研究基础上，何廉于 1932 年写成《东三省移民研究》一文，提交太平洋会议。在研究中，何廉与人口迁出地（河南、山东）和迁入地（东北地区）建立了各种联系，他对山东、河北农民移民于东三省的原因、移民的方法、移民的生活状况等进行了分析。何廉调查的结果认为，人们由于匪盗横行、打架斗殴、连年内战、苛捐杂税、高利贷而被迫背井离乡。这种搬迁并未减轻留下来的人的生活压力，少数人迁移带来的微小好处几乎立即被人口的增长所吞没。同时，到东北的移民们在其新居中的生活也并不见改善。由于在东北地区栽种的大部分是商品粮，这些新移民受到土地契约人与中间人的剥削。

通过上述太平洋国际学会资助的调查研究，经研所总结经验，转变研究重点。何廉在研究了人口迁移运动，并对天津工业进行考察后得出了这样的结论：中国的工厂工业在整个中国经济的画面上是无足轻重的。中国经济还处于前工业化时期，农村经济仍占主体地位。据此，他越来越感觉到研究构成中国乡村社会的经济与政治机构是极为重要的。为此，1931 年以后，经研所的工作重心，转到了对中国乡村经济情况的研究上。并开设静海、定县、高阳等县为实地考察站点，进行调查研

---

① 何廉：《何廉回忆录》，第 72 页。

② 日本驻长春领事田代重德致币原喜重郎外务大臣第 52 号信，『東三省移民調査ニ関シ報告ノ件』（1930 年 1 月 31 日发，2 月 8 日收），日本外交史料馆藏，JAICA(アジア歴史資料センター)：Ref.B02031672600。

究。对华北地区的农业经济，特别是土地所有权、农业信贷与市场以及合作事业，乡村工业以及地方行政与财政等问题进行了深入研究。

最后，正是由于与太平洋国际学会的项目合作关系，南开大学经济学在初创阶段就取得了蜚声国内外的成就，其研究成果成为世界了解中国的窗口与参照。如方显廷有关中国华北工业调查的论文提交于太平洋国际学会后，引起日本关注。1936年，日本将其中的大部分论文集中翻译成日文出版，定题为"中国工业"。经研所与太平洋国际学会相关的著作和论文，被收录在太平洋国际学会的中央理事会于1953 年发行在的《关于太平洋地区的太平洋国际学会出版物一览：一九二五年——一九五二年》中，内收何廉的 7 部、方显廷的 13 部（其中 3 部为合著），丁洁和张纯明各 1 部。按原书序号排列如下：

001：*Recent Developments in China's Cotton Industry*

　　By Leonard G.Ting.China Institute of Pacific Relations, 1936.48 pp.

002：*A New Government for Rural China*

　　By C.M.Chang, China Institute of Pacific Relations, 1936, 57 pp.

421：*China's Industrialization：　A Statistical Survey*

　　By H. D. Fong. 1931.46pp.

449：*Cotton Industry and Trade in China*

　　By H.D.Fong.Industry Series, Nankai Institute of Economics. 1932. Vol.I–XXIV and 356 pp.,Vol.II–116 pp. Chihil Press, Tientsin

470：*Extent and Effects of Industrialization in China*

　　By Franklin L.Hoand H.D.Fong.1929.34 pp.

493：*The Growth and Decline of Rural Industrial Enterprise in North China*

　　By H.D.Fong. with the assistance of H.H.Pi. Industry Series, Nankai Institute of Economics.1936.83 pp.Chihil Press, Tientsin.

501：*Hosiery Knitting in Tientsin*

　　By H.D.Fong.Industry Series.Nankai Institute of Economics.1930.76 pp.,paper.

503：*Index and the Physical Volume of Foreign Trade of China, 1868–1927.*

　　By Franklin L.Ho.（In *Chinese Economic Journal*, Shanghai,February 1928）.1929.13 pp.

506：*Industrialization in China：A Study of Conditions in Tientsin*

By Franklin L.Ho and H.D.Fong.1929.30 pp.

507： *Chinese Industries*

By Franklin L.Ho. （In "Symposium on Chinese Culture"）.1931.52 pp.

565： *Problems of Economic Reconstruction in China*

By H.D.Fong, K.Y. Lin and Tso-fan Koh.1942.38 pp.

572： *Rayon and Cotton Weaving in Tientsin*

By H.D.Fong.Industry Series, Nankai Institute of Economics.1930.79 pp.,paper

588： *Rural Economic Reconstruction in China*

By Franklin L.Ho.1936.59 pp.

589： *Rural Industries in China*

By H.D.Fong.1933.68 pp.

590： *Rural Weaving and the Merchant Employers in a North China District*

ByH.D.Fong. Industry Series, Nankai Institute of Economics.1936.80 pp.Chihil

Press, Tientsin.

601： *Some Aspects of China's Economic Reconstruction*

ByH.D.Fong, C.M.Chang, Franklin Ho.L.Ting and G.Taylor.In Japanese.
Translations of 1936 Conference papers.1937.298 pp.

628： *Tientsin Carpet Industry*

By H.D.Fong.1929.77 pp.

629： *Toward Economic Control in China*

By H.D.Fong.1936.91 pp

1022： *Population Movement to the Northeastern Frontier in China*

By Franklin L.Ho.1931.51 pp.

其中丁洁《中国棉纺工业近来之发展》、张纯明《中国农村新政治：农村建设的政治侧面》、何廉《中国乡村经济建设》、方显廷《统制经济与中国》，在 1936 年 8 月的第六次太平洋会议上发表，得到了高度评价，这四篇论文与英国 George E.Taylor 写的 *The Reconstruction Movement in China*（《中国的建设运动》）一起，被日本太平洋国际学会以"支那经济建设的全貌"为题，作为《太平洋问题丛书》的第五卷，于 1937 年 11 月由日本国际协会出版。另外，方显廷的 501、572、629 号论文，以及他的《谷物交易与制造业》被日本以"方显廷：支那的民族产业"为题，作为东亚研究丛书的第三卷于 1940 年 10 月由岩波书店出版①。上述南开大学经济研究所的研究著作，成为日本乃至世界了解中国的重要窗口与参照。

　　由上可见，南开大学经研所代表中国学会参加太平洋国际学会及由它主办的国际会议，承担该会中国学会进行的主要调查活动，这一方面扩大了南开大学及经研所在国际上的影响，同时又促进了经研所事业的发展。实际上，正是有了与太平洋国际学会的合作，有了太平洋国际学会的资助，经研所才能够在初创阶段就取得了蜚声国内外的研究成果，并为以后的发展打下了良好基础。因而说，经研所与太平洋学会的成功合作，在今天仍具有积极的借鉴意义。

---

　　① 具体参见山冈道男：『南開大学経済研究所と太平洋問題調査会』，早稲田大学社会科学研究所（日米関係部）編：『黎明期アジア太平洋地域の国際関係：太平洋問題調査会(I.P.R.)の研究』。

评 论 与 研 究

吉野裕子古代文化理论批判

管 宁

内容摘要 吉野裕子是日本学界运用阴阳五行学说研究日本古代文化的代表性学者。其代表作《日本古代咒术》断言：日本原始信仰通过"融汇·习合"阴阳五行学说，谋求实现了自身的理论体系化。本文在简略概述吉野理论框架内容的基础上，运用阴阳五行学说基本原理，就其中最主要的"新信仰三轴论"（即坎离子午轴、巽乾轴、子水卯木轴）做了较深入的剖析批判，以探讨阴阳五行学说在日本文化中的存在状况，以及日本学者在此种研究中所到达的深度和问题。

关键词 日本原始信仰 阴阳五行学说 融汇习合 五行十二生死所

作者简介 管宁，中国国家博物馆研究馆员吉野裕子是日本学界运用阴阳五行学说研究日本古代文化的代表性学者，著述等身，历史民俗昆乱不挡。1974 年，吉野出版代表作《日本古代咒术》①，断言：日本古代原始信仰通过与阴阳五行学说的"融会·习合"，谋求并实现了自身的理论化、体系化。二十年后（1994），该书再版，除增加副标题"阴阳五行与日本原始信仰"并附数语再刊辞外，不增一字，不减一文，可知其对自家理论的坚定与坚持。其后来著述亦多遵循这一理论架构展开实行。

国内学界对吉野裕子文化理论关注甚少②。本文旨在简略介绍吉野理论的同时，拟就其中的几个代表性理论问题作粗浅的批判解析，以就正于先学达人，疑义相析。

一、吉野裕子古代文化理论概述

吉野裕子认为，日本古代文化理论约成熟于 7—8 世纪的飞鸟·奈良时代，是以蛇为祖先神·谷物神的古代原始信仰与从中国传入的阴阳五行学说"融会·习合"的混合产物。

吉野认为，日本古代祭祀的特质是以人喻神，以可见喻不可见。古代日本人通过对天象（太阳升没）、地象（植物荣枯）、人象（生死）运动轨迹的观察，推断想象神的来往去留，并在祭祀仪式中通过巫女与神（蛇、男根）的交合仪式，表现孕育神种、诞生新神的运行规律。日本神道的所有祭祀几乎都包含（巫女与神）交合、怀妊、新生的仪式内容。

古代日本人信仰中的世界像属于"东·西轴"结构，即认为神在东方常世国（ニライカナイ）③，为万物生没之所。而人在西方，为万物生存空间。太阳升落、神灵往来，人间生死，都以"非常在"的形态沿着这条东·西轴线循环往复，无止无休。这条轴线中部有一处隐秘场所，吉野称之为"大元·穴"，或称人神交合点，

---

① 吉野裕子：《日本古代咒术》，大和书房，1974 年，1975 年 12 月增补版，1994 年 2 月新装再版。本文凡涉及吉野理论文字，除特别注明外，皆引自 1994 年再版本相关章节，只标页数，不另注书名。又，2007 年，《吉野裕子全集》12 卷出版，人文书院。

② 国内已翻译出版者：《阴阳五行与日本民俗》（赵建国、雷群明等译 1989 年，学林出版社）；《易经与祭祀》（辽宁教育出版社 1990 年）等。相关论文：陈弢《日本民俗渊源说—吉野裕子稻荷信仰研究之我见》（《辽宁大学学报·哲学社会科学版》1990 年 5 期）；管宁《五德终始说与日本古代王权的更迭》（东北师范大学《古代文明》，2007 年 3 期）等。

③ 吉野裕子关于东中西轴线的理论，显然受到古代琉球地区海洋文化的影响。

乃日本古代信仰的总原点。

"大元·穴"既负责接受神交（相当女阴）、藏纳神种（相当子宫）、孕育新神（胎藏），又负责将新生命送出体外（御生·みあれ）。太阳东升西落，须穿越"太阳的洞窟"（穴）才能回归东方，以再度升起；植物秋收冬藏，种子须播入土中（穴），来春才能发芽生长；人类繁衍，男女交合，胚胎须在子宫（穴）中度过"黑暗时刻"才能获得新生。无论人、神，从常世到来此世、又从此世回归常世，都必须经过这个黑暗、狭窄的"大元·穴"，才能完成轮回再生，往复无尽。没有在"大元·穴"中的闭、藏、逗留，就没有所谓的新生。

出生入死，入穴出穴，这种轮回往复，就是日本原始信仰的本质，也是古代祭祀的根本原理。这种轮回往复以及位于这条东·西轴线中心的"大元·穴"，乃日本原始信仰的核心。如下图所示[①]：

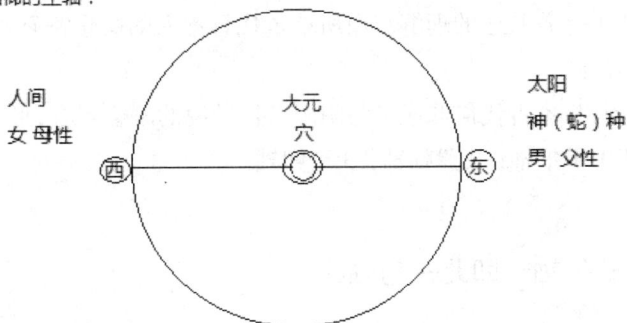

图 1　日本原始信仰的主轴

而来自中国大陆的阴阳五行学说，乃是一种通过对阴阳关系的把控来解析宇宙万象的二元论哲学。阴阳五行学说认为，世间万物都是因着阴阳二气的消长而重复盛衰轮回的，五行则是这种关系的具象化。金木水火土，相生相克，相辅相成，循环往复，万物莫不如此。

吉野认为，就本质而论，日本原始信仰与阴阳五行学说不属于同一理论体系。

---

① 根据前引《日本古代咒术》第 61 页图整理画成。

但是，六、七世纪间，当日本原始信仰遇到这种外来的异质思想后，硬是在不改变自身基本原理的状况下，（有时几乎是强力的）将自己"融会·习合"进了阴阳五行学说的理论框架中。当然，在这个过程中，古代日本人也对阴阳五行学说作了部分的调整，以使"融会·习合"更加顺畅易行。作为这种"融会·习合"的结果，出现了新的局面，即日本原始信仰对自己原本默然模糊的理论概念也进行了一番自我梳理和整顿。换言之，即日本原始信仰借助比自己更具发达智慧的邻人的思想理论，谋求、实现了自身的体系化和理论化。"作为其结果，就是日本原始信仰的复杂化以及文化哲学的深刻化。具体表现就是信仰轴的多极化和多样化。"[①]

吉野认为，借用异质他人的文化思想来谋求自己信仰的体系化、理论化，原本是近乎不可能的。而使这种不可能成为可能的，是阴阳五行学说与日本原始信仰之间所具有的"共通性"，以及古代日本人的文化特质。五行学说与日本原始信仰的共通性有三：1.二者对宇宙万象皆作二元论把握；2.二者皆含有轮回思想；3.二者对"穴"（坎）有着共通的理解。而所谓古代日本人的文化特质，即联想丰富，好比拟，以人喻神[②]。

吉野认为，日本古代信仰通过与阴阳五行学说的融会习合，形成了三条新的"信仰轴线"。即 1.子午轴；2.巽乾轴；3.子卯轴。

（一）子午轴：即北—南轴线

坎入离出，子午共当原始信仰"大元·穴"。

吉野认为：日本原始信仰的总原点是东·西轴线中的"大元·穴"（母胎、女阴）。而古代祭祀主要是通过巫女与男根（神）的拟制性交来表现神的往来存在及人与神的交流关系。"对于（古代的）日本知识人来说，或许当时他们已经觉察到了以女阴、母胎为原点的日本原始信仰的卑俗"。而恰在此时，他们遇到了来自中国大陆的（阴阳）五行思想。五行思想（周易）中有一个坎宫，这个坎宫似乎与他们认为的原始信仰总原点"大元·穴"（母胎）具有同样的含义，且哲学原理更加深邃：坎宫在北方，是最高神（太一）的居所；以干支而论，北坎为壬，壬同妊，妊可表胎，胎为子宫，可为藏纳之所。对于日本古代知识人来说，将原始信仰东·西

---

① 第56—57页。
② 此节引文均见吉野前引书第二节"女阴考"，第73—88页。

吉野裕子古代文化理论批判

轴中的"大元·穴"向北移动，使之与周易坎宫习合一处，绝对具有无限的魅力。

然而，原始信仰东西轴线"大元·穴"既为收藏的母胎（子宫），又为出入的女阴。有出有入，方可神交来去，往复循环。而周易坎宫却只有收藏的功能而无出入的功用。"胎者，必有出入之所方可为胎"。幸好周易八卦还有一个离宫。离宫在南，内阴外阳，为火位。而在日本原始信仰中，女阴音"ほと"，意为"火处"[1]。"女阴又为男根出入之所，又为阳也。"[2]

于是，古代知识人便将周易离宫作为了新神的出入口——女阴。北坎象母胎，南离象女阴，南离北坎配合，共同担当原始信仰"大元·穴"的功用，从而形成了新信仰中的"南北子午轴线"。

（二）巽乾轴：即东南—西北轴线。灵蛇入穴，祖先崇拜

吉野认为：八卦巽位东南，配支辰巳。辰龙巳蛇，可当男根，以象日本祖先神。巽对冲乾，乾位西北，配支戌亥。亥为猪，为山凹洞穴，可当女阴。己亥对冲，为灵蛇入凹穴，男根入女阴之象。阴阳和合，形成"巽乾轴线"，以象祖先崇拜。

（三）子卯轴：即北—东轴线。水生木，五行相生

吉野认为：子在北，为水，为孽，为壬癸，为妊，为胎儿未显之象。卯在东，为木，为茂盛、为甲乙、为震、为雷，主阳气发动，为神子新生之象。子胎卯生，乃水生木，形成北—东、子·卯轴线，乃五行"短络"相生之象。

吉野裕子新信仰三轴图示如下：

---

① 如《记·纪》文载：伊奘冉尊生火神轲遇突智时，被火灼阴而死。
② 女阴考，第81页。

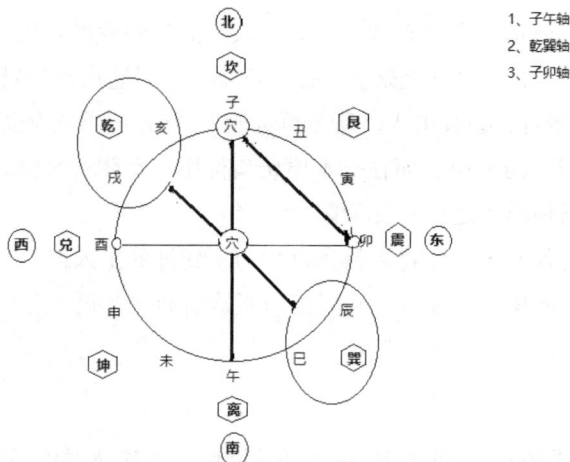

图2 阴阳五行学说导入后的信仰三轴图示

二、吉野裕子理论应用例

吉野裕子提出上述文化理论后，于历史民俗研究中多所运用。谨以三例，简述如下。

（一）子午轴——藤原宫大内陵"再生咒术"

吉野认为：天武·持统天皇合葬藤原京城南大内陵，乃运用上述北坎南离子午轴的具体表现。即：藤原京（都城）在北，为坎、为胎、为藏。大内陵在南，为离、为女阴、为出口。大内陵墓道在南，"乃生死二者相通之口"，更为女阴之象。天武、持统二天皇夫妻合葬大内陵，象征天皇御魂自胎中经女阴出口离去，东返常世，以求再生。藤原京与大内陵，共为原始信仰总原点"大元·穴"，是祈祷循环再生的"咒术"①。

---

① 吉野裕子于此处尚有持简篡改天武死期、改葬等多种推论，请参考原著相关章节。

（二）巽乾轴——祖先崇拜、山神祭

吉野认为，日本原始信仰中，祖先神、谷物神具象为蛇。如三轮山神即为蛇，乃祖先神之像。三轮山在都城东南，东南为巽，干支辰巳，为男根。巽位对冲西北乾，山凹洞穴为女阴。巽乾对冲，灵蛇入山穴，男根入女阴，象征祖先崇拜。又，日本山神多为女性，如富士山神衣通姬、十二山神、十二山样等，皆女象。山神喜男厌女，祭祀山神多以大木削作男根状，游幸街市，以娱神乐。故巽乾轴又为山神（女阴）崇拜轴线。

（三）子卯轴——东大寺二月堂"御水取"法事

奈良东大寺二月堂，始建于天平胜宝四（752）年，开山祖师实忠和尚根据净土宗常念观音院"十一面观音悔过行法"，创设"修二月会"（简称修二会），于每年旧历二月朔至十四日间，聚集僧俗会众，作诸般法事①，修炼佛性，祈祷风调雨顺，五谷丰登。其第十二日法事，称"御水取·笼松明"，乃二月堂最盛法事。做法如下：

二月（卯月）十二日傍晚申时，梵钟报时，本堂行令，二月堂炼行僧众闭关斋戒。堂童子肩扛十二根竹笼松明火把，登二月堂二层回廊，点燃，四方挥舞轮动。届时，四乡信众云集堂前，争先以身迎火，欢呼雀跃，祈祷消灾弥难，国泰民安。

至后半夜丑时，有咒师引导，炼行僧众各持牛王杖，吹法螺，经二月堂前青石阶降至山脚阏伽井屋，汲取圣水，供奉本堂佛前。此圣水自都城北方若狭国送来，其地有若狭明神社，同时作送水法事，谓可解诸般病厄。

又，法事第十二日、十三日、十四日（共三日）傍晚申时，俗家信众还要在二月堂妆演"鞑陀妙法"：妆演者头戴鞑陀帽，扮作佛界八天：火天、水天、芥子天、扬子天、太刀天、铃天、锡杖天、法螺天，各持法器，于佛堂内外，撒布圣水，狂奔喊叫。其时，火天肩扛松明火把，水天手持洒水宝器，相对而行，快步巡游佛堂内外，并用松明火把撞击佛堂地板，砰砰作响，称为"水火行"。入夜方息。

吉野裕子认为，二月堂"御水取"法事，有如下要点：

---

① 如：5 日实忠忌；7 日过去帐、小观音；5/6/7/12/13/14 日跑内阵、五体；12 日御水取、笼松明；12/13/14 日鞑陀妙法等。

（1）多二数：修二会、二月、二月十二日、二月堂，皆有二字。二当卯月，位在东方；

（2）若狭国圣水源地称为"鹈濑"，鹈·卯同音，亦当东卯二月；

（3）修二会相关旧记中，有"青衣女子"文字。青为东方之色，通卯。以上三点说明，二月堂"御水取"乃象征东方卯的法事。卯为木。

（4）水源地若狭国在奈良北方，北为子；

（5）御水取，水亦为子。

因此，吉野认为，二月堂御水取仪式的原理乃遵循东卯木、北子水的子·卯轴线，象征五行原理中的"水生木"，是"原始信仰与五行轮廻的短络"。日本祭祀多在二月（卯月）、十一月（子月）举行，子水，卯木，皆隐含"水壮生木"之意。

（6）奈良在若狭国正南，当午，午为火；

（7）笼松明，用火。

（6）（7）皆火：与东卯并解，为"木生火"。

吉野推测：东大寺修二会御水取法事，存在"子·卯轴"信仰，隐喻子水生卯木、卯木生午火的五行相生原理。"可能还隐含有火生土、土生金、金生水等相生原理，有一个（完整的）五行相生循环链"。[1]

三、吉野裕子理论批判

吉野裕子古代文化理论，发想大胆，广引博征，确有振聋发聩之功。然以阴阳五行原理细考之，又吉野理论又难免有曲解误用，附会牵强之嫌。笔者不揣鄙陋，试为解析一二，以求先学方家批评教正。

（一）望文生义的子午轴论

在吉野裕子所有关于日本原始信仰与阴阳五行思想"融会·习合"的推论中，最精彩处，莫过于将原始信仰"大元·穴"分别习合于周易南离·北坎二卦方位而形成的所谓"新子午轴"。也只有吉野裕子这位勇敢的女性研究者才能做出如此精

---

① 见前引书第五章第三节"奈良东大寺御水取"，第 223—225 页。

妙绝伦的大胆推论。

吉野以"大元·穴"作为日本原始信仰的总原点，东—西信仰轴线的核心，认为原始信仰与阴阳五行思想习合后，"大元·穴"功能被一分为二，南北漂移。藏纳功能北飘至坎位，比拟子宫；出入功能南移至离位，比拟女阴。"生我之门，死我之户"，二位一体，总当"大元·穴"功用，却为妙论。

然需指出的是：周易离卦，本意并无出入、离开之意，但确又可以担当女身、女阴的功用。盖离者，中女也。

周易八卦，离位南，意为附丽，附丽齐明也。以文王卦序，乾坤二卦，纯阴纯阳，乾父坤母，各统三子三女。《说卦传》曰："乾，天也，故称乎父。坤，地也，故称乎母。震一索而得男，故谓之长男；巽一索而得女，故谓之长女。坎再索而得男，故谓之中男，离再索而得女，故谓之中女。艮三索而得男，故谓之少男。兑三索而得女，故谓之少女。"图示如下：

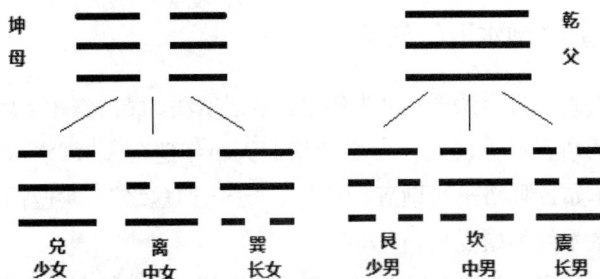

图 3 文王八卦次序图示

离卦阴，离为中女，当可比拟女阴，为神子出入之所。然吉野裕子释离义为"离去"，则属望文生义，未得要领。而其以离位喻女阴，配合北坎子宫，共当原始信仰东—西轴"大元·穴"，则又误打误撞，反得离卦妙味。敢不信服！

（二）乾卦无"山·穴"之意

吉野论巽·乾轴线，谓巽位东南，干支辰巳，辰龙巳蛇，可当祖先崇拜，无可非议。然其谓乾位西北，干支戌亥，亥为猪、为凹穴，可当蛇入之所，有女阴之象，似谬。又谓"西北山高，山为葬所，葬所有墓，象拟制母胎"，更谬。

盖乾为西北，干支戌亥；巽为东南，干支辰巳。在五行原理中，二者属冲破关系，即辰戌冲破、巳亥冲破[①]。以八卦方位论，乾卦西北，纯阳之体，刚健为义。《说卦传》曰："乾，健也。"远取诸物，乾为马。近取诸身，乾为首。又可为天，为圜，为君，为父，为玉，为金，为寒，为冰，为大赤，为良马，为老马，为瘠马，为驳马，为木果，为龙，为直，为衣，为言（见荀九家）等，却并无为猪、为凹、为穴、为女阴之象。

至于所谓"西北山高，山为葬所，葬所有墓"等语，似据周易先天卦位（西北艮为山）[②]推论。然所谓先天学者，乃宋儒（邵庸、周敦颐、朱熹等）所重，唐时尚未行世。7—8世纪间，先天学绝无理由传入日本并为天皇朝廷所用。吉野此论，于史无据。

（三）二月堂"御水取"法会

东大寺二月堂修二月会法会，虽为佛事，多杂道法、民俗祭祀。其第十二日"御水取·笼松明"法事，更近民间二月春卯祭禳天祈年遗存。"御水取"法事所用阴阳五行原理，并非如吉野裕子所谓五行相生、"子·卯短络"，实遵循五行寄生十二辰宫之说，以祈禳木气神婚受气再生也。

五行寄生十二辰宫，又名五行十二生死所。隋萧吉《五行大义·论生死所》[③]云："五行体别，生死之处不同，遍有十二月、十二辰而出没。"譬如人生，生死胎养，各有时序，即：生、沐浴、冠带、临官、帝旺（王）、衰、病、死、葬、绝（胞、受气）、胎、养，共十二所也。

二月堂修二会"御水取"法事，当二月春卯，木气用事。

木气生于亥、沐浴于子、冠带于丑、临官于寅、帝旺（王）于卯、衰于辰、病于巳、死于午、葬于未、绝（受气）于申、胎于酉、养于戌。

---

① [隋]萧吉：《五行大义·论冲破》。

② 周易先天方位：天地定位、山泽通气、雷风相薄、水火不相射。即：乾南坤北、离东坎西、艮西北、兑东南、震东北、巽西南。

③ [隋]萧吉：《五行大义》，中州古籍出版社版《丛书集成·术数全书》所收。

吉野裕子古代文化理论批判

如下图所示：

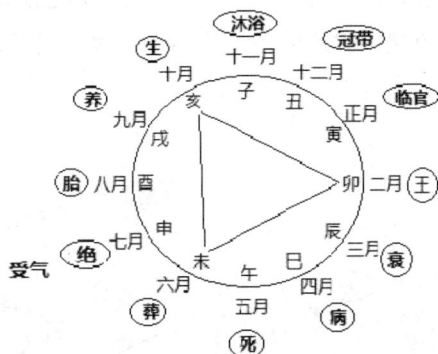

图4　木气十二生死所示意图

二月堂修二会"御水取"法事，其特在傍晚"申时"起祭者，盖此时正当木气气绝之所也。木气绝，须神婚受气，方可接续循环，神气再生。

然而，当此之时，申宫又为金气临官之所也。

金气十二生死所：生于巳、沐浴于午、冠带于未、临官于申、帝旺（王）于酉、衰于戌、病于亥、死于子、葬于丑、绝（受气）于寅、胎于卯、养于辰。

申时，木气绝胞受气，其势最弱；而金气临官，其势最强。强金克弱木，木气不得绝胞受气，乃木气大厄也。木气厄，五谷不登。须得外气援手，方得解除。外气解厄者，火也，火能尅金。

火气十二生死所：生于寅、沐浴于卯、冠带于辰、临官于巳、帝旺（王）于午、衰于未、病于申、死于酉、葬于戌、绝（受气）于亥、胎于子、养于丑。

五行相生，火为木之子。四时休王，火为木之相。火为木子，有克金救母之理。又为木相，有助木度厄之责。然申时火病，势衰，而金气临官强盛，衰火亦难克强金。故申火虽有克金之责，却难当克金之任。

当此时也，正当人间祭祀之所为用也。二月堂"御水取"法事"笼松明"者，乃以人间祭祀祈愿之力，助火气壮盛。火壮销金，金销为水，水壮养木，可助木气神婚受气，再生不绝也。

二月堂修二会"御水取"法事于初夜申时挥舞十二支松明火把绕堂巡幸者，乃象征木生火旺，巡行十二辰宫一周天也。于后夜丑时至堂下阏伽井屋汲取圣水者，以金气死于子时，至丑时得化为水，且丑辰又为土养之所也。水养木盛，不得无土。当其时，二月堂信众妆演佛界八天各持法器作水火大战者，乃妆演火尅金化水养木之象，当为民间祭祀花会遗存，娱神也。

如下图所示：

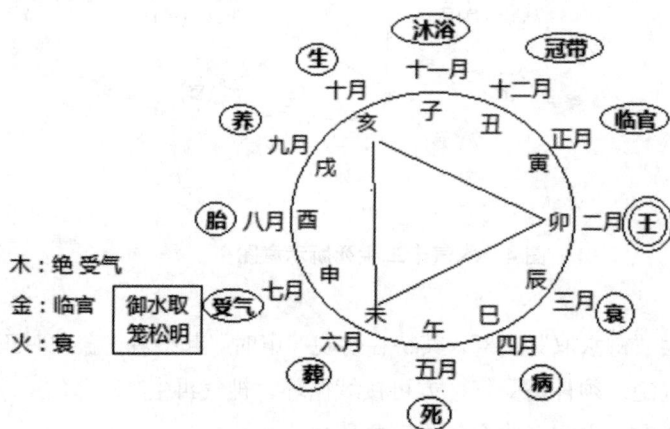

图 5　御水取·笼松明示意图

日本主流媒体视域下的中国环境问题[*]

——以《朝日新闻》为中心

王玉玲　曹亚坤

内容摘要　在过去的 30 年间，《朝日新闻》对我国的环境问题进行了持续关注。报道议题不仅涉及各种环境污染问题，而且尤其侧重对华环境援助与合作的报道。《朝日新闻》自身特有的内生性特点以及日本政治、经济、社会等外生性环境决定了其中国环境报道的全面性、多样性及负面倾向性的特征。《朝日新闻》在相对客观地传递中国环境信息的同时，也塑造了较为消极负面的中国环境形象。在积极反思、治理我国环境问题的同时，有必要对之进行理性的解读与应对。

关键词　朝日新闻　中国环境报道　中国环境问题　中国环境形象

作者简介　王玉玲，南开大学日本研究院讲师；曹亚坤，南开大学日本研究院博士研究生

＊ 本文为天津社科项目"自然灾害与日本古代秩序"（TJSL16–001Q）的阶段性成果。

20世纪80年代以后，随着经济的高速发展，我国的环境污染问题日益凸显，愈加受到国家政府的重视。同时，由于存在污染跨境的可能，还引起了以日本为代表的周边国家的普遍关注。80年代以来，日本主流媒体持续关注中国的环境问题并进行了大量的新闻报道。这些报道在向日本民众介绍中国环境现状，一定程度上反映中国环境问题的同时，也体现了日本对中国环境问题的认知。过去30年间，在我国政府不断推进环境保护事业的背景下，日本主流媒体对中国环境报道的整体趋势、报道倾向，以及以此为基础构建的中国环境形象，一方面有助于我们把握日本对中国环境问题的基本态度与立场，一方面也可以为我们更客观地进行环境自我认知提供参照。迄今，学界尽管关注到了日本主流媒体的中国报道，但却很少提及其中的环境报道，尤其是缺少对中国环境报道的历时性研究[1]。《朝日新闻》是日本面向全国发行、最具代表性的主流媒体之一，具有发行量大、受众层次高、综合影响力强、立场相对中立客观的特点。因此，本文拟以《朝日新闻》为主要对象，对过去30年（1986—2015）间《朝日新闻》的中国环境报道进行历时性考察，在对《朝日新闻》中国环境报道的变化趋势、内容特点及影响相关报道的诸多因素进行梳理的基础上，探讨日本媒体视域下的中国环境形象及我国应采取的现实应对。

一、《朝日新闻》中国环境报道的总体趋势

（一）报道的数量

本文以《朝日新闻》1986—2015年间的中国环境报道为研究对象，在日本大型媒体数据库 G-search 中以"中国环境""中国 AND 环境"为关键词进行检索，并根据与中国环境问题的关联度进行筛选后，共获得有效样本734篇，其中80年代21篇，90年代350篇，2000年以后的15年间共363篇。1986—2015年《朝日新闻》中国环境报道数量统计（图1）显示，20世纪80年代的《朝日新闻》对中国的环境问题关注度很低，进入90年代后则迅速攀升，1997年达到峰值，一年间的报道总数近60篇。21世纪以来，《朝日新闻》对中国环境的报道在数量上虽有

---

[1] 关于日本媒体的中国报道研究数量众多，但关于中国环境报道的文章却仅见王婷婷的《日本主流媒体对中国环境问题报道研究——以〈朝日新闻〉〈读卖新闻〉为例》（《企业导报》，2014年第19期）。与美国等西方国家相比，我国学界对日本媒体的中国环境报道显然不够关注。

日本主流媒体视域下的中国环境问题

所起伏，但总体上仍保持了上升趋势。显然，在过去 30 年间《朝日新闻》对中国的环境问题给予了持续的关注。

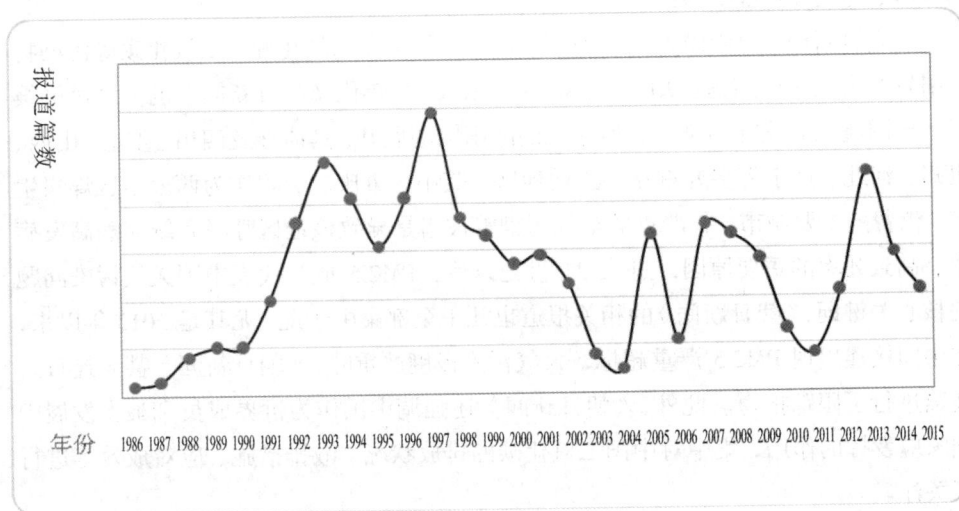

图 1　1986—2015 年《朝日新闻》中国环境报道数量统计

（二）报道的主要方面

表 1　环境问题及报道数量

污染类型	报道数量
大气污染	290
水质污染	91
噪音	3
恶臭	3
土壤污染	2
总计	389

过去 30 年间《朝日新闻》对中国环境的报道涉及方方面面，总体上包括各种污染问题、生态问题、环境治理、环境运动、环境经济等几大领域。在报道数量上，涉及各种环境问题的报道所占比例最大。由表 1 可知，主要体现为大气污染、水污

染、噪音、恶臭、土壤污染等问题，共计 389 篇报道，占中国环境报道总数的 53%。在各种环境问题中，大气污染与水污染问题所占比例最高：大气污染报道计 290 条，占 75%；水污染报道计 91 条，占 23%。

《朝日新闻》对中国大气污染的报道主要集中在二氧化硫、二氧化碳等污染物质引发的大气污染问题。20 世纪 80 年代末及 90 年代《朝日新闻》的大气污染报道主要围绕二氧化硫污染及其所造成的酸雨问题展开，具体涉及四川、重庆、山西、贵州、河北、辽宁等多处重化学工业地区。其中，重庆、贵阳作为西南地区煤炭生产、消费的主要城市，其严重的空气污染曾被指是导致该地区呼吸系统疾病高发病率、高致死率的重要原因。进入 21 世纪以后，PM2.5 成为代表中国大气污染问题的核心关键词，《朝日新闻》的相关报道也几乎全部集中于此。尤其是 2013 年以来，在中国接连出现 PM2.5 严重超标，大气污染极度严重时，《朝日新闻》甚至连日、连篇进行了跟踪报道。此外，《朝日新闻》还强调中国作为世界成员和最大发展中国家应发挥的作用，集中对中国二氧化碳的排放状况、减排措施、应对成效等进行了关注。

《朝日新闻》的中国水质污染报道主要围绕河流湖泊的富营养化和工业废水导致的水质污染展开。自 20 世纪 80 年代以来，先后对内蒙古、吉林、山东、江苏、安徽、贵州、四川、云南、湖南、广东等地的水污染问题进行了报道，具体涉及长江、黄河、淮河、太湖、松花湖、星云湖等河流湖泊。其中，长江与黄河流域是《朝日新闻》关注的重点对象。朝日新闻社评论员加藤千洋曾在 2009 年对黄河的环境现状进行连续报道时，指出黄河流域存在的断流、洪水、沙土淤积、污染等"四重苦难"。在介绍各地、各种水污染现状的同时，《朝日新闻》还分析并指出了水污染问题长期无法得到解决的原因。以 20 世纪 90 年代的上海市和吉林市为例，两个城市都存在造成水质污染的造纸行业，尽管地方政府加大了对污染企业的惩治力度，但污染企业在向政府缴纳高额罚金的同时，为追逐高额的经济利益，仍然不断地将未经处理的超标废水、污水直接排入河流、湖泊。加之，水资源的匮乏，最终导致污染与缺水陷入恶性循环。

日本主流媒体视域下的中国环境问题

（三）报道的侧重趋势

表 2　报道侧重内容及数量

报道侧重内容	报道数量
越境污染问题	58
日本对华环境 ODA	72
日中环境合作	276
总计	406

《朝日新闻》对华环境问题报道的侧重趋势集中表现为对日本因素的考虑。首先，《朝日新闻》侧重报道中国环境问题对日本造成的影响。由于中日两国的地理位置关系，在过去 30 年间《朝日新闻》始终对越境污染问题给予了巨大的关注。所谓越境污染，具体是指越境沙尘及包括硫氧化物导致的酸雨、光化学烟雾以及近年来的 PM2.5 等大气污染物质，报道共计 58 篇。据《朝日新闻》报道统计，越境污染对山形县、长崎县、山口县、秋田县、新潟县、大阪府等地均造成不同程度的影响。也正因此，引发了日本国内对越境污染以及中国污染问题的密切关注与热烈讨论。在专栏《声》中，日本各界人士纷纷发表自己的观点，表达对越境污染的担忧及对中国的谴责，主张中国应及时治理环境污染，以防给日本"带来麻烦"。

其次，《朝日新闻》侧重报道日本的对华环境援助。日本环境 ODA（政府开发援助）就是体现《朝日新闻》报道相关侧重倾向的典型议题。日本对华环境 ODA 从 20 世纪 90 年代初开始实施以来，尽管期间出现过政策的调整，但总体趋势始终是积极倡导对华援助。[①]与之相呼应的，正是《朝日新闻》自 90 年代以来对日本对华环境 ODA 的持续报道。在 2008 年日本终止对华 ODA 之前，《朝日新闻》环境 ODA 相关报道共计 72 篇，涉及环境 ODA 在中国的实施现状、现实效应、具体问题等方方面面。尤其在 21 世纪初争论是否继续对华实施 ODA 援助时，《朝日新闻》不仅在社论中积极表达自身观点，还刊载了来自社会各界的声音，引发了日本社会各界对 ODA "削减论""不要论""毕业论"的各种讨论，为日本政府决策提供了一定参考。

最后，《朝日新闻》侧重报道日中间的环境交流与合作。相关报道除两国中央

---

① 沈海涛、赵毅博：《日本对华环境外交：构建战略互惠关系的新支柱》，《东北亚论坛》，2008 年第 5 期。

政府外，还涉及地方政府、民间团体及个人等多个层面。地方层面，福井县与浙江省、北海道与东北、北九州与大连、横滨与上海、川崎与沈阳、四日市与天津、大津与九江、名濑与青岛等地方政府间的环境人才、技术交流与合作等都曾是《朝日新闻》的报道主题。民间团体及个人层面的报道主要集中在日方人士为防止中国沙漠化的扩大而在内蒙古、黄土高原、长江流域等地区进行的植树造林活动，"地球绿化中心"、德岛沙漠植树造林志愿协力奉仕队、日本沙漠绿化实践协会、沙漠植树造林志愿者协会、"绿色地球 network（GEN）"等民间组织以及松本重治、高见邦雄、远山正英等民间人士都曾因参与中国的绿化环保活动而成为《朝日新闻》中国环境报道的对象。

二、《朝日新闻》中国环境报道的特点

《朝日新闻》在过去的 30 年间持续关注中国的环境问题，并从不同角度、以不同形式对该问题进行了报道。从相关报道的内容来看，《朝日新闻》中国环境报道整体上具有全面、多样的特点，但同时存在一定的倾向性。

（一）全面性

《朝日新闻》中国环境报道的全面性首先体现在其所关注的环境问题方面。如20 世纪 90 年代的酸雨问题、沙漠化问题、珍稀动物濒危问题、工业废水导致河流湖泊水质污染问题、滥伐滥牧引起水资源不足问题、21 世纪的 PM2.5 大气污染问题等，都曾是《朝日新闻》中国环境报道的主题。在对各种环境问题的现状进行报道的同时，《朝日新闻》通常还会对导致各种环境问题发生的原因进行分析，并持续关注相关问题的后续影响及具体应对。其次，涉及环境问题的地域十分广阔。西至青藏高原，东及沿海平原，南至云南、广西，北至内蒙古、东北，具体城市包括沈阳、鞍山、大连、北京、天津、大同、贵阳、上海、广州等，还曾数次报道各地农村的水土流失与公害病问题。再次，除环境问题本身外，《朝日新闻》还关注到了因环境问题衍生出的各种社会公共、文化事业以及经济产业的发展变化。80 年代末以来，在国民环境意识日趋高涨、全民参与环境保护的背景下，《朝日新闻》曾多次对"自然之友"等 NGO（非政府组织）的环保活动、司法部门针对公害受害者的法律援助活动、教育机构开展的环境教育活动以及各地纷纷涌现环保企业的

日本主流媒体视域下的中国环境问题

情况进行报道。最后，《朝日新闻》还关注到环境问题的未来发展趋势，尤其是国家大型工程、大型活动对未来环境可能造成的影响。例如在对长江三峡大坝建设、西部大开发以及北京奥运会等热点问题进行报道的同时，还从环境的视角对这些工程、活动的潜在环境影响进行事前评估。

（二）多样性

表 3　信息来源及报道数量

信息来源	报道数量
官方	274
记者	248
专家学者	100
组织	48
民众	39
企业	25
总计	734

　　《朝日新闻》中国环境报道的多样性首先体现在信息来源方面。其报道来源不仅包括《朝日新闻》驻华记者的所见所闻、中国政府公布的环境报告或白皮书，还有对中国和日本乃至欧美等国政府官员、团体组织、专家学者以及普通民众的采访。如表 3 所示，从各种报道来源所占比例来看，来自官方消息的报道最多，共 274 篇，占 37%；朝日新闻记者采编的报道居次，共 248 篇，占 34%；再次是来自专家学者的报道，共 100 篇，占 14%。可见，《朝日新闻》对中国环境问题的关注很大程度上集中于中日两国中央及地方政府在环境问题和政策上的动态，同时在环境相关信息来源及分析评价上也十分重视专家的意见和态度。

表 4　报道类型及数量

报道类型	报道数量
通讯	295
系列专题	188
消息	178
人物专访	43
其他	30
总计	734

其次，关于中国环境的报道类型也十分多样。除通讯、消息外，还有各种系列专题报道与人物专访。在报道数量上，通讯 295 篇，系列专题 188 篇，消息 175 篇，人物专访 43 篇（表4）。其中，数量众多的中国环境专题系列报道尤为引人瞩目，如1993年的"地球环境的风景 中国的冬日"（共7篇）、1997年"转向环境优先 来自中国上海的报告"（共3篇），2005年的"高见邦雄 从黄土高原的村落看中国"（共11篇）等都是对中国环境污染现状和应对政策进行介绍的系列报道。并且，在以中国经济发展、社会问题等为主体的系列专题中也多有中国环境相关的内容出现，如1992年"决战之夏"系列中的"邓小平改革 看长江最前线"、1995年"奔流中国"系列中的"长江系列"、1999年"中国五十年 未完成的革命"系列中的"绿色使者 民众对环境保护的行动"等。这些系列专题报道不仅篇幅长、篇数多，而且内容深入系统，充分体现了环境议题在《朝日新闻》中国报道中的重要性。

（三）倾向性

表5 报道的内容倾向及数量

报道倾向性	报道数量
中性/综合	524
消极	164
积极	46
总计	734

从报道的倾向性来看，整体上中性、综合类型的报道居多，占比达70%以上。不过，对比其正面的积极报道（6%）与负面的消极报道（23%）就可以发现，消极报道的比例明显居高。这种对比关系在涉及日本对华环境援助与中国环境问题时表现得尤为鲜明。关于日本对华援助的报道与评价，基本上都是正面积极的。《朝日新闻》在倡导、支持日本政府、自治体以及普通民众以各种形式开展对华环境援助的同时，对日本在应对中国乃至东亚地区环境问题时发挥的作用都给予了高度评价。但事关中国环境问题时，与中国环境污染问题、环境对策方面的内容相比，关于中国近年来自然环境逐步得到改善的现状报道明显较少。尽管在2009年7月11日"中国在地球温暖化应对方面是'优等生'"的报道中，《朝日新闻》曾以对东北

日本主流媒体视域下的中国环境问题

大学教授明日香寿川的采访为内容，肯定中国在应对地球温暖化方面做出的贡献，但这种积极、正面的声音始终不是主流。显然，在对中国环境问题进行报道时，《朝日新闻》有意无意地淡化了中国作为能源密集型商品出口国为进口国承担的碳排放等环境成本问题，以及日本等发达国家将公害产业转移至中国等发展中国家的事实。在指责中国的减排目标仍存在很大空间、要求中国加快减排步伐时，忽视了中国的人均碳排放量远远低于美国等发达国家水平的现实。

三、影响《朝日新闻》中国环境报道的因素

新闻传播领域的框架理论认为，框架就是把需要的部分挑选出来并在报道中进行特别处理，以体现意义解释、归因推论等。[①]换言之，新闻报道即是媒体在不同框架下对新闻事实进行选择性建构的产物。框架决定报道的表现，而框架本身则受到内、外诸多因素的影响。作为新闻媒体，《朝日新闻》既有自身特有的内生性特征，也要受到日本政治、经济、社会等外生性大环境的影响。可以说，正是内、外因素的共同作用形成了《朝日新闻》中国环境报道的新闻建构。

首先，《朝日新闻》的新闻定位决定了其中国环境报道的全面性与多样性。2008年朝日新闻社进行的"新闻读者基本调查"结果显示，在"关注社会问题""新闻报道质量"方面《朝日新闻》均获得了日本民众的高度认可[②]。这一方面说明了《朝日新闻》在日本报业及民众心目中的地位，一方面也反映了《朝日新闻》报道的基本特点，即重视新闻报道的广度与深度。作为日本的重要邻国，《朝日新闻》对中国的报道除环境外，还涉及政治、经济、军事、外交、科技、法律、体育、文化等诸多方面。[③]而环境作为 20 世纪 80 年代以来在全世界范围内引发普遍关注的议题，自然成为《朝日新闻》向日本民众传递中国实况的重要窗口。加之，中国与日本一衣带水的地理位置关系，存在中国的环境污染越境对日本造成直接影响的可能性，中国环境甚至还成为《朝日新闻》关注日本安全、日本民生的角度之一。《朝日新

---

① 王玲宁：《国内新闻框架研究现状述评》，《中州学刊》，2009 年第 6 期。

② 2008 年，朝日新闻社针对面向日本全国发行的报纸《读卖新闻》《朝日新闻》《日本经济新闻》的读者印象进行了社会调查，并于 12 月 26 日公布调查结果。详见：http://www.asahi.com/ shimbun/release/ 20081208.html

③ 战琦、刘妍：《从日本主要报纸涉华报道看国家形象的树立》，《对外传播》，2008 年第 9 期。

闻》对 20 世纪末的沙尘问题、21 世纪以来的雾霾问题进行持续报道，其背后真正的驱动力正是在于朝日新闻社乃至日本国民对中国环境问题影响的关注。对类似环境这样的热点问题进行广泛而深入的追踪报道恰是《朝日新闻》维系其业界地位与影响力的重要手段。

其次，《朝日新闻》作为新闻媒体的市场性决定其迎合日本大众的价值取向，进而导致了众多负面消极倾向的中国环境报道。根据"中日共同舆论调查"结果显示，自 2007 年以来，日本国民对中国的印象持续恶化。2014 年，相关数据达到峰值，93% 被调查日本民众对中国"印象不好"。2015 年，略微好转，减少至 88.8%，但 2016 年再次呈现恶化趋势，增加至 91.6%[①]。导致这种结果的原因很多，例如中日之间围绕领土、海洋资源开发利用等问题产生的矛盾、纷争等。然而，无论原因如何，中国在日本国民心目中的形象不佳已经成为不争的事实，批评、"唱衰"中国成为日本民众表达对中国抵触情绪的直观形式。在 2009 年 7 月 11 日朝日新闻社对东北大学教授明日香寿川关于中国与全球变暖对策的专访内容中，明日香教授就曾明言："说'中国不好'在日本国内一定会获得喝彩。"这种论断显然不是明日香教授的个人偏见，反而代表了大多数日本民众的对华情绪。同时，还侧面提示出日本专家、媒体为迎合日本大众价值取向而刻意凸显中国环境负面形象的可能性。而《朝日新闻》中国环境报道中负面消极倾向的内容居多的事实也印证了这种可能性。

最后，《朝日新闻》的国家性决定了其中国环境报道很大程度上受到中日关系及日本对华环境政策的影响。通常来说，媒体的新闻框架一方面受其组织的自主性、即受国家政府控制的程度的影响[②]，一方面又会积极地以其所属国的利益和关心为导向[③]。而后者正是媒体"国家性"的表现。《朝日新闻》作为具有国际影响力的日本主流媒体之一，其报道不可避免地会受到日本国家政策的影响。在影响其中国环境报道的诸多外生性因素中，中日关系的变化及日本对华环境政策的调整无疑是最具影响力的。1972 年中日邦交正常化至今，随着中日间外交政策的变化，中日关系可以说先后经历了友好、摩擦、对立到对抗的几个阶段。[④]20 世纪 80 年代的日

---

① 第 12 次中日共同舆论调查结果详见：http://www.genron-npo.net/world/archives/6365.html。
② 刘泽江：《新闻框架理论探析》，《大学时代·论坛》，2006 年第 3 期。
③ 刘小燕：《关于传媒塑造国家形象的思考》，《国际新闻界》，2002 年第 2 期。
④ 王新生：《中日关系 40 年大脉络》，《看历史》，2012 年第 9 期。

本奉行以"日美关系"为基轴的外交政策，中日关系经历了相对平稳的一段时期，在政治安全领域、经贸领域基本上都维持了友好、合作的关系。同时期内，日本出台了用于援建发展中国家基础设施及农林水产业的环境 ODA 政策。不过，该时期日本环境 ODA 的规模很小，而环境也尚未成为中日外交的重要内容。相应的，《朝日新闻》中国环境报道的数量也较少。90 年代冷战体制结束后，日本推行大国外交，在对华关系上，将中日关系提升到仅次于日美关系的高度。在此期间，两国首脑频繁互访，1992 年日本天皇访华和江泽民访日将两国关系带入了黄金的发展时期。同时，随着日本环境 ODA 政策力度的不断加大，日本也大力推进了对华的环境援助。在 1996 年进行第 4 次日元对华贷款时，与环境有关的支援项目多达 15 个，占总项目数近 4 成，贷款利率也从 2.1%下调到 0.7%。[①]而 90 年代以后，《朝日新闻》中国环境报道、尤其是日本对华环境支援方面的报道数量激增恰好与之相呼应。进入 21 世纪以后，日本首相、内阁频繁更迭重组，中日间无论是政治还是经济关系都时好时坏，"政冷经热"成为形容中日关系的代名词。同时，由于中国自身经济的腾飞发展，日本对华的环境援助模式由以往的资金支援转向以技术支援为主。而这一时期的环境报道则在数量上呈现出变化起伏显著的特点。

四、对《朝日新闻》中国环境报道的解读

环境新闻是"环境"的内容与"新闻"的形式的结合，或是以新闻的形式反映变动着的环境事实。[②]20 世纪 80 年代以来《朝日新闻》对中国环境问题的持续关注与报道正是中国环境问题严重这一现实的直观反映。同时，不容忽视的是《朝日新闻》过去 30 年的中国环境报道在某种程度上呈现的是一个环境污染严重、环境治理滞后和威胁日本安全的较为负面的中国环境形象。《朝日新闻》曾用"环境问题的百货商店""毒大陆"等形容中国环境污染的种类之多、程度之重；在探究中国环境污染严重的原因时，多次指出中国优先、片面强调经济的发展模式以及政府的应对不利等；在越境污染的问题上，甚至声称中国对日本进行"环境空袭"。而且，这种消极、负面的论调不仅见于《朝日新闻》，日本的《读卖新闻》《每日新闻》等媒体也都曾对中国环境进行大量具有消极倾向的报道。

---

① 屈彩云：《日本环境外交战略初探》，《现代国际关系》，2011 年第 1 期。
② 程少华：《环境新闻的发展历程》，《新闻大学》，2004 年第 2 期。

　　无法否认，这样的形象构建的基础就是我国环境的现实状况，在一定程度上客观地反映了我国现存的各种环境问题，对于我们更客观、深刻地对本国环境现状进行自我认知和自我调整无疑是有益的。而且，这种相对客观的环境报道在推动中日乃至东亚地区环境合作方面也具有现实意义。但同样不能否认的是，《朝日新闻》的媒体报道不可能呈现中国环境的完整形象。由于其关注的议题比重不成比例，因此《朝日新闻》对中国环境形象的建构必然存在一定的偏差。例如在诸多污染问题中，与空气污染、水污染相比，土壤污染几乎被排除在关注对象之外；与中心城市相比，对外围城市与农村的关注度明显较低；与治污政策相比，对中国已取得的治污成绩几乎不予关注。而且《朝日新闻》显然片面、过分地强调了日本的对华贡献。考虑到《朝日新闻》的社会影响力，这种负面、存在偏差的环境形象所造成的现实影响必然是弊大于利。在当下领土、资源纷争等政治问题成为中日外交关系的阻碍时，环境作为政府与民间层面开展多方位交流、合作的可能课题，反而可以成为发展中日两国间和谐友好关系的另一蹊径。而《朝日新闻》作为日本最具舆论社会影响力的主流媒体，通过环境报道进一步推动中日间的环境合作、改善中日两国关系才是践行其"为世界和平做贡献""重视责任"纲领的明智之举。

日本"自中心化"历程背后的隐秘逻辑*
——读《从"请封"到"自封"》

许益菲

内容摘要 日本历史背后究竟蕴藏着何种隐秘基因,为何会令黄遵宪发出"只一衣带水,便隔十重雾"的感慨。韩东育教授的新作《从"请封"到"自封"——日本中世以来"自中心化"之行动过程》针对丸山真男的"原型论"提出了一个基于"夏商古道"的"据实性假说",揭开了蕴藏于历史背后的神秘面纱。日本从"请封"到"自封"的自中心化历程、战后日本在反思战争问题上的诸多费解之举或许都与殷商色彩浓厚的日本基因有着或明或暗的隐秘联系。

关键词 日本基因 夏商古道 自中心化 战争反思
作者简介 许益菲,南开大学日本研究院博士研究生

---

* 本文为教育部人文社会科学重点研究基地重大项目"东亚三国早期西学演化路径研究"(12JJD770024)阶段性成果。

继《从"脱儒"到"脱亚"——日本近世以来"去中心化"之思想过程》之后，2016 年韩东育教授又推出了一部力作《从"请封"到"自封"——日本中世以来"自中心化"之行动过程》。正如作者在后记中所言："前者侧重思想，后者侧重行动。"①两部著作一知一行，构成了其对日本在东亚地区思想与行动研究的姊妹篇。这部耗时 8 年之功写就的著作，凝结了作者对东亚特别是日本课题的缜密思考以及强烈的现实关怀。该作将其研究课题置于漫长的历史时段中，上自夏商古道，下止二战后日本，在作者"漫长的大历史和长线观察"②下，一个隐藏于千余年历史背后的隐秘逻辑次第浮现出来。作者追根溯源所要深究的是日本这个国家与生俱来的基因序列，而日本历史上所谓"自中心化"之行为选择都是潜藏在内的日本基因作用的结果。在作者对日本古道之来源、武士道死之觉悟等展开思想层面的解构过程中，我们似乎离虚无缥缈间的日本基因之谜更近了，神秘面纱即将褪去。诚然，这部书向我们呈现的是"一幅与以往东亚叙事不尽相同的历史画面"，③当我们去审视作者所描绘的这副历史画卷时，不能忽视其笔触之中所蕴含的强烈现实关怀。

一、蕴藏于历史中的日本基因

中日两国一衣带水，历史上的日本曾经深受中国文化的浸染，以至于当下常人提及日本俱言其文字、学问、制度等皆源出于中国，以示对日本之不屑。这一方面说明中日两国历史渊源颇深，而另一方面又暴露出当下国人对日本认知之不足。著者在序中曾言："简单化，总是历史评价中的一大忌讳，无论是对个体人物还是某个民族，都是如此。"④诚然，我们无可否认中国与日本之间颇深的历史渊源，但日本并非常人所理解的那么简单。历史上的日本，"神秘而令人困惑"。⑤以至于黄遵

---

① 韩东育：《从"请封"到"自封"——日本中世以来"自中心化"之行动过程》，台湾大学出版中心，2016 年，第 535 页。
② 韩东育：《从"请封"到"自封"——日本中世以来"自中心化"之行动过程》，台湾大学出版中心，2016 年，自序第 1 页。
③ 韩东育：《从"请封"到"自封"——日本中世以来"自中心化"之行动过程》，台湾大学出版中心，2016 年，自序第 1 页。
④ 韩东育：《从"请封"到"自封"——日本中世以来"自中心化"之行动过程》，台湾大学出版中心，2016 年，自序第 1 页。
⑤ 韩东育：《从"请封"到"自封"——日本中世以来"自中心化"之行动过程》，台湾大学出版中心，2016 年，第 2 页。

日本"自中心化"历程背后的隐秘逻辑

宪留下了"只一衣带水,便隔十重雾"的感慨。历史上,日本的特殊性在于,始终与东亚世界的"华夷秩序"保持若即若离的关系。具体而言,其"在利益往来中,日本是前近代东亚体系中的当然成员;可在伦理关系上,它也在扮演着对"华夷秩序"迎拒不定的叛服角色。①而这一特殊性的背后无疑有深藏于上古的日本基因作用在内。那么蕴藏在历史中的日本基因究竟源于何处。在中国大陆文明传入之前,日本是否如丸山真男所说已经有了 something。对此,作者将研究触角直指丸山真男的"原型论",试图提出一种逻辑合理且言之有据的"据实性假说",与丸山真男否认日本"原型"外来说不同的是,其更倾向于"夏商古道"来源说。

作者所抛出的"据实性假说",源于他对荻生徂徕"夏商古道"说和白川静"绝笔"的敏锐关注,更得益于他对上古中国与日本历史的横向比对考证。江户时代的大儒荻生徂徕曾经抛出一个轰动士林的命题,他认为,日本的历史文化根源于中国上古的"夏商古道"。徂徕言:"吾邦之道,即夏商古道也。今儒者所传,独详周道。遽见其与周殊,而谓非中华圣人之道,亦不深思耳!自百家竞起,孟子好辩,而后学者不识三代圣人之古道,悲哉!"②这样一来,一直以来被视为"九夷"的日本就凭借徂徕所谓之"夏商古道"完成了向"中华"的华丽转身,且日本所行之"夏商古道"还早于中国所行之"周孔之道"。无独有偶,日本著名的甲骨文、金文研究学者白川静则从另一个视角印证了殷商与日本之间特殊的渊源。这篇名为"皇室:久远的东洋睿智"的文章分为"拥有神话体系的王权""文身与贝、玉文化""异质王朝遭遇后的中国""败战暴露的思想虚弱"和"泛神论的世界观才是和平之原理"五部分。白川静认为,殷商与古代日本之间最本质的共同点在于神话的存在。除此之外,他还在文章中列出了诸多殷商与古代日本的共通之处。例如王统、婚姻、国家的成立、文化风俗等方面。这诸多共通之处隐约传递出一种日本文化源于殷商的意味。③可以说,在某种程度上,白川静的发现和荻生徂徕的"夏商古道"说达成了非同步耦合。

作者在敏锐地捕捉到"夏商与日本"这一问题的同时,还从水文地理的角度考察了"夏商古道"传入日本的可能性,他认为:"水文考古学家经过长期调查研究后发现,日本海固有的"左旋环流"现象,不但使上古的日韩联络成为可能,即便

---

① 韩东育:《从"请封"到"自封"——日本中世以来"自中心化"之行动过程》,第2页。
② 荻生徂徕:《论语徵》,《荻生徂徕全集》第四卷,みすず書房,1978年,第27页。
③ 白川静:《皇室:久远的睿智》,《文艺春秋》,2005年第4期,第157页。

是中日交通问题，也不再是天方夜谭。"①他遍察我国史籍，以求"夏商古道"东传的信史依据，列出了五点缀合之处：（1）均自称泰伯之后，男子黥面文身，女子朱丹涂体；（2）均崇神祇、尚占卜；（3）均言"通鬼（神）道"；（4）无夫而孕；（5）陈兵器，尚武备，等等。②通过对上古中国与日本历史的横向比对与考证，我们似乎离那个神秘的日本基因更近了。作者从历史考辨中发现，丸山真男"原型论"中所谓的日本价值，却与殷商文化间存在大量同构对应关系。③他所抛出的"据实性假说"就落实到了"夏商古道"上。

可以说，日本上古所蕴含的基因与殷商颇具历史渊源，它"重神而轻人、重力而轻德、重利而轻义"④，并且是一种单一的价值存在，极其偏执。正契合于殷商时代所崇尚的"卜筮主利"的价值观念。无可否认，作者以其宏大缜密的分析考证拨开了日本文化基因的层层迷雾，为更深层次地认识和探究日本文化起源提供了一个全新的视角。

二、日本"自中心化"之行动过程

前文言及，历史上日本的特殊性体现在日本始终与华夷秩序保持着若即若离的关系，究其根源，这是日本特殊的历史基因发挥作用的结果。在重利益而轻伦理、重贸易而轻册封的日本基因作用下，日本所谓从"请封"到"自封"的"自中心化"行动过程就得以次第呈现。当我们追随作者的思路，将零碎化的历史以一个综合而连贯的视角而观之的话，历史背后的隐秘逻辑就会逐渐褪去面纱，呈现出来。

所谓请封，是指日本历史上的政权出于逐利之需而主动请求中国大陆朝廷册封的历史现象。近世以前，日本请封于中国的记载多见于我国正史之中。《后汉书·东夷列传》载："建武中元二年，倭奴国奉贡朝贺，使人自称大夫，倭国之极南界也。光武赐以印绶。"⑤《三国志·魏书》载："景初二年六月，倭女王遣大夫难升米等诣郡，求诣天子朝献，太守刘夏遣吏将送诣京都。其年十二月，诏书报倭女王曰：

---

① 韩东育：《从"请封"到"自封"——日本中世以来"自中心化"之行动过程》，第11页。
② 韩东育：《从"请封"到"自封"——日本中世以来"自中心化"之行动过程》，第17页。
③ 韩东育：《从"请封"到"自封"——日本中世以来"自中心化"之行动过程》，自序第3页。
④ 韩东育：《从"请封"到"自封"——日本中世以来"自中心化"之行动过程》，自序第4—5页。
⑤ 范晔：《后汉书》卷八十五，中华书局，1965年，第2821页。

日本"自中心化"历程背后的隐秘逻辑

制诏亲魏倭王卑弥呼：带方太守刘夏遣使送汝大夫难升米、次使都市牛利奉汝所献男生口四人，女生口六人，班布二匹二丈，以到。汝所在愈远，乃遣使贡献，是汝之忠孝，我甚哀汝。今以汝为亲魏倭王，假金印紫绶，装封付带方太守假授汝。"[①]刘宋时期，日本先后有赞、珍、济、兴、武五位倭王请封于中国。特别是倭王武，据《宋书》记载："兴死，弟武立，自称使持节，都督倭、百济、新罗、任那、加罗、秦韩、慕韩七国诸军事，安东大将军、倭国王。"[②]此间日本请封中国背后的功利诉求昭然若揭。自此之后，一直到1403年明永乐帝册封足利义满为日本国王，史书中就再无日本请封中国的史料记载。在作者看来，日本请封中国的背后，是出于前近代区域平衡和地政安全的需要，是"重利轻义"的日本基因作用于行动选择的结果。而卑弥呼从曹魏获封"亲魏倭王"、倭王武从刘宋获封"安东大将军"、足利义满从永乐帝那里获封"日本国王"等行为选择，正是日本"重利轻义"基因的外在表现。历史上，曾有日本人认为足利义满请封明朝是屈膝卖国的行为，但在作者看来，却是"原属于东亚地区政治生态下相互依存、同生共济的自然反应频谱，而并不存在哪一方降贵纡尊或屈膝卖国之嫌"[③]。

　　事实上，日本在近世以前的中日交往中已经呈现出些许"自中心"意识，随着历史的推移，这种"自中心化"的愿景开始逐渐付诸行动。倭王武在向刘宋朝廷"请封"其为"安东大将军"，以掌控"倭、百济、新罗、任那、加罗、韩、慕韩七国诸军事"时，却声称自己"身披甲胄""东征毛人五十国，西服众夷六十六国，渡平海北九十五国"，其桀骜之态，跃然纸上。隋朝大业年间，小野妹子所携日本之国书中更是直言"日出处天子致书，日没出天子无恙"。明确释放过欲与中方试比高的对等信号。白村江一战是日本诉诸武力对抗中国的第一次尝试，虽然在这场战争中惨败，但日本却表现出来一种强烈的"自中心化"愿望。平安公卿滋野贞主在上表中言及："夫太宰府者，西极之大壤，中国之领袖"，其心迹可谓尽显无余。及至蒙元时代，当忽必烈的征日大军两度葬送在"神风"之下，一种从未有过的"神国"自信油然而生。正是有了和强大蒙古的际遇，才使日本人从"中国中心世界观"和"印度中心世界观"中脱离出来并实现了自立愿望。[④]历史上日本虽然多次请封

①　陈寿：《三国志·魏书》卷三十，中华书局，1965年第857页。
②　沈约：《宋书》卷九十七，中华书局，1965年，第2395页。
③　韩东育：《从"请封"到"自封"——日本中世以来"自中心化"之行动过程》，第337页。
④　韩东育：《从"请封"到"自封"——日本中世以来"自中心化"之行动过程》，第339页。

于中国，但其深处所蕴含的是自立的基因，这些"自中心"的意识最终会付诸行动。

作者将日本"自中心化"的"使命"总结为三大步骤：一是拒绝册封——丰臣秀吉的对外军事行动及其和谈条款，特别是那句"吾掌握日本，欲王则王，何待髯虏之封哉"的宣言，已经明确地注解了该步骤地行动目的和实施细则；二是追求平等——德川幕府在对明文书中已经将"大明国"与"日本国"相对置，而对马藩在对韩外交文书上亦已被要求废止明朝年号而改用日本年号；三是自我册封——德川幕府要求朝鲜国王给德川将军的国书上要换掉以往的"日本国王"而采用"日本国大君"这一新称号。①中世以来，丰臣秀吉迈出了拒绝向中国请封的第一步，开启了日本"自中心化"的行动历程。德川时代，日本的"自中心"化历程在思想界的格斗中进入第二和第三个格局。而明治政府借助西方法律体系制作的《日中友好条规》则实现了对以往"东亚朝贡体系"的逆袭，其于 1889 年颁布的《大日本帝国宪法》则实现了宪法层面的终极自封。

作者认为，中国大陆对日本所构成的各类诱惑以及大海所造成的交通不便，曾次第为日本支配层形塑出三种对华态度模式："一是无法分离，二是追求平等，三是自我中心。无法分离，是因为大陆可以提供律令范本和生计来源；追求平等，是因为列岛有辽远优势和海防武威；自我中心，是因为日本想在中国之外形成以它为中心的东亚另一极"②。在这种情况下，如果正常的政治经贸关系一旦受阻或陷于停顿，地位争诉和武力冒进，便每每成为日本对待核心文明的自然选择。

历史上，日本曾多次挑起兵祸，给东亚地区的人民带来了无尽的灾难。从 1592 年到 1945 年，日本发动了壬辰倭乱、甲午战争、侵华战争等一系列的军事侵略活动。这些战争的背后究竟隐藏着什么样的隐秘逻辑，作者所追求的是以一种整体且连贯的视角去审视之。在作者看来，"由于我们惯于以时代性质来判断战争性质"，③这样一来，跨越前近代和近现代的历次战争间所内在的连续性就被人为的割裂开来。作者不禁疑问："原本有规律可循的系列对外战争，为什么会被处理成一连串杂乱无章的巧合事件和偶然堆积？"④对此，作者对漫长历史展开长线观察，在这种视域下，潜伏于日本对外军事行动背后的隐秘逻辑反而异常单纯地浮于地表，即：

---

① 韩东育：《从"请封"到"自封"——日本中世以来"自中心化"之行动过程》，自序第 11 页。
② 韩东育：《从"请封"到"自封"——日本中世以来"自中心化"之行动过程》，第 337 页。
③ 韩东育：《从"请封"到"自封"——日本中世以来"自中心化"之行动过程》，第 379 页。
④ 韩东育：《从"请封"到"自封"——日本中世以来"自中心化"之行动过程》，自序第 7 页。

日本"自中心化"历程背后的隐秘逻辑

"从 1592 年到 1945 年间由日本所发动的壬辰倭乱、甲午战争、侵华战争等一系列剑指东亚的大规模军事行动，乃定调于丰臣秀吉，承绍于明治天皇，而膨胀于昭和时代。在数百年东亚史上，上述过程已经凝结为隐秘于事实背后的一以贯之的思考模式和行为模式。"①

三、日本人的"罪责"意识

当远东国际军事法庭对东条英机等甲级战犯宣判时，这些沾满了无数死难者鲜血的战犯却无一例外地高喊"无罪"。时至今日，日本战败已有七十余载，然而，日本人在战争认罪问题上的表现却令世人匪夷所思，一些"过分"的言行严重伤及了曾受日本帝国主义侵略的东亚各国人民的感情。在战争责任认识问题上，即便是被视为左翼的进步学者，也有过一些令人"大跌眼镜"的惊人言论。日本著名中国学研究者沟口雄三教授就曾抛出令人颇为费解的"沟口雄三之问"，即："我们日本人对于战争要谢什么罪？谢罪到什么范围？是仅就残酷暴行谢罪，对出兵侵略中国谢罪，还是对明治以来的近代化全过程谢罪？可是，一个国家的历史全过程就这样成了其他国家的罪孽，这难道是可能成立的事吗？"②而以鲁迅研究闻名学界的竹内好教授，亦曾有过令人颇为费解的言论。竹内认为："大东亚战争，既是殖民地侵略战争，也是对帝国主义的战争。尽管这两个侧面事实上已经被一体化，但必须从理论上加以区分。日本没有侵略美利坚和英吉利的意图，虽然夺取了荷兰的殖民地，但也不想入侵荷兰本土。由帝国主义来打倒帝国主义是不可能的，由帝国主义来裁判帝国主义，也同样鲜存可能。"③作者对二战后日本学者在战争认识问题上的"诡辩"言论，有着敏锐的认识，他认为，这是日本学者惯用的一种常套，即拿"近代"掩盖"暴力"、用"被害"置换"加害"、以"定量"否决"定性"。而这种学术手法说到底就是利用"近代文明"之"善"来消解对外侵略之"恶"。④这些令人匪夷所思的言论背后，所蕴含的是日本人独特的"罪责"意识，而其背后依然是带有浓厚殷商色彩的日本基因。在《东亚的"殷"魂》(《读书》，2017 年第 5 期)一文中，

① 韩东育：《从"请封"到"自封"——日本中世以来"自中心化"之行动过程》自序第 7 页。
② 沟口雄三：《创造日中间知识的共同空间》，《读书》2001 年第 5 期，第 6 页。
③ 竹内好：《近代的超克》，《近代日本思想史讲座》(7)，东京：筑摩书房，1959 年，第 253 页。
④ 韩东育：《从"请封"到"自封"——日本中世以来"自中心化"之行动过程》第 463 页。

作者就提到了日本人的"罪责"意识与带有浓厚殷商色彩的日本基因之间的隐秘联系。

　　在该文中，作者结合了日本学者白川静对此方面的相关研究，进一步探求日本人特殊的"罪"意识。白川氏认为，日语中的"罪"和"咎"是指冒渎"神祇"后造成的"污秽"和"不洁"。而正因为"污秽"和"不洁"，才需要清洗和被除。关于"被除"，最早应源于日本记纪神话，《古事记》和《日本书纪》中都有关于伊邪那岐命"被除"的记载。伊邪那岐命因思念亡妻伊耶那美命而追至黄泉国，但此时的伊耶那美命却早已面目全非，满身蛆虫，伊邪那岐命转身便逃。历经磨难的伊邪那岐命从黄泉国回来后，认为自己曾到过非常丑恶且极其污秽的地方，所以必须清洗一下身体。于是至筑紫日向小户橘之檍原而被除，以荡涤其身体之污秽。通常我们对"罪"和"责"的逻辑思维是，人一旦犯罪就应承担相应的法律责任，接受法律的制裁。但日本人在对待"罪"和"责"这一问题上，却是另一种逻辑思维，作者分析，日本人对事件的认识均被消解于如此逻辑之中，即肇事者本身是在不正常的状态下才冒犯了神的忌讳，而由此所造成的污秽或不洁，只需通过被穰的方式即可得到洗刷。[①]不得不说，这是一种相当原始的"罪"意识，正如白川静所言，"罪孽之有无只需神判而非人判"。日本这一独特"罪"意识的产生，是日本古代社会生产力低下，制度文化发展不健全的结果。但是这一特异的逻辑思维却深深地植入大和民族的文化基因之中，一直影响着现代日本人的思维，用作者的一个词来形容就是"殷"魂不散。

　　作者认为，日本人的这种"罪"意识进一步引申就是这样一种思维，即犯罪本身并不是人本来应有行为。只因犯罪者身上有怪力附体，才使他闯下祸患。这意味着，人不是做恶事的。唯此，即便做了恶事，也不是当事人之所为，而是附着于当事人身上之"恶灵"所为。[②]这是一种典型的"责任外推模式"和"无责任意识"，所以，在这一逻辑思维下，刑法意义上的罪意识根本无法成立。当我们再度审视那些令人匪夷所思的言行和举动：东京审判法庭上沾满鲜血的甲级战犯高喊无罪、沟口雄三对日本人战争认罪问题所发出的犀利三问、竹内好所谓帝国主义不能审判帝国主义等，这些令人颇为费解的言论和行动背后不正是日本人"罪"意识的体现吗？这一思维模式的可怕之处就在于，犯罪者将责任外推于虚无的恶灵，而免于刑法意

---

　　① 韩东育：《东亚的"殷"魂》，《读书》，2017年第5期，第29页。
　　② 韩东育：《东亚的"殷"魂》，《读书》，2017年第5期，第29页。

日本"自中心化"历程背后的隐秘逻辑

义上的制裁。这样一种没有道德和法律约束的思维方式无疑会令人走向为所欲为的邪恶极端。近代以来，日本对中国曾经犯下无数滔天罪行，这难道能用恶灵附体来掩盖吗？作者通过探求日本人独特的"罪"意识，揭示出藏于其背后的诡辩逻辑，作者更想告知读者的是正视日本与中国之间的差异性，虽然历史渊源颇深，且饱受中华文化浸染，但日本不是越来越像中国，而是越来越像自己。

日本人独特的"罪责"意识还体现在对天皇战争责任问题的认识上，一些学者为使天皇免于战争责任而穷尽其理，其中，以著名思想史学家丸山真男最具代表性。近代以前，日本一直都在延续着"祭政二元"的统治体系，其特点在于权威和权力的二元分离。"祭政二元"的统治体系下，天皇作为一种权威存在却不掌握实权，国家的实际统治权先是掌握在摄关家之手而后又移至武家。步入近代，历史上仅仅是权威存在的天皇在《大日本帝国宪法》体系下被赋予了"总览统治权"的至高无上地位。与历史上"祭政二元"的统治模式不同的是，近代日本天皇可以自由任免国务大臣，可谓大权直接在握。然而，天皇直接大权在握却引申出一个颇为严峻的问题，即天皇是否应该对侵略战争负责？

依常理，既然天皇总揽大权，那么，自然会参与到侵略战争的决策过程之中，不可能置身事外。丸山真男无疑注意到了这点，他在谈及天皇战争责任问题曾说："天皇仿佛是长着两个头的怪物，即'立宪君主'和'绝对君主'之一体两面。"[1]这样，丸山真男将批判的矛头指向近代天皇制，指出这一统治体制下的暗箱操作和不透明性，并认为这才是 20 世纪 30 年代后日本越发明显的"政治病理"现象的根源。在丸山看来，近代天皇制打破了日本自古以来所延续的"祭政二元"统治体系，丧失了天皇作为"无责任者"的制度依据。在作者看来，丸山真男通过对"原型论"的研究，在日本传统的政治体制中找到了天皇作为"无责任者"的原始根据。[2]而近代天皇制下总揽大权的制度设计又一度让天皇陷入被追究责任和退位的困境，所以丸山真男和津田左右吉一样都对近代天皇制展开了批判。与津田的针锋相对所不同的是，丸山真男的理论构图更加巧妙、策略更加迂回。作者认为："丸山真男的出发点虽然与津田思路极为贴近，但也兼顾了井上（哲次郎）高扬朱子学的政治倾向：丸山先是把研究视角远投江户时代，然后在强调朱子学在幕府初期之'崇高'

---

① 丸山真男：《丸山真男集》（16），东京：岩波书店，1997 年版，第 327 页。
② 韩东育：《从"请封"到"自封"——日本中世以来"自中心化"之行动过程》，第 474 页。

地位的同时，给朱子学赋予了被"捧杀"的命运。"①而反映这一思想构图的就是丸山的著名代表作《日本政治思想史研究》。作者认为，在《日本政治思想史》研究中，丸山已把近世儒家学说之总代表"朱子学"，视为与近代化原理相悖的思想体系，并将其定性为"旧体制"——德川体制的帮凶。并且儒家的"政教混一""公私不分"，曾极大地影响了日本天皇制的近代转型。②也就如丸山所说天皇仿佛是长着两个头的怪物，而儒教就是造成这一后果的"元凶"。这样，儒教就成了丸山为日本近代政治病理现象所找的"替罪羊"，作者认为，丸山真男将近代以来的天皇制国体变化归谬给儒教作用的言说显然不应是一个战争反省者的应有态度，却很像是连接于"无责任体制"延伸线上的新型"责任外推"。③因为批判近代天皇制，丸山真男被约翰·W.道尔誉为"进步文化人"，但丸山批判近代天皇制的终极目标是将元凶归谬于儒教，完成一次隐秘的责任外推，这也不禁令人唏嘘战后日本思想潜流的复杂性。

结　语

韩著从"夏商古道"入手追根溯源，提出了一种有别于丸山真男"原型论"的新见解。作者基于荻生徂徕和白川静的假说，横向比对和考证了上古时代的中国与日本，从水文、史料等方面印证了日本和殷商之间存在历史渊源的可能性。这让我们离弄清蕴藏在历史之中的日本基因更近了一步。至少让读者抓住了日本"重神而轻人、重力而轻德、重利而轻义"单一价值内核。而中世以来日本从"请封"到"自封"的自中心化行动过程正是这一特殊日本基因作用的结果。作者还从日本在东亚挑起的历次战争中俘获了隐藏在这些军事行动背后的隐秘逻辑，对深刻认识当下日本的战争反思问题具有重要的指导意义。二战后日本人在战争责任问题上的诸多不当言论和令常人费解之举背后，其实蕴含的是日本人独特的罪责意识，而这又与特殊的日本基因有着或明或暗的内在联系。

《从"请封"到"自封"》向读者描绘了一幅不同以往叙事的历史画卷，笔锋所凝聚的既有他对东亚特别是日本课题的缜密思考，也有他对当下的现实关怀。此

---

① 韩东育：《从"请封"到"自封"——日本中世以来"自中心化"之行动过程》，第 477 页。
② 韩东育：《从"请封"到"自封"——日本中世以来"自中心化"之行动过程》，第 475 页。
③ 韩东育：《从"请封"到"自封"——日本中世以来"自中心化"之行动过程》，第 487 页。

日本"自中心化"历程背后的隐秘逻辑

著引导读者从更深层次、更综合地认识一海之隔的日本,正如著者所言"要沉静下来去观察中日间异常复杂的恩怨纠葛,并从这团乱麻中整理出近乎事实地由绪"[①]。

《从"请封"到"自封"》是对日本文化起源问题的再思考,它不同于丸山真男唤醒二战后日本文化主体性的"执拗低音",从基于夏商古道的"据实性假说"到东亚的"殷"魂,作者的观点渐趋明朗,即日本文化的基因中拥有来自上古的殷商文化元素,这种文化上的共通之处似乎在证明日本文化在源头上曾与殷商有着的一定的历史渊源。如果丸山真男"古层说"中那个持续性的 something 存在构筑起了日本文化的灵魂,且称其为"和魂"。那么作者从新著《从"请封"到"自封"——日本中世以来"自中心化"行动历程》到新论《东亚的"殷"魂》,思想脉络已十分清晰,"殷魂"二字已然明朗。"和魂"和"殷魂",是两位学者对日本文化起源问题的不同思考,可谓"殊途""同向""不同归",二者从不同的研究路径展开,都是朝着证明日本文化异质性这一个方向努力,最终却得出了"和魂"说和"殷魂"说两种不同的理解。

---

① 韩东育:《从"请封"到"自封"——日本中世以来"自中心化"之行动过程》,自序第 1 页。

国别和区域研究（日本）

南开大学日本研究中心是教育部国别和区域研究基地，长期关注当代日本问题及中日关系，对日本的政治、经济、外交、安全、社会等方面的重大问题和热点问题，及时展开研究，以应对国家和社会需求。本书将设立专栏，陆续刊登一些相关研究成果，与学界同行和读者共享。

本专栏的研究成果得到了教育部国别和区域研究专项资助。

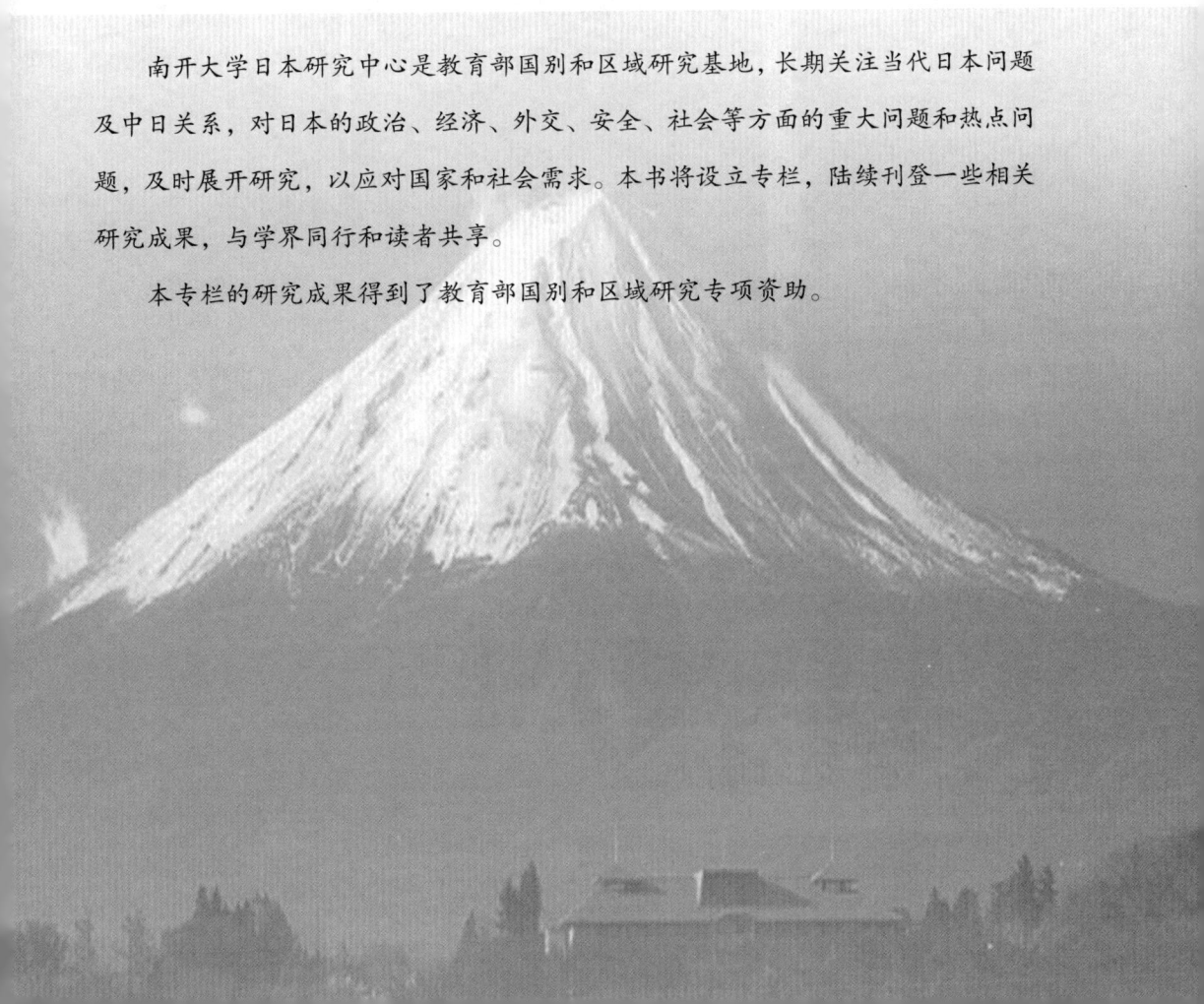

二战后日本核政策的形成、特点和趋势

乔林生

内容摘要　"无核国家"日本只是个虚像，当代日本实际上执行着一条追求"潜在核武装"的政策路线。日本表面上主张"和平利用""无核三原则"与加入《核不扩散条约》，实际上更倚重美国的"核保护伞"；进而，表面上主张依靠美国的"核保护伞"，实际上从根本上并不相信美国的口头承诺，而是一直在追求着自己的核武器"制造"能力。在国内外环境的制约下，这种核武器潜在"制造"能力，正是隐藏在"和平利用核电"和"无核三原则"的表象下。

关键词　核政策　无核三原则　核武装论　潜在核武装

作者简介　乔林生，南开大学日本研究中心副教授目前，国内外学界关于日本核政策的研究，一般认为，二战后日本和平利用核能，坚持了"无核三原则"，依赖美国核保护伞，奉行了无核化政策。然而，根据近年解密的外交档案与有关当事人的证言，日本政府在和平利用名义下进行的核电开发，实际上从一开始就有明确的军事意图。进而，日本在依赖美国核保护伞的背后，通过发展核电，坚持了一条独立保持核武器制造能力的政策路线。

一、冷战时期日本核政策的形成

与其他核大国不同，由于二战后国民强烈的反核感情和特殊的国际环境，日本是在和平利用核电的名义下展开核武器研究的，走了一条不同寻常的核开发之路。

第一，二战后日本的核政策是从核电入手的，从一开始便带有明确的军事意图。

1945 年日本战败投降后，盟总下令禁止日本进行核研究。然而，随着冷战的展开及美国占领政策的转变，原海军军人中曾根康弘向美国特使杜勒斯提出建议，明言修改宪法、组建军队，并呼吁解除对核科学研究的限制。1951 年《旧金山和约》没再限制日本从事核研究。1952 年首相吉田茂下令制定组建科技厅的方案，其附属机构"中央科技特别研究所"的任务就是从事包括核武器在内的武器研究、核动力研究和航空飞行器研究。1954 年中曾根向国会提出《核反应堆建造基础研究费及调查费》预算案，目的就是开展与核武器相关的研究。在美国核政策调整后，试图推销"和平利用"核能的美国与打算积极介入"核武器"研究的日本，各取所需，不谋而合。1955 年 11 月，《日本与美国关于非军事利用原子能的合作协定》签署，其成为日本介入核开发的重要契机。在和平利用的名义下，日本的核开发从一开始就带有明确的研究"制造"核武器的军事意图，其被保守派政治家们定位于修宪、重新武装的延长线上。

第二，日本曾欲通过间接引进与自主研发核武的双重路径保障安全，并积极谋求为"拥有核武"奠定法律基础。

具备政治意愿之后，如何才能实现拥有"核武"的目的，从短期而言，面临着自主研发还是间接引进的路径选择问题；从长期而言，则存在着法律环境制约的问题。20 世纪 50 年代中期日本兴起所谓第一次核能热潮。保守政治家们在发展核武器的强烈愿望驱使下，一方面举着和平发展核电的招牌，积极引进相关核电设备，追求着自身制造核武器的技术能力，另一方面则开始鼓吹"核武器合宪论"，为日

二战后日本核政策的形成、特点和趋势

本将来能够"拥有"核武器营造法律环境。1956 年原子能委员会委员长正力松太郎上任后，表明欲与美国签署动力核反应堆协定，结果却绕过美国，首先引进了英国黑铅型反应堆。因为美国的轻水反应堆制造原子弹用的高质量钚比较困难，而英国的黑铅减速反应堆，原本就是由军用生产钚的反应堆改良而成，只要调整运行方式，就很容易变成批量生产高品质钚的设备。在正力推动进口核电设备时，同为甲级战犯的狱友岸信介则抛出"核武器合宪论"。1957 年刚上台的"改宪派"首相岸信介在国会等场合公开表明，"在现行宪法下，为了自卫可以拥有核武器"。从此，"核武器不违宪"的立场，为历代自民党政府所继承，成为日本政府的正式主张。

　　与此同时，日本政府亦尝试间接从美国引进核武器。当时，美国国内也存在向日本提供核武器的主张。于是，池田勇人鉴于日本尚无能力制造核武器的状况以及财政经济方面的原因，考虑是否可以从美国购进核武器。然而，肯尼迪政府反对核扩散，只是希望利用中国核试验的影响，促使日本扩大防卫能力，并不支持日本实现核武装。在不能从美国购入而实现"拥有"核武器的情况下，池田政府沿袭前任岸政府的政策，继续确认了"核密约"，承认美军可以向日本"运进"核武器。

　　第三，在"无核三原则"的背后，日本在寻求美国核保护伞的同时，更是贯彻了保持自身制造核武器能力的核政策。

　　从 20 世纪 60 年代中期起，日本兴起第二次核能热潮，1966 年首座核电站（东海）并网发电。当制造核武器的能力逐渐具备之后，面对国内外环境的制约，何种程度或何种形式上将核武装付诸实践，成为日本政府制定核政策的核心课题。在打出"无核三原则"和加入《核不扩散条约》的背后，佐藤荣作执政时期，日本政府切实地探寻了核电与核武器的"接点"，正式确立了保持核武器制造潜力的核政策。

　　众所周知，1967 年佐藤在众议院正式提出不拥有、不制造和不运进核武器的"无核三原则"。翌年佐藤又进一步提出"四大核政策"，即坚持"无核三原则"；促进核裁军；在日美安全体制下依靠美国的核遏制力；促进核能的和平利用。一般而言，其标志着日本核政策的正式形成。事实证明，日本政府并没有真正遵守"无核三原则"，也非真心想加入《核不扩散条约》，只是将其作为表面招牌，来应对国际社会与本国国民的压力而已。进而言之，在日方看来，美国的核保护伞也是靠不住的，自己制造核武器，才是日本统治者们一如既往的真实意图和矢志追求的既定目标。这种主张并非仅停留于个人想法，而是 60 年代中后期通过内阁、防卫厅和外务省等机构对利用核电设施进行核武装可行性的多方调查研究，最终成为日本政

府的"内部政策"。内阁调查室的研究报告虽得出"鉴于技术、战略、外交、政治上的限制，日本不应该拥有核武器"的结论，但外务省的主张实际上反映了日本核政策的核心内容，即"一边保持立即可以进行核武装的状态，一边推进和平利用，这是没有异议的"，"关于核武器，不论是否参加 NPT（《核不扩散条约》），当前采取不拥有核武器的政策；同时，要一直保持制造核武器的经济、技术潜力；对此不容掣肘"。可以说，这才是日本核政策的真正内涵。《日本外交政策大纲》的出台，才是日本核政策真正正式形成的标志，之后，日本政府在所谓"和平利用""无核三原则"等幌子下，为了切实保持制造核武器的能力，从各方面排除来自国内外的阻碍或干涉，持续推进了核开发计划和技术研发。

二、冷战后日本核政策的变化

冷战后，日本政府在继续完善核技术体系的同时，逐渐从舆论上为"核武装论"解禁，从法律上为将来可能的"核武装"松绑。

第一，冷战后日本的核材料储备与技术潜力得到了显著提升。

冷战后日本的核材料储备迅速增长，现在究竟储存着多少钚，并没有一个准确数字。1992 年 11 月，日本运输船"拂晓号"从法国起航，翌年 1 月 5 日向东海村东海港运回约 1.1 吨钚，标志着日本进入正式利用钚的时代。据 2011 年《朝日新闻》透露，日本国内已经储存着相当于制造 1250 枚核弹的 10 吨钚，继美、俄、英、法之后，名列世界第五。有白宫官员估计说，日本仅在本土存放的钚原料就有 10 吨，足以制造 1500 枚核弹头。这一数字印证了上述《朝日新闻》的报道。然而，据来自其他方面的评估，则认为日本目前可能已经囤积了 40 吨以上的钚，足够制造 5000—6000 枚原子弹。根据历年日本政府原子能委员会发布的有关报告，如下表所示，日本的钚持有量 1993 年为 10844 千克，此后不断上升，2014 年持有量达到 47809 千克（约 48 吨）。另据美国专家估算，实际上日本囤积的武器级钚已超过美国核武库中 100 吨的数量，是全球最大的武器级钚持有国，可生产上万枚核弹，还在以每年 5 吨左右的速度递增。日本一位大报的记者说："只要有这些物质在，国际社会就该认为日本是个潜在的核武器保有国。但日本需要有个借口（留住这些核物质），这个借口在过去很长一段时间里，都说是为了和平利用核能。"京都大学核反应堆实验所助教小出裕章在回答经济评论家山田厚史采访时说："日本一开始

二战后日本核政策的形成、特点和趋势

研究核问题时，就是冲着潜在核保有国去的。对核燃料循环的研究，建设高速增殖炉文殊，都是在这方面的一个体现。"日本外务省某位干部则将通常用来称呼《核不扩散条约》（NPT）承认的五个核大国的略称"N5"，加上了日本，称之为"N6"，从中可以看出"非核武国家"日本的"特殊地位"，也流露出日本的真正心思。

表 1　日本的钚持有量统计表（单位：千克）

年度	英、法	日本国内	合计
1993	6160	4684	10844
1994	8664	4352	13016
1995	11291	4722	16013
1996	14972	4430	19402
1997	18916	4468	23384
1998	24152	5000	29152
1999	27309	5318	32627
2000	31889	5285	37174
2001	32189	5682	37871
2002	33010	5405	38415
2003	34894	5475	40369
2004	37088	5710	42798
2005	37852	5923	43775
2006	37994	6753	44747
2007	37827	8721	46548
2008	37818	9696	47514
2009	36196	10063	46259
2010	35025	9936	44961
2011	34959	9295	44254
2012	34946	9295	44241
2013	36312	10833	47145
2014	36974	10835	47809

此外，日本还积极推进空间发射计划，运载技术取得了突破性进展，航天和火箭运载技术水平亦位居世界前列。1994 年 2 月，日本研制的 H-2 火箭试射成功。H-2 两级火箭，从技术角度来看，水平十分先进，起飞质量 260 吨，近地轨道运载

能力为 10 吨，地球同步轨道运载能力为 2 吨。如果把它改作单级固体导弹，就足以把 2 吨的弹头发射到 5500 千米以外。1997 年 2 月 14 日，日本 M–5 火箭首次成功发射卫星，它总重 130 吨，是世界上最大的三级固体火箭，可将 2 吨卫星送入 250 千米近地轨道，相当于能将 2.5–3 吨弹头投至 1 万千米以外。1997 年后，日本又投入 7.38 亿美元，改进 H–2 火箭，成功研制了 H–2A 火箭。2001 年 8 月 H–2A 型大型运载火箭首发成功，其起飞质量可达 289–445 吨，近地轨道运载能力达 15 吨，地球同步轨道运载能力为 6 吨。上述火箭均可改装为洲际弹道导弹，完全有能力将核武器投送到任何敌对国家的领土上。同时，日本自卫队配备的 F–15、F–2 战斗机也可搭载核武器，成为核武器的投送工具。鉴于日本列岛人口密集、面积狭小的状况，吉原俊井等多位日本核问题专家认为，日本应在常规潜艇的基础上发展水下核力量。诚如日本军事评论家前田哲男 1995 年 3 月在《宝石》周刊上撰文指出的那样，日本实际上已经建立起"没有核弹头的核系统"。美国教授彼得·库茨尼克则形象地指出，日本离制造核弹头"只有一个螺丝刀的距离"。

第二，"核武装"已不再是政策讨论禁区，国民对核武的敏感度亦有所钝化。

冷战结束后，在这种关于核武器的雄厚经济技术基础上，以政治家为首的各种右翼势力打破了原来核武装论的讨论禁区，竞相鼓吹核武装，误导社会舆论，纷纷为敏感的核武装言论"脱敏"，国民对核武的敏感度亦有所钝化。特别是日本政界言论明显升级，甚至出现了推动实现核武装的政治势力。

1991 年宫泽喜一在就任首相之前与评论家田原总一郎的对谈中指出："……对于日本来说，核武装技术上是可能的，财政上也不是什么难题。"1993 年日本前外相武藤嘉文在新加坡的东盟会议上曾表示："如果有一天美国撤出核保护伞，那么我们能否制造核武器是相当重要的。"1994 年 6 月，时任首相羽田孜在国会上毫不掩饰地说："我们确实有能力生产核武器"。1998 年 6 月 17 日，内阁法制局长官大森政辅在参议院预算委员会的答辩中就持有核武器与宪法第九条的关系明确指出："如若为了自卫，限于必要的最小限度的保持实力，宪法第九条第二款也不禁止……总之只要是限于上述范围，核武器也不禁止"，"若基于刚才引用的 1978 年 3 月 11 日当时法制局长官真田的见解，使用核武器也要是为了自卫，限于必要的最小限度的话，道理上也是可能的"。1999 年 10 月，时任防卫厅政务次官西村真悟在记者采访时则公开主张，日本也应实行核武装，必须在国会上讨论这个问题。在各方舆论的压力下，西村被迫辞职。

二战后日本核政策的形成、特点和趋势

然而进入 21 世纪后，一些政客多次在不同场合发表了日本应拥有核武器或应研究核武器问题的言论，非但没有受到严厉谴责，反倒还赢得了相当人气。2002 年 4 月 6 日，时任自由党党首的小泽一郎在福冈举行的一次研讨会上公开扬言："如果中国过度膨胀的话，日本就要制造核武器来'反制'中国。日本核电站里的钚完全可以制造出 4000 多枚核弹头，我们在军事实力上不会输给中国！"2002 年 5 月 13 日，时任内阁官房副长官安倍晋三在早稻田大学演讲时公开声称："日本不仅拥有制造核武器的技术，而且有立即进行生产和装备自卫队的能力，日本随时都可以制造核武器。日本先制造小型原子弹，拥有小型原子弹在法律上也应当没有什么问题。"5 月 31 日，时任内阁官房长官福田康夫在记者招待会上也表明："如果是专守防卫，就可以拥有。从法理上讲，若是专守防卫，没有不能拥有的道理。宪法上或法理上没有写不能拥有（洲际弹道导弹与原子弹）。"他还进一步指出："现今即使是宪法都要修改的时代，随着国际形势的变化，国民若认为应该拥有（核武器）的话，那么无核三原则也许就要改变。"

据日本共同社报道，2004 年 1 月 7 日，前首相中曾根康弘在日本外国记者俱乐部的演讲中声称："作为宪法解释，我认为（日本在防卫政策中）拥有专守防卫内的核武器并不违反宪法"，"有关拥不拥有核武器的政治判断是另外一回事情"。2005 年 12 月，外相麻生太郎对美国副总统切尼和国防部长拉姆斯菲尔德明确表示："如果中国和朝鲜成为安全威胁，（日本）就应该实行核武装了吧。"

在朝鲜首次核试验的上月即 2006 年 9 月，日本防卫厅就日本核武装问题再次进行了研讨，完成了内部报告《关于核武器国产的可能性》。该报告指出日本试制小型核弹头需要 3 年以上时间，花费 2000 亿到 3000 亿日元，需要动员数百技术人员，而且即使日本宣告实行核武装，但依靠独自能力也难以马上消除朝鲜核武器的威胁。尽管如此，日本政界高官依然不断释放核武装的言论。2006 年 9 月 5 日，前首相中曾根康弘在记者招待会上再次公开强调："日本依赖美国的核武器，但是针对《日美安保条约》被废止等重大变动发生的情况下，有必要对核问题进行研究。"10 月 15 日，时任自民党政治调查会会长中川昭一在参加朝日电视台的讨论节目中宣称"宪法并没有禁止日本拥有核武"，"为了确保日本不遭受核攻击，拥有核武器是选择之一"。时任外相麻生太郎也在众议院外务委员会上公开表示："邻国要是拥有（核武器）的时候……一种想法认为重要的是进行各种各样的讨论，我也这么认为。"而且他对"拥有核武器讨论成为问题"的答复居然是："我国不是言论管制的

国家……我们认为有相当言论自由是我国的优点所在，所以没有封杀言论的想法"，作为政府领导人之一，麻生公开纵容日本政治家的非法言论。首相安倍则一方面表示"政府坚持的无核三原则不变"，一方面主张"（关于拥有核武器）政府以及党组织不讨论，其他人议论是自由，不可以压制言论"，安倍的发言，实际上等于表明其对阁僚等的拥核谬论采取了纵容态度。

2009 年 8 月 6 日，前航空自卫队幕僚长田母神俊雄在广岛演讲时宣称："日本作为唯一的核爆受害国，为了不再遭受第三次核攻击，应该拥有核武器。"2013 年 4 月，众议院议员、东京都原知事石原慎太郎在采访中极力推销其四十多年来一直倡导的"核武装论"。他主张："日本应当成为军事强国、技术强国，支撑国家发言权的是军事力量、经济力量，因此，为了复苏经济，振兴防卫产业是最好的选择，讨论核武装也是今后的选项。"

同样日本社会也有一批右翼学者，公开主张废除"无核三原则"，积极鼓噪实行核武装。京都大学教授中西辉政主张"应尽快重新审视无核三原则"，"对于核武器的威胁，只能通过核武器来抑制"，"为了拥有对华牌、对美牌，现今日本民间的有识之士们有必要打破禁忌，树立通过舆论来'支持国家'的重大使命感，堂堂正正地来讨论'核武装'"。评论家日下公人也认为："无核三原则'不制造、不拥有、不运入核武器'，不过是 1968 年（昭和四十三年）佐藤荣作首相在国会上的发言以及在其后的政府答辩而已，不是国际条约，在国内也没有法律化。因此要摆脱持续将本国安全托付给美国这一战后的固定观念、固有想法和内向思维，在这里若宣告'日本要拥有核潜艇和原子弹'的话，日本的环境就会发生巨大变化。"新闻评论员樱井良子在产经新闻社主办的演讲会上公开声称："制造核武器的技术关系到外交的强弱，核电站技术在军事上也具有重大意义。"东京基督教大学教授西冈力则认为："无核三原则不是法律，是个国会决议，至少冻结'不运入核武'原则，马上就可以实行。解除'不制造''不拥有'原则涉及《核不扩散条约》（NPT），但在金正日的核问题解决之前，首相或防卫厅长官宣布冻结'不运入'核武器原则就行。"

右翼政客及学者等的不当言论，对日本对待核武装的态度产生了恶劣影响，日本政界中支持核武装的议员逐渐增加。2003 年 11 月《每日新闻》对全体新当选的 480 名众议员进行调查，有 83 人认为"如果国际形势需要，日本应当发展核武器，进行核武装"，占议员总数的 17%。根据《每日新闻》的调查，2007 年在职的 305 名自民党众议员中有 75 人（25%），85 名参议员中有 15 人（18%），认为应研究核武装。

此外，日本社会随着战争记忆的淡化，和平主义思想退潮，右倾民族主义思潮与大国主义意识逐渐兴起，民众对核武的态度也趋向暧昧。尽管此前有西村真悟因核武装言论被迫辞职的例子，但小泉执政以来，不少政要鼓吹核武装的言论，不仅没有受到强烈谴责，反而赢得了不少人气，可以看出日本社会整体上对核武的敏感度已经弱化。据日本多家媒体调查，对核武装问题表示默认乃至支持的国民，已由20世纪七八十年代的10%上升到90年代末期的16%。2006年10月，朝鲜进行核试验后，日本《读卖新闻》的民意调查结果显示，8成的受访者认为应该坚持"无核三原则"，只有18%的受访者认为"修改一下也无妨"。另据日本时事通信社2006年11月18日舆论调查的结果显示，日本反对核武装的不到7成，而对核武装持肯定态度的超过2成，即每五个人中就有一人支持日本拥有核武器，与以前相比有增加的趋势。2012年2月《产经新闻》的一项调查（收到2873份问卷，男性2422人，女性451人）结果更是令人吃惊。关于"您是否赞成日本核武装？"，85%的受访者回答"赞成"；至于"一旦有事，美国会保卫日本吗"，78%的受访者认为不会；"公开场合哪怕只是谈论此问题也应该吗？"，有96%的受访者持赞成态度。

另外，1995年成立的右翼政党"新风"，从1998年开始推出候选人参加参议院选举。该政党在政纲中公开主张放弃"无核三原则"，实行核武装。其候选人虽未获得议席，但在参议院选举中的得票却迅速增加，1998年为42904张，2001年为131000张，2004年达246000张，2013年为157972张（0.3%），十多年间将近翻了两番，这一动向不能不引起各方的警惕。

第三，日本通过间接解释宪法，直接推动修改宪法以及与核问题相关的法律，为核武装的政策选项铺路搭桥。

在民意悄然变化的形势下，日本政府积极地通过解释宪法、修改宪法及相关法律。如上所述，在关于拥有核武器的宪法解释上，日本政府坚持"拥核"不违宪的立场。2002年时任内阁官房副长官的安倍继承其外祖父岸信介的立场，宣称日本宪法允许拥有最小限度自卫所需的核武器。2006年日本内阁通过的答辩书亦称："宪法第九条并未禁止我国拥有自卫所需最小限度的实力，即使是核武器，只要在此限度内，那么拥有它也未必在宪法禁止之列。"安倍上台以来，积极谋求推动修改和平宪法。2006年12月，通过《防卫厅设置法修正案》，将防卫厅升格为防卫省。2007年5月，又强行通过《国民投票法》，为日后正式修改宪法奠定了基础。进而，

2014 年 4 月，安倍政府放弃"武器出口三原则"，实质上等于放弃了和平主义。2015 年 7 月、9 月，日本参众两院强行通过系列安全法案，解禁了集体自卫权，安倍政府在重塑日本军事大国的道路上向前直冲。2016 年 1 月 22 日，安倍在施政方针演说中吹起了"修宪角号"，他说："选举制度改革是民主主义的基础，修改宪法决定着国家的形象。我们国会议员身负国民重托，要堂堂正正对这个课题进行讨论。一定要做出结论，负起责任。"一度曾鼓吹过制造核武器的小泽一郎，作为生活党党首于 2013 年 7 月 12 日接受记者岩上安身采访时道出了日本政客主张的"核武装论"的实质，他说："安倍他们主张（修宪）的背景，是核武装论。"

在间接解释宪法、积极推动修宪的同时，日本政府在 2011 年 3·11 核灾难之后，还于 2012 年 6 月 20 日，通过了在《原子能基本法》和《原子能委员会设置法》中新增"核能应为保障国家安全做贡献"条款的修正案，时隔 34 年修改了《原子能基本法》。如前所述，旧《原子能基本法》第二条规定了原子能政策的基本方针，即"原子能的研究、开发和利用，以和平为目的，在民主运营下自主研究；其成果公开，以利于不断推进国际合作。"然而，新《原子能基本法》则修改为"原子能的利用，限于和平目的，旨在确保安全，在民主运营下自主进行，其成果公开，以利于不断推进合作。关于确保前项的安全，按照确立的国际标准，原子能利用的目的要有利于保护国民的生命、健康及财产，有利于保护自然环境，以及有利于保障我国的安全保障"。"安全保障"在日本通常被理解为"防卫与军事"，在核能研究、使用和开发的基本方针中，加入了"有利于国家安全保障"的表述，有人担心这很可能是为核能应用于军事开辟道路。也有批评认为，以制定《原子能委员会设置法》为名，修改《原子能基本法》，或是考虑到了今后将核能应用于军事目的的可能。由诺贝尔奖获得者汤川秀树等人创立的知识分子团体"保卫世界和平七人委员会"发表要求撤回上述修订案的紧急呼吁，该团体表示："无法否认具有为实质性军事应用开辟道路等的可能性。"精通能源政策的日本政府某官僚则做了这样的推理，他说："这还是想着六所村（青森县核燃料后处理工厂）吧。若推进'脱核电'的话，其就变成了无用之设施，但若说这是国策，将其是可以转用于军事（核武装）的据点之类的词句写入法律的话，就可以存活下来了吧。"

进而，安倍政府还积极推进扩军修宪，强推解禁集体自卫权，修改"武器出口三原则"，直言将修改和平宪法，日本所谓无核化政策的法理基础遭到严重侵蚀，而核武装的政策选项，则可能成为日本未来的选择之一。

三、日本核政策的发展趋势

日本核政策的特点在于，表面上主张"和平利用""无核三原则"与加入《核不扩散条约》，实际上更倚重美国的"核保护伞"；进而，表面上主张依靠美国的"核保护伞"，实际上从根本上并不相信美国的口头承诺，而是一直在追求着自己的核武器"制造"能力。在国内外环境的制约下，这种核武器潜在"制造"能力，正是隐藏在和平利用核电和"无核三原则"的表象之下。

一个国家是否实行"核武装"，通常取决于政治意愿、经济技术能力和国内外环境三个因素。在政治意愿与经济技术能力一定程度具备后，当前在国内外环境的制约下，日本还会表面上继续坚持"无核三原则"，依赖美国的核保护伞，进行核武装的可能性较小，但长期来看，不能排除日本进行核武装的可能性。

原因在于，在可预见的近中期内，从国内环境来看，尽管日本国民对核武装的认识正在发生着微妙而深刻的变化，但作为世界上唯一遭受核武器轰炸的国家，日本国民依然有着强烈的反核意识，成为制约日本走向核武装道路的重要力量。从国际因素来看，美国是日本实行核武装的最大制约力量。美国希望利用日本在亚太发挥重要的安全作用，但不同意日本成为核大国，因为日本的核武装将直接影响到日美同盟存在的必要性，甚至威胁到美国的安全。当然，亚洲邻国也反对日本核武装，在尚未实现历史和解的现实下，日本推行核武装将严重恶化亚洲的周边安全环境，损害与邻国的双边关系。

房地产泡沫与日本经验教训的借鉴

刘　轩[①]

① 刘轩，南开大学日本研究中心副教授。

房地产泡沫与日本经验教训的借鉴

在经济高速增长和快速城市化时期，往往伴随着房地产价格高涨甚至房地产泡沫。但房地产泡沫未必一定崩溃，也不一定会导致国民经济整体泡沫，而可能通过有效释放或挤出加以消融。二战后日本经历过三次明显的房地产泡沫，前两次均通过有效化解而逐渐消融，但 20 世纪 80 年代中期的房地产泡沫，由于源于没有刚性需求的房地产炒作，结果诱发了泡沫经济，并最终导致了房地产泡沫的崩溃。借鉴日本房地产业发展的经验教训，针对我国近年来的房地产泡沫问题，应在国家政策层面坚决抑制房地产炒作，强力挤出泡沫。同时调整国有房地产企业的职能定位，增强公共住房供给，有序释放刚性需求，努力构建有效化解房地产泡沫的金融投资体制、财产税体制和收入分配体制，引导国民经济良性发展。

所谓房地产泡沫，主要是相当于人们的收入水平和现实购买能力而言，即房地产价格在一定时间和特定区域内快速上升，并大大超过了人们的收入水平和现实购买能力。一般意义上说，当实际房价大大高于当地居民的现实收入水准而导致合理购买能力严重受挫时，则意味着房地产市场存在着严重泡沫。

房地产泡沫未必意味着一定会"破裂"和"崩溃"。因为它既可能通过各种经济要素之间的动态调整而得以释放，也可能通过政策手段平缓挤出，当然也可能由于政策失当刺破泡沫而直接引发经济崩溃。在经济转型过程中，一旦房地产泡沫破裂而引发崩溃效应，则可能严重冲击实体经济和社会稳定。

一、日本房地产泡沫及其"崩溃"的认识误区

经过近十几年的长足发展，我国房地产市场在取得辉煌成就的同时，也出现了严重的房地产泡沫。对于我国房地产市场的前景，社会各界都非常忧虑，并每每拿日本 20 世纪 80 年代后期房地产市场泡沫及其破灭带来日本经济崩溃的事例作为警示参考。然而，我们对日本的房地产泡沫及其崩溃问题，存在许多认识误区。

（一）对日本房地产泡沫存在的认识误区

房地产价格主要由地价、劳动力价格、建材价格等因素决定。鉴于日本实行土地私有制，而劳动力价格、建材价格具有相对稳定性，日本房地产价格的快速上涨主要取决于地价的大幅上升，因此，在衡量日本房地产价格水平时一般以地价为主

要参考指标。

二战后日本的房地产价格经历了三次快速上涨过程。1955 年以后，伴随着日本经济进入高速增长轨道，工业用地等急剧增长，由此带动房地产价格迅速攀升。20 世纪 50 年代日本 GDP 增长虽然达到 15%以上，但平均地价却上涨超过 31.7%。六大城市更是超过 35.3%。其中工业用地上升最快。进入 20 世纪 60 年代，日本平均地价继续保持 15%以上增长率，但此时住宅用地价格上涨速度超越工业用地，开始高居房地产用地价格首位。与此同时，日本居民最终消费支出的平均增长率则始终维持在 10%左右。因此，相对于当时日本居民收入水平来说，20 世纪五六十年代，日本当时的房地产价格已经出现了严重泡沫。

20 世纪 70 年代后，日本住宅地价虽然仍保持了 10%以上的增长，但地价上升幅度与 GDP 增长率基本持平，居民收入持续增加，因此泡沫成分相对较小。20 世纪 80 年代中期以后，日本大中城市商业地产价格快速提升，且明显高于工业用地和住宅用地的上涨幅度。特别是六大城市，上涨幅度超过 19.6%，因而又出现了高度的房地产泡沫。相对于住宅用地、工业用地来说，城市商业用地本身不具有刚性需求性，因而炒作性质十分明显。整体看来，战后日本的房地产市场曾经出现过三个严重泡沫期，即 1955—1964 年工业用地激增期、1965—1974 年住宅用地刚性期和 1986—1991 年商业地产炒作期。然而，国内多数学者在引证日本房地产泡沫时，只是进行了简单的现象类比，他们忽略了一个基本历史事实，即 20 世纪 80 年代中期以后的房地产泡沫，仅仅是二战后日本三次大规模房地产泡沫中的最后一次。

（二）对日本房地产泡沫"崩溃"的认识误区

国内在议论日本的泡沫经济和房地产泡沫问题时，往往习惯于引用日本媒体经常使用的"泡沫崩溃"一词，而且一直给人的错觉是：一旦出现房地产泡沫，必将导致泡沫经济，并必然走向泡沫崩溃。日本 20 世纪 80 年代中期出现的房地产泡沫，的确大大加剧了日本的经济泡沫，但这并不意味着所有的房地产泡沫都必然会衍生泡沫经济，也不意味着房地产泡沫一定走向破裂和崩溃。

从历史演进过程看，房地产泡沫有时可以通过各种经济要素之间的不断调整而得以有效释放或挤出。日本高速增长时期曾经出现两次房地产泡沫，而这两次房地产泡沫之所以没有崩溃，关键在于随着居民收入的普遍增加和地区收入差距的日趋

房地产泡沫与日本经验教训的借鉴

缩小，房地产泡沫得到了有效释放和缓解。20 世纪 60 年代以后，大批进入城市的"打工者"和新增劳动者，逐渐演变为日本社会的"中流"阶层，进而成为消融房地产泡沫的有效"刚需族"。

根据日本不动产研究所统计，以 2000 年为基期，1955 年，日本城市平均地价指数为 2.19。而 1991 年最高时达到 147.8，即 36 年上涨 67.49 倍。如此算来，其平均年增长率仅相当于 11.25%。20 世纪 80 年代中期的日本泡沫经济时期，其地价上涨率明显低于之前的高速增长时期和稳定增长阶段。然而，由于此次房地产泡沫源于缺乏刚性需求的金融炒作，最终导致了泡沫崩溃。

（三）对房地产泡沫"崩溃"摧毁日本经济的认识误区

在一般人概念中，战后日本的土地神话催生了房地产泡沫，而 20 世纪 80 年代中期出现的房地产泡沫催生了日本的泡沫经济，而 20 世纪 90 年代初的房地产泡沫破灭又最终引发了日本泡沫经济的"崩溃"。然而，综观日本房地产价格与经济增长之间的变动关系可知，日本历次房地产价格的剧烈变动一般迟缓于经济增长率的明显波动。比如，由于受到第一次石油危机影响，1974 年日本经济实际增长率为 -1.2%，但同年房地产市场却继续保持了较高增长率。其中，商业地产、住房地产、工业地产的增长率分别达 19.3%、26.1%、23.1%。可是到 1975 年，日本房地产市场终于迎来了二战后日本经济恢复以来第一次价格下降，分别下降 -3.8%、-4.0%、-5.3%。但是同期日本的经济形势却已经企稳向好。1975 年 GDP 保持着 3.1% 的实际增长率。

与之相反，1989 年日本股市暴跌、泡沫经济崩溃后，日本的房地产市场却继续保持了近两年的增长态势。1992 年以后，日本房地产价格开始一路下滑。日本经济虽然受到房地产市场的严重拖累，并长期低迷，但日本经济却并没有像房地产市场那样一直持续下降。从 1992 年到 2007 年，日本平均地价下降超过一半，而日本的 GDP 始终维持在 500 万亿日元左右，日本经济并没有发生根本性变化。房地产市场作为日本经济的重要组成部分，两者虽然紧密相连，相互影响，但不能简单说日本经济长期低迷源于房地产泡沫的崩溃。或许我们可以这样认为，正是由于日本经济的长期低迷，反过来事实上严重拖累了土地价格的未来预期。

二、日本房地产泡沫的真相和政府的干预应对

房地产价格是反映经济发展水平和居民生活质量的一项重要指标。房地产市场与经济发展和社会转型紧密相连。综观发达国家和新型工业化国家的工业化、城市化过程，在经济高速发展阶段，一般都伴随着房地产市场的异常火爆、地价高涨，甚至出现房地产泡沫。房地产泡沫的膨胀程度，房地产泡沫的崩溃风险等，不仅直接关系着普通百姓的日常生活，而且深刻影响着经济发展的速度、质量和社会转型的成败。

对于不同国家、不同地区在不同时代的房地产泡沫，不能简单用房地产价格和上涨幅度进行数据比较。同样的上涨幅度，在经济高速增长时期，可能由于经济增长速度、通货膨胀率、收入增长率等因素的变化而相互抵消。然而，在经济低速增长或负增长时期，则可能诱发房地产过热和严重冲击实体经济。

日本在二战后经济高速增长过程中，伴随着工业化和城市化的快速发展，大量人口涌向大城市，住宅紧张成为严重社会问题。为切实解决住宅问题和确保企业劳动力供应，日本政府通过设立住宅金融公库、日本住宅公团、地方成立公营住宅公库等政策手段，切实推动公共住宅建设和供给，形成了由住宅金融公库、日本住宅公团和地方公营住宅制度为主体的公共住宅供给体制。日本政府先后制定七个住宅建设五年计划，切实保障和改善最低居住水平家庭的住房要求，优先保证公共住房的土地和资金供应，有效地遏制或化解了房地产泡沫。

但进入 20 世纪 80 年代中期以后，伴随着日本经济高度发展和国际竞争力的加强，大量金融资本流入东京等大城市的商业地产，形成以炒作高档写字楼为主的投资热潮。1985—1991 年间，东京等六大城市平均用地指数从 92.9 上升至 285.3，年上涨率平均为 20.5%。此次房地产泡沫主要源于金融资本对城市商业地产的炒作，缺乏现实的刚性需求支撑，最终引发了日本房地产泡沫的"崩溃"。

日本 20 世纪 80 年代末期房地产泡沫"崩溃"，既不是房地产泡沫急剧膨胀后的自然爆裂，也不是房地产价格的断崖式下跌，而是在日本政府直接干预下的逐渐挤出泡沫过程，是房地产价格长达 20 年的缓慢下降。到 20 世纪 80 年代末期，地价的高度狂飙和泡沫的不断集聚引起了日本政府和社会各界的高度警觉。1989 年以后，日本政府开始采取紧缩政策，抑制土地泡沫继续蔓延。1990 年，日本修改

《国土利用计划法》和制定《土地基本法》，加强对金融机构土地融资的总量控制。1991 年，日本政府制定《综合土地政策推进纲要》，并推出"地价税"，坚决抑制房地产炒作。正是在日本政府的强力干预下，1992 年以后，六大城市平均地价开始逐渐下降，由此开启了近二十年的地价下降通道。

20 世纪 80 年代中期以后的房地产泡沫，是日本在跨越了高速增长阶段、稳定增长阶段并进入低速增长阶段后的一次土地神话炒作，是在基本完成了工业化、城市化任务后出现的非刚性需求下的房地产投机，是在强大实体经济背景支撑下的经济预期过热。在房地产泡沫高度膨胀的泡沫经济时代，日本已经形成了成熟的市场经济体系、发达的产业基础、一流的技术支撑和强劲的国际竞争优势，顺利实现了产业升级和经济转型，平稳跨过了中等收入陷阱，并实现了"一亿总中流"的广泛社会认可。此次房地产泡沫"崩溃"虽然诱发了一些企业破产和银行倒闭，但并没有因此摧毁日本经济的整体实力。

三、日本房地产市场发展的政策启示

今天中国的房地产市场虽然出现了诸如房价高涨、房地产炒作等现实问题，其特征非常类似于日本 20 世纪 80 年代中期的房地产泡沫。然而，综合考虑中国目前的经济发展阶段、城市化进程、国民收入水平等客观因素，可以发现，两者之间存在着诸多本质性差异。客观看，今天中国的房地产市场更加类似于日本 20 世纪六七十年代经济转型期的房地产市场。

与日本相比，我国现在正处在产业升级和经济转型的关键时刻，在市场经济体制、产业基础、技术水平、国际竞争力等方面虽然已经取得不小进步，但距离国际一流水平还存在一定差距，亟待整体提高产业国际竞争力和实现自主创新。在中国经济从高速增长向中低速增长的转变过程中，如果完全放任房地产自由发展，势必引发房地产泡沫，严重冲击实体经济，并最终导致房地产泡沫崩溃。

在从计划经济向市场经济转变过程中，通过深化城镇住房制度改革，我国政府主动放弃了原来的福利分房形式，代之以住房分配货币化、住房供给商品化、社会化的房改新体制。2000 年以后，伴随着国内经济持续高速增长和城市化进程的加快，城市房地产价格也连年攀升。然而，由于受到生产资本积累、居民收入增长缓慢等因素影响，国内房地产上涨速度明显高于经济增长速度和居民收入增长水平，城市化进程的不断加快导致大城市刚性需求急剧增加。2013 年以后，伴随着经济转型升级，中国经济逐渐转入中低速增长轨道，房地产价格变化日渐平稳，中国房地产市场开始进入自然调整阶段。

结合我国房地产市场的现存问题和房价走势，在制定调控政策时应保持冷静观察，审慎判断，认真总结过去房地产调控中的经验教训，充分借鉴其他国家先进的公共住房政策，深入探究有效挤出或释放房地产泡沫的现实方法。

首先，汲取日本二战后房地产市场发展及泡沫"崩溃"的教训，对我国房地产市场的泡沫现象，要保持高度警惕，通过立法等形式，坚决抑制短期性房地产炒作等投机行为，严防实体经济资本向房地产市场转移，努力挤出炒作而引起的房地产泡沫，防止其崩溃影响国家整体经济。另一方面，要客观、理性看待我国的房地产市场的泡沫现象，要充分考虑我国的国情，警惕房地产出现泡沫必定崩溃、泡沫崩溃必然带来国民经济整体崩溃的思维定式，避免过度打压房地产市场，拖累国民经济整体的发展。科学分析，正确引导最为重要。

其次，规划和调整政府的职能定位，完善和增强政府的公共职能。认真总结住房商品化改革政策实施以来的经验教训，改变住房供给单一商品化的现实弊端，进一步明确政府在城市化快速发展过程中的公共服务职能，保障大城市中低收入阶层的基本住房条件，有效防止房地产泡沫的形成。

再次，转变国有房地产企业的企业职能和市场定位，使其成为提供公共性住房的政策性住宅公司，通过增加中低收入阶层的公共住房供给缓解市场供需矛盾，有序释放房地产市场的泡沫成分，消除房地产市场的炒作空间，构建基础性住房安全保障体系，为长期入城的"新城市人"和"打工者"提供公共性住房保障。

最后，全面深化金融投资体制、财税体制和社会分配体制改革，增加政策金融的科学性和实效性，坚决堵塞政策金融执行过程中的体制性渗漏，尽快推出房产税、遗产税，打破地方财政、金融机构与房地产开发企业之间的利益链条，提高普通居民收入水平和有效需求能力，积极构建有效化解房地产泡沫的长期综合制度体系。

日本房地产泡沫以及政府的应对给我们很好的借鉴。但经济发展时代不同，社会制度不同，需要我们在借鉴日本经验教训的时候也要客观分析，不能机械照搬。我们既不能过度高估房地产泡沫的现实风险，也不能对目前房地产市场存在的泡沫崩溃危险掉以轻心。既要强力挤出房地产市场长期存在的炒作性泡沫，又要有效增加中低收入阶层的住房供给和居民收入，有序释放房地产市场的过度需求泡沫，并努力构建科学消除房地产泡沫的制度与机制。

周边国家金融状况与人民币走出去战略研究

刘 云[①]

---

① 刘云，中国现代国际关系研究院世界政治研究所副研究员、南开大学日本研究中心特聘研究员。

一、周边金融风险现状

我国周边国家政治、经济差距巨大，金融市场受发达国家政策影响大、独立性差，抗金融冲击能力薄弱。

（一）发达国家成动荡之源

近年来，发达国家金融领域调整不断，货币政策调整步调、指向不一，再加上黑天鹅事件层出不穷，全球流动性忽紧忽松，引发我周边金融市场波动频繁。

1. 货币政策调整不一致

自 2015 年 12 月首次加息以来，美联储已四次加息。从现在情况看，美联储2017 年或将四次加息，国际流动性收紧。

当前，美元正处新一波的上行周期，且主要经济体货币宽松持续多年，进一步宽松的空间收缩，国际流动性总体趋紧。历次美元走强，均伴随国际流动性大幅收缩，引发国际资金流动格局的大转变，导致危机爆发。自 20 世纪 80 年代，美元经历三波走强周期。①第一轮为 1978—1985 年，美国实际利率持续大幅上升，导致拉美金融危机。第二轮为 1995—2002 年，美国经济持续强劲，大量外国资金流入，引发亚洲金融危机。第三轮始于 2011 年欧债危机，持续至今。本轮美元走强，迄今已触发多次国际金融震荡，特朗普上台后，可能发布新版大规模财政经济刺激政策，美元加息节奏加快，美元升值预期明显提升，并可能再次快速突破 100 关口，创下 2003 年来新高，各国货币或再次承压。

欧洲方面持观望态度。欧盟经济虽然实现温和增长，但仍然面临严峻风险。一方面，经济持续疲软、金融监管严格、低利率政策等致使银行业风险上升。金融机构普遍面临困难，意大利银行贷款坏账率高达 17%、几乎为美国的 10 倍，德意志银行因涉嫌违规而被美国司法部开出 140 亿美元罚单。另一方面，欧洲国家财务状况虽有改善，但负担并未减轻。欧盟统计局数据显示，2016 年二季度欧元区公共债务 GDP 占比均值为 91.2%，仍旧高于危机爆发前的 78.4%，希腊、意大利、葡萄牙债务比例分别为 179.2%、135.5%、131.7%，均为欧元区成立以来最高水平。②欧

---

① 中国现代国际关系研究院：《国际战略与安全形势评估 2016/2017》，第 48—49 页
② Eurostat, Government debt fell to 91.2% of GDP in euro area, http://ec.europa.eu/eurostat/documents/2995521/ 7709577/2-24102016-AP-EN. pdf/bb6c47ac-d5ed-400c-b536-fbd9b0464907.

洲央行表示维持量宽规模，对美联储加息持观望态度。欧元区 2017 年 5 月通膨率仅 1.4%，为今年以来最低水准，成为欧洲央行对货币宽松保持耐心的最好理由。

日本方面积极探索量宽出口政策。日央行导入量宽 4 年，致央行负债加剧。基础货币供应量高达 400 万亿日元，央行国债持有额占国债总额的 1/3，央行成为日经 225 指数约 90% 成分股的前十大股东。2016 年初实施负利率①以来，股汇市短期动荡，央行预期管理功能失效，政策承压巨大。受负利率影响，国债交易量萎缩，商业银行利润锐减，2016 年 4—6 月，日三菱 UFJ、三井住友和瑞穗三大银行利润减少近 30%。日本银行不得不以比负利率更低的利率买入国债，账面浮亏高达 11 万亿日元。央行急需探索量宽出口。2016 年 9 月 21 日，日本银行微调货币政策，维持-0.1% 负利率政策不变，新设长期利率目标为 0，即取消每年 80 万亿日元国债的硬性购买目标，而根据长期利率情况调整购债规模，将货币政策目标从"货币供应量"转向"长期利率"。2017 年一季度，日银基础货币投放量 10 万亿日元，年化 40 万亿日元，约为 2016 年的 49.4%、2015 年的 41.2%，仅为 80 万亿量宽政策的一半。其中，量宽主要购买的国债（JGBs）增持 17 万亿日元，年化 68 万亿日元，约为 2016 年的 87.2%、2015 年的 71.6%；短期国库券（T-bills）减持 8 万亿日元。②自 2016 年底，日银调整了量宽购买结构，小幅增加了贷款支持计划（LSP）、交易型开放式指数基金（ETF）、不动产投资信托（J-REIT）购买力度。作为周边重要经济体，日本货币政策调整对我的影响不亚于美联储加息。

2."黑天鹅"事件搅动市场

"英国脱欧"与"特朗普当选"成为金融市场两大"黑天鹅"事件。虽市场震荡短期平复，但中长期影响仍有待逐步释放。③

英国"脱欧"触发市场过度反应。2016 年 6 月 24 日，英国"脱欧"公投以脱欧派胜出告终，意味未来整个欧盟的政治、经济、外交格局都将发生深刻变化，尤其是将拖累英国及欧盟经济增长。考虑到"脱欧"蕴含的巨大不确定性，市场情绪消极黯淡，避险情绪飙升，全球股、汇市阴霾密布。欧洲方面，亚太方面，日经 225 指数狂泻 7.92% 并一度触及熔断；韩国综指下跌 3.09%，日元作为避险资产汇

---

① "负利率"指，将金融机构在央行账户设为"三级体系"并分设利率，对现有账户余额维持 0.1% 的利率，对法定存款准备金维持零利率，而新增账户余额中超出法定准备金的部分适用-0.1% 的利率。

② 关户孝洋：JPY update: Geopolitical risks and eerie market stability，2017 年 5 月。

③ 中国现代国际关系研究院，《国际战略与安全形势评估 2016/2017》，第 37—38 页。

率一路飙升，盘中突破 1∶100 至近三年最高。

美国特朗普当选引发市场波动。2016 年 11 月 9 日，特朗普正式当选美国总统，由于其言论带有明显保护主义色彩，金融市场陷入恐慌。亚太股市 9 日开盘大跌，尾盘即收复部分跌幅，10 日全线收复失地，其中日经 225 指数在跌逾 6%、创三个月新低后大幅反弹 6.72%；美元指数探底回升至 98.66，日元、欧元、英镑、人民币兑美元汇率冲高回落，收涨 2%、0.59%、0.6%和 1.32%。

"黑天鹅"事件的根本原因在于美国一家独大、国际金融体系失衡加剧。金融危机后的 8 年来，国际货币与金融体系中美元独大的格局不但没有根本改变，反而失衡加剧。目前，全球 90% 的外汇交易、全球外汇储备的 60% 为美元，而排在第二位的欧元只占 25%。英镑、日元以及其他货币，其国际地位和影响力则相对萎缩。国际货币与金融体系的加剧失衡，加深了国际金融的体系性制度性的根本矛盾。美元拥有的"非对称"影响力可能加剧美国和全球货币金融体系之间的利益冲突，形成"正反馈"效应。美国经济与全球经济复苏不同步加剧，美基于国内考虑的货币金融政策，必将"溢出"到其他国家，带来国际金融动荡；另方面，因国际金融一体化导致的复杂传导机制，外部金融动荡反过来"溢回"美国，使得美国出台与世界各国更不相容的货币金融政策。而前景黯淡、不断弱化的欧元，以及还没有"长大"的人民币，使美元在国际金融主导地位不断加强，国际金融力量多元化步伐受阻。

特朗普奉行"美国第一"，已带来新一轮的大国关系调整，各方力量博弈及不确定性加剧，不排除未来多次出现国际政治"黑天鹅"事件，致我国周边金融动荡。

（二）周边金融风险居高

金融危机后，我国周边新兴经济体主要政策是加杠杆，金融部门逆势膨胀。金融资产占 GDP 的比重呈现出总体上升趋势，股票市场、债券市场和银行业资产都有不同程度上升。

1. 资本潮汐频引市场震荡

2008 年危机以来，我国周边新兴市场屡次遭受冲击，特别是 2013 年美联储酝酿"退出"量宽，导致主要新兴市场大幅震荡，陷入"紧缩恐慌"。

资本潮汐以保值和增值为目的，范围广、方向性强、投机性强。受此影响，新

周边国家金融状况与人民币走出去战略研究

兴国家资金外流趋势强化，2015 年为 1998 年以来首次资金净流出，规模大、时间久、内生化。资金流入规模大幅下降，2015 年仅为 2014 年的 50%。另一方面，资金外流速度快、规模大、时间长。以俄为例，2014—2015 年，资本大规模外逃，外流额分别为 1530 亿美元和 569 亿美元，2016 年约为 140 亿美元。2016 年，虽然俄罗斯卢布企稳，外汇储备也较年初增长 251 亿美元[①]，但是政府财政赤字依旧巨大，2016 年赤字达 GDP 的 3.9%，各联邦主体债务超过 2 万亿卢布，56 个联邦主体预算为赤字，反映金融风险隐患依然存在。

亚洲股、汇受冲击调整。日本 2015 年年底至 2016 年股市多轮暴跌，缩水 25%，日元兑美元升值 20%。俄经济临下行压力，2014—2015 年，卢布兑美元连续下跌，跌幅分别为 70% 和 25%，卢布甚至于 2015 年底一夜褒贬 13%；股市震荡，2014 年下跌 42.3%。东南亚、南亚地区多国货币现贬值，2015 年马来吉特兑美元贬值 14.7%，印尼卢比贬值 10.5%，韩元贬值 9.3%，印度卢比贬值 8.4%，泰铢贬值 7.5%，自缅甸央行实行浮动汇率后，缅币贬值超过 60%。中亚地区本币疲软，2015 年哈萨克斯坦、乌兹别克斯坦、土库曼斯坦、塔吉克斯坦、吉尔斯斯坦本币兑美元分别贬值 53%、10.3%、23%、24% 和 18%，哈货币坚戈几乎腰斩。

2. 债务危局酝酿待发

新兴国家向发达国家"学习"举债"借繁荣"，但财富积累速度远远赶不上债务累聚速度，偿债能力严重不足。

日本打破央行独立性，强推量宽购入国债及 ETF，基础货币投放增 170%，持有国债达 GDP73%，政府债务达 GDP254%，主权信用评级被下调，金融系统性风险极高。俄罗斯财政状况捉襟见肘，2016 年预算赤字为 2.3 万亿卢布，地方债务约为 2.5 万亿卢布，国有及私营企业债务高达 6500 亿美元，偿债成本因卢布贬值而不断攀升，或耗尽储备基金。哈、吉两国主权债务约占 GDP35% 和 50%，外债与出口额比超过 1，处于危险边缘。1998 年金融危机以来，亚洲发展中国家企业在举债时以短债滚动等方式搞长期投资，错配现象严重。

IMF 发布的最新一期《财政监测报告》[②]指出，截至 2015 年年底，全球非金融部门（包括政府、家庭和非金融企业）债务累计达 152 万亿美元，其中 2/3 为私人

---

① Международные резервы Российской Федерации,http:// www.cbr.ru/ hd_base/? PrtId = mrrf_7d.

② IMF, Global Financial Stability Report, 2016 年 10 月。

部门债务。据统计，不仅发达经济体私人部门债务高企，在宽松货币政策刺激下，一些具有系统重要性的新兴市场经济体的非金融企业债务水平更大幅增加。据 IMF 估计，相当比例的公司盈利甚至不足以覆盖债务付息。比如印度，大概有 20% 以上公司的利率覆盖率（可用于支付利息的息税前利润与当期应付利息费用的比值）小于 1%，即利润已经不足以付息，而新兴市场国家的企业利率覆盖率在 1%—2% 之间的，约占 20%。

从 2016 年起，周边新兴市场偿债需求激增。新兴市场到 2020 年的每年到期债务较 2015 年跳升约 1000 亿美元。其中，需要偿还的外币债务在 1000 亿—2000 亿美元区间。2016 年至 2020 年，将近 1.6 万亿美元债务需要偿还，其中企业债占到 3/4 以上。新兴市场企业的平均杠杆率已达历史高峰，可能导致恶性循环：一方面，高债务与高杠杆率，抑制企业的再投资能力，不利经济增长；另方面，在全球经济低增长，企业盈利前景黯淡，提升去杠杆的难度。在此情况下，美元升值、利率回升以及政治动荡等因素，都可能引发债务危机，导致金融动荡。欧美的政府债，加上新兴发展中国家的企业债，已经成为制约全球经济增长、影响国际金融稳定的暗礁。

经过危机后 8 年迅速信贷扩张，周边新兴市场金融周期（以信贷周期和房地产周期为核心）大多触顶，金融周期下行期与经济周期下行期、经济结构转型期叠加，高债务与产能过剩伴行。对于新兴市场的信贷周期而言，最大的不确定性不是美联储加息的起点，而是其加息的步速和终点，因为新兴市场爆发危机往往发生在美联储加息周期的尾部和下一轮降息周期的头部。鉴于本轮美联储加息可能持续较长时间，而新兴市场未来五年都将处于偿债高峰期，新兴市场防范信贷危机将是一场持久战。

国际金融风险分布向周边新兴经济体聚集，但其本身政府治理能力较弱，经济金融体系脆弱性高，金融监管经验与能力普遍不足，带来较大的地缘金融风险。

二、周边金融治理秩序

2008 年国际金融危机爆发后，以中国为代表的发展中国家在全球金融治理领域的声音不断增强。我国周边既有美日共同主导的亚行，也有亚洲第二经济体长期经营的日元亚洲圈，加上金融治理与地缘政治相互缠绕，我国扩大金融主导权面临着激烈的竞争合作。

周边国家金融状况与人民币走出去战略研究

（一）日再度推动日元国际化

日本将货币国际化定位为国家中长期战略。2017 年 5—6 月，日本借大国秩序混乱空隙，再次扩张地区金融合作网络，为在亚洲地区提高日元地位、降低美元依赖作铺垫。

1.日元国际化历史

日元国际化从 1964 年日本成为国际货币基金组织（IMF）第八条款国开始，开始在国际商品和外汇交易中使用日元。1965 年，日本成为资本输出国，加强了日元作为可兑换货币的地位。1967 年 5 月，日本经济调查协议会公布《日元的国际地位》调查报告，认为日元的国际地位和日本的经济产业发展并不相称，日元虽不能像美元、英镑一样成为国际货币体系中的关键货币，但应该考虑逐步强化日元地位。1976 年，日本积极发行日元债券和日元贷款，一些国家开始将日元作为储备资产使用，以日元计价的贸易交易显著增加。20 世纪 80 年代初期，美国里根政府向日本施加压力，日本于 1984 年成立了"日元·美元委员会"，开始推行日元国际化。

此后，日本曾两次正面倡导日元国际化[①]。最初是 1988 年。在西柏林召开的国际货币基金组织大会上，当时的日本藏相宫泽喜一倡导日元、美元和德国马克构成的"三极货币"。第二次是 1997 年。1997 年东南亚金融危机之后，日本开始积极主动地谋求日元国际化，谋求在亚太地区的发言权。1997 年，日本、马来西亚等先后提出了建立亚洲地区货币合作的倡议，日本的"亚洲货币基金"（AMF）由于美国、IMF、中国反对未能成型。1999 年，马哈蒂尔提出建立"东亚货币基金"倡议，促进了 2000 年 5 月由东盟 10 国与中日韩签署《清迈倡议》，形成了以双边货币互换为核心的东亚货币合作框架。2001 年，以在神户召开的亚欧会议（ASEM）财长会议为契机，日本方面提倡"亚洲货币篮子"。

2.再推日元国际化

安倍执政后，多次尝试借人民币国际化扩大日元影响力，试图打造东京"亚洲金融中心"以服务日元国际化。

20 世纪 80 年代初，日开始规划东京"亚洲金融枢纽"，1997 年金融危机后，日泡沫经济破裂，东京外汇市场排名跌出前三，国际结算占比停滞不前，东京国际

---

① 泷田洋一，《第三次"日元国际化"来得很突然》，日经中文网，2017 年 6 月 26 日，http://cn.nikkei.com/columnviewpoint/column/25734-2017-06-26-04-51-00.html?start=1。

金融中心地位不保。安倍二次执政提出"东京国家战略特区构想"，欲恢复东京国际金融地位：2013 年，东京证交所与大阪证交所合并为"日本证交所"，定位为金融衍生商品及大宗商品期货的"综合交易所"，谋求与伦敦、纽约三分天下；2014年，东京都与日本证交所、瑞穗银行、大和证券联合推出"东京金融城构想"，拟模仿伦敦金融区，构筑"多币种交易中心"；5 月，三菱东京 UFJ 银行在中国香港试水人民币离岸债券，发行了 3 年期、利率 3.05%、总规模为 10 亿人民币的点心债，融资成本比中国本土低 2.5 个百分点；8 月，日银宣布延长 BOJ Net（金融网络系统）交易时段，改革武士债券和日元交易系统，推动金融市场现代化建设，吸引国际金融机构交易日本资产，强化日元在国际金融市场的地位。《日本经济新闻》认为，获准"人民币离岸业务"是实现以上构想的必要条件。

2015 年 1 月，日本主导外汇政策的财务省、金融监管的金融厅和货币政策的日本银行，召集银行集团、证券集团等民间金融机构共组"官民联席金融会议"，旨在游说我同意在日开展"人民币离岸业务"，争取离岸人民币债券发行权、资产交易权及结算权，要求获得更多 RQFII 资格，为建立"外币金融产品交易市场"打基础。

2017 年 5 月 5 日，日本与东盟在日本横滨召开了财长和央行行长会议。会上，日本与东盟决定设立 400 亿美元的货币互换协议，以应对紧急情况下的流动性不足。当日的会议上，日本还与泰国签署了最大规模为 30 亿美元的双边货币互换协议。目前日本已经与菲律宾、印尼、新加坡签署了双边货币互换协议。此外，日本正在酝酿与马来西亚签署相同规模的双边货币互换协议，"目前正在采取必要措施，以完成国内的授权程序"。日在"4 万亿日元货币交换框架"下与各国具体交涉，如针对在贸易结算中使用日元较多的泰铢，要求泰政府取消日银持有泰铢的上限，以促进日元与泰铢直接兑换；财务省再提"东京国际金融中心"构想，探讨借鉴香港模式在东京建立"亚洲各国货币结算体系"，确保他国货币计价债券交割及时一致，便捷日元结算加速日元海外汇款。

日经亚洲评论称，"日本寻求与东盟成员国建立双边互换协议，保障双方在经济危机情况下应对资金短缺，同时对冲人民币影响的扩张。"报道还称："中国正在忙于实现人民币国际化，日本此举的目的正是针对中国。泷田洋一评论，日本长期以来百呼不应的"日元国际化"以意想不到的形式取得了进展，"在国际贸易结算和国际金融的舞台上，日本的日元似乎有望进一步得到使用""今后或许会巧妙利

周边国家金融状况与人民币走出去战略研究

用机会展开一场日元外交"。

（二）地区开发金融竞合激烈

我国周边为世界经济最活跃区域，大国竞相角逐地区金融主导权，谋篇布子，借助开发性金融加强合作、提高向心力、建章立制。以中国为主力的新兴经济体，相继成立亚投行（AIIB）、丝路基金，补位开发性金融缺口。

1. 日本加强地区金融投入

世行继发起 1 万亿美元全球基础设施基金（GIF）后，宣布向印尼提供 110 亿美元基建贷款，将新加坡办事处扩充为世行在全球第一家"基础设施与城市发展中心"，并设立亚洲财务中心。

亚行第 48 届年会推出提升贷款能力等多项措施。一是 2016 年起，融资项目审查时间将较 2012 年缩减 6 个月至 15 个月。二是将亚洲开发基金（ADF，用于向贫困国家提供长期低利率优惠贷款和赠款，覆盖面窄）并入普通资金源（OCR，提供准市场利率的普通贷款，资金量小）。合并后 OCR 股本额将由 180 亿美元提升至 530 亿美元，亚行年放贷能力将显著放大 50% 至 200 亿美元。三是对贫困国家年贷款额将增长 70% 至 110 亿美元。四是大力推广 PPP 模式。一方面加大撮合力度，与三菱东京 UFJ 银行等全球八大商业银行签署 PPP 联合咨询协议。根据协议，亚行将与八家银行合作，向亚洲发展中国家政府提供独立咨询服务，包括以最佳方式组织 PPP 项目、吸引私营部门参与以及后续 PPP 竞标程序管理等。另方面帮助开展运营，联合日、加、澳三国向亚太项目准备机制（AP3F）注资，共出资 7400 万美元，旨在帮助亚太地区发展中国家筹备、组织并开展 PPP 项目的市场运营。

2015 年 5 月 21 日，日首相安倍晋三在"亚洲的未来"第 21 届国际交流会议（日本经济新闻社与日本经济研究中心合办）上发表演说，宣布今后 5 年将向亚洲提供 1100 亿美元基础设施投资，并称将重视"日本流"的技术合作和人才培养，强调"高质量的基础设施投资""加强与亚行（ADB）合作"等。该计划具体包括"亚行约 500 亿美元的融资额""国际协力机构（JICA）约 300 亿美元的日元贷款和无偿资金合作""国际协力银行（JBIC）和海外交通与城市开发事业支援机构（JOIN）约 200 亿美元的融资额"。

2017 年 5 月 22—26 日，印日联手在非洲开发银行第 52 次年会倡导"亚非增长走廊"计划。近年来印日区域经济协调趋于频繁。早在 2013 年 9 月，印日就已达成"投资交流行动计划"，提出以印为生产基地、针对中东和非洲出口的"向西看"战略；2015 年，两国签署"印日投资贸易促进及印太经济统合行动议事日程"；2016 年莫迪访日，与安倍首次提出"亚非增长走廊"（下称"走廊"）概念，此次年会上两国共同发布详细的建设"走廊"愿景文件，力推该计划落地。两国将聚焦于联手打造工业走廊、通信网络、电力网络和泛非电子网络等联通设施，构建"自由、开放的印太经济区"，推动"亚非经济一体化"。为推动"走廊"建设，两国将联合在亚非地区兴建多个基建项目，如联合开发伊朗恰巴哈尔港以及临港经济特区，共同参与斯里兰卡东部战略要地亭可马里港的扩建、开发泰缅边界的达维深海港、加大对东非地区基建投资等。

2. 中国成金融合作主导力量

亚行 2017 年 2 月发布报告预测，2016 年到 2030 年，亚洲基础设施建设投资需求将超过 26 万亿美元，年均 1.7 万亿美元，仅靠一家之力难以弥补缺口、形成良性发展。我周边多边、双边基建投融资机构各有优势，中国逐步成为地区金融治理的主导力量。

近年来，中国的基础设施外交引发了全球关注，以基础设施推动后危机时代经济增长逐渐成为全球共识，包括国际发展机构、地区合作组织和主要经济体在内的主要行为体都开始重视基础设施对经济的拉动作用。在中国等新兴经济体成员国的不懈推动下，2016 年的 G20 杭州峰会首次将全球基础设施建设作为主要合作议题，提出"基础设施互联互通是实现可持续发展和共同繁荣的关键"。杭州峰会上，全球 11 个多边开发银行共同发表《支持基础设施投资行动的联合愿景声明》，提出高质量基础设施项目量化指标。为加强基础设施互联互通项目的整体协调与合作，G20 提出 2016 年启动"全球基础设施互联互通联盟倡议"，并指定世界银行作为联盟秘书处，要求其与全球基础设施中心、经合组织、其他多边开发银行和成员国一起开展工作。此外，峰会还推出《二十国集团/经合组织关于基础设施和中小企业融资工具多元化政策指南文件》，将帮助中小企业融资置于重要地位。

除 G20 层面的合作外，新型多边开发银行正式投入运行，也是全球基础设施合作的重要里程碑。2016 年，亚投行计划批准 12 亿美元贷款。其首批发放的 4 个项目主要投资于能源、城市发展和交通运输部门。其中，3 个项目分别与世行、欧洲复兴开发银行、亚行和英国国际发展部合作，体现了亚投行的高度开放性和吸引力。截至 2016 年 12 月初，金砖新开发银行也已为 7 个项目提供总额约 15 亿美元的贷款，主要侧重新能源领域。该行计划 2017 年将贷款规模提升至 25 亿美元，支持约 15 个基础设施项目。

成立多年的亚行已具有一定规模的年度贷款，对国别和行业政策及发展重点也有深入了解。起步阶段的亚投行可以借鉴亚行业务及内部管理等诸多经验，同时亚行也可向亚投行学习创新做法。中国是亚投行第一大股东，亚行第三大股东，其在基础设施建设、改革发展方面的经验可以通过这两个机构与其他发展中国家分享。目前，亚投行与亚行已签署加强合作关系的谅解备忘录，通过融资合作、知识共享、成员国政策对话等方式，在能源、交通、城市开发、环境保护等方面展开合作。亚洲开发银行行长中尾武彦在北京表示，亚投行与亚行是"潜在伙伴，能互补，而非对手"。中尾武彦称，"如果亚投行满足环境、社会和其他方面的借贷标准，总部设在马尼拉的亚行已准备好与亚投行合作"。中国国务院总理李克强回应，"中方倡议建立亚投行是为了加快本地区互联互通、促进经济社会发展。亚投行将以开放、包容的姿态，同现有多边开发银行相互补充，实现互利共赢"，"作为最大发展中国家的中国，愿不断推进同亚行的合作伙伴关系"。亚行副行长张文才也表示，"亚太地区基础设施建设存在巨大资金需求，亚行和亚投行在该区域内有着巨大的业务空间，是互补与合作的关系"①。

三、人民币走出去现状及风险

人民币国际化取得重大进展，但伴随着金融开放程度加深，人民币国际影响力扩大，所面临的风险也相应几何倍增加，既是挑战也是机遇。

（一）人民币走出去新进展

人民币国际化程度加速，货币地位和国内资本市场得到国际认可。

1. 人民币地位获国际认可

人民币国际化程度加速，货币地位得到国际认可。截至 2016 年 6 月底，人民币已扩展至 16 个国家和地区，总额达 1.46 万亿人民币；全球支付排名第六、占比

① 新华社，《专访：亚行和亚投行在区域内有很大互补合作空间——访亚洲开发银行副行长张文才》，2017 年 6 月 19 日，http://news.xinhuanet.com/fortune/2017-06/19/c_1121172254.htm。

1.9%；与 36 个国家和地区央行额度互换，总额 3.3 万亿人民币；包含人民币权重的新 SDR 篮子将在 10 月生效，同月人民币国际化跨境清算系统（CIPS）将上线运行。我国周边地区，多点并行人民币离岸市场格局初步成型，以人民币计价信贷、债券、基金等金融资产日益丰富；俄于 2015 年第四季度开始购买人民币定价资产，多元化外汇储备；与塔、格、土等签署或续签双边本币互换协议，与吉签署合作意向协议；与俄等签署人民币清算安排合作备忘录，清算体系逐步建成；在区域市场或银行柜台，实现了人民币对泰铢、老挝基普、哈坚戈等周边国家的直接交易。

2015 年 11 月 30 日，国际货币基金组织认定人民币已经满足了出口和"可自由使用"标准，决定将人民币纳入特别提款权货币篮子。2016 年 10 月 1 日，新的 SDR 篮子正式生效。新的 SDR 货币篮子包含美元、欧元、人民币、日元和英镑 5 种货币，权重分别为 41.73%、30.93%、10.92%、8.33% 和 8.09%，1 个 SDR 中包含 1.0174 个人民币，0.58252 个美元，0.38671 个欧元，11.900 日元，0.085946 个英镑。人民币纳入 SDR 是人民币国际化的里程碑，是对中国经济发展成就和金融业改革开放成果的肯定，有助于增强 SDR 的代表性、稳定性和吸引力，也有利于国际货币体系改革向前推进。

人民币业务成金融中心争夺焦点。新加坡在 2013 年成为第一个拥有人民币清算行的区域金融中心，2016 年超过中国香港成为全球第三大金融中心，力图借助人民币巩固资产管理优势、扩大清算业务，目标是亚洲金融科技中心。日于 2015 年 1 月组建"官民联席金融会议"，筹备国内人民币交易，扩大东京市场国际清算功能，以实现 2014 年推出的"东京金融城构想"。同年 6 月，三菱东京日联银行在东京市场面向机构投资人首发人民币计价债券，总额 3.5 亿元、2 年期。2016 年 7 月，三菱东京日联银行与瑞穗银行接入 CIPS，以缩短结算时间。

2. 国内资本市场获国际认可

2017 年 6 月 21 日，美摩根士丹利资本国际公司（MSCI，亦称明晟）宣布将 A 股纳入其基准指数体系，A 股国际化迈出关键一步。MSCI 公布 2017 年度市场分类评审结果，宣布从 2018 年 6 月开始将中国 A 股纳入 MSCI 新兴市场指数和 MSCI ACWI 全球指数。初始计划纳入 222 只大盘 A 股，基于 5% 的纳入因子（即市值调整系数，纳入股票流通总市值的 5%），上述 A 股组合约占 MSCI 新兴市场指数和全球指数的权重分别为 0.73% 和 0.1%。MSCI 计划在 2018 年 5 月和 8 月分两步实施纳入计划，以缓冲沪港通和深股通当前的每日额度限制，不排除随情况变化改为一次

周边国家金融状况与人民币走出去战略研究

性实施。当前，MSCI 开始在全球指数系列中推出多只包含 A 股的暂行指数，用以在缓冲期提供操作指引。此次最终版本较 3 月方案纳入范围增加了在内地和香港两地上市的公司所对应的大盘 A 股，超出市场预期。MSCI 高管称，在提高中国 A 股权重上没有目标，取决于中国市场开放速度，或会"在任何时间点上"开始咨询上调 A 股权重事宜。未来可能将约 450 只大盘股和中盘股股票纳入 MSCI 指数。

A 股国际化迈出关键性一步。不少国内外投行高度评价了 MSCI 指数纳入 A 股的历史意义，将之与中国加入 WTO 或人民币被纳入 SDR 货币篮子相提并论。MSCI 系列指数是全球影响力最大、投资组合基金最广泛采用的股票基准指数，超过 10 万亿美元资产以此为追踪基准和投资依据。英国《金融时报》称，中国股市和债市的规模分别位居全球第二和第三，但境外机构所持中国内地股债占比都不到 2%。A 股被纳入，意味其正式进入国际投资者视野，将吸引大量国际资金涌入按指数权重配置资产。汇丰银行称，这是中国股票在全球投资组合中占据显著位置的进程开端。

作为帮全球机构投资者选股的"大管家"，MSCI 决定纳入 A 股，反映了国际投资者对 A 股持续国际化、规范化改革努力的认可。国际资本的进入，有助于倒逼 A 股更多向成熟资本市场规则靠拢，促进市场制度建设，提高上市公司治理水平和主管部门监管水平。根据韩国和中国台湾地区经验，伴随纳入 MSCI 指数进程，外资持股占比的提高会让其投资风格对本土市场的影响扩大，与全球市场的联动性增加，换手率降低，波动率下降，投资者结构出现改变。

人民币国际化和香港金融中心地位获得支撑。MSCI 指数以互联互通机制纳入 A 股，并以离岸人民币汇率作为基准汇率，意味着伴随国际投资者对人民币资产的需求上升，人民币贬值压力减轻，离岸市场将更趋活跃，中国香港作为中外资金融通平台的地位得以加强。MSCI 也为海外人民币资产指明新的投资方向，为人民币国际化职能从贸易货币、支付货币向投资货币、储备货币升级提供支撑。

（二）仍临风险和挑战

人民币国际化取得重大进展的同时，我国金融开放程度也逐步加深，内地与国际市场联动，面临做空等风险。

1. 做空机构频频狙击内资港股

2016 年年底至 2017 年，至少 9 只内资问题港股遭做空。2016 年 12 月，"浑水"公司（Muddy Water）两发做空报告，称"辉山乳业""骗子""实际估值近零"；2017 年 2 月，"爱默生分析"（Emerson Analytics）绞杀"中国宏桥"，称"无法产生自由现金流""关联交易""虚增利润"；4 月，"格劳克斯研究"（Glaucus Research）以"世上最大股价操纵计划"为题攻击"丰盛控股"。

5 月后更为密集。10 日，"匿名分析"（Anonymous Analytics）二度攻击"中国信贷科技"；11 日、18 日，"哥谭市研究"（Gotham City Research）先后两轮狙击"瑞声科技"；22 日，成立仅两天的"烽火研究"做空"科通芯城"，一战成名。6 月 7 日更是一日三惊："瑞声科技"再遭"哥谭市研究"狙击；"浑水"宣布做空"敏华控股"；"FG Alpha"表示做空"达利食品"。6 月 22 日，"烽火研究"强烈建议沽售"中国家居"。迄今，除极少数股价重回升势外，多数股票一蹶不振，面临持续暴跌、停牌乃至摘牌的命运，并殃及关联公司。

2. 其他机构集体唱衰

除做空机构外，外资投行、评级机构等也涉足其中。摩根大通、摩根士丹利和瑞信等充当唱空主力，利用行业影响力大肆唱衰南下资金看好的部分蓝筹港股，内资房产巨头"中国恒大""融创中国"及车企"长城汽车"等成多空角力战场。如 2017 年 6 月"长城汽车"做空量创历史新高，以外资为主的卖空比例占到流通盘的 23%，摩根士丹利、摩根大通、美银和高盛占全部做空量的 94%。

评级机构推波助澜。5 月 24 日，穆迪先后将中国内地和香港主权信用评级由 Aa3、Aa1 调降至 A1、Aa2，对我国企业构成潜在财务压力，或影响到即将开通的债券通。6 月 21 日，标普称我信用评级"很可能"调降，其跟随穆迪下调评级只是时间问题，届时对市场心理冲击将更大。连番做空的背后是中外金融权力之争，是外资对我资金和企业在香港金融市场影响力日益壮大的担忧和反击。港股市场最近被沽空的企业，大多为沪港通或深港通标的，是南下资金追逐的重点。由于历史因素，港股市场一直由外资机构主导，但近年来生态已变。中资企业占全港上市公司的比重从 1997 年不到 15%升至 2017 年的 50%，中资股占港股总市值和总成交金额比重分别高达 63.7%和 75%。2016 年下半年开始，随着"深港通"的宣布和"港股通"总额度的取消，借"港股通"南下的内地机构资金迅速增长，现已突破 5000 亿元，"港股通"占港股市场的成交量比例从 2014 年底的不到 1%升至目前的 10%

周边国家金融状况与人民币走出去战略研究

以上。究其根本，目前以外资为主的看空集团和以内地资金为主的看多集团围绕港股定价权的争夺日趋激烈，问题股票屡遭狙击，实质在于外资和中资基于国内企业经营前景和中国宏观经济前景不同判断各下赌注，胜败将决定谁将在高度信息化的港股市场拥有主导性金融权力。

四、人民币走出去的对策建议

周边金融形势复杂多变，金融主导权竞争激烈，人民币国际化应在已有成绩上重视宏观金融风险管理，从容战略部署，稳步提高国际化水平。

科学评估人民币国际化风险，加强监管及预警机制建设。货币国际化意味着金融风险跨国传导性加强，做空者可轻易发起金融攻击，对该国经济产生重大影响。在周边金融风险较高形势下，我国应科学评估人民币国际化，完善金融监管机制，编制中国系统性风险指数，全面提高金融数据可获得性和准确性，为系统性风险的监测、分析和评估提供全面及时的信息。加强全口径资本流动监测和预测分析，与主要离岸中心建立双边"信息交换和统计监测"合作机制，及时、准确掌握境外接受和使用人民币状况，制定必要防范和化解措施。

资本账户开放与汇率制度改革相配合，坚持"渐进、可控、协调"原则。跨境资本流动等外部冲击与国内金融市场风险、机构风险、实体经济风险等相互交织、彼此传染，使得由单个市场或者局部风险引起连锁冲击而导致系统性风险发生的概率不断提升，不能冒进开放资本账户，以适应中国经济金融发展和国际经济形势变化的需要。须稳扎稳打，完善人民币业务政策框架，保持人民币对一篮子货币的基本稳定。构建符合中国实际的宏观审慎政策框架，在体制机制层面实现对系统性风险的防范与管理。系统重要性银行在抓住机遇的同时，须健全风险管理机制，避免成为外部冲击的放大器或系统性风险的导火索。建立有效的危机处置机制并加强金融消费者保护。

结合国内经济金融改革，立足"主权金融中心"建设，构建人民币经略周边的实力。中国能否在金融博弈中胜出，很大程度上取决于国内经济金融改革。借鉴发达国家经验，完善金融市场制度和机制，理顺财政部与央行关系，形成国债、外汇、外储一元化管理体系。完善国债发行制度，构建国债即时清算中心，利用国债市场形成长期利率指标，构建"亚洲债券市场"，奠定人民币"政府干预""外汇储备"

乃至"地区锚"功能。在践行上海自贸区和拓展欧洲合作基础上，整合主权市场，做强沪港金融中心，奠定与纽约、伦敦鼎立的金融市场格局，布局"人民币资本循环体系"。推进银行、股票、债券、外汇及商品期货市场国际化，形成人民币自主定价机制，完善人民币国际流动性供给体制，蓄积人民币国际公信力。

与"一带一路"倡议等相互配合，继续完善人民币国际化条件。有序推动金融市场双向开放，支持优质境外发行主体在境内发行人民币债券，支持境内金融机构和企业到境外发行人民币债券，便利符合条件的境外机构投资者投资境内金融市场。进一步优化现有跨境人民币业务和政策框架，围绕"一带一路"倡议和国际产能合作等国家重大战略，通过国际开发性金融合作提高业务水平和影响力，推动人民币跨境投融资业务持续健康发展，更好满足实体经济需求。继续完善人民币国际化基础设施，推动 CIPS 二期建设，优化完善跨境人民币清算。利用各种多边双边对外金融合作机制，加强国际货币金融合作和宏观经济金融政策协调。

推进供给侧结构性改革，夯实人民币国际化基础。资本冲击较以前更复杂、更频繁，加剧了实体经济的波动性。要明确供给侧结构性改革抓手，内外并举推动技术进步，坚持金融服务实体经济，防止泡沫化和虚拟化，解决中国经济面临的模式不适应、创新能力落后、贸易大而不强、民间投资萎缩等问题，降低实体经济风险。人民币国际化可以在直接投资、技术进步、贸易升级等方面与供给侧结构性改革形成良性互动，化危为机，共同推动中国经济进行结构调整和转型升级。